Prominente in Berlin-Wannsee

Harry Balkow-Gölitzer, Rüdiger Reitmeier,
Bettina Biedermann, Jörg Riedel

Prominente in Berlin-Wannsee

und ihre Geschichten

Herausgegeben von Burkhardt Sonnenstuhl

berlin edition im
be.bra verlag

Bibliografische Information der Deutschen Bibliothek
Die Deutsche Bibliothek verzeichnet diese Publikation in der Deutschen Nationalbibliografie; detaillierte bibliografische Daten sind im Internet über http://dnb.ddb.de abrufbar.

2. Auflage

KulturBrauerei Haus S
Schönhauser Allee 37, 10435 Berlin
post@bebraverlag.de
Lektorat: Bernhard Thieme, Berlin
Gesamtgestaltung: Friedrich, Berlin
Schrift: New Baskerville 9/11
Druck und Bindung: Bosch Druck GmbH, Landshut
ISBN 978-3-8148-0146-9

www.bebraverlag.de

Inhalt

Zum Geleit 9
Burckhardt Sonnenstuhl

Vorwort 13
Harry Balkow-Gölitzer

Sonnenwenden – Geschichte, Glanz und Parties 17
Rüdiger Reitmeier

Widerstand am Wannsee 69
Harry Balkow-Gölitzer

Der braune Wannsee 53
Harry Balkow-Gölitzer

Eheglück Traumpaare 77
Rüdiger Reitmeier

Eduard Arnhold 93
Rüdiger Reitmeier
August Wilhelm von Preußen 100
Harry Balkow-Gölitzer
Lida Baarova 106
Rüdiger Reitmeier

Julius Barmat 113
Rüdiger Reitmeier
Willy Brandt 117
Harry Balkow-Gölitzer
Wilhelm Canaris 123
Harry Balkow-Gölitzer
Tilla Durieux 126
Rüdiger Reitmeier
Dwight D. Eisenhower 130
Harry Balkow-Gölitzer
Julius Freudenberg 133
Rüdiger Reitmeier
Heinrich George 138
Rüdiger Reitmeier
Friedrich Glum 143
Jörg Riedel
Magda Goebbels 147
Rüdiger Reitmeier
Dieter Hallervorden 153
Harry Balkow-Gölitzer
Gustav Hartmann 159
Harry Balkow-Gölitzer
Johannes Heesters 164
Harry Balkow-Gölitzer
Alexander Helphand 169
Rüdiger Reitmeier
Reinhard Heydrich 174
Harry Balkow-Gölitzer
Peter Hille 179
Harry Balkow-Gölitzer
Brigitte Horney 184
Harry Balkow-Gölitzer
Franz Kafka 189
Rüdiger Reitmeier
Jochen Klepper 193
Harry Balkow-Gölitzer
Max Liebermann 196
Jörg Riedel
Theo Lingen 203
Harry Balkow-Gölitzer

Hermann Muthesius 207
Harry Balkow-Gölitzer
Günther Pfitzmann 211
Harry Balkow-Gölitzer
Marika Rökk 216
Harry Balkow-Gölitzer
Helge Rosvaenge 221
Jörg Riedel
Ferdinand Sauerbruch 225
Harry Balkow-Gölitzer
Albert Speer 229
Harry Balkow-Gölitzer
Friede Springer 234
Rüdiger Reitmeier
Otto Stahn 241
Harry Balkow-Gölitzer
Claus Graf Stauffenberg 246
Harry Balkow-Gölitzer
Rudolf Steiner 250
Rüdiger Reitmeier
Helene Stöcker 253
Bettina Biedermann
Clara Viebig 257
Bettina Biedermann
Carl Zuckmayer 260
Harry Balkow-Gölitzer

Anmerkungen 264

Gräber von berühmten Persönlichkeiten in Zehlendorf 273
Harry Balkow-Gölitzer
Auf einen Blick – die Prominenten in Wannsee, Nikolassee und Schlachtensee 277
Harry Balkow-Gölitzer

Ausflugsziele 308

Die Autoren 310
Bildnachweis 310
Danksagung 312

Die Kirche des ehemaligen Dorfes Stolpe.

Zum Geleit

In der Mitte des 19. Jahrhunderts lag die Gegend um den Kleinen und Großen Wannsee, dort, wo sich heute die »besten Berliner Adressen« befinden, in tiefem Dornröschenschlaf. Das kleine märkische Sackgassendorf Stolpe mit seiner Feldmark war umgeben von ausgedehnten Kiefernwäldern und Wiesen. Außerhalb des Dorfes befanden sich die 1797 errichtete Ziegelei (heute etwa: Am Großen Wannsee 18/19), eine Försterei (heute: König-/Ecke Bismarckstraße) und das Häuschen des Chausseegeldeinnehmers (heute: König-/Ecke Friedenstraße). Und es gab noch ein Gebäude: den Gasthof des Stolper Schankwirts Stimming.

»Alles atmete Frieden, kaum ein Mensch war zu sehen. Nur dann und wann strich ein kleiner Kahn lautlos über das Wasser, in dem ein Fischer schweigend ein Netz auswarf und wieder einzog«, beschrieb der Maler Philipp Franck, einer der ersten späteren Kolonisten, die damalige Atmosphäre.

Zu jener Zeit war Wilhelm Conrad, der Mann, der mit Weitsicht und unternehmerischer Aktivität die Wannseegegend aus dem Schlaf der Jahrhunderte reißen sollte, gerade 30 Jahre alt. 1860 wurde er zum Geschäftsinhaber einer führenden preußischen Privatbank, der »Berliner Handelsgesellschaft«, berufen. Auf der Suche nach einem passenden Sommerwohnsitz fiel seine Wahl auf die Gegend zwischen Großem und Kleinem Wannsee.

Nachdem die Familie einige Male ihren Urlaub im »Stimmingschen Krug« an der Friedrich-Wilhelm-Brücke verbracht hatte, kaufte Conrad diesen samt ca. 300 Morgen Land auf und ließ anstelle des nunmehr abgerissenen Gasthofes 1869/70 seine Villa Alsen errichten.

Conrad war fest entschlossen, am Ufer des Wannsees eine Villenkolonie für wohlhabende stadtmüde Berliner anzulegen. Das Gelände zwischen Großem und Kleinem Wannsee war bereits exakt parzelliert und zukünftigen Bewohnern zugeordnet. Auch der Name »Villen Colonie Alsen« stand bereits fest – eine patriotische Reminiszenz an die Eroberung der jütländischen Insel Alsen im Deutsch-Dänischen Krieg von 1864, an der Conrads Schwager maßgeblich beteiligt gewesen war.

1872 genehmigte das Teltower Landratsamt Conrads Gesuch, die neu entstehende Siedlung »Villen Colonie Alsen« nennen zu dürfen. Nachdem mehrere Freunde und Bekannte Conrads die Idylle in gemieteten Sommerhäusern kennen und schätzen gelernt hatten, siedelten sich bald die ersten Kolonisten auf Dauer an, darunter die Maler Oscar Begas und Anton von Werner. Es war der Beginn einer einzigartigen Entwicklung vom abgeschiedenen und verwunschenen Fleckchen Erde vor den Toren Berlins zu einer Geschichtslandschaft von hohem Rang im mondänen Südwesten der Hauptstadt.

Viel ist bisher über diese Entwicklung geschrieben worden, es gibt fundierte Veröffentlichungen von Wissenschaftlern, Historikern, Architekten und Journalisten. Sie alle haben mit ihren Schriften das Wachsen der Gegend am Wannsee protokolliert und in den unterschiedlichsten Formen aufgearbeitet. So können wir heute sagen, dass die Geschichten jedes Hauses, jedes Gartens, jeder Straße mit ihren ganz besonderen Eigenheiten nachlesbar geworden sind.

Aber die Geschichte eines Hauses ist vor allem die Geschichte seiner Bewohner. Wer wohnte wo? Was geschah hinter den dicken Mauern der prunkvollen Gebäude zwischen Wannsee, Nikolassee und Schlachtensee? Nach dem großen Erfolg des Buches »Eine noble Adresse – Prominente in Berlin-Dahlem und ihre Geschichten« will auch das nun vorliegende Buch »Prominente in Berlin-Wannsee und ihre Geschichten« Antworten geben und aufzeigen, was sich in den Villenkolonien an den »neuen Ufern« abspielte.

Die Autoren, denen mein ausdrücklicher Dank und Respekt gilt, haben sich auch diesmal wieder in vortrefflicher Weise in die Geschichten der bekannten und prominenten Nachbarn in Wannsee, Nikolassee und Schlachtensee vertieft. Bekanntes mischt sich mit Neuem, Vergessenes wird durch Neurecherchiertes wieder entdeckt.

Der Leser wird tatsächlich viel Neues erfahren. Er kann sich am Liebermann'schen Sprachwitz erfreuen, über die herzliche Antipathie zwischen Johannes Heesters und Marta Eggerth staunen und wilde Polizeiaktionen in den Zwanzigerjahren nachvollziehen. Und er wird nachlesen können, dass am 20. Januar 1942 in der Villa Am Großen Wannsee

Zwischen Kleinem und Großem Wannsee.

56–58 einer der unheilvollsten Punkte der deutschen Zeitgeschichte gesetzt wurde.

Für ihre Unterstützung und ihr Verständnis während der Entstehung des vorliegenden Buches danke ich persönlich meinem Vater Dieter Sonnenstuhl, Herrn Dr. habil. Gerd Pöttke, Herrn Egbert Jancke, Don Juglio Florez sowie Herrn Uly Köhler, meinem geduldigen Nachbarn.

Burkhardt Sonnenstuhl
Herausgeber

Vorwort

Das Autorenteam:
Bettina Biedermann,
Jörg Riedel,
Rüdiger Reitmeier,
Harry Balkow-Gölitzer

»Ein herrliches Panorama breitete sich hier vor aller Augen aus. Still und ruhig lagen die Wasser des Wannsees, und malerisch schön hoben sich die mit saftigem Grün geschmückten Ufer unter der wunderbar schönen Morgenbeleuchtung ab. Es war ein Bild von vollendeter Schönheit.«[1] So sahen die Mitglieder des Vereins Deutscher Gartenkünstler am 18. September 1892 die Villenkolonie Alsen, »die um Berlin herum nicht ein Gleiches hat, daß aber auch in keiner der vornehme Gedanke in dieser Weise, wie hier, zum Ausdruck gekommen ist.«[2]

Die Idee einer Villenkolonie am Ufer des Wannsees hatte der märkische Dichter Theodor Fontane bereits Anfang der Sechzigerjahre des 19. Jahrhunderts in der »Neuen Preußischen Zeitung« ausführlich beschrieben. Vorausgegangen war ein Vorschlag, eine Eisenbahnlinie von Berlin über Charlottenburg und den Grunewald bis nach Potsdam führen zu lassen. Fontane besuchte im Herbst 1861 den Havelforsten zwischen Pichelsberg und Wannsee, um diese Landschaft »auf ihren Schönheitsgehalt zu prüfen«.[3] Er saß gemeinsam mit seinem Verleger Wilhelm Hertz auf einem Plateau am Wannsee oberhalb des »Stimming'schen Kruges«, in dem ein halbes Jahrhundert zuvor Henriette Vogel und Heinrich von Kleist ihre letzte Nacht verlebt hatten. Fontane und Hertz ließen ihre Blicke über die malerischen Uferlinien schweifen und stellten sich die Folgen des Ausbaues der Eisenbahnlinie vor. »Hierhin werden die Villas (sic!) verpflanzt werden, denen es an der Lisière des Tiergartens hin bereits zu städtisch zu werden beginnt.«[4]

Aber die beiden Visionäre fragten sich auch: »Wird das Entstehen einer Villenstraße, die leicht zu einer Villenstadt, wie in England viele solcher

Der Wannsee vom Schwedischen Pavillon aus gesehen, 1903.

Beispiele existieren, anwachsen könnte, nicht die Schönheit, die Frische dieser Waldgegend gefährden?«[5] Und sie kamen zu dem Schluss: »Es ist still und lauschig an diesen Havelseen, aber es ist töricht, eine Miene anzunehmen, als würde hier durch Eisenbahn und Sommerwohnung ein heiliger Friede, ein unentweihter Tempel der Natur zerstört werden. Denn so schön die prächtige Wasserfläche ist, so sehr dies Blau labt und die schönen Linien das Auge erfreuen, unsere Landschaft hat längst aufgehört, ein bloßes Naturprodukt zu sein.«[6]

Zwei Jahre nach dieser »Herbstreise an den Wannsee« kaufte Wilhelm Conrad, der Inhaber der Berliner Handelsgesellschaft und Aufsichtsratsvorsitzender der Berlin-Potsdamer-Magdeburger-Eisenbahn den »Stimming'schen Krug« und Teile der Park- und Waldlandschaft des Glienicker und Stolper Werders. Der Grundstein zur Colonie Alsen war gelegt.

In den folgenden Jahrzehnten sollten die Ufer des Wannsees und auch sein »Hinterland« konsequent besiedelt werden. Zu den so genannten »Sommersitzen« der Berliner Prominenz aus Politik, Wirtschaft und Kultur gesellten sich im Laufe der Zeit mehr und mehr ständige Wohnsitze. Einen regelrechten Bauboom gab es 1906, als die Nachfolgegesellschaft des Colonie-Gründers Wilhelm Conrad die bis dahin freigehaltenen Ländereien parzellieren ließ und zum Verkauf anbot. Max Liebermann hatte Glück, dass er am nördlichen Ende der Seestraße (heute: Am Großen Wannsee) noch eines der begehrten Wassergrundstücke erwerben konnte.[7]

Ebenso wie Dahlem, das friedvolle Areal mit stillen Parks, sanften Hügeln und breiten Alleen, wurde auch das Gebiet am Wannsee zu einem Berliner Vorort mit besonderem Anspruch. Wer hat hier gewohnt, welche Geschichten verbergen sich hinter der Geschichte, wie war das nachbarschaftliche Verhältnis der Coloniebewohner untereinander? Damit beschäftigt sich das vorliegende Buch.

Wir Autoren haben von vornherein den örtlichen und inhaltlichen Rahmen dieses kühnen Themas größer gehalten. Wir beschreiben nicht nur das Leben im eigentlichen Ortsteil Wannsee, sondern zielen auch ganz bewusst auf die geschichtsträchtige und traditionsreiche Insel Schwanenwerder sowie auf Nikolassee und Schlachtensee. Die an den »neuen Ufern« entstandenen Villenkolonien sind in unserem Verständnis als einzigartige, untrennbare Kulturlandschaft anzusehen.

Viel ist bisher über die Geschichte des noblen Berliner Südwestens geschrieben worden. Wichtige Informationen konnten wir den exzellenten Veröffentlichungen von Wolfgang Immenhausen, Horst Schumacher, Lothar Uebel, Janin Reif, Gideon Botsch und Anne Teut entnehmen. Dafür möchten wir uns bedanken. Aber wieder einmal konnten wir feststellen, dass die schönsten Recherchearbeiten die »Ortsbegehungen« waren. Sich auf die Spuren von Max Liebermann, Peter Hille oder Ferdinand Sauerbruch zu begeben und als heimlicher Beobachter, als Zeitreisender beinahe, ihre Tagesabläufe zu begleiten, das war auch in der Arbeit an diesem Buch das schönste Empfinden.

Berlin und Umgebung, Plan von 1889.

Sonnenwenden – Geschichte, Glanz und Parties

Flensburger Löwe.

Sommergäste Vielleicht entstand die Idee, nach Südwest, gegen den Wannsee aufzubrechen, bei einem Tröpfchen guten Bordeaux. Im Club von Berlin, der schon immer im Ruf stand, »daß in ihm gut und reichlich pokuliert wurde«, wo »Sekt in Strömen floß und die Fürtangbowle glühte«[8], mag der Bankier und Unternehmer Wilhelm Conrad darauf gewettet haben, dass binnen weniger Jahre, weit vor den Toren Berlins, eine Sommerkolonie zum Bezug fertig sei. Und sein Projekt sollte den luxuriösen Ansprüchen des so genannten »Clubs der Millionäre«, der bemüht war, sich in seinen Formen dem Aussehen und der Eigenart eines allerersten Hotels oder Restaurants anzupassen, gerecht werden. Theodor Fontane hatte es schon 1861 geahnt: Auf dem Plateau am Wannsee oberhalb des »Stimming'schen Krugs«, an den malerischen Uferlinien der sich breit ausbuchtenden Havel könnten sich »innerhalb einiger Jahre die Sommerwohnungen vieler unserer Residenzler erheben ... «[9]

Möglicherweise hatte Wilhelm Conrad, dem »das Leben in der Großstadt, zumal im Sommer, unerträglich« war,[10] Fontanes »Herbstreise an den Wannsee« in der »Neuen Preußischen Zeitung« gelesen, denn 1863 kaufte er den Stimming'schen Krug und Teile der Park- und Waldlandschaft des Glienicker und Stolper Werders und ließ vom Lenné-Schüler Gustav Meyer eine Kolonie entwerfen. Der Patriot taufte seine Villenstadt »Colonie Alsen«, eine Referenz an die Kapitulation der dänischen Insel Alsen 1864, die den Sieg Preußens über Dänemark besiegelt hatte. Als Sinnbild der Colonie Alsen ließ er einen Zinkabguss des Flensburger Löwen aufstellen. 1870 erbaute Conrad das erste Anwesen der Kolonie, die eigene »Villa Alsen«, die er mit seiner Familie in den Sommermonaten bezog. Viele Mitglieder des »Clubs von Berlin« folgten in den Siebziger- und Achtzigerjahren, und die Stolper Landbevölkerung staunte über die ganz neue Schicht von Bankiers, Industriellen und Künstlern, die »jeden Tag elegant gekleidet waren, oft glänzende Feste feierten und in Kutschen fuhren, die von edlen Pferden gezogen wurden. Einen solchen Lebenszuschnitt billigten sie allenfalls den Fürstlichkeiten in den unweit gelegenen Schlössern zu, doch bei den Bürgern von Alsen waren sie ihnen befremdlich.«[11]

Heftig debattiert haben wird man im »Club von Berlin« wohl auch über Conrads neuestes Steckenpferd, eine Bahnverbindung zwischen Berlin und Wannsee und darüber hinaus bis Potsdam, die er gegen starken Widerstand durchsetzte. In 20 Minuten rollte die »Wahnsinnsbahn auf Conrädern« ab 1874 vom Stadtzentrum in die Villenkolonien, die »Bankierszüge« ermöglichten es den Herrschaften, ihre Villen nicht nur als Sommerresidenz zu bewohnen. Denn vor »den alten Besitzungen erschien im Frühjahr und im Herbst der Möbelwagen: die Bewohner hatten im Winter ihre Stadtwohnung und zogen im Sommer aufs Land! Von Oktober bis Ostern schlief ganz Wannsee den Winterschlaf, aber im Sommer erwachte es und sah in seinen Gärten ein fröhliches Leben.«[12]

Wilhelm Conrad.

Der »Club von Berlin«, Jägerstraße.

Verein Seglerhaus am Wannsee.

»Navigare necesse est« (Seefahrt tut not) war eines der treibenden Momente bei der Entwicklung der Wannseesiedlung, und alsbald machten die »Lustigen Sieben«, zu denen unter anderen Conrad selbst, der Bankier Barthold Arons, der Architekt Walter Kyllmann und der Künstler Oscar Begas gehörten, die Gewässer um die Wannseesiedlung unsicher. Zusammen mit anderen Landhausbesitzern gründeten sie 1881 den »Verein Seglerhaus am Wannsee« und schufen mit Bootsschuppen und Werftgebäude eine Anlage, die zum Mittelpunkt des geselligen Lebens am Wannsee wurde. Die gesamte Kolonie traf sich hier vor allem sonntags zu Sport und freundschaftlichem Verkehr. »Neben dem Seglerhause auf einem Rasenplatz ragte ein gewaltiger Signalmast empor – der Fernsprecher war damals noch nicht in Gebrauch – und wenn abends in seinem Top eine rote Laterne vorgeheißt wurde, so war das das Zeichen für die ganze Kolonie, dass da unten noch Leben sei im gemeinsamen Heim und der Freundeskreis rückte zusammen zu geselligem Umtrunk bei Scherz und Gesang. Über Berlins Grenzen war dort der Weinkeller bekannt.«[13] 1882 hatte der Lampenfabrikant Friedrich Wilhelm Wessel den »Cladower Sandwerder« erworben, die Insel, die später in »Schwanenwerder« umbenannt werden sollte. Bevor die Insel, ähnlich der Alsen-Colonie, bewohnbar gemacht wurde, stellte Wessel die »vom großen Verkehr (abgelegene), für solche Zwecke wie geschaffene Insel« dem Seglerverein für ihre all-

Blick auf Schwanenwerder.

jährlichen Feste zur Verfügung, nebenbei eine geschickte Werbung für sein Besiedlungs-Projekt für die betuchten Wannseer. Der Seglerverein nutzte die Insel für eindrucksvolle Feste: lebende Bilder und Kostümtänze, humorgewürzte Theateraufführungen vor der romantisch im Schilf versteckten Hundingshütte. Abends pflegten dann bei derartigen Festen die Ufer, die Landhäuser und Gärten ringsum in bengalischem Licht zu erstrahlen; prächtiges Feuerwerk brannte man mitten auf der regungslosen Fläche des Wannsees ab, und indessen drehte sich die Jugend im großen Festsaal der Scheune zum Tanz ... Das so genannte Damenzimmer führte an diesen Tagen seinen Namen mit Recht, da es als Umkleideraum dienen musste für die Nixen und Najaden, für die wendischen, germanischen oder griechischen Göttinnen, die ihre Rolle tauschen wollten gegen die der »höheren Tochter«, um sich für den Rest des Abends Terpischore widmen zu können. So war das Leben im Sommer, im Winter huldigte man dem Schlittschuhlaufen und Eisfesten bei Fackelbeleuchtung. Um riesige Freudenfeuer summten die Grogkessel, und eine vermummte Schar tummelte sich bis in die sinkende Nacht um einen Eispalast, von innen magisch beleuchtet.[14]

Renaissance Um die Jahrhundertwende setzte ein regelrechter Wannsee-Boom ein, und die, die erst einmal im Sommer zur Probe hinausgezogen waren, wurden zu festansässigen Rund-um-das-Jahr-Bewohnern. Vom kleinen Sommerhaus zum großen Familiensitz ausgedehnt hatte sich zum Beispiel das Haus des Architekten Hermann Ende. Anfangs ein kleiner Bau, war er mindestens sechsmal erweitert worden. »Aber welch ein intimer Reiz liegt über solch einem scheinbar zusammengewürfelten Bau! Der Eingang wie zu einem Märchenschloß über den efeuumsponnen kleinen Gartenhof mit Säulen und Springbrunnen, Freitreppe und Terrasse. Und innen jeder Raum eine Ueberraschung, sei es durch einen Ausblick auf den See, einen lauschigen Erker, Vitrinen mit den schönsten venezianischen Gläsern oder ein besonders wirkungsvoll aufgestelltes Kunstwerk der Antike oder Renaissance. Dann durch Stufen hinab in den prächtigen Festsaal, der bequem Platz für 100 Personen bot, schließlich durch den geräumigen Wintergarten hindurch auf die große Gartenterrasse und herunter nach dem Ufer des Kleinen Wannsees. Und in diesen Räumen flutete ein geselliges Leben, das jedem, der daran teilnehmen durfte, unvergesslich bleiben wird. Vom Familienfest im kleinen Kreis bis zum großen Empfang, bei dem die erlesenste Gesellschaft und die ganze Künstler- und Gelehrtenwelt der Hauptstadt sich traf – über allem lag der Zauber einer von der Persönlichkeit des Hausherren ausströmenden feinen und freien geselligen Kultur.«[15]

Villa Siemens.

Diese typische Charakterisierung von Haus und Habitus am Wannsee des Zeitzeugen Dr. Georg Brasch beschreibt, wie das gesellige Leben der Wannsee-Kolonie »mehr als anderswo auf einen künstlerischen Ton gestimmt war. Maler und Bildhauer schmückten Häuser und Gärten, Musiker und Schriftsteller waren gern gesehene und geehrte Hausgäste. Cornelia Richter, die Tochter Meyerbeers, Ellen von Siemens, Helmholtz und Eduard Arnhold waren es, die, jeder auf seine Weise, als Mittelpunkt eines Kreises die meacenatum caritas im Rahmen vornehmster Gastlichkeit übten.«[16] Eine gedruckte Einladung des gastlichen Kunstliebhabers Arnhold von 1882 ist erhalten geblieben und skizziert den Tagesablauf des »jour fixe«, zu dem in den Sommermonaten geladen wurde:

»Aus diesen Zeilen Jedermann seh'
Dass auch in diesem Jahr in Wannsee
Der Samstag ist der fixe jour.
Hin gehen die Züge und retour –
Der Bahn, die Wannseebahn genannt sich,
In Pausen von Minuten 20.
Der Kaffee auf dem Tische prunkt
Mit duft'ger ›Stippe‹ 5 Uhr punkt.
Dann kann sich jeder amüsieren
Mit Tennis, Kegeln, Croquettieren,
Auch fahren mit der neuen Yacht
Und wird um 11 zur Bahn gebracht«.[17]

Der Kunstsammler Eduard Arnhold vor seinem Bild von Max Liebermann »Altmännerhaus in Amsterdam«.

Anton von Werner in einer Mußestunde.

In den Salons der Neo-Hochrenaissance-Schlösser, gebaut von Architekten, die selbst am Wannsee wohnten oder dort verkehrten, gaben sich die immer gleichen berühmten Künstler wie Louis Tuaillon, August Gaul oder Max Liebermann die Klinke in die Hand. Die mäzenatischen Gastgeber gebärdeten sich zwar kaisertreu, waren aber in ihrem Geschmack weitaus experimentierfreudiger als am Wilhelminischen Hofe – zumal die moderne Kunst hohe Wertsteigerungen garantierte. Die königlichen Hoheiten wie der spätere 88-Tage-Kaiser Friedrich III. oder Kaiser Wilhelm II. verkehrten schon lieber beim Historienmaler Anton von Werner, um dort Künstler wie Karl Becker oder Oskar Begas anzutreffen. »Die hohen Herrschaften blieben bis zum Abend in angeregter Unterhaltung über allerlei Kunstfragen bei uns; die Frau Kronprinzessin lobte die dargebotene Rote Grütze und bat sich von unserer Köchin das Rezept dazu aus«, erinnert sich von Werner anlässlich eines Besuches des späteren Friedrich III. und seiner Gemahlin.[18]

Elysium Auf den Zug Richtung Wannsee sprang nun aber auch eine ganz andere Generation von Künstlern. Die hatte mit dem institutionalisierten Kunst-Gepränge am Wannsee wenig zu schaffen. Im Mai 1902 bezogen die Mitglieder einer »Neuen Gemeinschaft« das ehemalige Anwesen des »Vegetarischen Familienheims« am Schlachtensee. Die Schriftsteller Heinrich und Julius Hart versammelten um sich einen Kreis von Bohemiens, »die sich aus dem Wust veralteter Anschauungen, verknöcherter Lebensformen und der auf diesen gegründeten gesellschaftlichen Einrichtungen heraussehnen«.[19] »Natureinsamkeit bei brausender Weltstadt, literarisches Zigeunertum und sozialistische wie anarchistische Ideen, keckes Streben nach vorurteilsloser, eigenfreier Lebensweise, Kameradschaft zwischen Kopfarbeit und begabten Handarbeitern, aber auch geistvollen Vertretern des Reichtums; schöpferische Liebe zur Kunst verband sich mit Soziologie, Naturwissenschaft, Philosophie und Religion.«[20]

Bedeutende Intellektuelle traten der »Neuen Gemeinschaft« bei, um die sich ein großer Kreis von Sympathisanten scharte. Der Anarchist Gustav Landauer tat sich als aktives Mitglied hervor, Erich Mühsam betreute die Bibliothek. Offen war die »Neue Gemeinschaft« für Frauen, die überkommene Rollenstereotype längst über Bord geworfen hatten, unter ihnen die Dichterinnen Else Lasker-Schüler und Margarete Beutler sowie zahlreiche Schauspielerinnen und Tänzerinnen der Berliner Bühnen. Der markanteste Mitbewohner des »Land- und Sandhauses« am Schlachtensee, das Spötter ob der vegetarischen Gerüche »Spinatschiff«[21] nannten, war der Schriftsteller Peter Hille. Der Berliner Bohemien par excellence mit langem Haar, dichtem Bart und wallendem Mantel war die Inkarna-

Festschrift der »Neuen Gemeinschaft«.

»St. Peter Hille«,
Zeichnung von Else Lasker-Schüler.

tion des alternativen Lebensprogramms vom Schlachtensee, seine legendäre Erscheinung wurde vom Maler Lovis Corinth als Idol verewigt.

Im Park des Grundstücks war eine Waldbühne errichtet worden, auf der die Berliner Theateravantgarde ihre Kunst im kleinen Kreis erprobte. Alle möglichen Kräfte mobilisierte die Gemeinschaft für die monatlichen Feste, die sorgsam als kultische Feier inszeniert wurden. Die Feste hatten Themen wie Tao-Fest, Neue Dionysien, Das Fest der Seligen, Das Fest der Unendlichkeit oder Das Fest der Selbsterlösung. Bis in die späte Nacht und mit besonderer Vorliebe bis zum Sonnenaufgang wurde gefeiert. Eine Ahnung vom Spleen jener Zusammenkünfte verdichtete Else Lasker-Schüler in einer Hommage an Peter Hille, den sie als »Petrus-Wotan« mystisch verklärt: »Wir feiern eichenmetgolden den Sonnenwendtag. Ueber dem Waldboden liegt ein wolliger Moosteppich, mit blauen und roten Beeren bestickt, und die Sommerkrone hat sich der letzte nordische Frühlingssprössling aufgesetzt. Männer halb entblößt, schleppen auf ihren breiten Nacken Fässer voll Met herbei und an den Stangen junge Eberböcke aus Onit von Wetterwehes Jagden und bepflanzen mit Spießen und Gerätschaften unseren grünen Saal. Und Raba und Najade sitzen, eine schwarze Fee und eine blonde Fee, am Rand des Waldes und weben aus Farnen und Gräsern Gewänder und binden aus Eichenlaub und wilden Rosen Girlanden und einen mächtigen Kranz für Petrus-Wotans Haupt; wie Sonnengehege hängt sein Bart über seine kantige Brust. [...] Und als der Tag vorübergerauscht war, erzählte uns Petrus-Wotan die Sagen des Nordens und weissagte, und es geschah: indessen eines seiner Augen vom Dunkel

Fest der »Neuen Gemeinschaft« am Schlachtensee.

ausgelöscht wurde, sich das andere füllte und zwiefach strahlte – eine Mitternachtssonne. Und wir legten uns alle um ihn auf den weichen Waldboden und schliefen [...] Am Morgen, als Petrus-Wotan und die Ritter und die Edeldamen und ihre Knappen, die Elfen und Waldschrats in tiefem Metschlummer lagen, fielen auch meine Augen zu, und ich zerfloß in allerlei Grüngold.«[22]

Das erträumte Paradies der »Neuen Gemeinschaft« hielt nicht lange. Inhaltliche Auseinandersetzungen und ganz weltliche finanzielle Gründe, »da unter den Freunden der Besitzlosen mehr waren, als der Besitzenden« trieben die Gemeinschaft auseinander 1904 verließ man das Haus am Schlachtensee. »Pfaffen, Weiber und Irre«, so Erich Mühsam, »dieser Dreibund hat den schönen Plan einer sozialistischen anarchistischen Neuen Gemeinschaft zugrunde gerichtet«.[23] In die »singenden Goldströme« der Gebrüder Hart, in die »Jeder mit den Händen hinein panscht«, mochte nun auch Else Lasker-Schüler nicht mehr kommen. Wie wohl sie die »Maizeit der Gemeinschaft« niemals vergaß – »die schöne Kahnfahrt in's Elysium«.[24]

Freistil Man mag sich vorstellen, mit welchem stolzen Genuss die Familie Wessel, deren Villa einen hervorragenden Ausblick über den Wannsee bot, auf das von ihnen erworbene Inselparadies-Eigentum Schwanenwerder hinabsah. Man kann sich dann das zunehmende Missfallen der Wessels ausmalen, mit dem sie das merkwürdige Schauspiel einiger Halbnackter zur Kenntnis nahmen, die sich neuerdings am Havelufer tummelten. Genau zwischen ihrer Villa und der Insel jagte die Gendarmerie immer häufiger nach Ausflüglern, »welche die heilige Ruhe des Wannseestrandes durch solche Freveltat des unerlaubten Schwimmbades entweihten«.[25] Die aus den Berliner Mietskasernen kommenden Badewütigen brachten die berittene Polizei zur Weißglut, indem sie sich durch aufgestellte Wachen gegenseitig warnten, beim Herannahen der Gendarmen ihre Sachen im Sand vergruben und einfach solange im Wasser blieben, bis die Hüter der Sitte unverrichteter Dinge abziehen mussten. Es hatte sich herumgesprochen, dass die Ostuferböschung des Wannsees, überschattet von alten Kiefern, mit seinem ganz allmählich ins klare Wasser abfallenden Sandboden einen herrlichen Badestrand abgab. Zum Entsetzen der Moralapostel warfen sich immer mehr freizügig bekleidete Menschen, inzwischen von einer »schwarzen Mauer«

Freibad Wannsee 1913.

aus Zuschauern beglotzt, in die Wannsee-Wogen. Eine Petition, dieses verbotene Treiben möglichst preiswert zu legalisieren, indem man die beiden »Baden verboten«-Tafeln einfach durch »Öffentliches Schwimm- und Sonnenbad«-Tafeln ersetzte, kam den Freibadanhängern entgegen. Die fuhren nämlich nur bis zum Bahnhof Schlachtensee und wanderten den langen Weg bis zum eigentlichen Wannsee-Bahnhof Nikolassee zu Fuß, um noch 5 Pfennige zu sparen. Landrat Ernst von Stubenrauch, selbst Mitglied eines Vereins für Körperkultur, hielt als Volksheld Einzug in die Berliner Gassenhauer-Gazetten, als er die Zustimmung der königlichen Regierung durchboxte, eine 200 Meter lange Uferstrecke als freie Badestelle ausweisen zu dürfen: »Stubenrauch, der hat gesaagt: Ick alleene hab`s gewaacht! Ick allene habe Mut! Die Berliner bin ick jut: Wann se baden wollen, Sie im Wannsee baden sollen.«[26]

Im Sommer 1907 begann die erste erlaubte Badesaison, und nicht nur das «Nationallaster des Berliners«, nach berühmter Art Stullenpapier herumfliegen zu lassen, erregte die vornehm-konservativen Gemüter am Wannsee. Unziemlich war nach wie vor die freizügige Bademode: nackte Oberkörper und »dreieckige« Badehosen. »Was da draußen aber am Wannsee sich abspielt, das ist kein Kultus der Schönheit, das ist ein Baaldienst, der den niedrigen Trieben der Menschen gilt.«[27] Die alsbald vom

Berliner Leben: Freibad Wannsee 1916.

Berliner Leben: Freibad Wannsee 1916.

Berliner Freibäder-Verein durchorganisierten Ordnungsmaßnahmen, betreut von einer Aufsicht mit lächerlichen »nationalen« schwarz-weiß-roten Badehosen, ernteten selbst wieder Spott: »Man badet für den Verein, für's Vaterland, als Staatsbürger und als Untertan. Und man geht mit seiner dreifarbigen Badehose so pflichtgetreu ins Wasser wie ein Grenadier ins Feuer.«[28]

Allen Anfeindungen von Moralisten, Kritikern und missgünstigen Anwohnern zum Trotz hatte das Freibad Wannsee einen durchschlagenden Erfolg. Einige Vertreter des Großbürgertums wie der Architekt Hermann Muthesius oder der Bildhauer Reinhold Begas wurden zu Fürsprechern dieser Freibadkultur, obwohl deren Geräuschkulisse von der Festwiese zuweilen bis in die vornehmen Villen drang.

Schon referierten nationale Kreise von der »Bedeutung des Badewesens für die Erhöhung der Wehrkraft des deutschen Volkes«, schon veranstaltete der Seglerverein unbekümmert einen Wannseekorso und andere Unterhaltungen, um Geld in den Beutel des »Vaterländischen Frauenvereins« zu bekommen. Aber die Kunde von der Mordtat in Sarajewo platzte doch zu unvermittelt in den fröhlich-sorglosen Festtrubel am Wannsee. »Ringsum ballten sich die Gewitterwolken auf. Täglich lud sich die Atmosphäre mehr mit gefährlichem Zündstoff und am Ende des Monats wurde es höchste Zeit, in den Heimathafen zu flüchten; denn das Vaterland rief seine Söhne zum Kampf, zum Schutz seiner ringsum gefährdeten Grenzen!«[29] Die wenigen daheimgebliebenen Segler sorgten für die verwaisten Yachten ihrer Kameraden im Felde. »Tot und still war es im Seglerhause; noch einsamer lag unser träumerisch blickender Wannsee. Selten nur leuchtete ein weißes Segel oder ein Ruderboot glitt über das Wasser; denn an Sport und Spiel, an Freude und Erholung zu denken, jetzt, da die Brüder dort draußen für unser Leben ihr Leben hingaben, schien uns eine Entweihung der großen, der schwer-ernsten Zeit.«[30] Die Anlage des Wannseebades, die sich bis 1915 auf jeweils 65 Meter Damen- und Herrenbad, 320 Meter Familienbad und 90 Meter Zeltlager ausgedehnt hatte, verfiel zunehmend. Die Mitglieder der Vereine des »Clubs der fidelen Sonnenbrüder« oder der »Wannseeaten« waren im Krieg. Das Fehlen ihrer wertvollen Hilfe bei Aufsichts- und Ordnungsaufgaben wurde jetzt deutlich sichtbar.

Umwertung aller Werte Nach dem verlorenen Ersten Weltkrieg war den Bewohnern der Villlenkolonien die Lust am Feiern vergangen. Neben der Enttäuschung vieler siegestrunkener Schwerindustriellen, die ihr Vermögen für Kriegsanleihen verschleudert hatten, brachen für manchen außerdem die Geschäftsgrundlagen zusammen. Der bedeutende Mäzen der Alsen-Kolonie, Eduard Arnhold, litt als Kohlen-Großhändler unter dem Wegfall Oberschlesiens, konnte aber seine Kunstsammlung noch halten. Andere Sammlungen, wie die des Unternehmers Oskar Huldschinsky, zu der Werke alter Meister wie Boticelli, Rembrandt und Rubens zählten, kamen unter den Hammer. Hermine Feist, Tochter des Kohlemagnaten Caesar Wollheim, war gezwungen, ihre einzigartige Sammlung von Porzellanen der Dresdner Bank zu überschreiben. Wertvoller Familienbesitz wurde Opfer der Kriegsauswirkungen und der Inflation.

Die alten Villen wurden alsbald von neuen Aufsteigern bevölkert. Eine magische Anziehungskraft auf Kriegsgewinnler, Spielwütige und Spekulanten übte die Insel Schwanenwerder aus. Grund war vielleicht die diskrete Abgeschiedenheit, die Arthur R. G. Solmssen in seinem Roman »Berliner Reigen« beschrieb: »Sie haben nichts dagegen, reich und bedeutend zu sein, es gefällt ihnen, Macht und schöne Häuser und den Reichskanzler zum Dinner zu Gast zu haben, aber sie möchten keine Publicity. Sie möchten keine Aufmerksamkeit auf sich ziehen.«[31] Die Insel mit ihrer kontrollierbaren Auffahrt bot dafür die besten Vorraussetzungen. Doch paradoxerweise schien sich gerade die von Armut geplagte Berliner Bevölkerung sensationshungrig auf alle Gerüchte über die exklusiven Anwesen und Bewohner Schwanenwerders zu stürzen, die in die Presse durchsicker-

Mieter der Inselstraße 15–18 von 1920 bis 1924: Alexander Lazarewitsch Helphand.

ten. Und die Skandalinsel Schwanenwerder lieferte immer wieder die tollsten Anlässe, von diesem Brennpunkt der Umwertung aller Werte zu berichten.

Der Weddinger Friseur Max Klante durfte nur kurz seinen Reichtum auf der Insel feiern. 1921 wurde er nach seiner Konkursanmeldung verhaftet. Der »Volksbeglücker« der Berliner Rennbahnen hatte innerhalb eines Jahres mit seinem Wettkonzern 60000 Menschen um 100 Millionen Mark betrogen. In das Silvesterfeuerwerk von 1924/25 über dem Wannsee mischten sich die Suchscheinwerfer der »Staatsanwalt-Staffel«, um die Flucht der Brüder Julius und Henry Barmat zu verhindern. Der Generaldirektor der E.-von-Stein-Bank Iwan Kustiker, Nachbar der Barmats, hatte die Prozesslawine um schmutzige Kreditgeschäfte ins Rollen gebracht. Die gesamte SPD-Elite war zu Gast bei den Barmats, und Reichskanzler wie Postminister gerieten bei dieser Affäre arg ins Straucheln. Der Name Barmat wurde zum Inbegriff des »Parvenüs«. Eine »Hyäne des Weltkrieges«, der vom Zwiebelhändler zum Millionär geworden war und jetzt in seiner Villa die Sozialdemokraten mit »Burgunder vollpumpte«, damit sie seiner »Mme. de Pompadour«, einer Tänzerin aus dem Nachtlokal, das Visum verschafften. Links- wie rechtsextreme Medien nutzten solche Affären für ihre Skandalpropaganda. Dabei wurden in aller Übertreibung aus dem pfälzischen Wein schnell mal »Ströme französischen Champagners« destilliert und aus den Zusammenkünften ein Nero-Gastmahl heraufbeschworen, bei dem »Regierungsbonzen sich mästen, Villen bauen können, um mit dem Geld, das sie gestohlen, Sauf- und Freßgelage veranstalten können, mit Nackttanz und Hurenmusik ...«[32]

Ähnliches sagte man den geselligen Abenden eines Dr. Alexander Helphand nach, Waffenschieber gewiss, Spion vielleicht. Und Manager der russischen Revolution. Weitaus bekannter war der russische Schriftsteller, Verleger und Unternehmer unter seinem nom de guerre »Parvus« (der Kleine), und er hatte seine stürmischen Zeiten schon lange hinter sich. Die in den Hetzzeitungen erdichteten Skandalmärchen von Orgien mit leichtgeschürzten Mädchen entsprachen nicht dem gebrochenen, vom Tode gezeichneten Mann. Vielleicht munkelte man auch deshalb so viel über ihn, weil er einer »Schönheit der Nacht« glich: insgeheim war ein Besuch auf der Insel in den sozialistische Kreisen Pflichtprogramm, aber »Unter den Linden« hätte man ihn besser nicht gegrüßt. Bunter hätte seine Gästeliste auf Schwanenwerder nicht sein können. Bei gehobenen Dinnerparties im Stil von Familienfesten, die den höchsten Vertretern des Staates wie Philipp Scheidemann, dem preußischen Kultusminister Ernst Haenisch oder dem SPD-Vorsitzenden Otto Wels galten, pflegte er über Probleme der Weltpolitik zu dozieren. Lockerer waren die sozialistischen Kameradschafts- und Trinkabende in der Villa, veranstaltet für große und kleinere Parteifunktionäre. Provinzjournalisten oder lokale Funktionäre, die um Kredit und Zuschüsse baten, kehrten von ihm nie mit leeren Händen aus Schwanenwerder zurück.

Welchen Standard man zu erwarten hatte, wenn man in den Zwanzigerjahren zum Tee auf Schwanenwerder geladen war, beschreibt Arthur R. G. Solmssen. »Wir kamen zum Teehaus, eigentlich eher ein Pavillon auf einer Fliesenterrasse über dem Wasser, ein strohgedecktes, von schweren Holzsäulen getragenes Dach. Etwa zwanzig Leute saßen in Korbstühlen, auf mehrere Zirkel verteilt, die Frauen trugen geblümte Sommerkleider und Sommerhüte, die Männer zumeist gedeckte Straßenanzüge. Zwei Dienstmädchen mit Schürze und Häubchen reichten Tabletts mit Kuchen und Gebäck herum. Unter der Terrasse lag eine kleine schwimmende Anlegestelle [...] Die Teegesellschaft löste sich auf. Ein Paar fuhr in einem großen, wunderbar polierten Motorboot mit Matrosenbesatzung in weißer Uniform davon [...] Im funkelnden weißen Speisezimmer des Schlosses hatte man eine lange Tafel gedeckt. Tischtücher, Silber und Kristallgläser, ungeheure, mit Wolken gelber Tulpen gefüllter Vasen, durch die offenen Glastüren hereinflutendes Sonnenlicht, ein Blick auf Wasser, Segel und Himmel.«[33]

Golf-Sorgen Mit dem »Berlin Golf Club« wehte bald ein frischer Windhauch mondäner Belebung durch die abgeschiedenen Parkstraßen der Alsen-Kolonie. Eine neue Generation nicht minder exklusiver Sportler gesellte sich zum traditionellen Seglerclub. Manch potenzieller Spender wich dem Bankier Herbert Gutmann im großen Bogen aus, der durch die Lande zog, um für das neue Golf-Clubhaus »jeden Bekannten und Unbekannten zu schröpfen, wie es irgend ging«. 1926 wurde das Clubhaus eingeweiht, und um die Exklusivität auf dem Green zu toppen, ließen sich einige Celebreties wie die Schauspielerin Tilla Durieux oder Baron von der Heydt gleich dort ihr »Weekend-Haus« bauen. Eine repräsentable Bühne für Architektur- und Innendesignexperimente: Bankier Baron Eduard von der Heydt, der berühmte Besitzer des legendären Monte Verità bei Ascona, begnügte sich am Golfweg 15 mit einem Holzbungalow, den Marcel Breuer 1929 ausbaute und komplett mit seinem Bauhaus-Mobiliar ausstattete.

Clubpräsident Herbert Gutmann betonte, dass nur »große Opfer Einzelner Platz, Haus und Einrichtung« der 2 mal 18 Lochanlage ermöglicht hatten und verwies auf das »niedrige Eintrittsgeld von 300 Mark neben den Jahresbeiträgen«, die einen großen Kreis von Sportliebhabern anziehen sollten. Dieser nicht ganz so erlesene Mitgliederkreis müsse »allerdings die Gefahr in Kauf nehmen, an Sonnabend und Sonntagen nicht spielen zu dürfen«.[34] In Zeiten der Wirtschaftskrise und Arbeitslosigeit, ließ es sich die »Weltbühne« nicht nehmen, die »Sorgen eines Bankdirektors« zu kommentieren: »Aus letztem Grunde wird es vielleicht einigen Beamten der Dresdner Bank doch nicht möglich sein, erfolgreich sich dem Golfspiel hinzugeben, obwohl sie gewiß gern ein bis zwei ihrer Monatsgehälter für das niedrige Eintrittsgeld des Berliner Golfclubs aufwenden würden, schon um die soziale Vereinsstatistik ihres Chefs zu verbessern«.[35]

Licht-Spiele Einfacheren Vergnügungen als Golfspielen und Segeln gingen die Wochenend-Urlauber am Strandbad Wannsee nach. »Was für ein Motiv«, überlegte ein Gruppe von jungen Filmpionieren im Romanischen Café 1929, es war der letzten Sommer vor dem »Schwarzen Freitag«.

»Wir hatten Menschen an den Berliner Seen ..., dorthin kamen die Leute, zu Fuß und mit Autos, Sex, alles was wir wollten ...«,[36] erinnerte sich später der Regisseur Billy Wilder. Curt und Robert Siodmak, der Kameramann Eugen Shüftan, sein Assistent Fred Zinnemann, Edgar G. Ulmer und Wilder borgten sich für die Sonntage eine Kamera aus und zogen Richtung Nikolassee. Ohne Stars und Studiogeld drehte das Filmteam den

»*Menschen am Sonntag*«.

24-Stunden-Ablauf einer Weekend-Partie am Wannsee. Eine Verkäuferin, eine Filmstatistin, ein Vertreter und ein Taxifahrer verbringen den Sonntag zusammen. Sie baden, sie faulenzen, sie flirten, sie streiten. Der Film »Menschen am Sonntag« ist eine halbdokumentarische Collage aus Spielszenen und Dokumentaraufnahmen und wurde zu einem der herausragenden Werke der deutschen Stummfilm-Avantgarde. Dieses leichtsinnige »Erotik-Puzzle«, Licht-Spiel der unbekümmerten Ausgelassenheit, verbreitete den Mythos Wannsee weit mehr als manches Ölbild der Jahrhun-

»Hitlerjunge Quex« (1932).

dertwende oder Kunstgetöne der kommenden Machthaber. Die Schöpfer dieses frühen Vorläufers der »Nouvelle Vague« sollten sich bald allesamt in den Studios von Hollywood wiederfinden.

Im Film »Menschen am Sonntag« sind schon ein paar aufgehäufte Ziegelsteine der 1930 neugebauten Anlage vom »Strandbad Wannsee« zu sehen, ein genialer Wurf der Architekten Martin Wagner und Richard Ermisch. Der spannungsgeladene Bau aus gelben Klinkern und Stahlskelett, der nach der Fertigstellung jährlich rund eine Million Besucher hatte, wurde immer öfter Austragungsort von Rangeleien alteingesessener linker Badevereine und rechter Ordnungsfetischisten. Die Straßenschlachten zwischen Rot und Braun aus der Innenstadt setzten sich in der Badeidylle fort. In diesen Kampf hinein platziert wurde der Film »Hitlerjunge Quex«, einer der ersten Propagandastreifen, den die Ufa den neuen faschistischen Machthabern »schenkte«. Regisseur Hans Steinhoff hatte sich die Experimentalstreifen wie »Menschen am Sonntag« genau angeschaut. Mit perfider Intelligenz rekapitulierte er Szenen daraus und speiste damit die Antitypen der nationalsozialistischen Ideale.[37] Die freizügige Erotik der »Menschen am Sonntag« wird bei »Hitlerjunge Quex« zur zügellos busengrabschenden Bedrohung, die der unschuldige Arbeiterjunge nur als ab-

Im Zeltlager der »Kommune«.

Jürgen Ohlsen als »Heini Völker«.

stoßend empfinden kann. Seine entscheidende Initialisierung zum HJ-Hörigen geschieht während einer langen Kamerafahrt am Strandbad-Lagerfeuer: »Draußen am Wannsee im Nachtlager wird der reine Junge durch das zuchtlose Wesen der roten Genossen angewidert. Er zieht sich in die Nacht des Waldes zurück. Da wird er durch Gesang und Musik angelockt, und schleicht nach dem Schall der Töne. Durch Gebüsch gedeckt, erblickt er ein herrliches Schauspiel. Auf einem großen freien Platz hält die Hitlerjugend, geschart um ein großes Feuer, ihre Sonnenwende ab. Ordnung, Gesittung und Manneszucht fesseln den Jungen, denn sein Herz zieht zu diesen ihm Gleichgearteten. Bei nächster Gelegenheit sucht er Anschluß in der Hitlerjugend.«[38] Um die jungen Schauspieler auf seinen Stil einzuschwören, legte sich der Regisseur »mächtig ins Zeug. Der gute Steinhoff lief mit den Jungens, aß mit ihnen, balgte sich, stahl Äpfel und sang mit ihnen [...] Er lud die Gesellschaft in sein Sommerhaus an der Havel ein, er nahm »Fühlung« mit ihnen, tobte mit ihnen durch den Garten, schwamm mit ihnen, aß mit ihnen vom Kuchen.«[39] Zur Uraufführung von »Hitlerjunge Quex« mit dem dafür komponierten Lied »Die Fahne flattert uns voran« saß neben Hitler die gesamte NS-Elite in der Loge. Bald beanspruchte sie selbst einen Logensitz auf Schwanenwerder.

Flammenmeer »Alt werden wir wohl alle nicht«, [40] grübelte Goebbels angesichts einer verregneten Havelfahrt mit einem maladen Führer im Juni 1936. Doch noch überwog der düsteren Vorahnung die komödiantische Extase des Ruhms, der mit dem Erwerb eines Hauses auf Schwanenwerder gekrönt wurde: »Nun bin ich im eigenen Haus. Am See und restlos glücklich.«[41] »Restlos begeistert« ist nun auch Hitler, dem Magda Goebbels ein Gästehaus eingerichtet hatte. Zwar mischte man sich ab und zu noch unter das »dankbare Volk« bei einer »tollen Fahrt auf einem Boot der Luftwaffe«[42] oder einem »Volksfest des Kreises im Wannseebad«[43], aber die Ansprüche waren höher geworden, seitdem der »Trompeter, der auch etwas werden will« zum »Reichsminister für Volksaufklärung und Propaganda« gekürt wurde.[44] Die Tagebucheintragungen Goebbels' in den Jahren 1936/37 widmen sich neben der Politik dem Festefeiern, dem Who-is-Who seiner Gäste auf Schwanenwerder, den weiblichen Leinwandstars, die dem Propagandaminister die Ehre erwiesen, dem neuen Motorboot, »schön aber teuer«, oder dem zweisitzigen 5,4 l Mercedes-Sportwagen, mit dem er sich »stolz wie ein König« von seinem Fahrer durch Berlin chauffieren ließ.[45] Kamerateams, unterstützt von Jenny Jugo oder Heinz Rühmann, fertigten unter der Regie von Magda Goebbels Filmchen über das Leben der Kinder als Prinz und Prinzessin mit Pony und Ponywagen an. Pressefotografen wurden zur Familienidylle auf Schwanenwerder einbestellt, um über die Ehekrise der Goebbels hinwegzutäuschen.

Die Feierlichkeiten zu den Olympischen Spielen 1936 in Berlin waren Anlass zum »großen Besuchstag« bei Goebbels. Und alle kamen: »Mittags die Italiener: der Kronprinz, Alifieri und Attolico mit viel Begleitung. Es geht alles gut. Die Leute sind sehr begeistert. Kleine Bootsfahrt mit dem Kronprinzen, Magda und Alifieri.« Am nächsten Tag: »Ein indischer Maharadscha mit Fürstin. Große Bootsrundfahrt. Die Leute sind entzückt.«[46] Die Goebbels' lebten »wie ein Gott in Frankreich« indes draußen auf der Havel Ausflugsdampfer kreuzten mit Aufschriften wie »Wer beim Juden kauft, stiehlt Volksvermögen«.[47]

Wenngleich nach dem Geschmack von Goebbels in den Wochen der Olympiade in Partei und Staat »zuviel gefeiert«[48] wurde, so wusste der Propaganda-Minister auch, dass »wir damit viel für unsere Sache« tun.[49] Zum regelrechten Machtgerangel, bei dem die einzelnen Parteispitzen gegeneinander um Ruhm und Glanz wetteiferten, wurden die privaten Parties der Führungsriege. In der Zeltstadt, die Ribbentropp anlässlich der Olympiade in Dahlem aufgestellt hatte, soll Champagner wie Bier geflossen sein und ein ganzer Ochse über offenem Feuer gebraten haben. Voll waren die Gazetten vom Empfang des zweiten Mannes im Reiche, Hermann Göring,

Generalfeldmarschall Erwin Rommel besucht die Familie Goebbels.

der seine Gäste in ein regelrechtes Miniaturdorf mit Bauernhof, Scheunen und einer Kirche und Jahrmarkt einlud. Über den erstaunten Köpfen der Menschen wurden die verwegensten Fliegerkunststücke ausgeführt.

Einen Tag, bevor das olympische Fest mit gigantischem Lichtdom zu Ende ging, trumpfte Goebbels noch einmal mit seinem Fest der Superlative auf. »Der natürliche Schmuck der Pfaueninsel gab dem Fest das festliche Kleid.«[50] Den ohnehin schon unübertrefflichen Schauplatz der Havelinsel hatte Reichsbühnenbildner Benno von Arent mit »feenhafter Beleuchtung« ausgeleuchtet und dazu die Dekorationen eingerichtet. Der Festplatz wurde von bunten Lampions erhellt. Die vieltausend Lichter aus dem Geäst der uralten Buchen hatten die Form von Schmetterlingen, dort befand sich die Bar. Dazwischen leuchteten weiße Bänke. Olympische Fahnen und die flackernden Farben der Olympischen Ringe grüßten über die eigens errichtete Ponton-Brücke hinweg. Ein Ehrenspalier junger Tänzerinnen in weißen Rokoko-Pagenkostümen empfing die Gäste und überreichte den Damen an der Pforte kleine Liebesgötter aus Porzellan. Magda in einem hellen Organdy-Abendkleid und Goebbels in einem weißen zweireihigen Gabardine-Anzug machten die Honneurs vor insgesamt eintausend Gästen. Dazu zählten die Söhne Mussolinis, die Kronprinzen von Italien, Schweden und Griechenland, Zar Boris von Bulgarien, der Herzog

Joseph Goebbels auf seiner Yacht.

von Hamilton, Lord Vansittart, Lady Londonderry, dazu die nahezu komplette Reichsregierung und das Internationale Olympische Komitee mit seinem Präsidenten Graf Baillet-Latour.

Angeblich floss diesmal der echte Champagner wirklich in Strömen bei den Musikvorführungen des Landesorchesters Berlin unter Leo Spies. Nach kaltem Büffet und Begrüßung durch Goebbels wurden vom Ensemble des Deutschen Opernhauses »Tanzspiele« aufgeführt, dem »Tanz der Olympischen Ringe« folgte der »Radetzky-Marsch«, danach der »Holzpuppentanz« von Margot und Hedy Höpfner, gefolgt von alten Tänzen aus friderizianischer Zeit, leichte sommerliche Tänze aus der Zeit des Rokoko, der Kaiserwalzer und zum Schluss ein Renaissance-Ballett. Gäste, die weiter entfernt saßen, hatten den Eindruck, das Ballettkorps hätte unter der phantastischen Beleuchtung auf einem von Schwänen gezogenen Floß getanzt. Um Mitternacht kündeten Fanfaren den Beginn des Feuerwerks an. »Das Blitzen der Raketen erleuchtete den Himmel und der Donner des Feuerwerks rollte über die Havel.«[51] Der Lärm war so gewaltig, dass er dem französischen Botschafter François-Poncet wie ein »gewaltiges Artilleriefeuer« um die Ohren flog.[52] Danach ein Glühwürmchen-Idyll von tausend kleinen Lämpchen in den alten Bäumen, akustisch untermalt von Paul Lincke. Und schließlich »trat der Tanz auf drei Bühnen in seine Rechte«.[53]

Was sich währenddessen abgespielt haben soll, weiß niemand so genau. Die Fama verkündete, dass mit dem Alkoholkonsum das Benehmen der Nazirabauken ausartete. Weniger gut erzogene Herren machten Jagd auf kreischende junge Mädchen, die noch vorher mit Fackel Spalier gestanden hatten. Goebbels' Adjutanten schafften es nicht, das orgiastische Chaos in den Griff zu bekommen, es kam zu Schlägereien: »Tische werden umgeworfen, Flaschen gehen zu Bruch, Goebbels läuft ratlos hin und her, während Magda sich verschreckt zurückgezogen hat«.[54] »Es quietscht aus dem Gebüsch, es girren Mädchen und klirren Gläser. Schon graut der Morgen, aber bis gegen Mittag soll es gedauert haben, bis man den letzten Trunkenbold entfernt hat [...] So endete das Monsterfest auf der Pfaueninsel [...] Magda weint vor Scham, ihr Ehemann tobt.«[55]

Keine Anmerkung von der Monsterparty in Goebbels' Tagebuch, keine Aufzeichnung darüber bei den Botschaftern oder Korrespondenten. Allenfalls Erschrecken über den Lärm der sich ankündigenden »Kriegspropaganda« und Staunen über die hohen Kosten.[56] Übrigens achtete Goebbels darauf, solche Feste nicht aus der Privatschatulle zu bezahlen, dafür gab es eigene »Repräsentationsfonds«.

Wäre das Olympia-Spektakel auf der Pfaueninsel nicht in jene berüchtigte Orgie ausgeartet, hätte Goebbels dann ein ähnliches Fest auf der Pfaueninsel im Juli 1937 für die Tagung der Internationalen Handelskammer noch einmal abgehalten?

Leibesübungen »Heute ist die schöne Zeit in Schwanenwerder zuende. Nach Berlin, und dann auf die große Reise«.[57] Die Reise ging in den Krieg, Goebbels verzeichnete in seinem Tagebuch einen Tag darauf »im Lande die Kriegspanik«. Er und Wilhelm Keitel verteilten schon mal die Aufgabenbereiche zwischen Wehrmacht und Propagandaministerium im Kriegsfalle. Andere Bühnenausstattungen waren jetzt gefragt, und für den mondänen Zobel-Nationalsozialismus, wie ihn Magda Goebbels gern zur Schau gestellt hätte, war jetzt Schluss mit lustig. Auf der anderen Seite von Schwanenwerder zog die Reichsbräuteschule ein, deren Kandidatinnen darauf getrimmt wurden, sich nicht von »falscher Eleganz bestechen zu lassen«.[58] Nazi-Mütterchen Gertrud Scholtz-Klink, Leiterin der zuerst »Reichsmütterschule« genannten Einrichtung, mokierte sich über den privaten Lebensstil der Goebbels' und Hitlers und dessen Leibarzt Morell. Das hielt sie nicht davon ab, ihre Schülerinnen zum Tanzreigen zu Ehren des »Führers« auf die große Wiese zu treiben. Hitler durfte dann vom Balkon Morells aus dem im Zirkel getanzten »Heben, Schöpfen und Streuen« der Reichsmaiden Huld gewähren. Zur Freizeitgestaltung der Bräute gehörten die Gymnastikstunden im Garten,

Strandbad Wannsee mit Blick auf Schwanenwerder.

Blumenstecken und Basteln. Dass die Hausarbeit nicht so eintönig und langweilig erscheint, »wenn man beispielsweise die Zusammenhänge zwischen unserem Speisezettel und der großen Wirtschaftspolitik begreift«, sollten die Mädeln in den herannahenden Bombenjahren deutlich genug erfahren.[59]

Am Strandbad Wannsee bemühte sich derweil ein kleiner Mann, rot wie ein Siouxindianer, alle Strandbesucher, ob wohlbeleibt oder schlank, auf Trab zu halten. In der linken Hand hielt er ein großes Sprachrohr, in der rechten ein Tamburin, und auf seine Kommandorufe wälzten sich schnell zwanzig, dreißig buntscheckige Reihen. Gezwungen von den dumpfen Tam-Tam-Schlägen legten sie sich auf den Bauch, stützten sich auf die Unterarme und erhoben sich langsam.[60] Um jüdische Bade-Gäste kümmerten sich »Gott sei dank SA- und SS-Leute [...], die ohne Uniform, wie Gott sie erschaffen hat, da sind und sitzen.« Diese verwickelten »solche Badegäste« in eine Schlägerei, holten den Bademeister, der die Betreffenden aufforderte, das Bad zu verlassen. Draußen im Walde haben ihm dann »wackere SA-Leute [...]das Nötige eröffnet«.[61]

Zur Olympiade wurde die voreilig installierte »Juden ist der Zutritt verboten!«-Tafel noch einmal entfernt, ab 1938 war das Badeverbot für Juden gesetzlich beschlossen. Der Schwanenwerderaner Albert Speer, der von

Villa Marlier. Blick auf den Wintergarten.

einer zukünftigen Zwölf-Millionen-Metropole Berlin träumte, plante 1941 eine Erweiterung des Strandbades auf vier Kilometer Länge. Doch 1943 zogen erst einmal die Soldaten einer Luftwaffenkompanie ein, und später folgte dorthin noch die Organisation Todt.

Hotel des Grauens Die Hotels in Berlin waren auch 1941 »meist überfüllt und teuer«. Da pries ein »Befehlsblatt des Chefs der Sicherheitspolizei und des SD« ein »Hotelzimmer in Berlin« an, und die Anzeige klang wie eine Werbebroschüre für Exklusiv-Tourismus in der Alsen-Kolonie. »Vollkommen neu eingerichtete Besucherzimmer, Geselligkeitsräume, wie Musikzimmer, Spielzimmer [Billard], große Halle und Wintergarten, Terrasse zum Wannsee, Zentralheizung, fl. Wasser und allen Komfort. Im Haus befindet sich eine gute Küche, die auch für Mittag- und Abendmahlzeiten sorgt; Wein, Bier und Rauchwaren sind vorrätig. Die Tatsache, dass das Gästehaus außerhalb des Stadtkerns liegt, bedeutet für den Besuch keine Erschwerung, da ein Kraftwagen für Fahrten vom und zum Bahnhof Wannsee zur Verfügung steht. Abholung erfolgt jederzeit auf Bestellung; Anruf: 8057 […] Der Übernachtungspreis beträgt einschl. Bedienung und Frühstück 5.– RM. Es wird gebeten, von der Einrichtung des Gästehauses möglichst weitgehend Gebrauch zu machen, damit das Haus zum Mittelpunkt des kameradschaftlichen Verkehrs der auswärtigen SS-Führer […] werden kann.«[62]

Acht Wochen nach Erscheinen der Reklame, im Januar 1942, trafen sich im Gästehaus mehr als ein Dutzend Spitzenbeamte der nationalsozialistischen Verwaltungsbürokratie. Vermutlich fand die Konferenz im kostbaren Esszimmer an der Gartenseite im Erdgeschoss statt, dort, wo sich die repräsentativsten Räume des Hauses befanden. Das Esszimmer öffnete sich zum Wintergarten mit dem marmornen Brunnen. Im Hintergrund hing immer noch der Gobelin, den der erste Hausbesitzer Ernst Marlier, ein Alsen-Kolonist, 1915 aufhängen ließ. Die Konferenzteilnehmer hatten einen direkten Zugang zur Anrichte und damit zur Küche. »Die Ordonnanzen überreichten die ganze Zeit Cognac oder andere Getränke«, wird sich Adolf Eichmann vor Gericht in Jerusalem erinnern, »aber nicht dass etwa eine alkoholische Wirkung zustande kommen wäre [...] Heydrich war entspannt und zufrieden. [...] Aber jedermann gab fröhlich seine Zustimmung. Jedermann war froh, sich an der Endlösung der Juden zu beteiligen [...]«[63]. Eichmann, Heydrich und (Heinrich) Müller blieben nach der Konferenz noch eine Weile allein im Nachbarraum zurück – zur Entspannung tranken sie am Kamin einen Cognac, »nicht um zu fachsimpeln, sondern uns nach den langen, anstrengenden Stunden der Ruhe hinzugeben.« Als die »Kanaille« Heydrich[64] und die anderen nach Hause schwankten, müssen sie noch des Reichtums und der Pracht der Herr-

Villa Marlier Vom Wasser aus gesehen.

schaftsvillen mit all den Erkern und Türmen um sie herum gewahr geworden sein. Zeugnisse einer selbstsicheren jüdischen Kultur von Großbürgern, die nur für eine kurze Phase in der deutschen Geschichte möglich war. Die Erbauer ruhten zum Teil schon in monumentalen Grabstellen auf dem Wannseefriedhof in der Lindenstraße. Sie hätten es nie für möglich gehalten, dass ihre Freunde und Bekannten in Deutschland einmal Opfer einer staatlichen Vernichtungsmaschinerie werden sollten. Auch ihre Kinder – und ihre Enkel.

Bombenstimmung Am 14. April 1945 schwebten zweihundert Flugzeuge über der Havel. Es war einer jener strahlend-warmen Frühlingstage, die den Wannsee silbern glänzen ließen. Die viermotorigen Bomber brachten der Preußischen Residenzstadt Potsdam einen Feuersturm, wie man ihn von den Bildern aus Hamburg oder Dresden kennt. Die historische Altstadt wurde ausgelöscht, in den Ruinen barg man fünftausend Tote. Über den ganzen Wannsee bis zur Pfaueninsel regnete es Asche. Strand und Wiesen waren mit einem weißlichen Flaum von Ruß bedeckt. Die Insel Schwanenwerder lag verwaist im See, die Nazi-Prominenz war längst getürmt.

»Wieviel Bomben und Granaten müssten in die Wanne dieses Sees fallen, um ihn aus der Natur zu schleudern?«,[65] brütete ein Chronist angesichts des Getümmels am Wannsee 1947. Bereits ein Jahr nach dem Inferno glitten schon wieder die Segelboote über den See, Sonnenhungrige trieb es nach dem mörderischen Überwintern auf die intakten Terrassen des Strandbades. In den ersten Nachkriegsjahren strömten 40000 Sonnenhungrige durch aufgehäufte Trümmer, zerstörte Straßen und über behelfsweise reparierte Brücken mit der S-Bahn nach draußen. Für alles gab es Marken, Kekse und belegte Brote und gegen Pfand Badehose und Liegestühle. Das Publikum war »wie alles in Berlin, international«.[66] Am Strandbad übte man das Zusammenleben mit den Alliierten. Aus den Hallen des Wannseebades, die von Amerikanern belegt waren, und aus den Offiziers-Casinos in den vornehmen Wannseevillen war ein neuer Groove für die marschmusik-getrimmten Deutschen zu vernehmen.

In die Schwanenwerder-Villa des Chemieindustriellen Max Baginski zog General Eisenhower ein, er und seine Crew bereiteten sich hier auf die Potsdamer Konferenz vor. Nach ihrem Dienst relaxten dort die hohen Offiziere, wo sie einen weiteren Gebäudeteil zum »Lakeside Club« umgestaltet hatten. Die Wachen von General Robert McClure, der das beschlagnahmte Gartenhaus von Heinz Rühmann bewohnte, brachten sämtliche Boote auf ihre Seeseite am Großen Wannsee. Irgendwie gelang es ihnen,

Freizeitvergnügen 1947 (Foto: Friedrich Seidenstücker).

die Motoren zu reparieren, um mit deutschen Fräuleins den See rauf und runter zu rasen. In der Goebbels-Villa spielten die GI's ein bisschen Krieg. Viel blieb bei diesen Truppenübungen von der russengeplünderten Villa nicht übrig, die Dachsparren taugten gerade noch als Laternenpfähle zur sicherheitsbedingten Festbeleuchtung des Eisenhower-Islands. »Schließ die Badehose ein, laß das Baden lieber sein, denn am Wannsee schießt der Ami«, tönte es bald von der ostdeutschen Seite herüber, die mit ihrer Anti-Kolportage von Conny Froboess' Wannsee-Schlager die Besucherströme aus dem Osten ins westdeutsche Strandbad eindämmen wollte.

Zeit der Zelte Was sollte der Berliner Magistrat mit einer Insel anfangen, deren braune Elite sang- und klanglos verschwunden war, und die mit ungeklärten jüdischen Eigentümerfragen noch aus glanzvolleren Tagen behaftet war? Ein Jahr lang prangte am Eingang von Schwanenwerder das Schild »Erholungsstätte für die Opfer des Faschismus«, doch zunächst mussten die Alliierten untergebracht werden. Dann, Anfang der Fünfzigerjahre, wollte man das Thema Faschismus lieber vergessen. Eine klaffende Wunde im Paradies? Aus dem Insel-Opfer wurde also nichts. Doch für Kinder- und Jugenderholungsstätten waren die verlassenen Anwesen der Insel bestens geeignet. Das Grundstück Inselstraße 19–22, einst im Besitz der Reichskanzlei, wurde kurzzeitig »Som-

Ferienfreuden auf Schwanenwerder. Broschüre des Jugendheimes Tempelhof.

meraufenthalt für Insulanerkinder«. Die jüdische Eigentümerin Alma Berta Solmssen verkaufte ihren 1954 rückübertragenen Besitz noch im gleichen Jahr, das Grundstück wurde zum ständigen Jugenderholungsheim des Bezirks Tempelhof. Albert Speers Inselbeute ging durch die rechtmäßige jüdische Besitzerin Marie-Anne Goldschmidt-Rothschild zurück an das Land Berlin, welches das Grundstück an den Bezirk Steglitz für ein Sommerzeltlager verpachtete. Auf der Tanzwiese der Reichsbräute feierte mal die Schöneberger, Neuköllner oder Zehlendorfer Ferienschar. »Kinder in Luft und Sonne« hieß das Programm und lockte an guten Tagen bis zu 700 Zöglinge von vier bis achtzehn Jahren auf das Eiland. Jährlich überquerten bis in die Achtzigerjahre 5000 Kinder die beschauliche Insel zur Erholung. Sommergäste, deren Eltern sich in der Regel keinen Urlaub auf Rimini oder Mallorca leisten konnten.

Solch ein Massenandrang schrie nach Konfrontation mit einer handvoll erlesener Neubewohner, die sich seit den Sechzigerjahren wieder den Luxus einer abgeschiedenen Idylle gönnen wollten. Prominenteste Bewohner waren Axel und Friede Springer, die an diesem Krieg der Insulaner gegen die Ferienlager allerdings nicht teilnahmen, in Berlin-Kreuzberg tobten um ihr Verlagshaus ganz andere Schlachten. Der Verleger hatte sich einen luxuriösen Pavillon aus Glas geschaffen, an dessen Linien Mies van der Rohe seine Freude gehabt hätte.[67] In der Tradition der ersten Wannsee-Siedler umgab sich Axel Springer mit Bildern der Berliner Secession, Porzellan, Silber, wertvollen Bibliotheken und Pretiosen aus dem Besitz Friedrich des Großen. An die Tradition der großen Gesellschaftsabende knüpften die Gastgeber Springer mit ihren Hauskonzerten an, zu denen Politiker, Künstler und Unternehmer kamen, die im öffentlichen Leben Rang und Namen hatten. Doch hatten die Springers es gar nicht nötig, in eine »Bürgerinitiative Schwanenwerder« einzusteigen, die sich zum Ziel setzte, »die derzeitige Nutzung der landeseigenen Grundstücke für unzulässig« zu erklären. Gemeint waren die Ferienlager, mit ihren Motorradrallyes und nächtlichen Parties, über deren Lärm, Gestank und andere Unannehmlichkeiten sich die Insulaner empörten. In ihren Augen der fortwährende Rechtsbruch auf einer Insel, die zu Nazizeiten als reines Wohngebiet ausgewiesen wurde. Ob Axel Springer Einfluss nahm auf den mit äußerster Radikalität geführten Rechtsstreit, der von der Presse in die Öffentlichkeit getragen wurde? Schließlich gingen da ein paar »Privilegierte« auf »Volle Breitseite gegen Kinder«,[68] weil sie offensichtlich um die »Wertminderung« ihrer Grundstücke bangten. Die Kontroverse wurde mit einem Vergleich beigelegt, der 1988 zum Bebauungsplan X-149 führte und eine Zusammenlegung aller Jugenderholungsgrundstücke auf dem südlichen Teil der Inseln vorsah. Endgültigen Frieden brachte dieser Plan nicht, zumal das Bezirksamt Steglitz dem Bebauungsplan von Gebäuden im Landhausstil widersprach und auf seiner Zeltstadt beharrte.

Am 10. Juli 2002 hatte das »Jugend-Camp Schwanenwerder« hohen Besuch. Otto Schily und die Presse besuchten das von der Berliner Feuerwehrjugend organisierte Zeltlager. Eingeladen waren die Kinder von New Yorker Feuerwehrleuten, die beim Terroranschlag am 11. September 2001 ums Leben gekommen waren. Der Wannsee zeigte sich von seiner schönsten Seite, 34 Grad, »Sonnenschein ohne Ende, wunderbares Wetter, die Laune war auf dem Höhepunkt, keine einzige Wolke am Himmel«. Die Kinder aus Amerika, die eine anstrengende Tour von Stadtbesichtigungen hinter sich hatten, waren nach dem Abmarsch des Presserummels zum ersten Mal unter sich. Einige baten darum, im sommerlichen Zeltlager übernachten zu dürfen. Doch die erwachsenen Verwandten wollten die Kinder nicht allein lassen, hatten diese doch gerade ihre Väter verloren. Sie fuhren zurück in die Stadt zum Hotel. Es verblieben am Strand 250 Kinder aus ganz Deutschland. Die Berliner Feuerwehr stöhnte über das Wetter, aber der Abend sollte laut Wetterbericht Abkühlung bringen. Die Segler am Wannsee freuten sich über das kleine Lüftchen, das ihre Boote wieder in Fahrt brachte. Beunruhigend war die schwarze Wasserwand, die sich ganz plötzlich auftat, als »ob eine Hand ein schwarzes Tuch über den See gezogen hätte«.[69] Das Tief »Anita« braute genau über dem Wannsee eine explosionsartige »Superzelle« zusammen, die im Minutentakt losschlug.

10. Juli 2002: Die Feuerwehr war machtlos.

Solch einen Sturm hatte Berlin-Brandenburg noch nicht erlebt. Ein Orkan schwemmte in meterhohen Wellen, wie man sie nur vom offenen Meer kennt, die Segler aus ihren Booten. Die Feuerwehrkinder auf Schwanenwerder beobachteten eine merkwürdige Totenstille: Nichts. Kein Vogelgezwitscher. Und dann fegte eine Windböe mit einer Geschwindigkeit von bis zu 152 km/h durch den Campingplatz.[70] Mächtige Weiden, Erlen und Eichen, mit ihrem Laub aufgetakelt wie Segel, wurden einfach entwurzelt oder knickten um wie Streichhölzer. Den meisten Jugendlichen des Zeltlagers war es gelungen, sich auf einer offenen Wiese zu versammeln, um dann in einer alten Bunkeranlage Schutz zu finden. Lang, lang blieben die Kinder unter sich, die Wasserschutzpolizei konnte nicht übersetzen, und der Feuerwehr blockierten die umgefallenen Bäume die Zufahrt. Im Laufe der Nacht wurde die Befürchtung zur Gewissheit: zwei Jugendliche hatten es nicht geschafft. Ihr Zelt lag genau unter dem Knotenpunkt drei, vier zusammenstürzender Bäume. Seit dem tödlichen Unglück ist dieser Ort der Kindererholung gesperrt. Zeltlager wie in den Jahrzehnten zuvor wird es hier wohl nie mehr geben.

Restauration Seine Beine waren offen und die Gelenke spröde. Der Flensburger Löwe, den Wilhelm Conrad als Symbol der Alsen-Colonie hatte aufstellen lassen, hatte 140 Jahre allen Unwettern getrotzt und viel Raubbau und Zerstörung in der einst prächtigen Villenkolonie mit ansehen müssen. Jetzt war er selbst müde geworden, die Blechstreifen, die den Bronzekoloss zusammenhielten, waren korrodiert und das Material darunter zerfressen. Das Landesdenkmalamt Berlin erbarmte sich seiner, und mit der Hilfe großzügiger Stiftungen konnte der restaurierte Löwe mit neuem Stützkorsett und Schwanz im September 2005 wieder an seinem Platz am Heckeshorn aufgestellt werden. Ein feierliches Feuerwerk und festliche Veranstaltungen umrahmten die Übergabe an die Bevölkerung. Vom Hügelhang herab am Westufer des Großen Wannsees prunkt der Löwe, von acht Schinkel-Leuchten eingerahmt, Tag und Nacht über die Havelseenkette. Auch wenn die Spekulationswut der Siebzigerjahre das großbürgerliche Ensemble der Alsen-Kolonie weitgehend zerstört hat, gibt es die Bemühungen, das Wenige zu retten, das noch da ist. Bürgerinitiativen verfolgen aufmerksam die Brandstiftungen, die alte Bausubstanz dem Denkmalschutz entziehen wollen und kommentieren kritisch die Ausweidung der Villa Ende in der Conradstraße 13. Der Architekturhistoriker Julius Posener setzt sich für einen Erhalt der Liebermann-Villa als Stätte der Erinnerung an den großen Maler und Ehrenbürger der Stadt ein. Um einen kompletten Eindruck der Gründerzeitpracht zu erhalten, besinnt man sich inzwischen auch auf die künstlerische Bedeutung der Gärten, die nach architektonischen Prinzipien der Renaissance und des Barock mit Einflüssen von Bauern- und Klostergärtentraditionen um die Villen angelegt wurden. Zwei dieser Ensembles, die nach gartendenkmalpflegerischen Prinzipien in der Alsen-Kolonie wieder hergestellt wurden, sind dem Besucher öffentlich zugänglich. Es ist der rekonstruierte Obst- und Blumengarten der Villa Marlier, Gedenkstätte des Hauses der Wannsee-Konferenz, und das wieder bepflanzte »Gartenparadies« des Malers Max Liebermann. Über die politische Durchsetzbarkeit im Sinne eines »Conradschen Regulativs« zur denkmalpflegerischen Erhaltung der noch bestehenden Alsen-Gärten machen sich Johannes Heinisch Tilmann und Horst Schumacher Gedanken. Zu den erhaltenswerten Anlagen gehört für sie auch der Garten Eduard Arnholds.[71]

In der Tradition der großbürgerlichen Wannsee-Geburtstagsfeiern von Max Liebermann, zu der einst alles kam, was Rang und Namen hatte, veranstaltet die Galerie »Mutter Fourage« alljährlich am 20. Juli ein Gedenk-Fest zu Ehren des Meisters. Der heutige Besitzer, Schauspieler und Enkel des Futtermittelhändlers Fourage, hat mit seiner umgebauten Remise und der Scheune ein märkisch-mittelmeerisches Ambiente geschaffen. Eine dichte Veranstaltungssaison, gerahmt von üppigen Marktfesten im Frühjahr und Herbst, ist das Herzstück der Unternehmung. Mit Ausstellungen, Konzerten, Lesungen und Theatervorstellungen widmet sich der einhundertjährige Fouragehof mit Vorliebe Kunst- und Kulturthemen, die dem südwestlichsten Teil Berlins ihre Hommage erweisen.

Ganz im Brauch der großen Wasserkorsi der ersten Seglervereine steht die Veranstaltung »Wannsee in Flammen«. Sie findet Ende September statt, Bootsvereine und Schifffahrtsgesellschaften kreuzen dann nachts mit Feuerwerken über den Wannsee und tauchen die Landschaft in ein Meer aus Licht und Farbe.

Eine der skandalösesten Denkmal-Vernachlässigungen zeichnete sich am »Lido von Berlin«, dem größten Binnenseebad Europas ab. »Man badet in dieser Ruinenlandschaft und tut so, als ob nichts sei«, beobachtete Tagesspiegel-Journalist Harald Martenstein. Das Strandbad Wannsee war zum sichtbaren Inbegriff der »Verslumung einer Stadt verkommen, die sich selbst nicht liebt und ihre eigene Schönheit missachtet [...]Was ist das für ein Signal an ihre ›stinknormalen Bürger‹ von einer Stadt, die sich nur um den Bau-Boom für die Neu-Reichen in Berlin-Mitte kümmert?«,[72] fragt Martenstein. Im Dickicht der Berliner Verwaltungen wurde die Verantwortung für dieses »Denkmal des Freibadens als Massenbewegung« so lange hin und her gewälzt, bis das Strandbad zuletzt aussah wie eine Kriegsruine, die es allerdings niemals war. Der Initiative der »Stiftung Denkmalschutz Berlin« und ihren privaten Geldgebern ist es zu verdanken, dass die Anlage 2007 zu ihrem hundertjährigen Jubiläum wieder in altem Glanz erstrahlen soll. Das wird diese jetzt schon so citynahe »Beach-Destination« mit »Meeresatmo« für Produktplacement und Promotion-Parties noch attraktiver machen. Über Mangel an Badegästen wird sich das Strandbad in den nächsten Jahren ohnehin nicht beklagen müssen. Hatte man doch schon in den Zwanzigerjahren des letzten Jahrhunderts beobachtet, dass unabhängig von der Häufigkeit der Sonnentage die Warteschlangen dann länger wurden, wenn die Arbeitslosenzahlen in die Höhe schnellten.

In ihrer glanzvollsten Zeit, zum Ausgang des 19. Jahrhunderts, feierte die Kolonie Alsen ein pompöses Fest anlässlich ihres 25-jährigen Bestehens. Mit einer eigenen Dankes-Hymne ließen die Alsen-Bewohner ihren Gründer Wilhelm Conrad hochleben. Zur Melodie »Strömt herbei, ihr Völkerscharen …« sangen die Kolonisten einen neuen Text:

»Strömt herbei, ihr Wannseaten, stimmet an den Lobgesang!
Bringt dem Schöpfer großer Taten Lorbeern, die er sich errang!
Dem das Große ist gelungen, was ihm Seherblick verhieß,
der den märkschen Sand bezwungen, schuf aus Sand ein Paradies …«[73]

Wannsee in Flammen.

Strandkorb-
Vermietung

Fest des Berliner-Ruder-Clubs am Wannsee 1934.

Im Frühjahr 1933 hissten Mitglieder eines Zehlendorfer SA-Sturms auf dem Wasserturm der Insel Schwanenwerder eine Hakenkreuzfahne, exakt zwölf Jahre später, am 28. April 1945 war der Südwesten Berlins in sowjetischer Hand. Wannsee kapitulierte am 2. Mai nach einem sinnlosen Endkampf, der über 900 Menschenleben kostete.

Auch in den zwölf Jahren der Nazidiktatur blieb das Gebiet rund um Wannsee, Nikolassee und Schlachtensee natürlich eine bevorzugte Wohngegend, nur hatte sich die Struktur der Bewohner grundlegend verändert. Seit der Jahrhundertwende hatten sich Kaufleute, Bankiers, Unternehmer, Warenhaus- und Fabrikbesitzer hier angesiedelt, jetzt zog es die braunen Würdenträger und ihre Chargen aus der Hektik der Hauptstadt an die »neuen Ufer«: Reinhard Heydrich, Albert Speer, Dr. Joseph Goebbels, Prof. Theo Morell, Wilhelm Stuckart und Walther Funk.

In der Lindenstraße 12 nahm Hermann Esser Quartier. Esser, der Hitler schon 1923 als »deutschen Mussolini« bezeichnete, gehörte neben Anton Drexler und Gottfried Feder zu den frühesten Gefolgsleuten seines Führers und fungierte – lange vor Joseph Goebbels – als Reichspropagandaleiter der NSDAP. Für den getreuen Esser hatte Hitler im »Dritten Reich« jedoch keine Verwendung mehr, er wurde – nicht zuletzt aufgrund seines skandalträchtigen Privatlebens – auf den Posten eines Staatssekretärs für Fremdenverkehr abgeschoben.

Die Petzower Straße 8 war die Adresse von Peter Hansen. Der ehemalige Oberleutnant der Reichswehr begann seine SS-Karriere im April 1933 als Obersturmbannführer und baute im Auftrag von Sepp Dietrich, Führer der Leibstandarte »Adolf Hitler« und Panzerfetischist, das Artilleriesystem der Waffen-SS auf. Er galt als enger Vertrauter Paul Haussers, des späteren SS-Oberstgruppenführers und Chefs der Division »Das Reich« der Waffen-SS.

Aus Bremen zog es den jungen Journalisten Gunter D'Alquen nach Berlin. Zunächst wohnte er in der Friedenauer Ahrweiler Straße, nach einem kräftigen Karriereschub in der SS siedelte er sich im Nikolasseer Kronprinzessinnenweg an. Heinrich Himmler berief den 25-jährigen im März 1935 zum Hauptschriftleiter des »Schwarzen Korps«, der »Zeitung für die Schutzstaffeln der NSDAP«. Den Einfluss dieser Zeitung beobachtete Gottfried Benn, dessen »Ausgewählte Gedichte« vom »Schwarzen Korps« als »widernatürliche Schweinereien«[74] verunglimpft wurden, während einer Göttinger Dienstreise: »Diese Zeitung hängt ja jetzt überall in Kästen aus und wird viel gelesen. Ich hatte in der Göttinger Universität zu tun, da hing es, es war gerade Pause und die Studenten standen alle es lesend herum. Hätten sie geahnt, wie nahe ihnen der Teufel in Person stand, sie hätten eine Kerze angezündet.«[75] Das Blatt schürte »mit missionarischem Eifer Woche für Woche die Intellektuellen-, Kirchen- und Judenfeindschaft«[76] und war in seiner abstoßend rüden Diktion dem »Stürmer« Julius Streichers ebenbürtig.

Während der Zeit des »Dritten Reiches« schlugen auch viele Ämter und Reichsdienststellen ihre Zelte in Wannsee und Nikolassee auf. 1938 hatte der Zehlendorfer Architekt Eduard Jobst Siedler im Auftrag des Reichsluftfahrtministeriums die Anlage für die Reichsluftschutzschule Am Großen Wannsee 80 entworfen.[77] Das Anwesen entsprach in seiner Grundform der gleichzeitig errichteten »Kameradschaftssiedlung«: dächerbetonte Reihen- und Siedlungshäuser und kurvige Wegeverläufe. Neben den Unterkünften für die Mannschaften entstanden auf dem 500000 Quadratmeter großen Areal ein Schulgebäude mit Eingangshalle, ein Wohlfahrtsgebäude sowie Hörsäle, Verwaltungsgebäude und Garagen. Am 11. Mai 1939 berichtete der »Völkische Beobachter« über die pompöse Einweihungsfeier der Reichsluftschutzschule, zu der Deutschlands Oberförster, Oberjäger und Oberflieger Hermann Göring höchstselbst erschienen war. »Das deutsche Volk muss ein Volk der Flieger werden«, beschwor er die angehenden Reichsluftschützer, die in den nächsten Jahren noch sehr viel Arbeit bekommen würden. In der unmittelbaren Umgebung war man über die reichsluftschützenden neuen Nachbarn allerdings wenig begeistert. Es häuften sich Beschwerden über den Lärm und den Gestank der in der Frühe startenden Autos und Omnibusse, deren Fahrer mit langem Hupen die Mannschaften zusammentrommelten. Die Klagen wurden allesamt mit der Begründung abgewiesen, dass »Nachbarrechte gegenüber Betrieben, die der Volksertüchtigung dienen, beschränkt werden können«.[78]

Ab 1944 wurde das Gelände der Reichsluftschutzschule auf Befehl Hermann Görings »für den kriegsentscheidenden Einsatz« als Dienstelle des Luftwaffenbefehlshabers Mitte genutzt. Da die Räumlichkeit für diesen aufgeblähten Apparat nicht ausreichte, sollten zusätzlich elf Büro- und Unterkunftsbaracken sowie ein finnisches Blockhaus gebaut werden. Allerdings waren diese Häuser nur für die Kriegsdauer vorgesehen, man errichtete sie unter weitgehender Schonung des Waldbestandes auf Pfahlrosten. Das Blockhaus wurde in zusammengesetzten Einzelelementen als »Original Finnhaus« von Finnland nach Berlin geliefert und auf dem Grundstück Am Großen Wannsee 70 aufgestellt. Bis zum Kriegsende wohnte hier der Fliegergeneral Hans-Jürgen Stumpff mit seinem Adjutanten.[80]

Am anderen Ufer des Wannsees steht die Villa Am Sandwerder 5. Als Walter Höllerer 1963 hier das Literarische Colloquium Berlin gründete, entwarf er es »als zentralen Punkt auf der Landkarte der deutschsprachigen Literatur«. Das Haus ist heute eine der wichtigsten Berliner Adressen für Autoren und Leser, aber seine »literarische Tauglichkeit« hatte dieses Gebäude schon Jahrzehnte zuvor unter Beweis gestellt. Hier, in der »imitierten Ritterburg«, lebte einst Carl Zuckmayer und schrieb seinen »fröhlichen Weinberg«. 1934 hatte der jüdische Ingenieur Paul Rosin das Haus erworben, musste es aber bereits ein Jahr später wieder veräußern. Rosin emigrierte, neue Besitzerin wurde die Reichsmarine. Unter strengster Geheimhaltung richtete sie auf dem Grundstück eine Versuchsstation für ein neues U-Boot-Projekt ein. Zu diesem Zweck wurde das Atrium der Villa zu jenem großen Saal ausgebaut, der heute noch als Versammlungsraum dient.[81] Es musste Platz für das Aufstellen mysteriöser großer Wannen und sonderbarer Holz- und Metallmodelle geschaffen werden.

Nach dem Abschluss des Flottenabkommens zwischen dem Deutschen Reich und Großbritannien, in dem 1935 eine Begrenzung der Aufrüstung für die Marine vereinbart wurde, übernahm der junge Fregattenkapitän Karl Dönitz im Auftrag Adolf Hitlers den Neuaufbau der deutschen U-Boot-Flotte. Sein Chef Erich Raeder, der Oberbefehlshaber der Marine und spätere Großadmiral, hatte bis zu seiner Demissionierung 1943 nie ein Hehl aus seiner Abneigung gegen die U-Boot-Waffe gemacht. Dönitz' Idee war es nun, ein effizientes Ein-Mann-U-Boot zum kamikazeähnlichen Einsatz gegen feindliche Schiffe zu entwickeln.[82] Hitler gefiel diese Idee, er ließ Dönitz gewähren, aber ein äußerst kritischer Erich Raeder schaute skeptisch auf das geheimnisvolle Treiben am Wannsee. 1943 konnte Dönitz zwar Raeders Erbe als Marinechef antreten, seine Ein-Mann-U-Boote brachten ihm jedoch wenig Kriegerglück. Die Typen »Biber« und »Molch«, mit zwei Torpedos ausgerüstet, waren zehn Meter lang, und die enge, mit Hebeln, Pedalen und Schaltknüppeln vollgestopfte Zentrale der

Gertrud Scholtz-Klink.

Boote ließ erahnen, was die U-Boot-Fahrer ausgestanden haben müssen. 390 Boote wurden gebaut, aber sie waren nicht ausgereift.[83] Die meisten gingen schon vor dem Einsatz aufgrund technischer Probleme verloren, manche auch bereits im Hafen bei der Ausfahrt.

1937 erwarb das Deutsche Frauenwerk e. V., Reichstelle Berlin, das Grundstück Inselstraße 38 auf Schwanenwerder. 165 000 Reichsmark kostete das geteilte, nun 11 700 Quadratmeter große Anwesen, auf dem die Reichsfrauenführerin Gertrud Scholtz-Klink die »Reichsbräuteschule« einrichten ließ.[84] Unverzüglich begannen die Umbauten des Wohnhauses, das Wirtschaftsgebäude wurde zum Lehrkräftehaus ausgebaut. In der Reichsbräuteschule wurden vor allem die Verlobten von SS-Mitgliedern und NSDAP-Funktionären ideologisch geschult und auf die »neuzeitliche« Ehe vorbereitet. Jeweils 25, dem »Bund Deutscher Mädel« angehörende, junge Frauen durften an den sechswöchigen Kursen »zur Heranbildung tüchtiger deutscher Hausfrauen und Mütter« teilnehmen und die »innere Sammlung für den schönsten und schwersten Frauenberuf«[85] erfahren. Die innere Sammlung begann morgens pünktlich 6.25 Uhr mit dem Wecken, es schloss sich eine »Frühgymnastik« an. Der Tag war ausgefüllt mit Hausputz, Küchendienst, Kochen, Säuglingspflege, Wäschewaschen, Basteln, Blumenstecken und Gartenarbeit. Alles wurde begleitet von ideologischem Drill, und wenn sich die Reichsbräute zum Nähen und Stricken im Garten versammelten, wehte der Klang teutonischer Gesänge über die Insel.

Einen äußerst hohen Stellenwert hatte das Grundstück Inselstraße 19–22. Der Chef der Reichskanzlei, SS-Obergruppenführer Hans Heinrich Lammers, führte selbst die Verkaufsverhandlungen mit der Besitzerin

Alma Bertha Solmssen und nahm die Beurkundung des Kaufvertrages vor. Für nur 250000 Reichsmark erwarb die Reichskanzlei das Anwesen, im Gegenzug für diesen Spottpreis durfte die bisherige Hausherrin gemeinsam mit ihren Söhnen Kurt Arthur und Max Arthur 1939 Deutschland verlassen.[86] Lammers wollte Villa und Grundstück für Hitler persönlich reservieren, allerdings hat dieser dort nie gewohnt. So blieb das schlossähnliche Haus bis Kriegsende ungenutzt, allerdings war im geräumigen Pförtnerhaus der Villa zeitweise die »Führerschule« des »Nationalsozialistischen Kraftfahrer-Korps« (NSKK) eingerichtet. Diesen paramilitärischen Kampfverband gründete 1931 Adolf Hühnlein, SA-Obergruppenführer und Chef des Kraftfahrwesens der SA und baute ihn nach der Machtergreifung der Nazis zum zentralen Instrument der »Gleichschaltung« auf dem Automobilsektor aus. Die Hauptaufgabe des NSKK bestand in der Förderung der allgemeinen Motorisierung nach dem Leitspruch: »Je höher der Stand der Motorisierung, desto stärker die Abwehrkraft der Nation«.[87] Nach dem »Führerprinzip« organisiert, gliederte sich das NSKK, das seine Mitglieder mit eigenen Uniformen ausstattete, in vier Motorobergruppen, drei Motorgruppen und 21 Motorbrigaden, die sich wiederum in Motorstandarten, Motorstaffeln und Motorstürme unterteilten. Während des Zweiten Weltkrieges wurde das NSKK in den besetzten Ostgebieten als Hilfspolizei

Reichsbräuteschule.

Inselstraße 20.

eingesetzt. Bei seiner Aufgabe, »das Hinterland zu befrieden«, machte sich das NSKK schwerster Verbrechen schuldig und war an Massenerschießungen und Deportationen unmittelbar beteiligt.[88]

Im Mai 1938 entstand die »Organisation Todt«, als Adolf Hitler den Ingenieur Fritz Todt mit den Bauarbeiten für den so genannten »Westwall« beauftragte. Todt, der sich als »Baumeister der deutschen Autobahnen« bewährt hatte, erarbeitete für seine Organisation ein effektives Zusammenwirken von Bauverwaltungen, privaten Baufirmen und dem »Reichsarbeitsdienst« (RAD). Aus kleinsten Anfängen entwickelte sich schnell eine der kriegswichtigsten Institutionen, nach dem Bau des Westwalls und dem Beginn des Zweiten Weltkrieges war aus der Organisation Todt eine militärisch gegliederte Bau-Armee geworden. Todt, inzwischen Reichsminister für Bewaffnung und Munition, hatte sämtliche Bauformationen der Wehrmacht in seine Organisation übernommen. Ihre Mitglieder trugen olivgrüne Uniformen und unterstanden einer militärischen Dienstpflicht. Ab 1943 mussten auch Zwangsarbeiter und Kriegsgefangene unter schwersten Bedingungen auf den Baustellen der Organisation Todt arbeiten. Ende 1944 zählte sie rund 1360000 Arbeitskräfte, von denen nur etwa 60000 Deutsche waren.[89] Ab 1943 wurden Abschussbasen für die in der Entwicklung befindlichen »Vergeltungswaffen«, besser bekannt als

Flugbombe »V 1«, Fernrakete »V 2« und Langrohrkanone »V 3« gebaut, gleichzeitig begann der Einsatz der Organisation Todt zur Behebung von Luftangriffsschäden im Reichsgebiet, zum Ausbau von Luftschutzanlagen für die Zivilbevölkerung sowie zur Errichtung von unterirdischen Rüstungsbetrieben.[90] Nach dem Tod von Fritz Todt verlegte die Organisation 1943 ihren Sitz auf das Gelände des Strandbades Wannsee. Todts Nachfolger als Minister wurde Albert Speer.

1915 hatte sich Ernst Marlier, erfolgreicher Kaufmann und Fabrikant, einen Traum erfüllt. Auch er war den Verlockungen der »neuen Ufer« erlegen, und so ließ er sich unmittelbar am Rande der alten Colonie Alsen eine prachtvolle, repräsentative Villa errichten. Lange währte jedoch sein Wannseeglück nicht. Bereits 1921 verkaufte Marlier den Prunkbau mit der Adresse Am Großen Wannsee 56–58 an den Industriellen Friedrich Minoux. Dieser konnte nach wilden Finanz-Spekulationen, windigen Firmenübernahmen und Betrügereien ein beachtliches Vermögen anhäufeln, das ihm auch den Kauf der Villa ermöglichte. Innerhalb weniger Jahre hatte Minoux eine schwindelerregende Karriere im Hugo-Stinnes-Konzern gemacht und 1919, mit gerade einmal 42 Jahren, den Posten des Generaldirektors übernommen. Als Deutschnationaler am äußersten rechten Rand hatte er enge Kontakte zu radikalen Wehrverbänden und Freikorps und hielt auch Verbindungen zum ehemaligen Generalquartiermeister des deutschen Heeres Erich Ludendorff, dem im November 1923 in unheiliger Allianz mit dem Weltkriegsgefreiten Adolf Hitler in München die »nationale Erhebung« misslingen sollte, die dann als marginaler »Hitler-Putsch« in die deutsche Geschichte einging. Im Vorfeld dieser von Inkompetenz getragenen und in Trapper-und-Indianer-Manier durchgeführten »Bierkellerrevolte« suchte Ludendorff oft die Nähe zu Minoux, wohl in der Hoffnung, im Falle eines Erfolges der »Revolution« die deutsche Stahlindustrie auf seine Seite ziehen zu können.

In den Folgejahren arbeitete Minoux weiter hart an seinem Ziel, einer der einflussreichsten und wohlhabendsten Männer Deutschlands zu werden. Dafür nutzte er alle Tricks, alle krummen Wege und jegliche Möglichkeiten des Betruges. 1940 sollte ihm dies endlich zum Verhängnis werden. Es half ihm nichts, dass er seit 1933 gemeinsam mit Hermann Göring, mit dem späteren Generalgouverneur und »Schlächter von Krakau« Hans Frank sowie mit dem Justizstaatssekretär Roland Freisler der »Akademie für Deutsches Recht« angehörte. Und es halfen ihm am allerwenigsten seine guten Verbindungen zur SS, denn ausgerechnet der »Schwarze Orden« hatte ein Auge auf Minoux' Villa am Wannsee geworfen. Minoux wurde im Sommer 1940 wegen »fortgesetzter Untreue« verhaftet, sein Anwesen ging in den Besitz der von Reinhard Heydrich gegründeten »Stiftung Nordhav« über. Dem Chef des Reichssicherheitshauptamtes schwebte ein »Gästehaus« zur Unterbringung auswärtiger SS-, SD- und Polizeiführer vor, und in Minoux' Prachtvilla hatte er endlich die perfekte Immobilie gefunden. Die erste und zweite Etage wurden umgebaut, Teile der wertvollen Einrichtung übernommen, der »Mittelpunkt des kameradschaftlichen Verkehrs der auswärtigen SS-Führer« war geschaffen.

Am 20. Januar 1942 wurde die Villa Am Großen Wannsee 56–58 Schauplatz einer Beratung, die als »Wannsee-Konferenz« einen der unheilvollsten Punkte der deutschen Zeitgeschichte setzte. Auf Einladung Reinhard Heydrichs diskutierten hochrangige Vertreter der SS und der deutschen Verwaltung die »Endlösung der Judenfrage«. Thema dieser »Besprechung mit anschließendem Frühstück« war die Zusammenarbeit aller an der »Endlösung« beteiligten Reichsdienststellen. Es war der Beginn eines koordinierten und systematisch durchgeführten Völkermordes an elf Millionen europäischer Juden.

Während der Konferenz saß neben Reinhard Heydrich, dem »Todesengel«, der SS-Obergruppenführer Heinrich Müller am schweren Eichentisch im Speisezimmer der Villa. Der damals 41-jährige war seit 1939 Chef der Gestapo und unmittelbarer Vorgesetzter von Adolf Eichmann, Leiter des Referates IV B 4 im Reichssicherheitshauptamt, dem die zweifelhafte

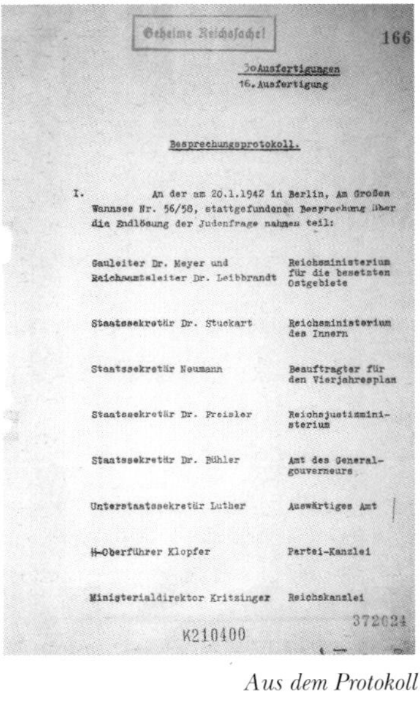

Geheime Reichssache!

166

30 Ausfertigungen
16. Ausfertigung

Besprechungsprotokoll.

I. An der am 20.1.1942 in Berlin, Am Großen Wannsee Nr. 56/58, stattgefundenen Besprechung über die Endlösung der Judenfrage nahmen teil:

Gauleiter Dr. Meyer und Reichsamtsleiter Dr. Leibbrandt	Reichsministerium für die besetzten Ostgebiete
Staatssekretär Dr. Stuckart	Reichsministerium des Innern
Staatssekretär Neumann	Beauftragter für den Vierjahresplan
Staatssekretär Dr. Freisler	Reichsjustizministerium
Staatssekretär Dr. Bühler	Amt des Generalgouverneurs
Unterstaatssekretär Luther	Auswärtiges Amt
SS-Oberführer Klopfer	Partei-Kanzlei
Ministerialdirektor Kritzinger	Reichskanzlei

372024

K210400

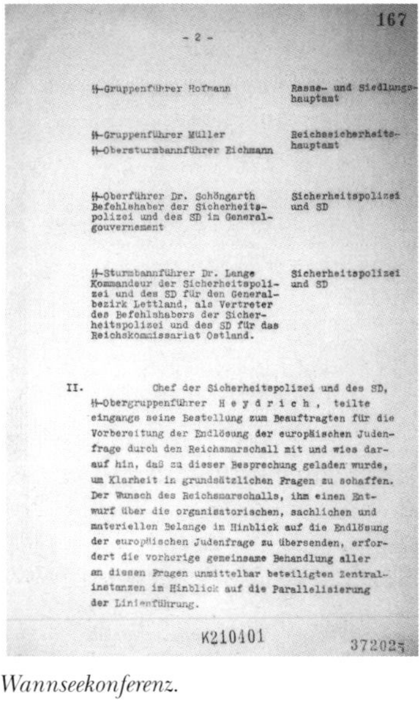

167

- 2 -

SS-Gruppenführer Hofmann	Rasse- und Siedlungshauptamt
SS-Gruppenführer Müller SS-Obersturmbannführer Eichmann	Reichssicherheitshauptamt
SS-Oberführer Dr. Schöngarth Befehlshaber der Sicherheitspolizei und des SD im Generalgouvernement	Sicherheitspolizei und SD
SS-Sturmbannführer Dr. Lange Kommandeur der Sicherheitspolizei und des SD für den Generalbezirk Lettland, als Vertreter des Befehlshabers der Sicherheitspolizei und des SD für das Reichskommissariat Ostland.	Sicherheitspolizei und SD

II. Chef der Sicherheitspolizei und des SD, SS-Obergruppenführer H e y d r i c h , teilte eingangs seine Bestellung zum Beauftragten für die Vorbereitung der Endlösung der europäischen Judenfrage durch den Reichsmarschall mit und wies darauf hin, daß zu dieser Besprechung geladen wurde, um Klarheit in grundsätzlichen Fragen zu schaffen. Der Wunsch des Reichsmarschalls, ihm einen Entwurf über die organisatorischen, sachlichen und materiellen Belange im Hinblick auf die Endlösung der europäischen Judenfrage zu übersenden, erfordert die vorherige gemeinsame Behandlung aller an diesen Fragen unmittelbar beteiligten Zentralinstanzen im Hinblick auf die Parallelisierung der Linienführung.

K210401

372025

Aus dem Protokoll der Wannseekonferenz.

Heinrich Müller.

»Ehre« zuteil wurde, das Protokoll der »Wannsee-Konferenz« zu führen. Eichmann wollte sich neunzehn Jahre später als Angeklagter in Jerusalem an diesen unheilvollen Tag – aus gutem Grunde – nur ungern erinnern und versuchte, seine Aufgabe während der Konferenz schönzureden. »Ich bin mit der Stenotypistin in einer Ecke gesessen und da hat sich niemand um uns gekümmert, niemand. Da waren wir viel zu klein. Man hat uns nicht beachtet, nicht einmal Heydrich.«[91] Der »kleine« Eichmann hatte schlicht vergessen, dass er nach dem Ende der Konferenz – als einziger der Teilnehmer – von Heydrich und Müller zu einem ausschweifenden Kognak-Gelage eingeladen worden war, was seine wahre Position während der Konferenz unterstrich.

Am Konferenztisch saß neben dem stets betrunkenen SS-Oberführer Gerhard Klopfer aus der Parteikanzlei auch Wilhelm Stuckart, Staatssekretär im Reichsministerium des Innern und SS-Obergruppenführer. In einem späteren »Entnazifizierungsverfahren« stufte eine Spruchkammer den Schreibtischmörder lediglich als »Mitläufer« ein und sprach ihn von jeder Schuld frei. Und Erich Neumann, Staatssekretär in Hermann Görings »Amt des Beauftragten für den Vierjahresplan«, bestritt nach dem Ende des Zweiten Weltkrieges in beißender Angst vehement, überhaupt Teilnehmer der Wannseekonferenz gewesen zu sein.

Im Frühjahr 1947 wurde das Eichmann'sche Protokoll der Wannseekonferenz in den Akten des Auswärtigen Amtes gefunden. Es belegt, dass

Haus der Wannseekonferenz – Am Großen Wannsee 56–58.

kein Teilnehmer der Konferenz Einwände gegen die Pläne der praktischen Vernichtung des jüdischen Volkes erhob.

Auch nach der Wannseekonferenz war das »Gästehaus« Tagungsort für verschiedene Konferenzen und Schauplatz repräsentativer Empfänge. Im Februar 1943 lud SS-Obergruppenführer Kaltenbrunner, Heydrichs Nachfolger als RSHA- und SD-Chef, zu einem »Empfang mit sämtlichen Amtschefs des Reichssicherheitshauptamtes« ein, den er für eine Delegation hochrangiger Vertreter des türkischen Geheimdienstes veranstalten ließ. Dr. Ernst Kaltenbrunner, zum Massenmörder verkommener höchstintelligenter Rechtswissenschaftler aus Österreich und gefürchteter Schürzenjäger, referierte über die inneren Strukturen des RSHA und lobte die Effizienz seiner Behörde im »Kampf gegen das Weltjudentum«. Die Gäste vom Bosporus lauschten ergriffen den Ausführungen des ehemaligen Mitgliedes der schlagenden Verbindung »Arminia«, für die sich dieser auf der Grazer Universität die linke Wange hatte zerhacken lassen. Und auch bei jenem Empfang stand der Leiter des Referates IV B 4, des so genannten »Judenreferates«, im Mittelpunkt. Adolf Eichmann, der Organisator des Treffens, war bis zu dessen Tod der getreue Adlatus von Reinhard Heydrich gewesen, nun hatte er in Ernst Kaltenbrunner einen neuen Vorgesetzten, den er seit frühester Jugend kannte, mit dem er 1918 das Gymnasium in Linz besuchte und der ihm nun jede Freiheit bei der Durchführung des Holocaust ließ. Kaltenbrunner musste seinem »ostmärkischen« Kumpan Eichmann nichts befehlen. Der wusste, was zu tun war: Eichmann selbst war Drahtzieher bei der geplanten Vernichtung des jüdischen Volkes.

Tagungsraum der Wannseekonferenz heute.

Bis zum Ende des Zweiten Weltkrieges durchzog die alte, ehrwürdige Villa am Großen Wannsee der Hauch des Todes. Am 11. Oktober 1944 trafen sich hier Mitarbeiter verschiedener SS-Dienststellen, um über die »Zentralisierung der Germanisierungspolitik« zu beraten. Besprochen wurden Maßnahmen zur Zwangsumsiedlung und »Eindeutschung« der besetzten Ostgebiete. Allerdings geschah dies zu einem Zeitpunkt, als sämtliche rassistischen »Siedlungsplanungen« durch den Kriegsverlauf längst Makulatur geworden waren. Zu Gast waren auch zwei der übelsten Massenmörder, die SD-Offiziere und Chefs von SS-Einsatzgruppen Paul Blobel und Otto Ohlendorf. Blobel, verantwortlich für das Massaker von Babi Jar, und Ohlendorf, dessen Einsatzgruppe 90000 Menschen ermordete, wurden 1948 im Nürnberger »Einsatzgruppenprozess« zum Tode verurteilt und 1951 in Landsberg gehenkt.

In unmittelbarer Nähe zur heutigen Bildungs- und Gedenkstätte »Haus der Wannsee-Konferenz« liegt am Großen Wannsee 52–54 die ehemalige Villa Herz. 1891 bis 1892 erbaut von Wilhelm Martens, einem Schüler von Martin Gropius, war sie zunächst als Sommersitz für die alte jüdische Kaufmannsfamilie Herz gedacht. Wilhelm Herz, der Nestor, saß im Ältestenkollegium der Berliner Kaufmannschaft und wurde 1902 zum ersten Präsidenten der Berliner Handelsgesellschaft gewählt. Er war einer der Gründer der Schultheiß-Brauerei, Direktor einer Braunkohlenbergwerksgesellschaft und aktives Mitglied der Jüdischen Gemeinde. Auf dem rund 13000 Quadratmeter großen Anwesen befanden sich neben der repräsentativen Villa ein Pferdestall, Treibhäuser und ein Palmenhaus, in dem die Agaven,

Villa Herz.

Palmen und Ananas wuchsen und überwinterten, die im Sommer die Terrassen schmückten.

Ida Herz, die Schwiegertochter von Wilhelm Herz, verkaufte das Anwesen, allgemein als architektonisches Prunkstück der Colonie angesehen, 1926 an den Schokoladenfabrikanten Nelson Faßbender. Der Sohn des Firmengründers Heinrich Faßbender war bereits seit 1905 Inhaber der Teilfabrik für Konfitüren und übernahm 1927 als Alleininhaber das gesamte Geschäftsimperium. Für die »Herstellung feinster Pralinen« beschäftigte er deutschlandweit ca. 300 Arbeiter und Angestellte. Der im Ersten Weltkrieg mit dem Eisernen Kreuz ausgezeichnete Rittmeister der Reserve ließ nach dem Erwerb der Villa Herz auf dem Grundstück einen Reitplatz anlegen und pflanzte Anfang der Dreißigerjahre im Garten eigenhändig eine Eiche »zu Ehren Adolf Hitlers«. Bis 1937 konnte sich Nelson Faßbender am Wachsen und Gedeihen seines Führerbäumchens erfreuen, dann zog er mit seiner Frau Maria, die als ehemalige Zirkusreiterin in der Colonie Alsen als nicht gesellschaftsfähig galt, in die 1922 erbaute, nun »arisierte«, Villa des Ehepaares Czapski in der Straße Zum Heckeshorn 1–3. Die Villa Herz verkaufte Faßbender an Robert Ley's »Deutsche Arbeitsfront«, die hier ihre »Führerschule Haveleck« einrichtete.

Schon 1925 kam der in Saarbrücken geborene Albert in die Familie Faßbender. Seine eigenen Kinder hatte Nelson Faßbender abgelehnt und sie vom Erbe ausgeschlossen. Dem damals bereits 28-jährigen Albert aber war er sehr zugeneigt. Er adoptierte den »hoffnungsvollen jungen Mann«, den er besonders wegen seiner »nationalen Gesinnung« rühmte, nicht wissend, dass der Freiwillige des Ersten Weltkrieges und Angehörige des Freikorps Roßbach im »Dritten Reich« dem Namen Faßbender wenig Ehre machen sollte. Seit dem 1. Februar 1933 war Albert Faßbender SS-Mitglied und schaffte es auf seiner Karriereleiter bis zum SS-Sturmbannführer und Hauptsturmführer der Waffen-SS. Beinahe zeitgleich, im Frühjahr 1933, trat er in die NSDAP ein. Noch war Adoptivvater Nelson stolz auf den schneidigen Albert, als dieser bei den Treffen der »alten Kämpfer« im Gedenken an den Sturm auf die Feldherrnhalle 1923 auftauchte und sich in der Nähe von Hitler und Göring sonnte oder an den Aufmärschen anlässlich der Reichsparteitage in Nürnberg teilnahm. Aber im Verlauf von Alberts SS-Karriere gab es mehr als nur einen Knick. Während des Zweiten Weltkrieges strengten die Ehrengerichte der SS mehrere Verfahren gegen ihn an. Vorgeworfen wurden ihm Verbrechen an der Front, Missbrauch der Dienstgewalt, Plünderungen, Vergewaltigungen, entwürdigende Behandlung der Truppe, Nichtbegleichung von Entschädigungszahlungen und Beamtennötigung. Wegen ähnlicher Delikte wurde der Kommandant des Konzentrationslagers Buchenwald, der korrupte SS-Standartenführer Karl Koch, 1941 von der SS verhaftet und später hingerichtet, aber Albert Faßbender kam glimpflich davon. Dennoch war der »Problemfall Faßbender« selbst dem Reichsführer SS zu heiß. Heinrich Himmler persönlich lehnte seine Beförderung zum Obersturmbannführer ab, und auch Nelson Faßbender zog sich mehr und mehr von seinem offensichtlich missratenen Zögling zurück.

Als »Taugenichts, Säufer und Verschwender« wird Albert Faßbender von Eugen Kogon in dem Buch »Der SS-Staat« charakterisiert. Faßbender »lernt den Führer der so genannten Reiter-SS, SS-Gruppenführer Fegelein kennen, finanziert ihn, wird Bataillonsführer des 1. Reiter-Regiments und mit Fegelein zusammen einer der schlimmsten SS-Verbrecher in Warschau. Unter anderem »arisiert« er die Pelz-Weltfirma Apfelbaum zusammen mit der Sekretärin des geflüchteten Vorbesitzers, Slawa Mirowska, von rund vierzig Millionen Mark auf 50000 Mark herunter, schwängert die Geliebte, lässt deren Mann, einen polnischen Offizier, durch Fegelein und die Gestapo verhaften, um ihn wenige Tage später im Einvernehmen mit dem polnischen Weibsteufel, der sich Stunden vorher noch die Vermögens-Generalvollmacht holt, in der Zelle niederzuknallen.«[92] Albert Faßbender wurde nach dem Zweiten Weltkrieg nie zur Rechenschaft gezogen. Er starb 1964, vier Jahre vor seinem Adoptivvater, und wurde im Familiengrab auf dem Neuen Friedhof Wannsee beigesetzt.

Ein stolzer Oberregierungsrat im Reichsinnenministerium schrieb 1938 an seinen Dienstherren: »Meine neue Wohnung ist jetzt Berlin-Wannsee, Am Großen Wannsee 50, Fernsprecher 80 45 46. Gezeichnet: Globke.«[93] Der für Staatsangehörigkeitsfragen zuständige Referatsleiter Hans Maria Globke war einer der Herausgeber der Kommentare zu den Nürnberger Rassegesetzen und in dieser Funktion neben Wilhelm Stuckart in hohem Maße mitverantwortlich für die Durchsetzung dieser völkerrechtswidrigen Schandvorschriften. Vor allem das »Gesetz zum Schutz des deutschen Blutes und der deutschen Ehre« vom 15. September 1935 hatte es dem Verwaltungsjuristen Globke angetan. In seinen Kommentaren und Durchführungsbestimmungen gab Globke persönlich die Richtlinien im Umgang mit dem Gesetz vor. Es wurde von einem »Zusammengehörigkeitsgefühl des rassisch homogenen, durch gemeinsames Blut verbundenen deutschen Volkes« ausgegangen, und die Ausübung von Bürgerrechten beruhte nunmehr auf der Vorstellung von der biologischen und kulturellen Verschiedenheit und Ungleichwertigkeit der Rassen, Völker und einzelnen Individuen. Da alle Rechte auf politische und gesellschaftliche Betätigung von der Zugehörigkeit zum Volk abhingen, seien – so Globkes Auslegung – alle Personen fremden Blutes, darunter insbesondere Juden, vom

Hans Globke.

Erwerb der deutschen Staatsbürgerschaft ausgeschlossen und dürften infolgedessen keine öffentlichen Ämter bekleiden bzw. am gesellschaftlichen Leben teilnehmen.[94] Selbst Reichstagspräsident Hermann Göring zitierte vor den Abgeordneten in der Kroll-Oper aus einem Globke-Manuskript: »Eheschließungen zwischen Juden sowie Staatsangehörigen deutschen oder artverwandten Blutes sind verboten.«[95]

Während des Zweiten Weltkrieges erarbeitete Globke federführend die Formulierung für die juristischen Grundlagen der Judenverfolgung sowie die Richtschnur der »Germanisierung« unterworfener Völker in den besetzten Ostgebieten und schuf somit den »rechtlichen Rahmen« für die Massendeportationen und die Morde der SS-Einsatzgruppen. Aber auch an der heimatlichen Schreibtischfront blieb Globke weiter im Einsatz. Der Zwang für deutsche Juden, ihren Vornamen die Zusätze »Israel« bzw. »Sarah« hinzuzufügen, ging auf eine Anregung des tiefgläubigen Katholiken zurück.[96]

Mit dieser Schuld brachte es Globke nach Kriegsende nicht auf die Anklagebank in Nürnberg, sondern 1949 als Ministerialdirigent ins Bundeskanzleramt. 1953 wurde er, inzwischen zum Leiter der Hauptabteilung für Innere Angelegenheiten befördert, von Konrad Adenauer zu dessen Staatssekretär ernannt. Zehn Jahre übte er diese Position aus, in Konrad Adenauer fand er einen fast väterlichen Fürsprecher, der trotz massivster Proteste aus dem In- und Ausland starrköpfig an seinem Staatssekretär festhielt. Für Adenauer galt Globkes Ehrenwort, er habe seinerzeit »als Christ die von Hitler geforderten Maßnahmen zu mildern versucht«.[97] In der DDR wurde Globke 1963 wegen Verbrechen gegen die Menschlichkeit in Abwesenheit zu lebenslanger Haft verurteilt. Im gleichen Jahr schied er aus dem Staatsdienst aus und wollte seinen Wohnsitz in die Schweiz verlegen. Die Eidgenossen verweigerten ihm die Aufenthaltsgenehmigung.

Tristanstraße 8.

Widerstand in Wannsee und Nikolassee

Cäsar von Hofacker.

Am 30. August 1944 stand der 48-jährige Luftwaffenoffizier Cäsar von Hofacker vor dem Volksgerichtshof. Der Vetter Stauffenbergs war seit 1943 im Stab des Militärbefehlshabers General Carl Heinrich von Stülpnagel im besetzten Frankreich tätig und galt als Verbindungsmann der militärischen Opposition zwischen Paris und Berlin. Als Hofacker während seiner Verteidigungsrede immer wieder von den unflätigen Beschimpfungen des obersten Henkers unterbrochen wurde, sagte er: »Sie schweigen jetzt, Herr Freisler, denn heute geht es um meinen Kopf. In einem Jahr geht es um Ihren.« Ein solch »ungeheuerliches Verhalten« wertschätzte der Präsident des Volksgerichtshofes auf seine ganz eigene Weise: Er verurteilte Cäsar von Hofacker zum Tode und gab die Anweisung, den Todeskandidaten in der Haftanstalt täglich über seine »morgen stattfindende« Hinrichtung zu informieren. Vier Monate dauerte dieses Martyrium, dann endlich hatte Freisler genug. Am 20. Dezember 1944 wurde Cäsar von Hofacker in Berlin-Plötzensee ermordet.

Wenige Tage vor dem geplanten Attentat, am 16. Juli 1944, traf Cäsar von Hofacker einige der engsten Mitglieder des Widerstandszirkels letztmalig in der Nikolasseer Tristanstraße: Claus und Berthold Graf Schenk von Stauffenberg, Fritz-Dietloff Graf von der Schulenburg, Adam von Trott zu Solz, Ritter Albrecht Mertz von Quirnheim, Oberst Georg Alexander Hansen und Ulrich Wilhelm Graf Schwerin von Schwanenfeld. Während des Gespräches herrschte eine gedämpfte Stimmung. Zu viele Fehlschläge und Enttäuschungen hatte es in der Vergangenheit gegeben, die besten Chancen für das Gelingen eines Attentats auf Adolf Hitler waren unglücklich gescheitert oder zögerlich vertan worden. Vielleicht wäre der

Berthold Graf Schenk von Stauffenberg.

Ulrich Wilhelm Graf von Schwanenfeld.

Diktator schon längst tot, wenn nicht Friedrich Olbricht immer wieder gefordert hätte, gleichzeitig mit Hitler auch Himmler und Göring zu beseitigen. Selbst Stauffenberg vertrat diese Ansicht.

An diesem Abend sollten sich die Männer des Widerstandes endlich dazu entschließen, die nächste Möglichkeit zum Attentat zu nutzen, unabhängig von der Anwesenheit des Reichsführers SS und des Reichsmarschalls. Alle Gesprächsteilnehmer merkten, dass es nun »höchste Zeit« sei. Die Nachrichten aus den anderen Widerstandsgruppen zeugten von einer raumgreifenden Nervosität, denn die Gestapo war nicht untätig geblieben. Allzu viele Leute flüsterten in der Reichshauptstadt schon miteinander über ein bevorstehendes Attentat, einige Verschwörer machten sich mit ihrem »Geheimwissen« interessant. Dass Gespräche über einen Anschlag bereits zum »guten Ton« der Berliner Gesellschaft gehörten, erfuhr der Stauffenberg-Adjutant Werner von Haeften während einer Segelpartie auf dem Wannsee. Philippa von Bredow sagte ihm auf den Kopf zu, dass »er etwas gegen den Führer plane«. In diesen Tagen lebten die Verschwörer ständig in der Angst, entdeckt und verhaftet zu werden. Eine bedrückende und zermürbende Situation.

Einen Tag später waren die Würfel endgültig gefallen. Aus dem Reichssicherheitshauptamt wurde bekannt, dass die Verhaftung Carl Friedrich Goerdelers, der nach dem gelungenen Umsturz als Regierungschef vorgesehen war, unmittelbar bevorstehe. Zudem wurde Generalfeldmarschall

Erwin Rommel, eine der wichtigsten Figuren des militärischen Widerstandes, bei einem Tieffliegerangriff an der Westfront schwer verwundet. Gleichzeitig erhielt Claus Graf Schenk von Stauffenberg in seiner Funktion als Stabschef des Ersatzheeres den Befehl, »am 20. Juli 1944 dem Führer im Führerhauptquartier Wolfsschanze vorzutragen«. Das war das endgültige Signal zum Handeln. Stauffenbergs Fahrer Schweitzer wurde nach Potsdam geschickt, um bei Oberstleutnant Fritz von der Lancken eine Aktentasche zu holen. Es war die Tasche mit der Bombe, die der Oberstleutnant aus dem Allgemeinen Heeresamt zwischen den jeweiligen Attentatsversuchen immer wieder verwahrt hatte. Am Abend des 19. Juli 1944 lagerte die Bombe in der Tristanstraße 8, am Mittag des nächsten Tages sollte die Explosion der 925 Gramm Plastiksprengstoff das Fanal für die Geburt eines neuen Deutschlands werden.

Im Führerhauptquartier beendete General Adolf Heusinger, der dem Widerstand ebenfalls sehr nahe stand, gerade seinen Bericht über die Lage im Osten: »Der Russe dreht mit starken Kräften westlich der Düna nach Norden ein. Wenn jetzt nicht endlich die Heeresgruppe zurückgenommen wird, dann werden wir eine Katastrophe …« Genau in diesem Augenblick, am 20. Juli 1944 um 12.42 Uhr, detonierte die Bombe.

Das misslungene Attentat war der nationalsozialistischen Führung Anlass für eine beispiellose Mordserie, die erst wenige Tage vor dem Zusammenbruch des »Dritten Reiches« im Frühjahr 1945 enden sollte und der auch Berthold Graf Schenk von Stauffenberg zum Opfer fiel. Nach dem Strickmuster der Moskauer Schauprozesse wurden die Vertreter des Widerstandes vor dem Volksgerichtshof der ungeheuerlichsten Verbrechen beschuldigt und beinahe ausnahmslos zum Tode verurteilt. »Der Freisler ist unser Wyschinski«,[98] jubelte Joseph Goebbels in seinem Tagebuch.

In der Hetzjagd auf die Verschwörer des 20. Juli 1944 geriet auch die »Berliner freie Gesellschaft zur wissenschaftlichen Unterhaltung«, kurz »Mittwochsgesellschaft«, ins Fadenkreuz der Gestapo. Die Gesellschaft war ein weltanschaulich ungebundener Kreis von jeweils sechzehn herausragenden Natur- und Geisteswissenschaftlern, höchsten Verwaltungsbeamten, Militärs, Wirtschaftsführern, Kulturschaffenden und Regierungsmitgliedern, die sich alle zwei Wochen trafen, um im privaten Kreis das freie wissenschaftliche Gespräch zu pflegen. Sie hatte ihre Wurzeln im späten 19. Jahrhundert und wurde maßgeblich durch den Aufschwung der Wissenschaft, Kunst und Kultur geprägt. Während der Zeit des Nationalsozialismus gerieten einige Mitglieder in moralischen Konflikt zur Staatsführung und fanden den Weg in den Widerstand. Generalfeldmarschall Erwin von Witzleben gehörte zu ihnen, ebenso Generaloberst Ludwig Beck,

Karl Wiese.

Hans Koch.

Ulrich von Hassell, Carl Friedrich Goerdeler und der preußische Finanzminister Johannes Popitz. Die Mittwochsgesellschaft, die in den Vierzigerjahren oft in Ferdinand Sauerbruchs Wannsee-Villa in der Koblanckstraße 1 tagte, geriet unter Generalverdacht und wurde, obwohl nie als ein Zentrum des Widerstandes anerkannt, nach ihrer 1056. Sitzung im Juli 1944 von der Gestapo zerschlagen.

Auch kirchlicher Widerstand regte sich im Berliner Südwesten. Ein zentraler Ort der Zusammenkunft der Bekennenden Kirche war die Evangelische Gemeinde Nikolassee, wo seit 1937 der promovierte Volkswirt Dr. Karl Wiese als Gemeindepfarrer tätig war. Dr. Wiese, gleichzeitig Schatzmeister des Berliner Bruderrates, wurde zweimal von der Gestapo verhaftet und mehrere Wochen im Polizeigefängnis am Alexanderplatz festgehalten. Im Januar 1939 tagte in Nikolassee die 7. Bekenntnissynode der Preußischen Landeskirche, aus Gründen der Geheimhaltung des Tagungsortes wurde die Zusammenkunft als »Epiphanias-Synode« bezeichnet. Die Kirchenversammlung sah es als ihre vordringlichste Aufgabe an, »für die richtige Verkündigung zu sorgen, sich von falscher Lehre zu scheiden und sich damit von der staatskirchlichen Behörde zu distanzieren«. An die Gemeinden erging die Botschaft: »Der Kampf um die evangelische Kirche währt nun schon mehr als sechs Jahre. Es handelt sich in diesem Kampf nach wie vor um das eine: daß in unserer Kirche das Evangelium von Jesus Christus, dem gekreuzigten und auferstandenen Heiland, gelten soll und daß die Kirche diese Botschaft und keine andere dem deutschen Volke frei und offen verkünden soll.«

Mitglied der Bekenntnisgemeinde von Nikolassee war auch der Rechtsanwalt Dr. Hans Koch. 1937 gehörte er zu den Verteidigern von Pastor Martin Niemöller vor dem Volksgerichtshof. Nachdem Niemöller als »Persönlicher Gefangener des Führers« ins Konzentrationslager kam, kämpfte Hans Koch jahrelang vergeblich um dessen Freilassung. Hans Koch gewährte vielen Verfolgten Schutz, darunter auch einem jüdischen Firmeninhaber, der sich gegen seine bevorstehende Enteignung wehrte. Dieser juristische Beistand brachte Hans Koch eine mehrwöchige Gefängnisstrafe ein. Nach dem 20. Juli 1944 wurde er, der nach dem Umsturz als Reichsgerichtspräsident vorgesehen war, gemeinsam mit seiner Ehefrau Annemarie verhaftet und nach schlimmen Misshandlungen in der Gestapohaft am 24. April 1945 von einem Kommando des Sicherheitsdienstes (SD) erschossen.

Der Zehlendorfer Pfarrer Walter Heyden hatte schon 1933 Julius Streichers vulgäres, pornographisch gefärbtes Propaganda-Blatt »Der Stürmer« angeprangert und öffentlich die Nazi-Angriffe auf das Alte Testament verurteilt. Aus der obersten Landeskirche wurde Heyden, der selbst kein Mitglied der Bekennenden Kirche war, 1936 entfernt, da er demonstrativ den so genannten Hitler-Gruß verweigert hatte. Wenige Wochen nach der berüchtigten Reichspogromnacht am 9. November 1938 handelte Heyden im Sinne des Bonhoeffer-Wortes »Nur wer für die Juden schreit, darf gregorianisch singen« und protestierte in seiner Adventspredigt am 11. Dezember 1938 gegen die Judenverfolgungen: »Als vor wenigen Wochen in unserem Deutschland, von ruchloser Hand angezündet, Gotteshäuser in Flammen standen, da brannte uns allen auf quälendem Herzen die Frage: Wo ist nun Gott? Warum greift Gott hier nicht ein? Warum schweigt Gott zu alledem? Welch furchtbares Fanal für unser Land, das Land der Reformation! Dürfen wir von der inneren Not, in die wir durch jenes furchtbare Geschehen in den jetzigen Adventswochen geraten sind, in die Menschen gekommen sind, die mit uns in der gleichen Schicksalsgemeinschaft leben, hier im Gotteshaus schweigen?« Wenig später rettete auf Heydens Bitte hin Admiral Wilhelm Canaris dreizehn jüdische Einwohner des Zehlendorfer Pfarrbezirkes vor dem Konzentrationslager und ermöglichte ihnen die Flucht nach England. Canaris war es auch, der Heyden vor einem in dessen Telefon eingebauten Mikrophon warnte und den Pfarrer aus der Gestapohaft befreite. Bereits am 4. Juli 1944 war der renommierte Pädagoge Adolf Reichwein aus dem »Kreisauer Kreis« verhaftet worden. Gemeinsam mit Julius Leber hatte er Kontakte zu einer Gruppe kommunistischer Widerstandskämpfer um Franz Jacob und Anton Saefkow aufge-

Walter Heyden.

Adolf Reichwein.

nommen. Eine erste Vorbesprechung der beiden Oppositionsgruppen fand – symbolträchtig – in der Otto-Erich-Straße 8 in Wannsee statt, denn unweit von hier, am Kilometerberg, waren zehn Jahre zuvor die kommunistischen Spitzenfunktionäre John Schehr, Eugen Schönhaar, Rudolf Schwarz und Erich Steinfurth von der Gestapo ermordet worden.

Im Südosten Berlins, in der Köpenicker Straße 76, kam es dann am 22. Juni 1944 zur Begegnung zwischen Adolf Reichwein und Julius Leber sowie Anton Saefkow und Franz Jacob vom Zentralkomitee der illegalen Kommunistischen Partei Deutschlands. Die zweite Begegnung am 4. Juli 1944 wurde von Ernst Rambow, einem Lichtenberger Schuster und Gestapo-Spitzel, verraten. Von den Kommunisten Jacob, Saefkow, Bernhard Bästlein und Julius Balkow überlebte nur letzterer die Zuchthaushaft in Brandenburg. Adolf Reichwein wurde auf dem S-Bahnhof Berlin-Heerstraße festgenommen und später in das Gestapo-Gefängnis in der Prinz-Albrecht-Straße eingeliefert. Am 20. Oktober 1944 hörte Adolf Reichwein am Ende seines Prozesses vor dem Volksgerichtshof das Todesurteil, welches noch am selben Tag um 15.40 Uhr im so genannten Hinrichtungsschuppen in Berlin-Plötzensee vollstreckt wurde.

Schon 1933 war Adolf Reichwein in Opposition zum nationalsozialistischen Regime geraten. Nachdem er drei Jahre als persönlicher Referent dem Preußischen Kultusminister Carl Becker gedient hatte, lehrte er ab 1930 als Professor für Staatsbürgerkunde und Geschichte an der Pädagogischen Hochschule in Halle/Saale. Am 23. April 1933 wurde er »wegen politischer Gründe« entlassen und die Hochschule, von den Nazis als »rote Akademie« bezeichnet, geschlossen. Gemeinsam mit seiner Frau Rosemarie entschied er sich, obwohl ihm eine Professur in Istanbul angeboten wurde, gegen die Emigration. Fortan war Adolf Reichwein, der international geschätzte Reformpädagoge und Verfechter der »Demokratisierung des Bildungssystems« Landschullehrer im brandenburgischen Tiefensee, bestaunt von den Honoratioren des Dorfes und überwacht vom spitzelnden Briefträger.

1938 hielt Adolf Reichwein einen Gastvortrag in Großbritannien über das »Ländliche Erziehungswesen in Deutschland«, wenig später wurde ihm die Leitung der Museumspädagogik des Staatlichen Museums für Deutsche Volkskunde übertragen. Die Nazis witterten einen geläuterten Reichwein und sahen ihn aufgrund seiner Volkskundearbeit als einen der ihren. Ab 1940 gehörte er – gemeinsam mit seinem Freund Carlo von Mierendorff – als Mitglied des »Kreisauer Kreises« dem aktiven Widerstand an. Getarnt als normale Museumsgäste besuchten ihn viele Regimegegner, darunter der Pfarrer Harald Poelchau, der Gewerkschafter Otto Suhr und Helmuth James Graf von Moltke.

In der Nacht vom 23. zum 24. August 1943 wurde die Wohnung von Rosemarie und Adolf Reichwein in der Seestraße 7 (heute: Sohnreystraße) in Berlin-Südende bei einem Luftangriff der Royal Air Force völlig zerstört. Alles, was Adolf Reichwein ausgearbeitet, aufbewahrt und gesammelt hatte, verbrannte in der Bombennacht. Er selbst weilte zu jener Zeit in Ober-Rosbach im Taunus, wo er seine Mutter zu Grabe trug, die übrige Familie war in den Sommerferien. Helmuth James Graf von Moltke bot sich sofort an, Rosemarie Reichwein und ihren vier Kindern auf seinem Gut Kreisau in Schlesien ein neues Zuhause zu geben, Adolf Reichwein zog zu seiner Schwägerin Marianne Machui in Berlin-Wannsee. Es ist ein Brief erhalten geblieben, in dem er schreibt, dass er sich bald eine neue Wohnung suchen muss, weil er bei seiner Schwägerin nur vorübergehend unterkommen könne.

Dieses Vorhaben konnte er nicht mehr realisieren, seine Verhaftung machte alle Zukunftspläne zunichte. So steht in Adolf Reichweins Sterbeurkunde als letzte Adresse »Berlin-Wannsee, Hohenzollernstraße 21«.

Lida Baarova und Gustav Fröhlich, »Amor und Psyche«.

Eheglück – Traumpaare am Wannsee

Hertha Feiler und Heinz Rühmann.

Glückskinder »Wenn ich mir was wünschen dürfte, möcht ich etwas glücklich sein!«, hauchte Marlene Dietrich in einem ihrer schönsten Chansons. »Doch wenn ich gar zu glücklich wär, hätt ich Heimweh nach dem Traurig sein …«

Eine viel zärtlichere Formulierung der Maxime Arthur Schopenhauers, dass nur die Abwesenheit von Schmerz und Langeweile der Maßstab des Lebensglücks sei. Im Kino ist alles anders, Filmpaare kennen keinen Alltag und keine Langeweile. Für das Image des Traumpaares kann es nur gut sein, wenn ein wenig vom Glück der Leinwand auf das wirkliche Leben herabschimmert. Aus dem Traumpaar vom Film wird ein Ehepaar und umgekehrt, die berühmten Paare stehen im Rampenlicht und verdienen das glamouröse Leben, das die Filmkulisse für sie bereithält: mondäne Autos, liebreizende Kinder und ein großes Haus an neuen Ufern. Aber das hat seinen Preis: Der Zuschauer erwartet vom Traumpaar, im wahren Leben das einzulösen, was es im Film verheißt. Und so wird das Eheglück schnell zu einem Drahtseilakt zwischen Happy End und Lebenslüge. Eine Balance, die umso gefährlicher wird, je tiefer Wunschbild und Wirklichkeit auseinander klaffen.

Versuchungen Doch zunächst gilt es, die Leiter zum Ruhm zu ersteigen, und da sind noch allerlei Klimm-Versuche möglich. Nicht ganz außer Acht gelassen werden darf dabei die Sprossenhöhe des zukünftigen Partners, der einen vielleicht weiter bringen könnte. Schauspielelevin Berta Drews vergisst die Appelle des Theaterdirektors gegen den verführererischen »Rattenfänger« Alexander Moissi, aber ver-

Berta Drews.

Heinrich George.

gisst sie auch ganz, dass »er berühmt und umworben« war? Immerhin bietet er ihr ein Dinner im »Adlon«, brennendes Feuer am Kamin im Züricher Nobel-Hotel Baur au Lac und eine Ferien-Woche am Lugano-See. Noch kann man Beziehungen hegen, wo keine Abmachung gilt und nicht ewige Liebe geschworen wird. Berta Drews, die zuvor unruhig über den Schlachtensee ruderte, wird nun »mit einer neuen weiblichen Sicherheit« beschenkt.[99]

Es ist schon erstaunlich, durch wie viele Männerbiografien Lida Baarova geistert. Heinz Rühmann und Paul Verhoeven zählen dazu, aber muss sie sich den Vorwurf von ihrem zeitweiligen Lebenspartner Gustav Fröhlich gefallen lassen, »ihre Rollen nur über das Bett bekommen« zu haben?[100] Und profitieren die Männer von ihren Frauengeschichten nicht gleichermaßen? Zumindest bekommen sie von ihnen den nötigen bürgerlichen Schliff. Der umtriebige Heinrich George hat seinen einzig ständigen »Wohnsitz«, die Pferdedroschke Nr. 64, die ihn wechselweise zu Filmatelier, Theater oder Stammlokal bringt, ausgetauscht gegen eine feste Herberge im schicken Babelsberger Villenvorort Kohlhasenbrück, die er mit einer großen, »sehr damenhaften« Blondine, Mara Wend, unterhält.

Heinz Rühmann, der noch nicht männlich genug ist, die Statur eines Helden abzugeben, ein »erotischer Analphabet«, obsiegt dennoch im Schauspieler-Wettkampf um die Gunst der begehrten Maria Bernheim. Sie wird seine erste Frau. Die vier Jahre ältere Maria hängt ihren Beruf an den

Nagel, »weil sie zu gescheit für eine Schauspielerin« ist, »ihr Geist stand ihr im Wege«.[101] Von nun an ist sie Rühmanns »Privatregisseur« und Managerin. Durch diese lebenskluge Frau lernt der Witzbold der Bühnen sein Handwerk endlich ernst zu nehmen und gewinnt Sicherheit in seiner schauspielerischen Laufbahn.

Gustav Fröhlich, gewiss schon ein Großverdiener im Theater und Film, der den Erfolg mit seinem ersten Haus in Zehlendorf-West und achthundert Quadratmeter großem Garten besiegelt, erfährt noch einmal einen enormen Karriereschub durch die Heirat mit der »unvergleichlichen« Operetten-Königin Gitta Alpar. Sie kommt bei Fröhlich unter und schafft es ihrerseits, ihren völlig unmusikalischen Schauspieler-Gatten in Geza von Bolvarys Musiklustspielen unterzubringen. Mit Filmen wie »Liebeskommando« kassiert er, ohne eine Note zu singen, immer »am Ende die Braut plus einem erklecklichen Honorar«.[102]

Trennungsschmerzen »Man hat jetzt alles was man will, man könnte glücklich sein«, orakelt Marlene Dietrich in ihrem Chanson über die »Große Stadt«. »Man denkt an nichts, so schön ist diese Zeit, man hat nur Angst, dass sie vorübergeht. Man denkt ganz leise, heimlich an den ersten Streit, bis man ihm plötzlich gegenübersteht.« Auslöser dieses Streits sind immer die anderen, die sich dem gerade gewonnenen Glück in den Weg stellen. In Mara Wends und Heinrich Georges gemeinsamem Heim findet sich plötzlich Berta Drews nach einer nächtlichen »Entführung« wieder. Dort entdeckt die nicht ganz so berühmte Schauspielerin in Zeiten der Weltwirtschaftskrise und Inflation, dass der Champagner Irroy, die Lieblingsmarke ihres Verführers Heinrich, am Vormittag ganz besonders gut schmeckt. »Was machen Sie denn hier?«, wird sie sich von Georges Freundin Mara Wend fragen lassen müssen. Doch Heinrich vermag Berta wie ein »Vater das Kinderherz« über den sich anbahnenden Konflikt hinwegzutrösten.[103] Bald trägt Berta Drews selbst ein Kind unter dem Herzen und den Sieg über Mann und Haus davon. Vater und Mutter gründen eine Familie im neuen Heim am kleinen Wannsee, und Berta Drews gibt endgültig die »letzten Reste der Freiheit« preis, wenn sie von George verlangt, sich nicht mehr mit seiner langjährigen Freundin zu treffen. »Ich konnte mich nur von Dir trennen, indem ich in ein anderes Land ging«, schreibt Mara Wend 1932 aus Marseille.[104]

Mit dem Film »Barcarole« nimmt das kurze Glück der Ehe von Gitta Alpar und Gustav Fröhlich ein schlimmes Ende. Es ist in diesem Film das »neue Gesicht« Lida Baarova, zu dem Gustav Frölich in stürmischer Liebe entbrennt und von dem er nicht mehr lassen kann. »Für Lidas damalige

Gitta Alpar.

Gustav Fröhlich.

Lernsituation konnte ihr niemand willkommener sein als ein Mann wie ich«, weiß Fröhlich. Baarovas erster Lehrer, kein Geringerer als Hans Söhnker, hatte dabei schnell die Geduld verloren.[105] Die Geduld verliert auch Fröhlichs Ehefrau Gitta Alpar und reicht die Scheidungsklage ein. Von einigen Schauspielern, deren Partnerschaft nach 1933 in die Brüche geht, hört man immer wieder ähnliche Beteuerungen wie die von Gustav Fröhlich: »Ich weiß heute mit einiger Gewissheit, dass Gitta und ich uns auch ohne Adolf Hitler früher oder später betrogen, zerstritten und auseinandergelebt hätten.«[106] Gitta Alpar muss emigrieren und erleidet einsam im Budapester Exil die schwere Geburt von Julika, einer gemeinsamen Tochter mit ihrem untreuen Gatten, während sich die »verwöhnten Filmkinder« Fröhlich und Baarova ein fürstliches Heim auf Schwanenwerder einrichten. So sehr Gustav Fröhlich auch jegliche antisemitische Beweggründe zur Trennung von Gitta Alpar von sich weisen wird; selten hat man je ein so klares Wort der jüdischen Emigrantin vernommen, die ihren Karrieristen in Nazi-Deutschland hinter sich lässt: »Er hat nicht zu mir gehalten, sondern mich verleugnet. […] Mein Mann war der erste, der mir einen Tritt gegeben hat. […] Mein Mann hat sich von mir distanziert. Obwohl ich schwanger war.«[107] Auch in opportuneren Nachkriegszeiten, da Fröhlich in einer großen Berliner Zeitung einen offenen Brief lanciert mit der Überschrift: »Ich kann nicht sterben, bevor mir meine erste Frau nicht verziehen hat.« bleibt Gitta Alpar unnachgiebig. »Willy Fritsch, Willi

Heinz Rühmann.

Leny Marenbach.

Forst und Hans Albers, die haben sich fabelhaft verhalten. Aber mein Mann ist gekommen und hat gesagt: ›Heil Hitler!‹ Und ich habe ihn angeschaut und habe gesagt: ›Heil dir, Gustav!‹«[108]

»Auseinandergelebt« hatten sich inzwischen auch Heinz Rühmann und Maria Bernstein, die Ehe nimmt mehr und mehr eine reine Geschäftsform zwischen dem erfolgreichen Schauspieler und der Managerin an. Aber das Glück, dass dem Schauspieler mit wachsendem Ruhm zuteil wird, lässt ihn blind werden gegenüber den Sorgen seiner jüdischen Frau, die sich vor dem aggressiven Antisemitismus des Nationalsozialismus fürchtet. Der »kleine Mann« Heinz Rühmann, der im Film wie ein »Radiergummi gegen Sorgenfalten« wirkt, wird umso gefragter, je mehr der »große Mann« Adolf Hitler die Weltbühne beherrscht. Derweil entbrennt ein ganz anderer »Kampf um Blond« für den »Mustergatten« Rühmann. Wohl mehr als eine freundschaftliche Beziehung geht Rühmann kurzzeitig mit der kaum zwanzigjährigen Schauspielerin und Kinderbuchautorin Herti Kirchner ein, die später die Geliebte Erich Kästners wird. Länger dauerte schon das Intermezzo mit Leny Marenbach. Wenn Heinz Rühmann in seiner Biografie schreibt, dass mit der Heirat Hertha Feilers erstmals »das Glück in Nummer 15 Am Kleinen Wannsee«[109] einzog, dann verdrängt er ein anderes Glück, dass ihm zuvor schon im gleichen Hafen widerfahren war. Rühmann müsste dann Filme wie »Wenn wir alle Engel wären« aus seinem Leben bannen, in dem die besseren Jahre mit seiner Filmpartnerin Leny

Marenbach ganz offensichtlich sind. Zuerst bewohnte er das neue Haus am Wannsee mit Leny Marenbach – noch heimlich und privat, bevor er dann weitaus pressewirksamer seinen Einzug mit der neuen Filmpartnerin Hertha Feiler zelebriert.

Auf einem Hochzeitsabend-Foto im Wannseer Haus ist eine sonderbare Gesellschaft in fröhlicher Eintracht festgehalten. Sonderbar deshalb, weil hier Bräutigam Rühmann zwischen den Stühlen seiner vier Jahre älteren lächelnden Ex-Frau Maria Bernheim und seiner heiter ausgelassenen elf Jahre jüngeren Braut Hertha Feiler sitzt. Dem Lächeln der Ex-Frau Bernheim ist nicht zu entnehmen, dass sie sich von Rühmann trennen musste, damit der Filmstar von der »Judenliste« gestrichen und wieder in die Reichsfilmkammer aufgenommen werden kann. Ihrem Lächeln ist auch nicht zu entnehmen, dass die Scheidung genau zehn Tage nach der Reichspogromnacht stattgefunden hat. Um Maria Bernheim zu retten, musste sie die Scheinehe mit einem schwedischen Schauspieler eingehen. Rühmann hat ihrem neuen Mann »gewissermaßen als Hochzeitsgeschenk einen Sportwagen vor das Haus gestellt«.[110] Damit war sie vor den Nachstellungen durch die NS-Behörden weitgehend geschützt und konnte überleben. Rühmann half ihr, wo er ihr helfen konnte, aber das ging nur, solange sie seinem eigenen Glück nicht im Wege stand. Alternativen schien es für ihn nicht gegeben zu haben.

1939 heiratet Heinz Rühmann Hertha Feiler (r. Rühmanns erste Ehefrau Maria Bernheim).

Auf einer fernen Insel »Blühende Obstbäume, junges Buchengrün und silberne Birken. Am Ufer locken Nachtigallen in den Büschen zu Picknick und Umtrunk. Viele Gäste stellen sich ein, und [Heinrich] George wird nicht müde, sie aufs beste zu bewirten. Wenn es die ›Richtigen‹ sind, ist das jedes Mal ein Fest der Heiterkeit und beschwingten Improvisation.«[111]

In ihren Häusern am Wannsee waren die Filmpaare ihrem Traum vom Glück ziemlich nah. Was sich draußen abspielte, nationalsozialistische Umtriebe, Judenverfolgung und Kriegstreiberei, das schienen sie in ihrer Privatidylle aus den Augen verloren zu haben. Sie richteten sich in einer privilegierten Welt ein, die es mit den prächtigen Kulissen von Babelsberg aufnehmen konnte. Wer wie George und Drews, Fröhlich und Baarova, Rühmann und Feiler, Paul Verhoeven und Doris Kiesow zur Filmelite gehören wollte, musste am Wannsee wohnen. »Auch die große Villa und das breite Ufer zum Wannsee müssen Pauls [Verhoeven] Selbstwertgefühl erhöht haben. Es bedeutete die unwiderrufliche Überwindung der armseligen Verhältnisse im Elternhaus. Albers, Rühmann und George hatten Häuser am Wannsee, vielleicht war das die Herausforderung.«[112] Wie günstig die Stars an ihre Wassergrundstücke gekommen sind, das möchten sie so genau nicht wissen: »Als Paul [Verhoeven] vom Eigentümer, einem Herrn Lessing, durch das Wannsee-Haus geführt wurde, […] muss meinen

Lida Baarova und Gustav Fröhlich: »Die Landungsbrücke wird fein gemacht«.

Eltern allein schon durch den Namen Lessing klar gewesen sein, dass dieser Mann Jude war und lieber selbst in dem Haus geblieben wäre, als es zu verkaufen.«[113] Die abgewiesene Wiedergutmachungsklage von Helen Jandorf, Witwe des Kaufhauskönigs Adolf Jandorf, die Rühmann ihr Haus unter dem Einheitswert verkauft hatte, erschreckt noch heute. Das Urteil aus den frühen Jahren der Bundesrepublik (1952) ist begründet mit nationalsozialistischen Abstufungen wie »Mischlingen« und »Jüdischer Versippung«.

Wenig zimperlich springt auch der Propagandaminister Joseph Goebbels mit jüdischem Eigentum auf der Insel Schwanenwerder um, als er in die unmittelbare Nachbarschaft von Gustav Fröhlich zieht. Das »Filmpaar« Magda und Joseph Goebbels wird in den Wochenschauen als Musterfamilie vorgeführt, ihr luxuriöser Wohlstand am Wannsee bietet das passende Image. Goebbels, der seine Macht über die Medien mit der Leidenschaft eines verhinderten Künstlers ausübt, versteht es virtuos, Schauspieler und Regisseure zu ködern. Vorzugsbehandlungen bei Propagandaaufträgen, Traumgagen, Vergabe von Regieposten, Orden oder Empfänge, Freistellung vom Wehrdienst und die Einladungen zu seinen Gesellschaften auf Schwanenwerder waren der Maßstab, an dem der Star seine Gunst beim Zeremonienmeister des »Dritten Reiches» ermessen konnte. Arisierte Villen, Autos, unaufhaltsamer Ruhm ließen die verhätschelten Volkslieblinge vergessen, welche Rolle sie im Unterhaltungskino des faschistischen Regi-

Berta Drews und Heinrich George.

Lida Baarova und Gustav Fröhlich.

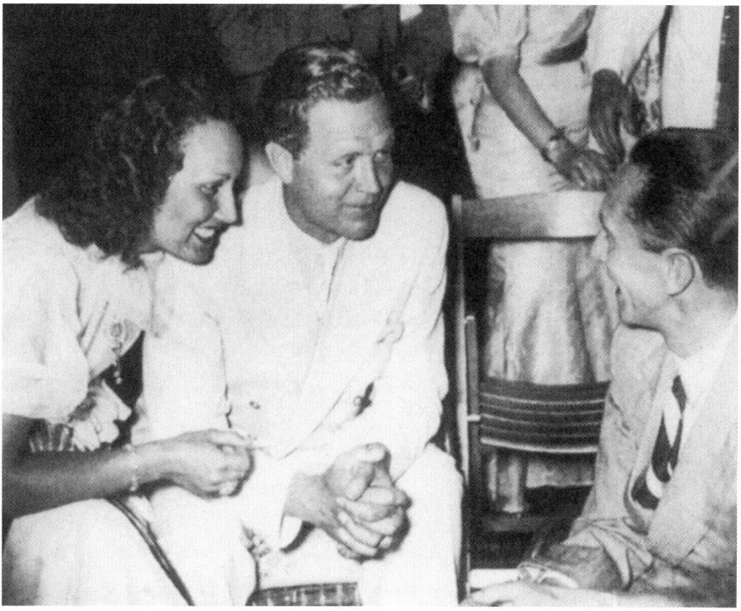

Lida Baarova, Gustav Fröhlich und der »Bock von Babelsberg« im August 1936.

mes spielen sollten. Dass kaum einer der Künstler diesen Verlockungen widerstehen konnte, wird später oft damit verklärt, dass man ja eine gänzlich unpolitische Weltanschauung hatte. Da erinnert man sich doch gern an die kleinen Streiche und die subversiven Tricks, mit welchen man den Machthabern eins auswischte. Natürlich grüßten im Hause von Berta Drews und Heinrich George, die ihren propagandistischen Einstand als Filmpaar in »Hitlerjunge Quex« gegeben hatten, die »Entarteten« wie Otto Dix oder Max Beckmann von den Wänden. Einer Promi-Chronistin aus den Vierzigerjahren fallen allerdings mehr die »Sankt-Georgs« und »Götz von Berlichingens« auf, »überall wo der Blick hinfällt«.[114] Dem Götzendienst der Mutter war nun auch Berta Drews mit ihren beiden Söhnen beigetreten, und als Hausfrau hatte sie zu lernen, dass »private Spannungszustände« wegen einer Nebenbuhlerin nicht auf dem »heiligen Boden« der Bühne auszufechten sind.[115]

»Filmheld« Gustav Fröhlich protzt mit seiner Ohrfeige, die er Goebbels verabreicht haben soll, weil der »Bock von Babelsberg« sich an seine Film- und Lebenspartnerin 'ran macht. Lida Baarova hilft er mit diesem Skandalklatsch nicht aus der Klemme. Die seligen Zeiten »meist körperlichen

Heinz Rühmann und Hertha Feiler.

Glücks« sind eh vorbei. Seine stürmische Liebschaft, mit der er sich im herrlichen Haus auf Schwanenwerder in den Filmgazetten ablichten ließ, war so enttäuschend wie das Hermelin-Imitat aus Kaninchenfell, das die Geliebte zum Filmball trug. Doch je weiter sich herumspricht, dass das Filmpaar nur eine »wilde Ehe« führt, solange sich Fröhlich weigert, Lida zu heiraten, bewegt sich die Schauspielerin in einem »rechtlosen Raum«. Das weiß der Verführer Goebbels genau, der die Dramaturgie der Geschlechterbeziehungen in den Unterhaltungsfilmen mitdiktiert. In diesen Filmen können Frauen Rechte nur indirekt durch die Zugehörigkeit zu einem Mann erwerben. »Ohne Ehemann sind sie nichts. Und damit sie vor sich selbst überleben können, deklarieren sie ihren Rechtsverlust noch als Einsicht in die Notwendigkeit, als freiwilliges Opfer.«[116]

Die Biografie Lida Baarovas ist eine konsequente Umsetzung dieser von den Nazis propagierten Frauenrollen. Lida kann sich aus gefährlichen Situationen nicht allein retten, dazu braucht sie immer die Männer. Nach der Trennung von Fröhlich wirbelt sie noch einmal die Beziehung von Rühmann und Leny Marenbach durcheinander und endet schließlich als öffentlich angeprangerte »Ministerhure«. »Schon auf dem Scheiterhaufen sitzend, kann sie nur hoffen und vertrauen, dass sie rehabilitiert wird.«[117] Doch dem kommt Magda Goebbels zuvor, die dem Studioboss, der es auch nur wagt, der Baarova noch einmal eine Filmrolle zu geben, ebenso öffentlich eine Ohrfeige erteilen lässt, wie es zuvor Fröhlich mit dem Minister getan hat. Die kleinen Streiche sind nunmehr gerächt, und die Kamera ist wieder zurechtgerückt: Mit dem Heiligenbild der kinderreichen Ministerfamilie geht die kulturelle Unterdrückung der unabhängigen Frau einher. Die Filmrollen der Baarova darf Hertha Feiler übernehmen. Doch sie muss aufpassen! Weit unter der Hure steht in der sozialen Werteskala der Nazis die Jüdin. Schon reißen die NS-Kläffer an ihren Ketten. Sie wollen gewittert haben, dass Rühmanns neue Frau Hertha, die er doch geheiratet hatte, um den Bann seiner »Mischehe« mit Frau Bernheim hinter sich zu lassen, selbst »Vierteljüdin« ist. Solch eine »jüdische Versippung« und das Gerücht, dass Rühmann Deutschland verlassen will, macht ihn zum erpressbaren Gespielen – »mit Sondergenehmigung« – im Wunschkonzert des Filmministers. Der Filmheld wird das machen, was man von ihm verlangt und noch eins oben drauf geben. Zum 43. Geburtstag schenkt Rühmann Goebbels einen Film in Farbe, 1940 noch eine kleine Sensation.[118] Durch Schwanenwerders Wald und Wiesen hoppeln die fünf Goebbelskinder in Dirndl und Lederhosen, vergnügen sich auf einer Wippe, dann am Grammophon und spielen Hausputz. In Trachtenkostümen formieren sie sich zu einer Kapelle. Jetzt tritt Heinz Rühmann hervor und dirigiert den kleinen Kinderchor:

»*Lieber Papi, wie Soldaten siehst du uns hier aufmarschiert,*
und hast es schon erraten, wir sind da und gratulieren.
Brust heraus und Tritt gefasst, weil du heut Geburtstag hast.
Paß gut auf was hier passiert, wir sind mit der Zeit marschiert:
Gestern noch schwarz, weiß und grau, heute grün, rot und blau.«[119]

Mit solchen idyllischen Szenen haben sich endlich auch Heinz Rühmann und Hertha Feiler einen Platz an der Sonne verdient. 1941 hebt eine kleine Fanbroschüre »Er und Sie« das Traumpaar in den siebenten Himmel: »Um ruhig schaffen zu können, um sich von anstrengenden Tagen auch wieder zu erholen, braucht er die Umgebung einer stillen, herben Landschaft und die schöne Harmonie einer kultivierten Häuslichkeit. Inmitten hochragender märkischer Kiefern, schlanker Tannen liegt das stattliche Holzhaus in nordischem Stil. An den kleinen Wannsee hat sich das Ehepaar Rühmann-Feiler zurückgezogen – wie auf eine ferne Insel.«[120]

Glück und Glas »Glück und Glas, leicht bricht das, gestern hat's dir noch gelacht, aber wie ein Traum der schnell vergeht, kommt es und es geht …«, swingt Greta Wassberg zu Arne Hülphers Tanzorchester, während sich über den abendlichen Häusern die »Christbäume« herabsenken, Lichtzeichen für die Kriegs-Ziele der englischen Piloten. Nach den »Christbäumen» kommen die Bomben.

Dramen spielen sich um das Haus Rühmanns ab, das unter Beschuss von Stalinorgeln stand, die vom gegenüberliegenden Wannseeufer feuerten. Die Villa aus Holz ging sofort in Flammen auf, und die Familie Rühmann fand im nächstgelegenen Keller Unterschlupf. Die ersten russischen

Soldaten, die auftauchten, sperrten alle Männer mit Heinz Rühmann in den Keller ein und drohten, sie am nächsten Tag zu erschießen. Hertha Feiler denkt an Selbstmord, aber sie harrt mit ihrem Sohn Peter wie gelähmt bis zum Morgen aus. Die Soldaten ziehen unverrichteter Dinge ab. Die Frauen können ihre Männer lebend aus dem Keller befreien. Das Leid des Selbstmordes bleibt den Goebbels-Kindern nicht erspart. Sie werden im Führerbunker mit in den Tod gerissen, weil ihre Eltern ihnen ein Glück jenseits der nationalsozialistischen Ideale nicht vergönnen können. Und wer weiß, was die Kinder uns später über einen cholerischen Vater und eine alkoholsüchtige Mutter, die die Erziehung ihrer Kinder in die Hände von Bediensteten legte, hätten erzählen können.

Heinz Rühmann, den »Wiederaufbaukünstler zu jeder Zeit«, zieht es wie Gustav Fröhlich, Paul Verhoeven und viele andere aus der Filmbranche mit festem Wohnsitz in die Nähe der Bavaria Studios nach München. Hertha Feiler taucht hier und da noch einmal in einer Nebenrolle eines Heinz-Rühmann-Films oder in einer Fernsehproduktion auf, sie schafft um sich einen eigenen Freundeskreis, der nichts mehr mit der Filmbranche zu tun hat. 1970 stirbt sie an Krebs, und Heinz Rühmann beklagt ihren Tod: »[…] sie war mein Alles und der Inhalt meines Lebens«.[121] Bald wird er sich wieder in die Arbeit stürzen, und seinen Ruhm als Fernsehstar verdankt er vor allem den »alten« Rühmannfilmen wie »Die Feuerzangenbowle«, die fortwährend wiederholt werden. 1974 heiratet Rühmann noch einmal ganz still seine dritte Frau, die 21 Jahre jüngere Hertha Droemer.

Das Haus von Berta Drews und Heinrich George am Kleinen Wannsee blieb verschont. Aber Berta Drews vermochte es nicht, ihr Ein und Alles, den Inhalt ihres Lebens, Heinrich George aus dem Gefangenenlager in der sowjetischen Besatzungszone zu retten. Wie hätte die große Filmrolle ausgesehen, die George seiner Frau versprach, wenn der Krieg vorbei ist? Wäre es Berta Drews in der Nachkriegszeit gelungen, eine Film- und Theaterpartnerschaft mit ihrem übermächtigen Mann auf gleicher Augenhöhe zu entwickeln? »Ich glaube meinen Weg gefunden zu haben und war überrascht, wie ich mich dem Leben nach Hoffnungslosigkeit und mancherlei Heimsuchungen wieder zuwandte. Kraft der Unverwüstlichkeit meiner Natur entwickelte ich eine selbständige Persönlichkeit, und bemerkte, dass ich gern alleine bin«.[122] »Glückliche Tage« überschrieb sie diese Erkenntnis, lange nach dem Tod ihres Mannes. Sie galt nun selbst als die große Schauspielerin »mit der sonderbar imperativen Macht über die Bühne«.[123]

Zu viel Glück In den Fünfzigerjahren tritt ein sympathisch quäkender Jüngling namens Walter Giller das Film-Erbe des schüchternen Liebhabertypen von Heinz Rühmann an. Seine verklemmt-pfiffige Ausstrahlung stempelt ihn zum ewigen Pennäler des Nachkriegsfilms ab. Aber ein Walter Giller ist kein Heinz Rühmann, so sehr man auch versucht, mit Remakes von »Die Drei von der Tankstelle« oder »Die Feuerzangenbowle« ihn als dessen Nachfolger aufleben zu lassen. Trotz solcher Misserfolge finden die Zuschauer der Nachkriegszeit Gefallen am Schauspieler Giller mit den immergleichen faxenschneidenden Flegelrollen. Mehr Gefallen, als sich von ihrem Liebling in der Rolle eines Ex-Gefreiten und Straßenhändlers in »Rosen für den Staatsanwalt« an die Nazizeit erinnern zu lassen. Über kurz oder lang musste Walter Giller auf Nadja Tiller, die mondäne »Dame mit Sofasex« treffen, die sich so zu benehmen hatte »wie sich – außer im deutschen Film – kein Vamp benimmt«. Eine Filmschönheit wie Nadja, die ihre erotische Durchtriebenheit in Filmen mit Titeln wie »Liebe und Trompetenblasen« offenbarte, konnte nur zahllose Affären mit Filmpartnern und anderen Kollegen haben. Den Gipfel ihres skandalträchtigen Ruhms erklomm sie, als sie sich anschickte, die Rolle der Rosemarie Nitribitt, Deutschlands teuerster Dirne, zu spielen. Schon während der Dreharbeiten hagelte es Proteste und Boykottdrohungen. Die Bundesregierung versuchte vergeblich zu verhindern, »Das Mädchen Rosemarie« als deutschen Beitrag bei den Filmfest-

Walter Giller.

Nadja Tiller.

Das ehemalige Wohnhaus von Nadja Tiller und Walter Giller in der Pardemannstraße 22.

spielen in Venedig zu zeigen. Doch die Kassen klingelten, jeder im prüden Deutschland wollte im Kino die Ermordung eines Frankfurter Callgirls sehen. Einen Film, der Unmoral anprangert und sich gleichzeitig an der Wohlstandsdekadenz und Prostitution der Adenauer-Ära delektiert. Im ersten gemeinsamen Dreh »Schlagerparade« (1957) lernten sich Walter Giller und Nadja Tiller kennen. »Er war wahnsinnig liebenswert und auch nicht abzuschütteln«, erinnert sich Nadja Tiller[124]. Im Film »Sie« kamen sie sich einen wesentlichen Schritt näher. »Eine Filmszene musste aus technischen Gründen dreizehnmal wiederholt werden. Zwölfmal wurde Nadja von Giller gefragt, ob sie seine Frau werden wolle, und hatte mit ›Nein‹ zu antworten. Beim dreizehnten Mal beantwortete sie die Frage mit ›Ja‹. Giller war begeistert, fiel ihr um den Hals und aus der Rolle, und die Szene musste ein vierzehntes Mal wiederholt werden. Die Dreizehn wurde ihre Glückszahl.«

Film und Wirklichkeit verquicken sich auch beim Filmpaar Giller und Tiller; auf die Frage, warum sie so oft zusammen sind, antworten sie: »Weil wir die einzigen Filmschauspieler sind, deren Namen sich aufeinander reimen«.[126] Pressekampagnen, die einen Keil zwischen beide treiben wollen, fruchten nicht. Als von Nadja Tiller im amerikanischen Magazin »MODERN MAN« Nacktfotos auftauchen, »die nach einer gesunden Moral urteilenden Menschen besser verborgen bleiben«, reagiert Giller nonchalant: »Sie können nur nett sein«. Giller kennt den Unterschied zwischen einem verheirateten Filmstar und einem verheirateten Durchschnittsbürger: »Ein Star ist ein Mensch, von dem alle Welt weiß, wo er ist und was er macht; ausgenommen der Ehepartner. Bei einem Bürger ist es umgekehrt«.[127]

»Die Götter meinen es gut mit uns«, sagt Walter Giller rückblickend auf seine Ehe.[128] Der aufgeregte Lärm der Wirtschaftwunderwelt um Sex und Skandal, der das Filmpaar Giller und Tiller umgibt, dringt nicht vor in die privaten Gemächer des Bungalows Pardemannstraße 22.[129] Diesem Filmpaar widerfährt die Gnade, unangetastet von äußeren politischen oder gesellschaftlichen Zwängen zusammenzuleben zu können. Aber ist solch privates Glück von einem Star nicht zu teuer erkauft?

»Mein Gott, Nadja«, seufzt Atze Brauner erinnerungsschwer. »Ich kenne einige große Produzenten in Europa und Amerika, die ihr eine internationale Karriere allerersten Ranges prophezeiten, Experten, die sie, aufgrund ihrer Begabung, ihres Aussehens, ihres gewissen Etwas, selbst über Romy Schneider stellten. Warum sie diese Karriere nie gemacht hat? Für mich ist die Antwort auf diese Frage klar: Sie hatte zuviel Glück. Zuviel Glück in ihrer Ehe. Mit ihrem Mann Walter Giller, ihren Kindern, ihrem Heim. Und vielleicht war sie auch zu wenig ehrgeizig. Aber was soll der Ehrgeiz, wenn einem alle Blütenträume erfüllt werden.«[130]

»Alles was ich mir gewünscht habe, habe ich dick und satt bekommen«, bekennt Walter Giller übereinstimmend mit Nadja Tiller. »Wenn man ein halbes Jahrhundert zusammengewachsen ist, gibt es dafür keine Worte.«[131] 2005 hat Walter Giller noch einmal einen gemeinsamen Auftritt mit seiner Frau im Film »Lauras Wunschzettel«. Als alter, weiser Mann verkündet er das wahre Glück: »Sie ahnen gar nicht, was in Erfüllung geht. Wenn man es sich wirklich wünscht!«

»Dieser Stein vom Seinestrande, hergepflanzt in deutschem Lande, ruft Dir, Wanderer, man zu: Glück, wie wandelbar bist Du« (1884). Fragment der Tuilerien-Säule auf Schwanenwerder.

Eduard Arnhold

1849 Dessau –
1925 Neuhaus/Schliersee

Unternehmer

Am Großen Wannsee 4

Hatte er, dessen Villa als »Wächterin der Wannseekolonie« alle anderen überragte, die Fronten gewechselt? War Eduard Arnhold, der große Kunstsammler der Impressionisten, der den Wilhelm-Orden trug und ins Preußische Herrenhaus berufen wurde, ein Abtrünniger der impressionistischen Bewegung geworden? Der Hass Wilhelms II. auf die »Rinnsteinkunst« der Moderne war bekannt, und ausgerechnet Arnhold saß jetzt mit dem Kaisersohn Prinz August Wilhelm in der Sachverständigenkommission der Nationalgalerie. Kein Geringerer als Max Liebermann, prominentestes Sprachrohr der modernen Malerei in Berlin, bezichtigte seinen Nachbarn am Wannsee und besten Käufer seiner Bilder dieses Verrats: Arnhold sei »jetzt auf der anderen Seite; den hat der Kaiser eingefangen. Der darf jetzt für uns Nichts mehr tun.«[1]

Eduard Arnhold, Sohn einer kinderreichen Arztfamilie, die in bescheidensten Verhältnissen lebte, war in Berlin zum drittreichsten Millionär aufgestiegen. Sein Vermögen wurde 1912 auf 35,5 Millionen Mark geschätzt. Den wirtschaftlichen Aufstieg hatte er vor allem der Förderung seines väterlichen Freundes Caesar Wollheim zu verdanken. Als fünfzehnjähriger Lehrling war Arnhold in dessen Firma eingestiegen, mit 21 Jahren wurde er Prokurist, mit 26 Teilhaber, und nach dem Tode Caesar Wollheims 1882 Alleininhaber der Firma. Die Großhandlung lieferte um die Jahrhundertwende fast ein Viertel des gesamten Kohlebedarfs in die Reichshauptstadt. Arnholds Hauptgeschäftsfeld blieb stets der Handel mit der oberschlesischen Steinkohle, als Industrieller erkannte er außerdem die zunehmende Bedeutung der Verkehrswege, und so setzte er sich für den Ausbau der Wasserwege (Oderausbau, Mittelland- und Teltowkanal) ein, förderte als

Pionier aber auch die Berliner Straßenbahn und die Entwicklung der Luftfahrt. Ein Unternehmer vom Schlage Arnhold war nicht umsonst an die Spitze der Großverdiener vorgedrungen, seine Erfolge würzte er gelegentlich mit persönlichen Lebensweisheiten: »Ich habe keine Zeit, unpünktlich zu sein«[2], war einer seiner Lieblingssprüche oder »Fleißig arbeiten! Lieber verrotten als verrosten!«[3]

Aber: »Allein die Tränen lassen nichts gelingen. Wer schaffen will, muß fröhlich sein.«[4] Von bloßen »Arbeitsthieren«, so nannte Arnhold Unternehmer wie Hugo Stinnes oder August Thyssen, hielt er nicht viel. Für den Unternehmer Arnhold existierte darüber hinaus noch »stark die Notwendigkeit eines zweiten schöneren Lebens neben der Arbeit«.[5] Die zweite, schönere Seite seines Lebens erfüllte er sich als Mäzen, als Kunstsammler und als Besitzer repräsentabler Domizile. Den Ansprüchen einer großbürgerlichen Elite stand Arnold in nichts nach. Fünf Anwesen richteten sich die Eheleute Arnhold im Laufe ihres Lebens ein. Im »Millionärsviertel« des Berliner Tiergartens bot seine Stadtvilla genügend Raum, einen Salon abzuhalten und eine Gemäldegalerie aufzubauen. Durch Erwerb des Herrenhauses Hirschfelde bei Werneuchen reihte sich Arnhold in die preußische Junkerkaste der Großgrundbesitzer ein. Hinzu kamen Arnold Böcklins letztes Wohnhaus und Atelier, die Villa Bellagio in Fiesole sowie ein Bauernhof im oberbayerischen Neuhaus am Schliersee. Mit einer Villa in der Alsen-Colonie am Wannsee folgte Arnhold dem Trend der Millionäre, auch in den neu entstehenden Villenkolonien der Vorstadt eine Sommerresidenz im Grünen zu bewohnen. Die exponierte Lage der Villa Arnhold oberhalb des Wannsees war traumhaft.

1885 hatte Adolph Heyden die Villa im Stil einer italienischen Renaissancevilla errichtet. Die Schönheit der Villa Arnhold verewigte ein zeitgenössischer Besucher: »Ein herrliches Panorama breitet sich hier vor allen Augen aus. [...] Diese Ufer mit ihrem kräftigen Baumwuchs, saftigen Rasengrün, woraus stilvolle Villen, selbst in schloßartigem Bau sich erheben, zum Theil versteckt, nur mit Thurmspitzen heraustretend, zum Theil frei und offen in angemessener Umgebung sich zeigend, wie die Arnold'sche[!] Villa, welche durch ihre Lage und die energische Gliederung in ihrem Bau fast vermuthen lässt, daß sie hier als Wächterin der Kolonie hingesetzt sei, um feindliche Annäherungen zu wehren. Gewiß ist, daß eine ähnliche Villenkolonie um Berlin nicht ein Gleiches hat.«[6]

Oberhalb einer Hangkante zum Großen Wannsee prangte die Villa Arnhold, ganz zur Seeseite ausgerichtet. Im Erdgeschoss befanden sich die Eingangshalle, Salon, Speisezimmer und Repräsentationsräume. Über die große Loggia betrat man eine ausladende Terrasse mit weitem Blick über den See. Links und rechts führten zwei Freitreppen zur künstlichen Grot-

Villa Arnhold (Nordseite), Architekten: Kyllmann & Heyden.

te unterhalb der Terrasse und hinab zum steil abfallenden Garten bis zum Wasser. Die italienische Renaissance des Hauses fand in der Gartenanlage ihren Widerhall. Mediterrane Palmengewächse in der Uferpartie, neoklassizistische Balustraden, eingefasst von Pergolen, spiegelten die Sehnsucht nach einem Stück Italien im fernen Berlin. Kamen die Arnholds in ihrem »Regentenhof« in der Tiergartener Regentenstraße eher ihren gesellschaftlichen Verpflichtungen nach, ging es bei den Vergnügungen am Wannsee ungezwungener zu. In den Sommermonaten lud man samstags die Gesellschaft zum jour fixe. Alfred Lichtwark, der eine dieser »salonartigen« Gesellschaften besucht hatte, war erstaunt über die exotischen Gepflogenheiten der Berliner upper class: »Wir waren zu sechst, zwei Damen und vier Herren, bei Tisch und konnten von der gedeckten Terrasse, wo wir aßen, über den abschüssigen Garten in ein grün gerahmtes Stück Wannsee hinausblicken [...]. Bei Tisch sprang die Unterhaltung in großen Sätzen, über deren Blitzgescheitheit und Weite man sich weder wunderte noch Rechenschaft gab, über die Interessensphären eines Chemikers, eines Kaufmanns, eines Künstlers eines Beamten und zweier Damen, die überall zu Hause waren und Palais in Berlin, Villen am Wannsee, Güter in der Mark oder in Schlesien und Palazzi in Florenz als jederzeit bereitstehende Wohnungen zur Verfügung haben und sich die Entfernungen durch das Auto verkürzen.«[7]

Marie von Bunsen traf bei einem der jour fixe auf den Künstler Leopold Graf von Kalckreuth, der gerade von der Hausherrin Johanna Arnhold zwei Porträts anfertigte, und den früheren Eisenbahnpräsidenten von Berlin, Victor von Kranold. Salonlöwin von Bunsen fand die Gespräche im Hause Arnhold über Kunst und Religion dann doch etwas ennuyierend, prickelndere Gesprächsnachbarn wären da schon ein Bankdirektor oder ein höherer Offizier gewesen. Nach dem Essen »wurde der Dampfer bestiegen u. die Runde um die Seen gemacht, an Bord Kaffee, Dessert, Liquör u. Cigarette zu sich genommen. Zum Schluß in einer Pergola Bahn Boccia gespielt«.[8]

Gern gesehener Gast war die Schauspielerin Louise Dumont. Unter ihrer Regie durfte Arnholds Nichte Erna Grabowsky, die später als Reiseschriftstellerin bekannt werden sollte, am Wannsee eine Laien-Aufführung von Goethes »Tasso« einstudieren.[9]

Der Maler Max Liebermann erinnerte sich, dass Arnhold sich jeden Tag seine Bilder ansehe, bevor er ins Büro gehe. »Dann hätte er für den ganzen Tag, der so viel Ärger mit sich brächte, ein Quantum an Freude, das ihn für die Unannehmlichkeiten entschädige.«[10] Wenn Arnhold durch den Garten seiner Wannseevilla wandelte, dann konnte ihn die Betrachtung antiker und vor allem moderner Plastiken »aus der Enge und den Enttäuschungen des Alltags zu tröstenden Verstehen höheren Menschtums und seiner Ziele« lenken.[11] Am Wannsee erholte sich der Kunstsammler beim »Herkules mit dem nemëischen Löwen« von Max Klein, der »Persephone« im »ägyptisirenden« Stil von Max Kruse und angesichts Arthur Lewin-Funckes verspielten »Streitenden Knaben«. Arnhold sah sich mehr als Mäzen und weniger als Kunst-Käufer. Vor allem zwei Bildhauern sicherte er über Jahrzehnte hinweg durch kontinuierliche Aufträge und Weiterempfehlung die Existenz: August Gaul und Louis Touaillon. Sie waren mit zwei großen Plastiken im Wannsee-Anwesen präsent. »Vielleicht das Hauptwerk« August Gauls war die große Skulptur, die »Löwin«, die der Bildhauer eigenhändig im Garten platziert haben wollte: Er bedankte sich beim Ankauf der Löwin für die »ideelle und auch andere Auffrischung zum weiteren Schaffen« und sah es als eine Verpflichtung »auch für das Aufstellen der Löwin mich zu interessieren. Da Platz und

Villa Arnhold (Ostseite), um 1896.

Umgebung wohl auch mitbestimmend für das Postament sind, erlaube ich mir, Sie freundlichst zu bitten, vorher die beabsichtigte Stelle ansehen zu dürfen.«[12]

Vom See aus war schon von weitem die monumentale Reiterfigur »Der Sieger« von Louis Tuaillon zu sehen. Seit 1886 kannte Arnhold das Werk Tuaillons, und 1897 reiste der Mäzen zum in Rom lebenden Künstler, um dessen Arbeit am »Sieger« eingehend zu besichtigen. Die Beziehung festigte sich, als Tuaillon 1902 nach Berlin übersiedelte und regelmäßiger Gast bei den Arnholds war. Als die Eheleute Arnhold 1904 auf einer Kreuzfahrt den »Delphischen Wagenlenker« sahen, waren sie so angetan, dass sie sich für ihr Wannseer Domizil von Tuaillon einen Bronzeguss anfertigen ließen. Außer zu Louis Tuaillon unterhielt Arnhold nur noch zu einem anderen Künstler einen so intensiven und freundschaftlichen Kontakt. Und das war sein Lieblingsmaler und Nachbar am Wannsee: Max Liebermann.

Schon zu Lebzeiten hatte Arnhold mit seiner Kunstsammlung, die er zum Teil auch öffentlich in einer Galerie zugänglich machte, Ruhm erlangt. Hugo von Tschudi, Direktor der Nationalgalerie, bezeichnete 1909 Arnholds Sammlung als die »künstlerisch wertvollste Privatsammlung moderner Kunst, die Deutschland besitzt.«[13] Gegen den vorherrschenden Kunstgeschmack Preußens und den kunstpolitischen Unverstand Kaiser Wilhelms II. hatte Arnhold angefangen, französische Impressionisten und Bilder der Berliner Secession zu sammeln. Gemälde wie die von Gustave Courbet, Edouard Manet, Claude Monet, Auguste Renoir oder Arnold

Böcklin, Max Slevogt und Lovis Corinth waren noch lange nicht museumsreif. Arnhold war vermutlich der erste Berliner Unternehmer, der sich für ausländische und deutsche Künstler stark machte, die mit den akademischen Regeln der Malerei gebrochen hatten. An Quantität und Qualität überragend waren die Gemälde Max Liebermanns, die Arnhold erwarb, seine Liebermann-Sammlung bot ein einzigartiges Spektrum über dessen gesamtes Werk. 1917 besaß die Nationalgalerie zum Beispiel gerade einmal vier Gemälde von Liebermann, Arnhold bereits elf. Von den frühen realistischen Bildern wie »Altmännerhaus in Amsterdam« bis zu den späten impressionistischen Wannseebildern verfügte Arnhold über die gesamte Bandbreite des Malers. Liebermann wusste das zu würdigen; als Arnhold 1916 ein neues Gemälde von Liebermann (»Blumenterrasse im Wannseegarten«) erwarb, schrieb der Maler an den Sammler: »Ich möchte Ihnen meine Freude ausdrücken über die Nachricht, die mir Cassirer übermittelt hat, daß mein neuestes Gartenbild in Ihren Besitz übergegangen ist. Ich freu mich, daß das Bild in so gute Hände und so gute Gesellschaft kommt, und weil ich es, wie ich Ihnen letzthin sagte, für ein(es) meiner gelungensten halte. Somit ist das erste Dutzend voll: vivat sequens! Während die Nationalgalerie meine Produkte der letzten 25 Jahre ignoriert, zeigt mich Ihre Sammlung vom Anfang bis zum heutigen Tage.«[14] Zwei weitere Wannseebilder im Arnholdschen Besitz waren Dokumente ihrer Freundschaft und nachbarschaftlichen Besuche. Ein Gemälde zeigt Liebermanns, das andere den Arnholdschen Garten. Lange auch saß Liebermann am Porträt Arnholds: 1906 wurde es begonnen und erst 1919 fertig gestellt.

Nur Arnholds Kaisertreue ließ Liebermann befürchten, dass er zu ihm auf Distanz gehen könnte. Durch großzügige Spenden für die Kaiser-Wilhelm-Gesellschaft zur Förderung der Wissenschaft und ein Atelierhaus in Rom, der späteren »Villa Massimo«, hatte sich Arnhold großes Ansehen beim Kaiser erworben. Arnholds Stolz auf den Wilhelmorden und die persönliche Bekanntschaft mit Wilhelm II. bewogen ihn, für einen Jubiläumsfonds zum 25-jährigen Regierungsjubiläum des Kaisers zu sammeln. Im Mai 1913 wurden eine Million Mark an die kaiserliche Schatullenverwaltung überwiesen, was Kaiser Wilhelm II. mit der Summe anfangen sollte, erfuhren die Stifter nicht. Ernst Graf zu Rantzau überlieferte, dass Arnhold einen Tag nach Ausbruch der Revolution am 10. November 1918 bei ihm anrief und ihm mitteilte: »Ich möchte Ihnen nur eines sagen: ich halte es für möglich und wahrscheinlich, daß eine Familie, die uns beiden sehr nahe steht – gemeint war das königliche Haus –, materieller Hilfe bedürfen wird. Ich wollte Sie bitten zu melden, dass ich in dem Falle mit meinem Vermögen und meinen Besitzungen jederzeit zur Verfügung stehe.«[15] Dieses Angebot nahm zumindest der mit Arnhold gut vertraute Prinz August Wilhelm an. Er verbrachte mehrere Wochen in der Arnhold-Villa am Wannsee.

Der verlorene Weltkrieg, wovon Arnholds Firma durch die Teilung Schlesiens stark betroffen war, Revolution und Inflation nagten an der »Nervengarnitur« des Geschäftsmannes, der einstmals keine Zeit hatte, unpünktlich zu sein. Plötzlich hatte er viel Zeit, über sein Leben nachzudenken: »Was bleibt übrig? Wie ein Student leben, nur noch von heute auf morgen denken!« Innen- und außenpolitische Katastrophen im Jahre 1923 deutete Arnhold als das Fanal des »Finis Germaniae«. Dennoch versuchte er, während seiner Kuraufenthalte und Sommerurlaube Kraft zu schöpfen, um »in Kürze wieder rüstig an die Arbeit gehen zu können«.[16]

Am 10. August 1925 fand ihn sein Privatsekretär, friedlich entschlafen, auf einer Parkbank in seinem Garten am Schliersee »inmitten einer spätsommerlichen schönen Natur«[17]. Für eine kleine Abschieds-Feierlichkeit im Familien- und Freundeskreis wurde der Sarg des Kunstsammlers inmitten der Gemälde seiner Galerie aufgebahrt. Wer auf die Bilderanordnung schaute, entdeckte das Vermächtnis eines Kunst-Liebhabers, für den umstürzlerische Moderne in der Kunst und monarchische Gesinnung kein Widerspruch waren. Neben den Lenbach-Porträts von Bismarck und Wilhelm I. hingen Bilder von Liebermann, direkt gegenüber die Kunst der »Erbfeinde« Monet und Manet. Nein, Eduard Arnhold war Max Liebermann nie untreu geworden. Das letzte Gemälde, das der Kunstsammler 1922 erworben hatte, war eines der impressionistischen Wannseebilder aus dem Garten seines Maler-Freundes.

Ewigen Sommersitz fand Arnhold auf dem Neuen Friedhof Wannsee in der Lindenstraße. Das prächtige Familiengrab, das man heute noch bewundern kann, schuf der Bildhauer Theodor Georgii. Er war ehemaliger Stipendiat der Villa Massimo – der bis heute berühmten Institution in Rom, die Arnhold ins Leben gerufen hat.

August Wilhelm

1887 Potsdam – 1949 Stuttgart

Prinz von Preußen, SA-Obergruppenführer

Am Großen Wannsee 4

August Wilhelm, der vierte Sohn des letzten deutschen Kaisers Wilhelm II., war ein musischer Mensch. Der Hohenzollernspross liebte die schönen Künste, schrieb selbst Gedichte, interessierte sich für Musik und Malerei, sein Haus in Potsdam war ein Treffpunkt von Künstlern und Gelehrten, ganz in der Tradition seines berühmten Vorfahren Friedrich II. Geboren wurde er im Potsdamer Stadtschloss, seine Kindheit und Jugend verbrachte er mit seinen Geschwistern im Potsdamer Neuen Palais. Er studierte an den Universitäten Bonn, Berlin und Straßburg und promovierte 1907 zum Doktor der Staatswissenschaften.

Am 22. Oktober 1908 heiratete August Wilhelm im Berliner Stadtschloss seine Cousine, Prinzessin Alexandra Viktoria von Schleswig-Holstein-Sonderburg-Glücksburg. Eigentlich sollte das Prinzenpaar das Schloss Niederschönhausen beziehen, änderte seine Pläne aber, als sich Wilhelm II. dazu entschloss, seinem Sohn die im Potsdamer Park Sanssouci gelegene Villa Liegnitz zu überlassen. 1912 wurde das einzige Kind des Paares, Prinz Alexander Ferdinand von Preußen, geboren.

Während des Ersten Weltkrieges war August Wilhelm Landrat des Kreises Ruppin und lebte mit seiner Familie auf Schloss Rheinsberg. Die Ehe mit Prinzessin Alexandra Viktoria scheiterte, eine Scheidung kam jedoch »nicht in Frage«. Der Chef des Hauses Hohenzollern hatte ein Majestäts-Machtwort gesprochen.

Sechs Söhne und eine Tochter hatte Kaiser Wilhelm II. (Wilhelm, Eitel Friedrich, Adalbert, August Wilhelm, Oskar, Joachim und Victoria Luise), und obwohl Kronprinz Wilhelm nach der Abdankung des Vaters in der Hierarchie ganz oben stehen sollte, war es August Wilhelm, der Lieblingssohn des Kaisers, der 1918 in den Fokus der Öffentlichkeit rückte. Der nicht ganz freiwillige Verzicht Wilhelms II. auf den Kaiserthron spielte sich in seinem direkten Umfeld ab.

Am 31. Oktober 1918 hatte der deutsche Reichskanzler Prinz Max von Baden August Wilhelm in Potsdam besucht und ihn aufgefordert, seinem Vater Wilhelm II. die Abdankungsurkunde vorzulegen. Der Prinz lehnte entrüstet ab und schlug vor, dass der Reichskanzler dies doch selbst tun möge, er allein wäre als Regierungschef die geeignete Person für eine solche Handlung. Max von Baden erklärte, er könne dies als »Verwandter und Freund« nicht tun, auch wäre er zur Zeit viel zu krank, um eine derartige Aufregung zu ertragen. Prinz August Wilhelm fragte ihn: »Was ein Verwandter und Freund nicht tun kann, soll ein Sohn tun?« Das Gespräch endete mit der direkten Aufforderung des Prinzen an den Reichskanzler, unter solchen Umständen doch besser von seinem Amt zurückzutreten. Prinz Max von Baden merkte, dass er in August Wilhelm keinen Verbündeten gefunden hatte und lehnte das Ansinnen des Kaisersohnes mit den Worten ab: »Dann stürzt alles zusammen«.[18]

Zehn Tage später hatte der Reichskanzler die Lösung gefunden. Am 9. November gab er eigenmächtig Wilhelms Rücktritt bekannt. Weder den Kaiser noch die Prinzen hatte er vorher informiert. Wilhelm II. befand sich zu jener Zeit in seinem Hauptquartier im belgischen Spa und gab dort, tief enttäuscht, am 28. November 1918 seinen Verzicht auf den Thron bekannt. Bis 1920 lebte Wilhelm II. im niederländischen Amerongen, danach bis zu seinem Tod 1941 im Huis Doorn, wo er sich trotz seiner Behinderung am linken Arm als Holzfäller betätigte und seine Memoiren verfasste.[19]

Der Erste Weltkrieg, der erste »totale« Krieg der Menschheitsgeschichte, war mit einer verheerenden Niederlage des deutschen Kaiserreiches zu Ende gegangen, und diese Niederlage wurde immer wieder an der Person des Kaisers festgemacht. Die Feldmarschälle lehnten jede Verantwortung für das militärische Desaster ab.

Paul von Hindenburg, der »Held von Tannenberg«, dem der Krieg nach eigenen Aussagen »wie eine Badekur«[20] bekommen war, bestritt jegliche Mitschuld an den Giftgaseinsätzen an der Westfront. Erich Ludendorff, Generalquartiermeister der Obersten Heeresleitung, forderte noch am 24. Oktober 1918 von seinen Soldaten, den »Widerstand mit allen Mitteln und äußersten Kräften» fortzusetzen, da die »Alliierten keinen ehrenvollen Frieden» gewähren würden. Ludendorff hatte die Schuldigen für das militärische Scheitern längst gefunden: Es waren die Politiker, es waren die Parteien, und es war der Kaiser. Die Mär von der »Dolchstoßlegende« machte fortan die Runde. Allein verantwortlich waren nicht Hindenburg, Ludendorff, August von Mackensen oder Admiral Tirpitz – sondern eben Wilhelm II.[21]

Das Jahr 1918 war ein entscheidendes Jahr, nicht nur für die deutsche und europäische Geschichte, sondern auch für die Hohenzollern-Familie. Nun endlich, nach der Abdankung des Kaisers, konnten August Wilhelm und Alexandra Viktoria, frei vom ständigen Widerspruch des allmächtigen Vaters, ihre nur noch auf dem Papier bestehende Verbindung lösen. August Wilhelm ging seiner Frau aus dem Weg und zog sich auf Einladung Eduard Arnholds in dessen Haus am Wannsee zurück.

Im März 1920 erfolgte die Scheidung, das Sorgerecht für den gemeinsamen Sohn wurde August Wilhelm zugesprochen. Nach der Scheidung lebte er wieder in seiner Potsdamer Villa, nahm Zeichenunterricht bei Professor Arthur Kampf, dem berühmten Historienmaler, und sicherte sich durch den Verkauf seiner Bilder eine zusätzliche Einnahmequelle.[22]

Anfang der Zwanzigerjahre sollte die prinzliche Idylle in der Potsdamer Abgeschiedenheit ein Ende finden. Gemeinsam mit seinen Brüdern Prinz Eitel Friedrich und Prinz Oskar trat August Wilhelm dem deutsch-nationalen Frontkämpferbund »Stahlhelm« bei, einer paramilitärischen Organisation, in der das Wirken der Teilnehmer am Ersten Weltkrieg ihre Anerkennung finden sollte. Die soldatische Traditionspflege war wichtig, jedoch hatten die Koalitionsparteien in der Weimarer Republik dafür wenig Verständnis. So war es beinahe selbstverständlich, dass der »Stahlhelm« ins rechte Lager abdriftete. Gemeinsam mit der Deutschnationalen Volkspartei, der Nationalsozialistischen Deutschen Arbeiterpartei und dem Alldeutschen Verband organisierte der »Stahlhelm« den Volksentscheid gegen den Young-Plan, inszenierte gewaltige Aufmärsche gegen die »verhasste Republik« und war maßgeblich an der Bildung der »Harzburger Front« beteiligt.

August Wilhelm fühlte, dass ihm die säbelrasselnden ehemaligen Frontsoldaten eine neue politische Heimat bieten konnten; sehr genau verfolgte er den Aufstieg der Nationalsozialisten. Zum Unbehagen der Hohenzollernfamilie trat er am 1. April 1930 in die NSDAP ein. Fortan wurde »Auwi« – so sein Spitzname – wegen seiner Anbiederung an die Nazis zur Zielscheibe häufigen Spotts in den linksliberalen Zeitungen.

Die Hinwendung des Preußensohnes zu den Nationalsozialisten löste eine Kettenreaktion beim deutschen Adel aus. Jetzt wurde immer mehr blaues Blut in die »Bewegung« gespült. Prinzen, Freiherren, Grafen und Barone traten der NSDAP bei oder zogen die braunen und schwarzen Uniformen an. Konstantin Freiherr von Neurath, Heinrich Georg Graf Fink von Finkenstein, Josias Erbprinz von Waldeck-Pyrmont, Fritz Ritter von Kraußer, Hans von Tschammer und Osten oder Friedrich Karl Freiherr von Eberstein schafften es später bis zu SA- bzw. SS-Obergruppenführern. Friedrich Christian Prinz von Schaumburg-Lippe wurde Persönlicher Referent von Joseph Goebbels, Prinz Philipp von Hessen stieg in den engsten Zirkel der SA-Führung auf. Der Schulterschluss prominenter Adliger mit den Nazis bedeutete wachsendes Prestige und bei den jeweiligen Wahlen einen Stimmenzuwachs aus den Bevölkerungsgruppen mit traditionalistischen oder monarchistischen Wurzeln, die die Nazis sonst nie erreicht hätten.[23] Für dieses unverhoffte »Geschenk« dankte Adolf Hitler August Wilhelm, dem ungewollten Kaderchef, und ehrte ihn mit der Verleihung der frühen NSDAP-Mitgliedsnummer 24, die August Wilhelm fortan als »alten Kämpfer« auswies.[24]

Aber der wortgewandte und schöngeistige Hohenzollernprinz hielt sich nicht nur in den Niederungen der NSDAP-Versammlungen und in der Gesellschaft plebejischer SA-Führer auf. Er verkehrte weiter in aristokratischen Kreisen und umgab sich mit einflussreichen und schönen Frauen. Die Fürstin Reuß sowie Veronika von Dirksen gehörten zu seinen besten Freundinnen. Und er war Mitglied in Clubs und Vereinen, in denen er seine Philosophie von der »Zukunft Deutschlands« erklären und vertreten konnte. Im Club »Nordischer Ring«, bereits 1909 gegründet, war »Auwi«

»Der Sieger«, Reiterfigur von Louis Tuaillon vor dem Haus Am Großen Wannsee 4.

nicht nur Mitglied, sondern auch einer der Wortführer. Diesem exklusiven Club, der für die »Wiederaufnordung« auf allen Gebieten eintrat, stand Hans F. K. Günther vor, gleichzeitig Herausgeber der Zeitschriften »Rasse« und »Norden« sowie Professor für Rassenkunde an der Universität Jena.[25]

In diesem Club verkehrte auch Magda, die Ehefrau des Tuchfabrikanten Günther Quandt, die hier erstmals intensiv mit nationalsozialistischen Gedanken in Berührung kam. Einmal klagte sie, nach reichlichem Genuss von Alkohol, gegenüber ihren Freunden, dass ihr Leben sie anwidere und sie vor Langeweile sterben könne. »Auwi« saß mit der Fürstin Reuß am Nachbartisch, beugte sich mit einem verbindlichen Lächeln zu Magda und sagte zu ihr: »Langeweile, gnädige Frau? Da darf ich Ihnen vielleicht einen Vorschlag machen. Kommen Sie doch zu uns! Arbeiten Sie mit in der Partei. Keinen strengen Dienst natürlich, ich bitte Sie. Wer wollte wohl von einer so schönen Frau verlangen, daß sie sich aufreibt. Aber ein bißchen ehrenamtliche Hilfe, so ganz nebenbei. Die Zeit vergeht, und mit ihr die Langeweile.«[26]

Magda Quandt tat dem Prinzen den Gefallen. Sie erledigte kleinere Büroarbeiten, besuchte Kundgebungen der NSDAP und war vor allem fasziniert von einem kleinen jungen Mann in schlechtsitzender schwarzer Lederjacke, der beim Gehen einen Fuß hinter sich herzog. Wie in Trance verfolgte sie seine Reden, sie war hingerissen, jedoch nicht vom Inhalt, sondern von Gestus und Form seiner Vorträge.[27] Ein Jahr später heiratete sie ihn. Aus Magda Quandt wurde Magda Goebbels. Mit seinem Angebot, »ein bißchen für die Partei zu arbeiten«, hatte August Wilhelm Schicksal gespielt.

Nach der Machtübernahme der Nazis war »Auwi« seinem Führer ein treuer und bedingungsloser Gefolgsmann. Er erhielt als »Brigadeführer« den ersten Generalsrang in der SA, wurde preußischer Staatsrat und Mitglied des Reichstages. Inzwischen auch zum »Reichsredner« befördert, war er oft propagandistisch wertvoller Gast auf diversen Parteiveranstaltungen der NSDAP. Hitler fühlte sich wohl in der Umgebung des Prinzen. Gemeinsam schritten sie das Ehrenspalier zum »Reichserntedankfest« ab oder hielten gemeinsam während der alljährlich wiederkehrenden Gedenkveranstaltungen zum 9. November 1923 die »Blutfahne«.[28] 1939 wurde »Auwi« zum SA-Obergruppenführer befördert.

1942 endete die politische Karriere des Prinzen. Abfällig hatte er sich im privaten Kreis über Joseph Goebbels, seinen langjährigen Weggefährten, geäußert. Ein Denunziant informierte den Reichspropagandaminister, der August Wilhelm daraufhin ein Redeverbot erteilte und ihm jegliche Betätigung in der Öffentlichkeit untersagte.[29] Die politische Kaltstellung August Wilhelms passte zum neuen Umgang der Nazis mit der deutschen Aristokratie. Zwei Jahre zuvor hatte Hitler den so genannten »Prinzenerlass« durchgesetzt, der den Mitgliedern des Hochadels und allen Angehörigen ehemals regierender Fürstenhäuser fortan jede militärische Tätigkeit untersagte. Im »Kampf gegen den Weltbolschewismus«, den die Nazis nun nicht mehr mit Worten, sondern auf den Schlachtfeldern Europas austrugen, war monarchistisches Gedankengut überflüssig geworden. Und wieder einmal zog sich August Wilhelm, vereinsamt und verbittert, in sein Haus in Potsdam zurück.

Anfang Februar 1945 flüchtete er mit Kronprinzessin Cecilie vor der herannahenden Roten Armee aus Potsdam nach Kronberg zur Markgräfin Margarete von Hessen, einer Schwester seines Vaters.[30] Dort wurde er am 8. Mai 1945 von amerikanischen Truppen verhaftet. Die Spruchkammer des Internierungslagers Ludwigsburg stufte August Wilhelm von Preußen 1948 in die Gruppe der »Belasteten« ein und verurteilte ihn zu zweieinhalb Jahren Arbeitslager.[31] Durch die seit 1945 bestehende Haft wurde die Strafe als verbüßt angesehen. Sofort nach seiner Haftentlassung waren allerdings neue Verfahren gegen ihn anhängig. Zu weiteren Prozessen kam es jedoch nicht mehr. Prinz August Wilhelm von Preußen erkrankte schwer und starb am 25. März 1949 im Alter von nur 62 Jahren in einem Krankenhaus in Stuttgart. Beigesetzt wurde er in Langenburg auf dem Friedhof der Fürsten von Hohenlohe-Langenburg.

Lida Baarova

1914 Prag – 2002 Salzburg

Schauspielerin

Inselstraße 18

1938 hatte die skandalumwitterte Filmschauspielerin Lida Baarova das dumpfe Gefühl, dass alles ein böses Ende nehmen würde. »Es ist, als ob ich mich am Anfang der Proben des dritten Aktes einer Tragödie befände, und ich spüre, es wird eine harte Probe werden ...« Paul Martin, der Regisseur ihres letzten Filmes im »Dritten Reich« versuchte ihr zu helfen: »Stell' dir vor, es ist wirklich nur ein Theaterstück, und du verkörperst darin die Rolle der ›Lida Baarova‹, bist es aber nicht wirklich!« Lidas Reaktion: »›Kannst du mich küssen?‹, fragte ich. Er tat es, aber es hatte keinerlei Wirkung und war sicher auch keine Lösung für die Probleme, vor denen ich jetzt stand ...«[32]

Lida Baarovas Problem war, dass sie nicht nur einmal Joseph Goebbels geküsst hatte. Der bat seine Frau Magda um die Scheidung. In einem schwindelerregenden Intrigenkarussell der Film- und Politprominenz, in dem die Wahrheiten der Beteiligten aufeinander prallten, nahm die Tragödie ihren Lauf. Wem sollte man Glauben schenken? Die einzige Konstante, die immer wieder auftauchte, war der Schauplatz des Liebesdramas: die Insel Schwanenwerder.

Der Filmstar Gustav Fröhlich eröffnete den ersten Akt im Drama um Lida Baarova. »Auch Profis verliebten sich in ihre Filmpartner«, und Fröhlich tat dies im Dezember 1934 schon am ersten Tag der Dreharbeiten zu »Barcarole«: »Die Figur ist blendend. Umwerfend die Augen, dunkel, ein wenig schräg geschnitten, slawisch ... Als sie lächelt, sehe ich die herrlichen Zähne zwischen den vollen Lippen ... mein Blick fällt auf ihren hübschen Busen, der sich ohne Halter in die Seide ihres Kleides drückt.« Ganz unverblümt bekennt er sich zu seinen Gelüsten: »Dir, Goldkind, gehörten heute nachmittag, falls nicht gedreht werden sollte, ein paar Eierchen vor den Keller gerollt!« War er ein Opfer seines eigenen Triebes oder Opfer einer bewussten weiblichen Strategie?, wird er sich später fragen. Jedenfalls erwarb Fröhlich für sich und seine Geliebte ein herrliches Haus auf Schwanenwerder: »Hier hatte der Maler Max Liebermann sein Heim gehabt, hier hatte Herr Goldschmidt-Katzenellenbogen fürstlich residiert. Lida zog bei der Witwe Schultz aus und lebte fortan bei mir. Zwei verwöhnte Filmkinder, bewohnten wir das Zwölfzimmerhaus – einst als Morgengabe von Herrn Goldschmidt für seinen Schwiegersohn Kurt Sontheimer von Bruno Paul im teuersten englischen Landhausstil erbaut – ganz allein«[33]

Lida Baarova war von der Pracht, die sich ihr darbot, förmlich erschlagen: »Gustls Grundstück lag ziemlich am Anfang, zwischen der Inselstraße und der Seeseite, die man ›Klare Lanke‹ nannte ... Neben einer separaten Autozufahrt konnte man zu Fuß ein gemauertes Portal durchschreiten und durch einen kleinen Park zu einer Anhöhe gelangen. Dort stand ein herrliches großes Gebäude. Wenn man um das Haus herumging, betrat man eine halbrunde Hochterrasse, die majestätisch über dem See thronte. Von hier führten zwei Treppen hinunter zu einem ausgedehnten Gartengelände mit einem Swimmingpool und einem richtigen Tennisplatz. Noch weiter unten, direkt am See, gab es ein Bootshaus mit einer

eigenen Anlegestelle.[...] Gustl konnte die 12 Zimmer gar nicht komplett ausstatten. Unten waren nur drei große Zimmer, der Salon und die Bibliothek voll eingerichtet, oben befanden sich die Schlafzimmer. Aus einem Raum machte er ein Musikzimmer, in einem anderen baute er seine Modelleisenbahn auf, ein weiteres diente ihm zu Turnübungen.« Zweifel kamen auf, als Fröhlich auf Schwanenwerder statt seiner Geliebten einen Zettel fand: »Bin beim Führer zum Tee. Kuß Lida.«[34] Hatte sie ihn für ihren Aufstieg als Schauspielerin benutzt und erkannte sie vielleicht, dass sein »Einfluss auf den Fortschritt ihrer Karriere begrenzt war«? Lidas mehrjähriger Vertrag bei der Ufa war fristlos gekündigt worden, weil einige NS-Bürokraten Adolf Hitlers Diktum »Wir wollen keine Tschechen!«, allzu wörtlich genommen hatten. Lida nahm die Sache selbst in die Hand – bei Hitler, der sie anhimmelte, weil sie seiner verstorbenen Geliebten Geli Raubal so ähnelte. Mit Erfolg. Nach Fröhlichs Geschmack, der selbst versucht hatte, ihre Kündigung rückgängig zu machen, hatte sie zu viel Staub aufgewirbelt. Er drohte damit, sie aus dem Haus zu werfen, wenn sie nicht Schluss mit den »Führungstees« mache. Lida selbst wirft in ihren Erinnerungen Fröhlich vor, ihr nie einen Heiratsantrag gemacht zu haben und das Verhältnis zu ihr »immer mehr als etwas Äußerliches zu empfinden [...] über Nacht bin ich nicht mehr bei ihm geblieben«.[35] »Großer Krach. Schwüre und Tränen, Versöhnung.«[36]

Im zweiten Akt lauerte auf der Insel eine neue Versuchung auf die Baarova: »Als ich den Weg hinauf zur Villa einschlagen wollte, lief ein Mann die Straße entlang, der an jeder Hand ein kleines Mädchen führte – es war Goebbels, der gerade mit zweien seiner hübschen Töchterchen spazieren ging. Der Minister grüßte mich freundlich und sagte, er habe das Grundstück nebenan als Sommersitz erworben und sei der neue Nachbar ... Ach Frau Baarova, ich hätte gern einmal das Haus von Fröhlich von innen gesehen ... In diesem Augenblick kam auch schon Gustl heraus: Kommen Sie, Herr Minister, ich zeige Ihnen gerne alles. Dann führte er Goebbels durch das Haus, und ich nahm in der Zwischenzeit die zwei kleinen Mädchen in Obhut, die ich mit der Eisenbahn spielen ließ. Nach Beendigung des Rundgangs gingen wir alle zum Wasser, ich mit den Mädchen voraus.« Während sich die beiden Männer über Haus und Garten unterhielten, überkam Lida ein merkwürdiges Gefühl: »Zum ersten Mal wurde ich mir der Stimme des Ministers auf mich bewusst ... Im Rücken verspürte ich ein leichtes Kribbeln.«[37]

Joseph Goebbels ließ sich Zeit. Immer öfter tauchte er bei Lida auf, auch wenn »Gustl« nicht zu Hause war. Es entspann sich die »rein platonische« Freundschaft eines »konstruktiven Kritikers« zur Baarova, der – ganz im Gegenteil zu Fröhlich – die Schauspielerin für ihre Leistungen

Lida Baarova.

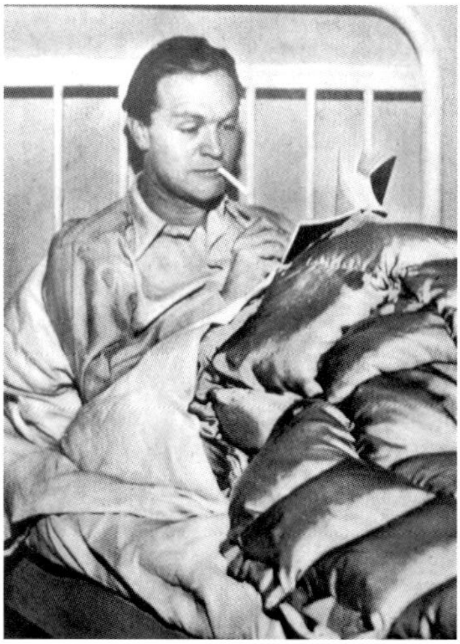

Gustav Fröhlich.

lobte. Der zündende Funke sprang über, und endlich wurde aus beiden ein Liebespaar. Ein »Ruck vorwärts im Hinblick auf bedeutende Rollen«[38] blieb nicht aus: »Die Gefühle, die er mir an jenem Abend gestand, als wir zu einem Liebespaar wurden, waren echt ... Mein nächster Film hieß ›Patrioten‹«. Das sprach sich 'rum in der Filmszene. Topstar Lida prangte auf den Titelseiten der Filmzeitschriften. Doch noch war Lida mit »Gustl« liiert, und so kam es zu jener legendären »Geschichte von der Knallschote« auf Schwanenwerder, die Fröhlich dem Propagandaminister verpasst haben soll. Fröhlich und die Baarova erzählen die Ohrfeigenstory in ganz unterschiedlichen Versionen: »Als ich nun meine Lida in dieser Dämmerstunde vor dem Haus des Ministers stehen sah, ihn selbst im Besteigen seines Dienstwagens begriffen, da platzte mir der Kragen«, so Fröhlich. »Ich sah rot, ... in Tat und Wahrheit habe ich erst einmal meine Lida, die Erklärungen abzugeben versuchte, wütend heimgeschickt – ›Wir sprechen uns später‹ – und dann habe ich entsetzlich herumgebrüllt. Um meinen Eifersuchtsdampf abzulassen.«[39] Die Erklärungen, die Lida abzugeben hatte, erwähnt Fröhlich in seiner Biografie nicht, obwohl er nach Baarovas Erinnerungen den Fehler seiner Entgleisung eingesehen hatte: Lida war bereits in Fröhlichs Haus gewesen und wollte ihm eigentlich nur entgegengehen. Rein zufällig kam ihnen Goebbels in die Quere. Beide sind sich darin einig, dass es die Ohrfeige eigentlich nie gegeben hatte. Doch tout Berlin sprach darüber und bald die ganze Provinz. Glaubt man der

Baarova, dann brüstete sich Fröhlich gleich am nächsten Tag im Atelier mit seiner Heldentat, nach Fröhlich war der Ursprung des Ohrfeigengerüchtes vermutlich Goebbels' Chauffeur. Weil Goebbels zufällig am nächsten Tag einen Termin im Krankenhaus bei Professor Sauerbruch hatte, wurde aus der Schwanenwerder Mücke schnell ein Berliner Elefant: »Justav hat den Kleenen durch den Wolf gedreht«.[40]

»Gustl machte Schluß«, schreibt die Baarova, und Fröhlich berichtet, dass sie wenige Wochen später sein Haus, »das ihr lange angenehme Heimstätte gewesen war«[41], mit Sack und Pack verließ. Im Spätsommer 1937 verkaufte Fröhlich selbst sein Haus auf Schwanenwerder, was Goebbels mit einer zufriedenen Notiz in seinem Tagebuch vermerkte. »Schutz, Verständnis und Anlehnung« hatte die Baarova nämlich inzwischen bei Goebbels gefunden. »Zwar war er verheiratet, versicherte mir aber immer wieder, daß er nur wirklich mich liebe. Ich habe einfach seine Liebe geliebt.«[42]

Vielleicht war es der Presseklatsch, der ins Haus der Goebbels drang, irgendwann musste Goebbels Frau Magda von der Affäre erfahren, und damit begann der dritte Akt. Goebbels überraschte Lida damit, dass er seiner Frau Magda offenbart hätte, ohne Lida nicht mehr leben zu können. Wie und in welcher Reihenfolge sich der Verlauf des Dramas weiterentwickelte, wird sich anhand der unterschiedlichsten Aussagen kaum nachvollziehen lassen.[43] Die Baarova stilisiert sich nunmehr nur noch als Opfer in ihrem »dornenreichen Weg zu Goebbels' Villa auf Schwanenwerder«, den sie auf Anweisung Magdas anzutreten hatte. Magda verlangte von ihr ein Geständnis und gab ihr zu erkennen, dass ihr »bedeutender Mann« beide Frauen brauche, Magda als Mutter und Lida als Geliebte. Goebbels schien dieses Agreement eingefädelt zu haben, ohne eine Einwilligung Lidas abzuwarten: »Statt auf eine Antwort zu warten, überreichte er seiner Frau einen Ring – einen Amethyst –, und mir schenkte er eine Brillantenbrosche. Nun sollte ich also auch noch bestochen werden, dieser ›Übereinkunft zu dritt‹ zuzustimmen.«[44] Wie diese Übereinkunft nun wirklich zustande kam, wird nie zu rekonstruieren sein, auch nicht, ob Magda aus innerer Überzeugung oder Erpressung durch ihren Mann handelte oder bereits hier schon ein Komplott schmiedete. Die Ménage à trois hielt nicht lange, zumal die Baarova sich nach Berichten von Gästen auf Schwanenwerder wie die Hausherrin selbst aufführte und Goebbels es sich nicht nehmen ließ, seine Mätresse im Theater in der Nachbarloge zu präsentieren. Kein Wunder, dass sich Magda nicht lange an ihre Abmachung hielt: »Faßt man es, kann man begreifen, dass ein Mensch so grauenhaft lügt? Warum denn nur? Ich will mich scheiden lassen. Er ist ein Teufel, den ich für meinen Gott gehalten habe ...«[45]

Magda weinte sich indes an der starken Schulter von Goebbels' Staatssekretär Karl Hanke aus, ihr Kavalier lieferte prompt zahllose Dokumente des Treuebruchs seines Chefs. Auch mit Hilfe der Schauspielerin Grethe Weiser[46] hatte sie genug Zeugen und Beweisstücke gesammelt, um aus ihren Trennungsabsichten eine Staatsaffäre zu machen. Magda ging zum Paten ihrer Kinder: Adolf Hitler. Der berief das zerrüttete Ehepaar auf den Berghof und tobte. Von Goebbels' Ansinnen, die Baarova zu heiraten und als Konsul nach Japan zu gehen, wollte er nichts hören. Den Scheidungsskandal wegen einer tschechischen Schauspielerin konnte er allein schon deshalb nicht dulden, weil gerade die Okkupation ihres Heimatlandes vorbereitet wurde. In einem Vertrag, den zu großen Teilen Magda bestimmen durfte, verfügte Hitler die Versöhnung des Paares: Vor der Öffentlichkeit sollte die Ehe auf jeden Fall weiter bestehen, und während einer Wartephase sollte Magda weiter auf Schwanenwerder wohnen. »Nur mit ihrem (Magdas) Einverständnis durfte der nominelle Ehemann dort erscheinen, um seine Kinder zu sehen.«[47] Die »Versöhnung« der »glücklichen« Musterfamilie wurde sogleich auf einem Foto festgehalten, das am nächsten Morgen in der Presse erschien. Wie Goebbels Lida am Telefon beichtete, wurde er von Hitler zu einem Versprechen genötigt: »Ich mußte ihm mein Ehrenwort geben, daß ich dich nicht mehr sehen werde – nie

Lida Baarova im Einsatz am »Tag der nationalen Solidarität«.

wieder! Wir können uns also nicht mehr treffen – es ist schrecklich! Es ist eine einzige Tragödie ...«[48]

Verkleidet mit »superblonder« Perücke, ungeschminkt, Brille auf der Nase und Hut bis tief in die Stirn und einem alten Ledermantel, suchte die Baarova ein letztes Stelldichein mit dem Propaganda-Minister. Der sammelte höchstpersönlich vor dem Ministerium mit einer Blechbüchse für die Winterhilfe. Lida traf ihn dort, hoffte, an ihrem Ring erkannt zu werden und versuchte, ihm einen Brief zuzustecken, doch Goebbels »machte den Anschein, als sei er über diese plötzliche, unerwartete Begegnung erschrocken«.[49] Ohne Goebbels durchlebte Lida Baarova eine »eigene kleine tragische Geschichte, die immer mehr einer antiken Tragödie zu ähneln begann – »meine Tage des Ruhms und Erfolgs waren vorbei. Sämtliche Filme, in denen die ›verdächtige Tschechin‹ bisher gespielt hatte, wurden urplötzlich verboten. Sogar mein Name durfte in der Presse nicht mehr erscheinen...«[50] Ihre Rolle im neuen Film »Die Geliebte« wurde umbesetzt und das schon gedrehte Material mit ihr vernichtet. Zum absoluten Showdown kam es bei der Uraufführung des Films »Der Spieler« am 27. Oktober 1938 im Berliner Gloria-Palast: In einer Film-Szene warf die Baarova ihrem Film-Vater vor, das ganze Geld der Familie zu verspielen. Der wütende Vater rief: »›Frag doch deinen Doktor um Geld!‹ Im Publikum sofort höhnische Zwischenrufe: ›AHA‹. Und ›Na der Doktor kann ihr ja Geld geben!‹ Und ›Der Doktor hat's ja!‹ Mit Doktor ist natürlich Goebbels gemeint. [...] Am Ende der übliche Applaus. Die Baarova erscheint in großer Abendtoilette an der Rampe. Und da geht es los: ›Raus! Ministerhure! Raus!‹«[51] Die Baarova musste vor der tobenden Masse empörter Menschen durch den Hinterausgang fliehen. Sie packte ihren Koffer und verließ Berlin mit ihrem BMW in Richtung Prag.

Nicht ohne Häme kommentiert Fröhlich das Ende der Baarova: »Denn das Leben mit dem jungen, schönen, herrlich gewachsenen Mädchen glich einem fröhlichen Eislauf im Frühling auf zugefrorenem See. Man konnte jede Minute ins eiskalte Wasser plumpsen!«[52] Doch während die Männer der Baarova es ganz gut schafften, sich aus dem eisigen Sumpf zu ziehen, litt die aufstrebende Schauspielerin ihr Leben lang unter der Assoziation: Baarova = Goebbels. Noch in den Siebzigerjahren wurde sie deshalb in Graz von randalierenden Schülern ausgebuht. Die Tragödie des verfemten Ufa-Stars war ganz nach dem Geschmack Rainer Werner Fassbinders. Er engagierte die Baarova »innerhalb von zwei Minuten« für einer ihrer letzten Theaterrollen als Mutter in der Inszenierung: »Die bitteren Tränen der Petra von Kant.«

Julius (Judko) Barmat

1889 Ukraine –
1937 Amsterdam (Niederlande)

Unternehmer

Inselstraße 12/14

In der Neujahrsnacht 1925 schlug die »Staatanwalts-Staffel« des Deutschen Reiches auf der berüchtigten Insel »Barmatwerder« zu. Fahndungsziel: Die Villa der Brüder Barmat, Inselstraße 12/14, Schwanenwerder. Das Szenario der Verfolgung mit zwei gecharterten Sportflugzeugen war kintoppreif, und die Berliner Presse zelebrierte den Skandal gebührend: »Zur Verhaftung der Gebrüder Barmat war die gesamte Streifenbeamtenschaft der Kriminalpolizei, etwa 300 Mann, aufgeboten worden. [...] Mittwoch morgen wurden Julius Barmat, sein Sohn Herschel Barmat, und Salomon Barmat in ihren Wohnungen in Schwanenwerder, am Kurfürstendamm und Unter den Linden verhaftet und nach dem Polizeipräsidium gebracht. [...] Auf Schwanenwerder waren besondere Vorsichtsmaßnahmen erforderlich. Ein Kriminalkommissar ließ sich mit 15 Beamten nach der Insel übersetzen und umstellte die Schloßvilla. Auf dem Wannsee streiften Boote des Reichswasserschutzes, weil man mit der Möglichkeit rechnete, dass Julius Barmat und sein Sohn mit einem ihrer beiden Rennboote entfliehen könnten.«[53]

Unsaubere Kreditgeschäfte, Bestechung von führenden Politikern, Schiebereien mit Lebensmitteln wurden dem Unternehmen Julius Barmats vorgeworfen. Unheimlich schnell waren die Brüder Barmat nach dem Ersten Weltkrieg zu unheimlich viel Geld gekommen, so dass sie sich seit 1922 ein ausschweifendes Leben in der eigenen Villa auf Schwanenwerder gönnen konnten. Mit ihrem Einzug auf die Insel wurde die Gerüchteküche von den Saufgelagen der Spekulanten-Brüder, »die an Gastmähler Neros erinnerten« so hochgekocht, dass der Volksmund in den Zwanzigerjahren Schwanenwerder auch »Barmatwerder« zu nennen pflegte. »Und so

Eine der zahlreichen Propagandaschriften.

nannte man sie noch lange, nachdem im Januar 1925 das Schieberidyll platzte, mit einem gewaltigen Krach, mit einer Sensation, die selbst für dieses, von den dunklen Karrieremachern der damaligen Zeit heimgesuchte Eiland einmalig war und bleiben sollte.«[54]

Der Barmat-Konzern war »als solcher eine noch sehr junge Erscheinung im Wirtschaftsleben«[55] der Inflationsjahre. Die Barmat-Brüder – Judko, der älteste, David, Henry, Salomon und Isaak – kamen irgendwo aus Russland , aus Lwow oder aus Kiew. Judko wanderte nach Holland aus, nahm seit 1907 den internationaleren Namen Julius an und begann mit allem Möglichen zu handeln: Diamanten, Blumenzwiebeln und Klavieren. Polemisch zugespitzt – aber in der Sache im Wesentlichen korrekt – schilderte die 1925 von der KPD herausgegebene Broschüre »Barmat und seine Partei« den wirtschaftlichen Aufstieg Barmats: »Dann witterte er Konjunktur. Es gelang ihm, aus dem Hunger Deutschlands ein Geschäft zu machen. Er lieferte Lebensmittel erst in kleinen Mengen, dann konnte er bald größere Abschlüsse machen und sich ein riesiges Vermögen erwerben. Nach dem Kriege blühte die Konjunktur noch mächtiger, die Lieferungsaufträge wuchsen ins Unendliche und mit ihnen das Vermögen Barmats. Er verdiente so viel, dass er an allen größeren Plätzen des Kontinents Zweigniederlassungen gründen konnte. Er hatte in den Hungerjahren der Nachkriegszeit nahezu den gesamten Lebensmittelhandel mit dem Auslande in seine Hände gebracht. Der Staat, die Kommunen, die Organe der Zwangswirtschaft, die Konsumvereine waren seine Abnehmer. An den Frei-

Broschüre der KPD 1925.

staat Sachsen hat er allein im Jahre 1920 für 250 Millionen Goldmark Waren geliefert. Der Gewinn floss in endlosen Strömen. Barmat wurde mächtig, und er wurde gefürchtet. Er profitierte an der Inflation, häufte Devisen auf, die keine Reichsbank zu sehen bekam. Er verlegte seinen Wohnsitz und seinen Hauptentwicklungskreis schließlich ganz nach Berlin. Er verspekulierte sich nicht. Seine große Zeit kam mit der Deflation. Jetzt kaufte er, mit flüssigen Mitteln reichlich versehen, ein Aktienbündel nach dem anderen, jetzt verlieh er Geld an notleidende Betriebe, forderte hohen Zins und schnürte, wenn fällige Zahlungen nicht beglichen werden konnten, den Schuldnern die Kehle zu, erwarb ihren Betrieb und konnte so zusammen mit den Gesellschaften, deren Aktienmehrheit er bereits hatte, in kurzer Zeit mehr als 50 Betriebe in seine Hände bringen, sie zu einem großen Konzern, dem Barmat-Konzern, vereinigen.«[56]

1908 war Barmat Mitglied der Sozialdemokratischen Partei geworden, bereits in Amsterdam hatte er Kontakt zu führenden SPD-Politikern wie Otto Wels, Hermann Müller und Ernst Heilmann geknüpft, die ihm auch ein Dauervisum für Deutschland seit 1919 verschafften. Nicht ohne Gegenleistung: »Barmat ist zur Sozialdemokratie gelaufen, in guter Witterung, dass im Kriege und nach dem Kriege gerade durch Ausnützung seiner Beziehungen zu dieser Partei sein Weizen mächtig im Halme schießen würde, um so mehr, wenn er diese Partei teilhaftig werden ließe an dem Segen seines gewinnbringenden Unternehmens, wie das bei den Mächtigen anderer Parteien ja auch geschieht. Umsonst ist der Tod. [...].«[57]

Auf Schwanenwerder wurde die Polit-Prominenz für ihre Vermittlung von exklusiven Lebensmittelverträgen mit exklusiven Geschenken, zum Beispiel Autos, bedacht und revanchierte sich ihrerseits wieder mit der Gewährung von Millionenkrediten. 1925 platzte das Geschäft, Barmat wurde verhaftet. Der Barmat-Konzern hatte inzwischen bei der Preußischen Staatsbank Schulden von schätzungsweise 70 bis 80 Millionen Goldmark angehäuft. Beamte der Bank wurden wegen Bestechlichkeitsverdacht verhaftet, und mit der Verhaftung eines Ministerialdirektors aus Gustav Bauers Schatzministerium wurde den SPD-Führern vorgeworfen, ihre politische Position zugunsten Barmats ausgenutzt zu haben.

Der Skandal war perfekt, und es hagelte Angriffe aus allen politischen Lagern. Schriften wie »Barmat und seine Partei«, »Die Barmat-Sozialdemokratie!«[58] aus dem linken Lager prangerten die korrupte SPD an. Genug Stoff für den Regisseur Erwin Piscator und seine »Politisch-satirischen Abende zur Reichspräsidentenwahl« in den Pharus- Sälen. Fast tagesaktuell brachte er den Politreigen »Bei Barmat auf Schwanenwerder« im April 1925 als »neuen roten Rummel mit Musik« zum Tanzen.

Die Deutschnationalen und Nationalsozialisten nutzten die Barmat-Affäre, um die Weimarer Republik als »verjudetes System« zu verunglimpfen. Noch beim bürgerlich-patriotisch begründeten Kampf der SPD gegen das »Reichsermächtigungsgesetz« verwies Hermann Göring auf den »korrupten« SPD- Reichskanzler Gustav Bauer.[59]

Erst 1927 eröffnete die Justiz den Prozess gegen Barmat. 1928 wurde er zu elf Monaten Gefängnis verurteilt, die allerdings durch die lange Untersuchungshaft verbüßt waren. Barmat verließ Berlin-Schwanenwerder und kehrte nach Prozessende wieder nach Amsterdam zurück.

Joseph Goebbels ließ sich 1938 auf dem Grundstück Barmats im ehemaligen Stallgebäude einen Filmvorführsaal bauen. Möglicherweise hat er dort den von ihm in Auftrag gegebenen Hetzstreifen »Der ewige Jude« (1940) begutachtet, in dem unter anderem Julius Barmat als »Jude im internationalen Verbrechertum« gezeigt worden ist.

Willy Brandt

1913 Lübeck –
1992 Unkel am Rhein

Politiker

Marinesteig 14

Am Nachmittag des 22. November 1963 saß Willy Brandt zu Hause auf dem Sofa. Es war Freitag, das Wochenende stand vor der Tür. Der Regierende Bürgermeister war gerade mit seiner damaligen Frau Rut von einer strapaziösen Afrika-Reise zurückgekehrt und suchte nun Entspannung daheim in Berlin-Schlachtensee. Einer silbernen Schatulle entnahm er eine Zigarre und goß sich einen – wie immer viel zu großen – Whisky ein. Rut hatte sich mit den Söhnen zurückgezogen, das norwegische Dienstmädchen führte gerade Hund »Blackie« aus. Kurz nach 19 Uhr 30 klingelte das Telefon. Ein befreundeter Journalist teilte Brandt atemlos mit, John F. Kennedy sei gerade im texanischen Dallas erschossen worden.[60]

In der folgenden Nacht versammelten sich 60000 Berliner zu einem Fackelzug, um des Ermordeten zu gedenken. Es hatte keinen offiziellen Aufruf zu dem Trauermarsch gegeben, es gab kein zentrales Organisationskomitee, keine polizeiliche Anmeldung. Vor allem die Jugend Berlins hatte sich spontan versammelt, darunter viele Studenten, um von einem Freund der Stadt Abschied zu nehmen. Am 23. November, morgens um ein Uhr, war die Menschenmenge am größten, die schweigend durch die Straßen zog. Willy Brandt schrieb später, wie sehr ihm das »einfache und nachdrückliche Da-Sein« der Berliner Respekt abgenötigt habe.[61] Der spätere Bundeskanzler bekannte, der Fackelzug für den toten Kennedy sei die bewegendste Massenveranstaltung gewesen, die er je gesehen habe.

Im Januar 1961 war John F. Kennedy als 35. Präsident der USA ins Amt gekommen. Der junge und charismatische Politiker aus Brookline in Massachusetts übte damals eine große Faszination auf Willy Brandt aus. In seinem Buch »Begegnungen mit Kennedy« fasste er später seine vielen guten

Eindrücke vom amerikanischen Präsidenten zusammen. Aber auch Kennedy empfand große Sympathie für den Deutschen. Schon 1960 bezeichnete er ihn als »seinen Freund«.

Mit seinem Amtsantritt erklärte Kennedy die Berlin-Frage sofort zur Chefsache und fasste die amerikanischen Interessen in Berlin in drei unabdingbare Forderungen zusammen: Die militärische Präsenz der USA in Berlin wird aufrecht erhalten, die Westalliierten erhalten weiterhin freies Zugangsrecht nach West-Berlin, und das Selbstbestimmungsrecht der Bevölkerung von West-Berlin und die Lebensfähigkeit der Stadt muss gewährleistet bleiben. Willy Brandt war einer der ersten, die dem amerikanischen Präsidenten volle Unterstützung in diesen Punkten signalisierten, allerdings »unter der Voraussetzung, dass sich die Amerikaner nicht schrittweise aus Berlin vertreiben lassen«. Kennedy konnte den Regierenden Bürgermeister beruhigen. Aus den gemeinsamen politischen Interessen heraus erwuchs zwischen beiden eine echte »Männerfreundschaft«.

Wenige Monate vor dem Attentat an der Dealy Plaza in Dallas hatte der amerikanische Präsident das geteilte Berlin besucht. Der Empfang war überwältigend gewesen. Mit dem Besuch Kennedys verbanden die Berliner die Hoffnung, die Amerikaner würden den »Russen Paroli bieten«. Der junge Präsident krönte seine Triumphfahrt durch Berlin vor dem Schöneberger Rathaus mit einer unerwartet kämpferischen, beinahe trot-

Marinesteig 14.

Rut und Willy Brandt in Schlachtensee.

zigen Rede und der legendär gewordenen Formel »Alle freien Menschen, wo immer sie leben mögen, sind Bürger dieser Stadt West-Berlin, und deshalb bin ich als freier Mann stolz darauf, sagen zu können: Ich bin ein Berliner.« So dokumentierte er seine eigene – und die Verbundenheit des amerikanischen Volkes – mit den Berlinern. Der Kennedybesuch am 27. Juni 1963 wuchs schnell zu einem Massenerlebnis, welches im Spiegel der Geschichte vielleicht nur noch mit dem Fall der Mauer 1989 vergleichbar scheint. Nie zuvor und niemals danach fühlten sich Deutsche einem amerikanischen Präsidenten und seinem Land so verbunden wie in jenem Juni 1963.

Dabei hatte das gute und vertraute Verhältnis zwischen Kennedy und Brandt nach dem Bau der Berliner Mauer ganz offensichtliche Risse bekommen. Brandt war über die neu geschaffenen Verhältnisse so bestürzt, dass er seinem Freund im Weißen Haus am 16. August 1961 einen persönlichen, verzweifelten Brief schrieb und ihn zu deutlicher politischer Initiative aufforderte. Er schlug die Anrufung der Vereinten Nationen und die Proklamation eines zusätzlichen »Drei-Mächte-Status« für West-Berlin vor, unter dem die Westalliierten auch künftig die Freiheit und Lebensfähigkeit der Stadt garantieren sollten.

Die Antwort aus Washington war ernüchternd. Kennedy lehnte jede politisch-moralische Verantwortung der USA für den Bau der Berliner Mauer ab, die Stadt müsse sich »mit dem Bruch ihrer Bindungen nach Osten abfinden und sich nach Westen hin neu orientieren«. Diese defensive Haltung des Präsidenten kam nicht gut an in West-Berlin. Die Bevölkerung fühlte sich allein gelassen und der Macht des Ostens hilflos ausgeliefert. In ihren Hoffnungen und Wünschen, aber auch in ihren Nöten scharten sich die Berliner noch enger um ihren Regierenden Bürgermeister, der in diesen Wochen zu einem echten »Landesvater« wuchs und dem es mit politischer Klugheit, Geschick und Weitsicht immer wieder gelang, die Verstimmung der Berliner über die zögerliche amerikanische Haltung zu dämpfen.

Der 27. Juni 1963 sollte jedoch alles gerade rücken. »Ich bin ein Berliner« hieß auch: »Ich gehöre zu euch, ich bin einer von euch, und gemeinsam werden wir die Krise überwinden«. Die Berliner nahmen dieses signalisierte Engagement dankbar auf. Der 400 000-fache Jubel auf dem Platz vor dem Schöneberger Rathaus galt in hohem Maße auch dem Regierenden Bürgermeister.

Willy Brandt, als »Karl Frahm« in Lübeck geboren, war 1945 ins norwegische Exil gegangen, »mit 100 Reichsmark und dem ersten Band von Karl Marx' ›Kapital‹«. 1945 kehrte er nach Deutschland zurück und berichtete zunächst als Korrespondent verschiedener skandinavischer Zeitungen über die Nürnberger Kriegsverbrecherprozesse. 1947 zum Presseattaché der norwegischen Militärmission in Berlin ernannt, erhielt er ein Jahr später, am 1. Juli 1948, die deutsche Staatsbürgerschaft zurück und führte seither sein Pseudonym »Willy Brandt« aus dem Widerstand als amtlichen Namen. Schnell machte er in der Sozialdemokratischen Partei Deutschlands Karriere, wurde Vertreter des SPD-Parteivorstandes in Berlin, fungierte von 1955 bis 1957 als Präsident des Berliner Abgeordnetenhauses, bis er 1957 als Nachfolger von Otto Suhr zum Regierenden Bürgermeister gewählt wurde.

Gegen starken Widerstand aus Bonn setzte er ab Juli 1963 einen neuen Umgang mit der DDR und anderen Ostblockstaaten durch. Seine »Politik der kleinen Schritte« sollte die Folgen des Mauerbaus für die Menschen lindern und die Einheit der deutschen Nation wahren. Im Dezember 1963 trug diese Politik erste Früchte. Der Berliner Senat unterzeichnete mit der DDR-Regierung das erste Passierscheinabkommen, das zeitlich begrenzte Besuche von West-Berlinern im Ostteil der Stadt erlaubte. Später wurde das Abkommen auf alle Bürger der Bundesrepublik Deutschland ausgedehnt. Damit legte Brandt den Grundstein für die »Neue Ostpolitik«, die er ab Oktober 1969 als Bundeskanzler gemeinsam mit dem »Architekten

Willy Brandt mit den Söhnen Lars und Peter auf dem Schlachtensee.

der Entspannungspolitik« Egon Bahr auf einen guten Weg bringen sollte und die 1971 in der Auszeichnung mit dem Friedensnobelpreis gipfelte.

In ihrem Haus im Schlachtenseer Marinesteig wohnte die Familie Brandt von 1955 bis 1964. Hier wuchsen die Söhne Peter und Lars heran, und in dieser Zeit wurde auch der dritte Sohn Matthias, heute ein gefragter Schauspieler, geboren. Willy Brandt war gern Vater, und vielleicht war er auch ein guter Vater. Zeigen konnte er das jedoch selten. Immer wieder versuchte er, trotz eines prallgefüllten Terminkalenders so oft wie möglich Zeit für seine Kinder zu finden, aber er warb auch um deren Verständnis, wenn es »wieder kein Wochenende mit der Familie« gab.

Das Verhältnis zu seiner Familie gestaltete sich mit der Zeit immer schwieriger. Ehefrau Rut kannte das Warten auf den vielbeschäftigten Mann, sie kannte lange Zeiten der Trennung, und sie erlebte auch ihre Einsamkeit in schweren Stunden. Und wenn Brandt zu Hause war, fehlte mehr und mehr das Vertraute, das Private. An Auseinandersetzungen mit ihrem Ehemann kann sich Rut Brandt nicht erinnern, es gab sie einfach nicht. Vielleicht – oder vor allem – deswegen, weil sich die Eheleute immer weniger zu sagen hatten, weil Willy Brandt seine Frau anschwieg und sie aus seinem politischen Leben, das zunehmend auch sein privates wurde, immer mehr ausgrenzte. Er war auf eine Spur geraten, die echte Nähe nicht mehr zuließ. Selbst seinem einstmals engsten Vertrauten Horst

Ehmke fiel auf, wie Brandt bei gemeinsamen Spaziergängen über sein Privatleben sprach: »Alle hundert Meter zehn Sätze«.

In einem seiner frühen Briefe an Rut schrieb er: »Wenn ich auf Reisen bin, sehne ich mich einfach nach Dir. Warum soll ich nicht ehrlich zugeben, dass ich zu manchen Zeiten dachte, ich passe nicht in die Institution Ehe? Eigentlich nicht auf Grund dessen, was man üblicherweise unter Treue versteht (denn das ist keine Zwangsvorstellung, seit ich mit Dir zusammen bin), sondern weil ich glaube, dass die Ehe in vieler Hinsicht die Liebe tötet …«

Sein Sohn Peter erinnert sich, der Vater sei »emotional einfach nicht da« gewesen. Und so war es schon etwas Besonderes, wenn Willy Brandt mit Peter und Lars in der Marinesiedlung spazieren ging oder mit ihnen in einem kleinen Kahn über den Schlachtensee ruderte. Den Angelurlaub im norwegischen Hamar haben die Söhne genossen, im Weihnachtsurlaub auf Fuerteventura konnte er sich – beim Fischen und Eselreiten – endlich auch einmal um den jüngsten Sohn Matthias kümmern. An die liebevollen Umarmungen des Vaters – im Foto für eine »Stern«-Reportage festgehalten – erinnert sich der Schauspieler heute noch gern.

Mag sein, dass der Ehemann, Vater und Großvater Willy Brandt mehr der »Kopfmensch« und weniger ein »Familienmensch« war. Dies zu beurteilen, steht ausschließlich seinen engsten Angehörigen zu. Sein politisches Lebenswerk als Regierender Bürgermeister von Berlin, als Außenminister und als deutscher Bundeskanzler hat die Geschichte beurteilt, auch seine Freunde und die politischen Gegner. Für Willy Brandt war eines aber besonders wichtig: »Mitgetan zu haben, dass der deutsche Name, der Begriff des Friedens und die Aussicht auf europäische Freiheit zusammengedacht werden, ist die eigentliche Genugtuung meines Lebens.«[62]

Wilhelm Canaris

1887 Aplerbeck/Westfalen –
1945 KZ Flossenbürg

Admiral, Chef der militärischen
Abwehr 1935 – 1944

Betazeile 17 (heute: Waldsängerpfad)

Im April 1945 lag Deutschland bereits in Trümmern, der Vormarsch der alliierten Armeen im Osten wie im Westen war unaufhaltsam. Kurz vor Ende des Zweiten Weltkrieges entledigte sich das braune Regime in einem blutigen Rachefeldzug seiner erbittertsten Feinde. Im KZ Dachau erschoss die SS den Hitler-Attentäter Georg Elser, der seit 1933 inhaftierte Führer der Kommunistischen Partei Deutschlands, Ernst Thälmann, wurde im KZ Buchenwald ermordet, Dietrich Bonhoeffer und Hans Oster starben im KZ Flossenbürg.

Ebenfalls in Flossenbürg interniert war der legendäre Chef der deutschen Abwehr, der »Fürst der deutschen Spionage«, Admiral Wilhelm Canaris. Am Morgen des 9. April 1945 wurde er von der SS gehenkt.

Dabei war Admiral Canaris, einer der U-Boot-Helden des Ersten Weltkrieges, zunächst alles andere als ein Gegner des Nationalsozialismus. Seine tiefe antikommunistische Überzeugung ließ ihn 1933 die Machtübernahme der Nazis freudig begrüßen, zumal er auf eine Revision des Versailler Vertrages hoffte.

Unbedingte Loyalität gegenüber den neuen Machthabern trug ihm 1935 den Posten des Chefs der Abteilung Abwehr im Reichskriegsministerium ein, gleichzeitig erfolgte seine Beförderung zum Konteradmiral. Neben dem Spionagegeflecht der Wehrmacht entwickelte sich unter der Leitung von Reinhard Heydrich der Sicherheitsdienst der SS (SD) zu einer weiteren festen Geheimdienstgröße. Zum SS-Obergruppenführer hatte Canaris ein freundschaftliches Verhältnis, wohl auch genährt durch die gemeinsame seemännische Vergangenheit. Für wenige Jahre waren sie sogar unmittelbare Nachbarn.

Canaris achtete peinlich auf die Erhaltung der Unabhängigkeit seines Spionageapparates, denn auch ihm war nicht verborgen geblieben, dass der SD alle Anstrengungen unternahm, den gesamten Aufklärungs- und Abwehrapparat des Reiches unter seinem Dach zu konzentrieren. Generaloberst Alfred Jodl, im Nürnberger Hauptkriegsverbrecherprozess zum Tode verurteilter Chef des Wehrmachtsführungsstabes, brachte es während seiner Zeugenvernehmung auf den Punkt: »Canaris hat sich stets bemüht, mit Himmler und Heydrich ein besonders gutes Verhältnis zu haben, damit sie gegen ihn nicht misstrauisch wurden.« Und dazu hatten die beiden ab 1935 wohl allen Grund. Hitlers Kriegsvorbereitungen brachten Canaris bald auf größere Distanz zum NS-Regime.

Nach den erzwungenen Rücktritten von Werner von Blomberg und Werner Freiherr von Fritsch, die er im engen Kreis als »Enthauptung der Wehrmacht« bezeichnete, nutzte Canaris seine Stellung zur Organisation des militärischen Widerstandes. Er erfuhr von den Oppositionsaktivitäten seines Stabschefs Hans Oster, deckte sie, unterstützte das patriotische Handeln von Generaloberst Ludwig Beck und hielt engen Kontakt zu mehreren Widerstandsgruppen, die er aufgrund seines geheimdienstlichen Wissens und seiner weitgreifenden Verbindungen mit Informationen zur Durchführung eines Staatsstreiches belieferte. Für Professor Eberhard Bethge, unter Canaris im Amt Ausland/Abwehr tätig, war die Rolle des Admirals klar: »Canaris hat mit seinem Amt und mit dem Aktivwerden seines Amtes überhaupt den ganzen Widerstand erst ermöglicht«.

Das ewige Markenzeichen eines Geheimdienstmannes, den Januskopf, trug auch Wilhelm Canaris. Einerseits regte er zur Stigmatisierung der Juden in Deutschland das »Tragen eines sichtbaren Zeichens« an, andererseits verhalf er vielen Verfolgten zur Flucht. Seinem Führer gegenüber stellte er fest: »Wer ein guter Soldat ist, der wird auch – ob er es wahrhaben will oder nicht – ein guter Nationalsozialist sein«. Im engen Vertrautenkreis klang es jedoch ganz anders: »Ein Krieg, der unter Hintansetzung jeglicher Ethik geführt wird, kann niemals gewonnen werden. Es gibt auch eine göttliche Gerechtigkeit auf Erden.« Während seiner Aussage im Nürnberger Prozess betonte SS-Obersturmbannführer Wilhelm Höttl, SD- und Gestapoagent: »Canaris war ein glühender deutscher Patriot und bereit, alles zu tun für sein Deutschland, aber er war auch ein Egozentriker, der sich sagte, wenn ich das mitmache, dann sichere ich meine Position«.

Im Gegensatz zur Marine-Elite um die Großadmirale Erich Raeder und Karl Dönitz (»Wir haben Canaris wenig Vertrauen entgegen gebracht«) erfuhr Canaris bei seinen Mitarbeitern höchste Wertschätzung. Sein Haus in Nikolassee stand jedem offen, Ehefrau Erika war eine warmherzige und

Waldsängerpfad 17 heute.

liebenswürdige Gastgeberin. An die Abende im Hause Canaris erinnerte sich Otto Wagner: »Er konnte albern sein wie ein Junge, wenn er sich nicht gescheut hätte, das oft zu tun. Er konnte Grimassen schneiden, dass ladestocksteifen Uniformträgern das Lächeln im Gesicht erfror, und er konnte sich über diese Art von Erstarrung innerlich köstlich amüsieren. Noch sehe ich den listigen Blick in seinen blauen Augen, wenn ihn der Kobold ritt. Aber alle diese liebenswerten spielerischen Veranlagungen gingen im Laufe des erdrückenden Ernstes der Entwicklung unter und entluden sich oft in geradezu grotesken Ausbrüchen einer galligen Launenhaftigkeit.«

Ab 1943 wurde es eng um Canaris, »den Mann des reinen Intellekts, der die Gewalt hasste und Hitlers System verabscheute« (Erwin Lahousen, Chef der Sabotageabteilung). Mit der Verhaftung seines engen Mitarbeiters Hans von Dohnanyi geriet der Admiral unter Verdacht und wurde beurlaubt. Die nunmehr ständige Überwachung durch den SD führte im Februar 1944 schließlich zu seiner Amtsenthebung. Gleichzeitig erfüllte sich Heinrich Himmler einen lang gehegten Wunschtraum: Canaris' Spionageapparat wurde vom Reichssicherheitshauptamt übernommen. Dessen neuer Chef, SS-Obergruppenführer Ernst Kaltenbrunner, war somit faktisch auch Chef der militärischen Abwehr.

Drei Tage nach dem Attentat vom 20. Juli 1944 wurde Wilhelm Canaris von der Gestapo verhaftet. Obwohl er den Anschlag auf Hitler abgelehnt hatte, belasteten ihn Dokumente und Informationen, die bei Angehörigen von Widerstandsgruppen gefunden wurden, schwer. Sein Zellennachbar im KZ Flossenbürg, der dänische Geheimdienstoffizier Hans Lunding, empfing die letzten Worte des Admirals als Klopfzeichen: »Ich sterbe für mein Vaterland, ich habe ein reines Gewissen. Meine Zeit ist um. War kein Landesverräter. Habe als Deutscher meine Pflicht getan. Sollten Sie weiterleben, grüßen Sie meine Frau.«

Tilla Durieux

1880 Wien – 1971 Berlin

Schauspielerin

Golfplatz Wannsee

In den Zwanzigerjahren des letzten Jahrhunderts war sie die »eleganteste Frau« auf der Berliner Bühne. Tilla Durieux empfand sich nicht als Schönheit, und doch war sie in ihrer Jugend eine der meistgemalten Frauen. Die Porträts der »großen Clownin« und »schenkenden Schelmin«, wie Else Lasker-Schüler sie rühmte, ergäben ausgestellt einen repräsentablen Querschnitt durch die Kunstgeschichte des Fin de Siècle bis hin zum Expressionismus. Auguste Renoir malte sie, auch Max Liebermann, Oskar Kokoschka, Lovis Corinth, Max Slevogt, Hans Purrmann, von Kardoff, Olaf Gulbrannson, Max Oppenheimer und Emil Orlik. Dazu reihten sich die Bildhauer Ernst Barlach, Georg Kolbe, Hugo Lederer und Hermann Haller. Als Schauspielerin erhielt sie die höchsten Gagen, und Berliner Verehrer machten sich einen Sport daraus, ihr bei Doppelbesetzungen am Abend von einer Inszenierung zur anderen hinterherzuhecheln. Ihre luxuriösen Kleider wurden kopiert, und dennoch: im Leben bevorzugte Tilla die Einfachheit.

Der Traum von einem einfacheren Leben schien sich nach turbulenten Jahren endlich zu erfüllen, als sie am 28. Februar 1930 den Großindustriellen Lutz Katzenellenbogen heiratete. Zur Hochzeitsstadt wurde London gewählt, romantische Flitter-Gefühle waren weniger ausschlaggebend, das Paar versuchte eher, dem Berliner Presserummel aus dem Weg zu gehen. »Kübel von Schmutzwasser«[63] hatten die Zeitungen über die abtrünnige Schauspielerin gegossen, die mit ihrem neuen Geliebten Katzenellenbogen das dramatische Ende ihrer Ehe heraufbeschworen hatte. Seit 1910 schon war sie die prominente Gattin an der Seite eines der bahnbrechendsten Kunsthändler und Verleger, dem »Medici der Kunstgeschichte der letzten drei Jahrzehnte«: Paul Cassirer.[64] Viele Porträts der Durieux stammen aus dem Künstlerkreis um Cassirer, dessen Kunstsalon das leuchtende Zentrum der »Berliner Secession« war. Selbst an der schauspielerischen Ausbildung der Frau Cassirers nahmen die Künstler Anteil. Mit Anregung des Malers Max Slevogt heckte Paul Cassirer den Plan aus, die Stimme Tilla Durieux' ausbilden zu lassen. Der Kunsthändler Paul »brauchte Tilla, weil der Mythos des Künstlers ihn antrieb […] selbst Schöpfer zu spielen«.[65]

Nach fünfzehn Jahren Ehe hatte sich das Verhältnis allerdings umgekehrt: »Er (Paul) störte sie mit seinem Gerede. Und ihre größten Erfolge feierte sie nun auf Reisen, wenn sie frei von seinem Einfluss war. Die zunehmende Nervosität und die unkontrollierten Hassausbrüche Cassirers veranlassten die Schauspielerin 1926, sich ganz von ihm zu trennen. Am Tag, an dem die Scheidungsurkunde unterschrieben werden sollte, erhob sich Paul, murmelte eine Entschuldigung und verließ das Zimmer. Gleich darauf fiel ein Schuß. Tilla stürzte ins Nebenzimmer und fand ihren Mann am Boden liegend und ihr entgegenrufend: ›Nun bleibst du aber bei mir!!‹ Kurz darauf erlag er seinem Selbstmordversuch. Die Durieux durchlebte ›einen wüsten Traum: das Begräbnis, von dem mich die Verwandten ausschließen wollten ... die Habgier, mit der man in meiner verlassenen Wohnung alles an sich riß und wo mein Anwalt nur mein persönliches und einwandfrei erworbenes Eigentum rettete‹. Die Klatschspalten über die ›Ehebrecherin‹ taten ihr Übriges: ›Ich ging nicht mehr auf die Straße‹«.[66]

»Ihr neues Verhältnis« Ludwig Katzenellenbogen versuchte sie zu trösten. Nach der Heirat in London kaufte ihr neuer Ehemann, auch Vizepräsident des Golfclubs, 1930 ein Grundstück in Wannsee am Rande des Golfplatzes und baute einen Wochenend-Bungalow darauf. Dafür war er ziemlich pompös geraten: »Durch ein Versehen des Baumeisters war das Haus um etwa einen Meter zu hoch geraten, was die Proportionen störte, so daß mein sehr verwöhnter Vater Erde aufschütten ließ, um die Höhe geringer erscheinen zu lassen. Das aber war nicht so leicht, denn das Haus selbst und die auf dem Grundstück angepflanzten Bäume mußten ja erst gegen die dazu nötigen Erdmassen mit besonderen runden oder eckigen Ziegel-Strukturen geschützt werden.«[67]

Bei der Einrichtung der Berliner Wohnung und des Bungalows erinnerte sich Durieux auch eines alten Bekannten, ihr Porträt-Bildhauer Ernst Barlach bekam von Ludwig Katzenellenbogen den Auftrag, die Modelle für ein Musikzimmer in Holz auszuführen. Tilla Durieux hatte nun alles, was sie sich ersehnte: »Ruhe, Sicherheit, ein Heim voll der schönsten Dinge und Bilder«.[68] Doch nicht lange. Die erste Krise bahnte sich schon an. Wieder einmal erwartete man von der berühmten Schauspielerin, große Gesellschaften zu geben. Verglichen mit den avantgardistischen Paul-Cassirer-Kreisen waren diesmal die Leute »herzlich langweilig, ja sogar unsympathisch« erinnert sie sich: »Diese Bankdirektoren und ihre Frauen hatten andere Gesprächsstoffe, als ich sie gewohnt war. Nur mit Mühe vermochte ich zuzuhören, wenn man sich über Kleider unterhielt oder unsere modernen Bilder ›erklärt‹ haben wollte. Lieber wäre ich Wäsche waschen gegangen als zu den Einladungen in die reichen Häuser dieser Menschen.« Tilla Durieux spielte mit dem Gedanken, sich wieder scheiden zu lassen, zögerte aber, weil sie sich »schämte, nach so kurzer Ehe, die soviel Staub aufgewirbelt hatte, die Segel zu streichen«.[69]

Die Gewitterwolken der presseumtobten Schauspielerin nahten sich allerdings von einer ganz anderen Seite. In der Zeitungslandschaft wurde ruchbar, dass ihr Mann mit dem Ankauf eigener Aktien illegal die Schultheiss-Patzenhofer Brauerei gestützt haben sollte. In der Aufsichtsratssitzung des Schultheiss-Ostwerke-Konzerns kam es zu heftigen Auseinandersetzungen, die an die Öffentlichkeit drangen, und wieder war die Durieux in einen Presseskandal verwickelt. Ihr Mann wurde wegen Bilanzfälschung, Prospektbetrug und Untreue verhaftet. Dank einer Kaution und der Hilfe ihres Freundes Dr. Sauerbruch konnte sie ihren völlig gebrochenen Mann eine Zeit lang den staatlichen Häschern entziehen. Pfändungen des gemeinsamen Eigentums folgten. Tilla war von den Anwälten darauf vorbereitet worden und hatte in den Nächten Hauswäsche, Silber und Bilder weggeschafft. »Den nächsten Tag ging die Pfändung in Wannsee in unserem Bungalow los. [...] Zu Hause erwartete mich wieder der Pfändungsbeamte, der auf die letzten Dinge den Kuckuck klebte und mir einen an sich wertlosen Ring, den ich seit meiner Mädchenzeit getragen hatte, vom Finger zog. Dieser wertlose Ring war der letzte Tropfen, der noch fehlte.«[70]

Auf Wunsch ihres Mannes stand die Schauspielerin auch während der Verhandlungen im Rampenlicht des großen Schwurgerichtssaals. Die Zeitungen brachten Auszüge der Reden Katzenellenbogens, der sich meist selbst verteidigte – niemand beherrschte das Aktienrecht so gut wie er. Beim über einmonatigen Prozess, der im Februar und März 1932 fast täglich stattfand, ging der Rechtsanwalt auch auf die politische Dimension dieses Prozesses ein.[71] »Das Urteil lautete: Drei Monate Gefängnis, die mit der Untersuchungshaft verbüßt waren, und zehntausend Mark Geldstrafe. Für L. K. vernichtend, für die Größe der Anschuldigungen und die Größe des Objekts lächerlich klein.«[72]

Tilla Durieux und ihr ruinierter Mann zogen in ein Pförtnerhaus. Mit Gastspiel-Auftritten versuchte sie, schleunigst Geld zu verdienen. Das

Ludwig Katzenellenbogen.

wurde angesichts der antisemitischen Ausschreitungen immer schwieriger. Am 1. April 1933, nach der »Ankündigung des Judenboykotts«, gab ihr ein Theater-Direktor den dringenden Rat, mit ihrem Mann Deutschland zu verlassen, denn nach ihr habe man sich besonders erkundigt. »Die Vorstellung schloß um einviertel vor elf, um elf ging der Zug über Dresden nach Prag. Ich mußte weiter auf der Bühne stehen und schickte darum eine Kollegin, die schon frei war, zu L. K. ins Hotel, um zwei Handkoffer mit dem Nötigsten zu packen. [...] mit zwei Handkoffern und den erlaubten zweihundert Mark pro Person zogen wir ins Ungewisse.«[73]

Noch 1938 tingelte die Durieux mit Gastspielen, immer auf der Flucht vor den Nazis, durch ganz Europa und tauchte danach bis 1945 in Jugoslawien unter. Ihren Mann Ludwig Katzenellenbogen vermochte sie nicht zu retten, 1941 wurde er nach dem Einmarsch der deutschen Truppen in Jugoslawien verhaftet und starb 1943 in NS-Haft. In Berlin trat die Schauspielerin 1952 zum ersten Mal wieder auf und wurde bis zu ihrem neunzigsten Lebensjahr als die »Grand Old Lady« des deutschen Theaters gefeiert. Zu den zahlreichen Ehrungen, die ihr überreicht wurden, gehörte auch das Ehrenzeichen der jugoslawischen Partisanen die sie während ihres Exils aktiv unterstützt hatte. Internationales Aufsehen errang sie im Film »Die letzte Brücke«, ihre Szene als Mutter eines jugoslawischen Partisanen ist einer der schauspielerischen Höhepunkte. Mit 73 Jahren entdeckte die Theater-Göttin das neue Medium Film.

Dwight D. Eisenhower

1890 Denison/Texas (USA) –
1969 Washington D. C. (USA)

US-General, US-Präsident

Inselstraße 16

Dwight D. Eisenhower gehörte als Heerführer im Zweiten Weltkrieg zu jenen Generälen, die sich nicht nur durch Intelligenz, Fachwissen und Kompetenz auszeichneten, sondern eine ganz besondere Beziehung zu ihren Soldaten aufgebaut hatten. Auf Seiten beider Kriegsparteien erlebte man solche »Vaterfiguren«, die nicht nur im Ruf standen, über strategische Fähigkeiten zu verfügen, sondern die auch bei der kämpfenden Truppe überaus beliebt waren. Der britische Marschall Bernard Law Montgomery gehörte zu ihnen, auch der legendäre amerikanische Haudegen George S. Patton, Frankreichs Charles de Gaulle und die sowjetischen Marschälle Georgi Shukow, Iwan Konjew und Alexander Wassilewski. Sie alle hatten eines gemeinsam: Mit Leidenschaft und soldatischer Härte erfüllten sie konsequent ihren Auftrag, die Verbände der Wehrmacht und der Waffen-SS zu besiegen und Deutschland von der NS-Herrschaft zu befreien. Aber in bewundernswerter Ritterlichkeit achteten sie den militärischen Feind und anerkannten auch die Popularität und das Kriegsgeschick ihrer deutschen Gegner wie Paul »Papa« Hausser oder Erwin Rommel.

Der spätere Präsident Dwight D. Eisenhower, einer der größten amerikanischen Kriegshelden, absolvierte 1915 die Kaderschmiede Westpoint und schloss 1926 die Generalstabsschule als Klassenbester ab. Bei einem Manöver in den Sümpfen von Louisiana beherrschte Colonel Eisenhower eine fiktive feindliche Panzerübermacht so eindrucksvoll, dass ihm der Generalstab sofort einen Job in der Planungsabteilung anbot und ihn 1942 zum Leiter der Operationsabteilung und zum Generalmajor ernannte. Den Segen seiner Mutter für eine erfolgreiche Militärkarriere hat er jedoch nie bekommen. Als Zeugin Jehovas setzte sie sich immer für eine Kriegsdienstverweigerung ein, aber sie setzte sich nicht durch. Die Bewerbung von Dwight an der Militärakademie kommentierte sie mit den Worten: »Wie schade, dass er kein Mädchen wurde. Dann würden wir diese Schande nicht erleben«.[74]

Die Talente des Texaners als Militärtheoretiker waren in dieser Zeit mehr denn je gefragt. In Europa walzten sich die deutschen Tanks scheinbar unaufhaltsam durch Polen, Frankreich und die russischen Weiten, und es war nur logisch, dass Präsident Franklin D. Roosevelt dem »Panzerschreck« auch als Praktiker sein Vertrauen schenkte. So wurde Eisenhower – und nicht der verdienstvolle Generalstabschef George Marshall – zum Oberbefehlshaber der US-Truppen in Europa ernannt. Eisenhowers Einstand in der alten Welt waren die alliierten Landungen in Nordafrika und Italien, sein Meisterstück gelang ihm mit der Operation »Overlord« am 6. Juni 1944: der »D-Day«, die Invasion in der Normandie.

Die Deutschen traf das größte Landungsunternehmen in der Kriegsgeschichte überraschend. Selbstverständlich hatten die Generäle im Oberkommando der Wehrmacht die alliierte Invasion seit Monaten erwartet, und sie waren – anders als mancher Chronist behauptet – durchaus darauf vorbereitet. Aber nicht an diesem 6. Juni 1944 um 0.26 Uhr. Das Wetter war schlecht, die raue See schien es unmöglich zu machen, Landungsboote mit Soldaten und schwerem Gerät an Land zu bringen. Außerdem herrschte an diesem Morgen keine Flut, und die deutschen Verteidiger konnten sich nicht vorstellen, dass ein militärischer Befehlshaber »so ver-

General Dwight D. Eisenhower beglückwünscht seine erfolgreichen Truppen, 1944.

rückt« sein würde, die Soldaten bei Ebbe über ein paar hundert Meter breite Sandbänke ungeschützt in das deutsche Abwehrfeuer stürmen zu lassen.[75]

Doch Eisenhower, von allen nur »Ike« genannt, und sein wichtigster britischer Verbündeter, Feldmarschall »Monty« Montgomery, waren so verrückt. Später sollte Eisenhower diese Situation so erklären: »Der Feind versuchte, zäh kämpfend, uns auf unseren Landekopf zu beschränken, war aber niemals imstande, genügend Streitkräfte zusammenzubringen, um uns ernsthaft zu bedrohen«.[76]

Generalfeldmarschall Gerd von Rundstedt, der deutsche Oberbefehlshaber West, hatte zunächst auf seine überlegen scheinenden Panzer zur Abwehr der Invasion vertraut. Als er seine fatale Fehleinschätzung erkennen musste, war ihm klar, dass – eineinhalb Jahre nach der Stalingrad-Katastrophe an der Ostfront – der Krieg nun endgültig verloren war. Rundstedt teilte dies seinem obersten Kriegsherrn mit und wurde dafür vom oberösterreichischen Gefreiten seines Postens enthoben. Die Anerkennung erfuhr er aber von Eisenhower. Dieser bezeichnete Gerd von Rundstedt als den »fähigsten deutschen General im Zweiten Weltkrieg«.[76]

Am Vorabend des 6. Juni 1944 hatte Eisenhower seine Soldaten auf ihre Mission eingeschworen: »Ihr seid auf dem Weg in einen Kreuzzug. Die Augen der Welt sind auf euch gerichtet«.[77] Dieser Kreuzzug endete im Mai 1945 mit der deutschen Kapitulation.

Im befreiten Deutschland führte General Eisenhower bis November 1945 den Oberbefehl über die amerikanischen Besatzungstruppen und übernahm das Amt des Militärgouverneurs in der amerikanischen Besatzungszone. Sein Berliner Hauptquartier richtete er in der Inselstraße 16 auf Schwanenwerder ein, auf dem Grundstück des Chemieindustriellen Max Baginski, der sich in sowjetischer Kriegsgefangenschaft befand. Das als »Haus Waltrud« bekannte Anwesen, in dem sich später auch der »Lakeside Club« für hohe amerikanische Offiziere befand, wurde zum Stabsgebäude umgebaut. Hier wurde die Potsdamer Konferenz vorbereitet, von hier aus betrieb Eisenhower konsequent die Entnazifizierung sowie die Entmilitarisierung Deutschlands.[78]

Mag sein, dass Eisenhower diese Standortwahl nicht forcierte, jedoch ist es denkbar, dass die amerikanische Militärverwaltung ganz bewusst die Insel Schwanenwerder zu ihrem Domizil ausgewählt hatte. In unmittelbarer Nähe der ehemaligen Villen von Nazigrößen wie Joseph Goebbels oder Albert Speer lag in der Anwesenheit der amerikanischen Siegertruppen auf der Insel eine große Symbolkraft für das Ende des nationalsozialistischen Systems und für den Aufbau eines neuen, an westlichen Werten orientierten Deutschlands

Philipp Freudenberg

? – 1919 Berlin

Modehausbesitzer

Haus Freudenberg, Potsdamer Chaussee 48

Im Prachtbau des »Modebazar Gerson« am Werderschen Markt wurde die ganze Welt eingekleidet. Seit 1889 führte Philipp Freudenberg dort das Fashion-Regime. Er war als Teilhaber der Modefirma beigetreten und verhalf dem Hause Gerson zu ungeheurem Aufschwung. Das deutsche Kaiserhaus ließ sich von dort beliefern, die russische Hocharistokratie reiste durch, um 100000 Mark-Pelze anfertigen zu lassen, und amerikanische Dollarprinzesschen probierten hier ihre Ballroben an. Zu den Kunden des »Modebazar Gerson« gehörten Gladys Vanderbilt, Theodor Roosevelts Tochter »Princess Alice«, die um 10 Prozent Rabatt feilschte, der Maharadscha von Gwalipur, die Familie von Thurn und Taxis, die Gontards, Toussaint-Langenscheidt, Berta Krupp, Fritzi Massary, La Jana und Elisabeth Bergner. Besonderer Stolz des Hauses war die Schneiderbüste der »jeweiligen Herrscherin«.

Zu Beginn des Jahrhunderts repräsentierte eine leibhaftige »Probiermamsell« die Maße der Kaiserin. Die Berliner Bürgertochter Charlotte Krüger durfte probeweise in die Roben der Kaiserin Auguste Victoria schlüpfen, und sie pflegte dann zu sagen: »Jawoll, allet stimmt jenau, bloß der Kopp nich un och nich et Portemonnaie«.[79] Wenn die Kundschaft am Werderschen Markt empfangen wurde, gab es grundsätzlich Champagner. Albert Freudenberg, einer der vier Söhne von Philipp Freudenberg, kredenzte ihn persönlich. Die beiden anderen Söhne Julius und Hermann Freudenberg übernahmen nach dem Tod ihres Vaters 1919 die vollständige Geschäftsleitung des mondänen Modehauses. Die Gebrüder Freudenberg bauten den Ruf der außergewöhnlich exklusiven und sehr teuren Bekleidungsfirma aus. Der neuaufkommende Film stattete gern seine Sets mit Gerson-Kostümen aus, und in den Zwanziger- und Dreißigerjahren nahm ein avantgardistischer Kundenkreis aus Theater, Film und Kunst Maß im »Modebazar«.

Die Freudenbergs nutzten den Ruhm ihrer Kundinnen durch gezielt gestreute Anekdoten. Die kapriziöse Balletttänzerin Anna Pawlowa, hieß es, ließ lieber bei Gerson in Berlin arbeiten, weil in Paris »die Nadeln bei der Anprobe immer so pieksen«.[80] Und mit Fritzi Massary, der von Tucholsky geadelten »grande cocotte«, die als Salon-Dame in Couplets und Possen aus dem Milieu der Konfektion am Hausvogteiplatz »konfektionierten Kitsch« bot[81], schloss sich der Kreis des Mode-Hype. Die Massary wurde zur quirligsten Kleiderstange, die das Konfektionshaus Gerson zu bieten hatte. Bei der Vermarktung des seriell angefertigten »Kleides von der Stange« waren die Freudenbergs ebenso am Puls der Zeit wie bei der Verwertung wissenschaftlicher Errungenschaften der Chemieindustrie. Durch eine Kooperation von Gerson mit IG-Farben konnten künstliche Farben beziehungsweise die ersten chemischen Fasern als »Vistra, das weiße Gold« protegiert werden.

Gesellschaftlicher Mittelpunkt waren nicht nur die legendären Modenschauen auf den Vorführbühnen der Geschäftsräume am Werderschen Markt. Das private Zehlendorfer Landhaus der Mode-Industriellen Freu-

Anna Pawlowa.

Maria Paudler, Filmstar und Gerson-Kundin.

Haus Freudenberg heute.

denberg am Nikolassee sollte ebenso tonangebend werden. Gänzlich démodé waren die steifen Stadtpalais' im Zentrum Berlins. »Zurück zur Natur« wandten sich die Freudenbergs. Am Hang zum See gelegen, inmitten eines dunklen Kiefernwaldes, kauften sie sich ein 3,5 Hektar großes Grundstück. Einer der angesagtesten Architekten Berlins, vehementer Vertreter des »englischen Landhauses« und der »Arts and Crafts«-Philosophie, Hermann Muthesius, wurde 1907 mit dem Entwurf des Hauses betraut. Seine Frau war übrigens ebenfalls Kundin bei Gerson, 1921/22 baute er auch den »Modebazar« am Werderschen Markt aus.

Draußen in Zehlendorf führte eine Allee axial auf das Haus Freudenberg zu, das im Zentrum mit seinem rechten und linken Flügel und den Rosengärten einen Vorhof bildete. Die strenge Symmetrie der repräsentativen Auffahrt zum »modernen Ehrenhof« wurde durch die englische Landhausarchitektur mit hervorstehenden Erkern und Anbauten gemildert. Die vielen Gäste, die man erwartete, sollten zwar durch eine präsentable Auffahrt beeindruckt werden, der Empfang nicht aber als hochoffizieller Staatsakt enden, sondern als gastlich-vertrautes Entgegenkommen. Im Kiefernhain lag ein Tennisplatz, auf große Distanz wurden Pförtner- und Chauffeurhaus direkt an der Potsdamer Chaussee gehalten. Ebenso auf Distanz, am äußersten Nordzipfel des Grundstückes, wurde das Teehaus angelegt, mit einem einzigartigen Blick auf die Landschaft und intimer Abgeschiedenheit vom geschäftigen Treiben im Haupthaus. Äußerst modern war auch das im Grundriss fundamentierte Ideal eines gemeinsamen Familienlebens, zu dem vor allem die Kinder gehörten. Ihnen wurde ein eigener Trakt zur Verfügung gestellt, ohne sie jedoch zu sehr von den Eltern abzuschotten. Kreative Entfaltungsmöglichkeiten hatten die Kinder im geräumigen Atelier mit eigener Bühne, vielleicht spielten sie dort die Modenschauen nach, die in der Familie gewiss Gesprächsthema waren.

Wer in der Modebranche tätig ist, hat einen großen Freundschaftskreis zu pflegen, diese Überlegung wurde schon bei der Planung des Grundrisses aufgenommen. Den Gästen der Freudenbergs sollten entsprechende Räumlichkeiten gewährt werden, über mehrere Tage im Hause zu logieren. Möglicherweise entstanden dabei auch die spitzfedrigen Karikaturen, die der Opernsänger Enrico Caruso 1918 von Hermann und Jenny Freudenberg anfertigte.[82] Ausreichender Platz für eine Gemäldesammlung, die angemessen zu Geltung kommen sollte, war vorhanden. Muthesius hatte im schlichten, aber dennoch anspruchsvollen Stil mit dem unübersehbarem Einfluss des Architekten Charles Francis A. Foyseys und seinem Haus »the orchard« eine würdige Repräsentanz für die Modezaren Deutschlands entworfen. Und wie »the orchard« wurde das Haus Freudenberg Vorläufer eines Wohnstils der Moderne.[83]

Hermann Gerson.

Paul Poiret, der Schöpfer der korsettlosen Kurzmode, mit Hermann Freudenberg (re).

1912/13 kam bald ganz Berlin in den Genuss, das »Haus Freudenberg« zu betreten. Beim Entwurf des U-Bahnhofs Thielplatz ließ sich Heinrich Straumer vom Haus Freudenberg inspirieren. In kleinerem Maßstab hielt er sich für die damalige Endstation Dahlems mit seinem dreiflügeligen Rohziegelbau ganz an das Vorbild von Muthesius.

Die Firma Gerson, die in den Zwanzigerjahren etwa 600 Personen der Crème de la Crème aus Berlin und den »benachbarten Ortschaften« anzog und einen enormen Exportumsatz hatte, geriet Ende der Zwanzigerjahre zunehmend ins Schlingern. Hermann Freudenberg, ab 1916 erster Vorsitzender des »Verbandes der Damenmode und ihrer Industrie«, der gerade nach dem Ersten Weltkrieg immer wieder die Eigenständigkeit einer »einheimischen« Mode gefordert hatte, wurde zunehmend Opfer antisemitischer Kundgebungen. Der »Völkische Beobachter« schrieb 1928: »Ein einziger Konfektionsjude hebt diktatorisch die Hand auf und Tausende von Frauen und Mädchen stülpen sich einen ›Küchentopf‹ als Modeneuheit auf den Kopf; eine französische Firma hat noch einige Exemplare einer Kopfbedeckung oder eines Gürtels übrig, sofort wird sie durch einen jüdischen Geschäftsfreund in Deutschland ›Mode‹«.[84]

Solche lange geschürten Ressentiments führten am 10. November 1938 zur »Reichskristallnacht«, Angriffsziel war auch eine Branche, die traditionell als »typisch jüdisch« gebrandmarkt wurde. Die Schaufenster um den Hausvogteiplatz, Zentrum der Berliner Mode-Industrie, wurden verwüstet, Kleider aus den Showrooms gezerrt, vernichtet und verbrannt.

Die Wirtschaftskrise 1929 und ab 1933 zunehmender Boykott und antisemitische Ausschreitungen trugen zum Untergang des Gerson-Imperiums bei. Das Haus Gerson ging in die Firma Horn über. Ab 1936 sind keine Familienmitglieder der Freudenbergs mehr im Zehlendorfer Haus nachweisbar. 1937 erfolgte die Enteignung und »Arisierung« des Gebäudes. Der Architekt A. Hunnecke kaufte das Haus und baute es zu einer Diät- und Kurklinik um. Bis 1971 verunstaltete der Architekt das Anwesen und stellte sogar einen Antrag auf Abbruch des Landhauses, der verhindert werden konnte. 1975 wurde aus dem Haus Freudenberg ein Mehrfamilienhaus und eine zusätzliche Bebauung des Anwesens mit einem Apartmenthaus durch nämlichen Architekten wurde in den Siebzigerjahren genehmigt. Die Spuren der Familie Freudenberg sind verwischt. Julius und Hermann sind im Familiengrab auf dem evangelischen Friedhof in Nikolassee bestattet worden. Hin und wieder taucht ein Verwandter der Freudenbergs auf – mit Zeugnissen aus längst vergangenen glanzvollen Tagen.[85]

Heinrich George

1893 Stettin – 1946 Sachsenhausen

Schauspieler

Bismarckstraße 34

»Vater steht immer hinter dir! – und noch einmal: Vater steht hinter dir!«[86] Wie eine Beschwörung klangen der Mutter die Worte des siebenjährigen Götz George, der versuchte, sie aus ihrer furchtbaren Lähmung zu lösen. Soeben war ihr die schlimme Botschaft über den Tod ihres Mannes Heinrich George überbracht worden.

Sie hätten fliehen können. Das Haus verlassen, das Heinrich George so sorgsam eingerichtet hatte. »Aus den drei Räumen im Parterre war eine Halle geworden, sie war der Arbeitsraum des immer tätigen Schauspielers. Hier wurden Feste gefeiert und leidenschaftliche Kämpfe ausgetragen. Ein Platz schwelgerischer Verbrüderungen und gesuchter Einsamkeiten. Der große Schreibtisch – ein prachtvolles Renaissance-Stück, überladen mit allerlei Schriften und Büchern – wurde von einer Kugellampe erhellt. Ein Lutherstuhl mit rissigem, fast schwarzem Leder gehörte dazu. In einer hölzernen Schale lagen hier, neben Bleistift und Feder, zwei zarte Stäbe, genau gesagt: Taktstöcke. Georges unerfüllter Traum, ein großer Dirigent zu sein! Nachts, wenn ihn keiner sieht, dirigiert er wohl zuweilen ein Schallplattenkonzert. Über eine große Steintreppe erreichte man aus dem Vorgarten die weite Diele, die mit Fliesen belegt den Blick auf das hohe Treppenhaus freigab. In einer Nische, die ganze Breitseite des Hauses fassend, ließ er eine Bar zimmern. Alte, bleigefaßte Scheiben erhellten nur schwach dies dunkelgetäfelte Kabinett. Hohe Hocker um einen halbrunden Tisch mit allen Requisiten für andächtigen Genuß. Der Wintergarten mit hohen Fenstern zum Garten der Halle vorgebaut, ist intimen Mahlzeiten in kleinem Kreise vorbehalten. Unter hängenden exotischen Pflanzen mit dem massiven Rundtisch aus dem 15. Jahrhundert wird dies einer der behaglichsten Plätze des Hauses. Der Blick fällt auf den zum Ufer abfallenden Rasen mit seinem alten Baumbestand und dem üppigen Obstbaumstreifen zur Rechten. Dieser reicht bis zu einem hölzernen Pavillon. Daneben ein kleiner Zierteich. Dann Birken und tiefhängende Weiden, die das Ufer zum kleinen Wannsee säumten.«[87]

Sie hätten fliehen können. Die Koffer standen gepackt in der Diele an jenem »unseligen 13. April 1945«. In Ratzeburg war ein Haus für Georges Frau und die Kinder Jan und Götz gemietet, in Lübeck lag eine Yacht, mit der die Familie nach Schweden übersetzen sollte. Doch George, der gerade von den Dreharbeiten des letzten großen Durchhaltefilms »Das Leben geht weiter« zurück zum Wannsee kam, entschied sich, mit seiner Familie zu bleiben. Der Schauspieler, »der seinem Land und seinem Volke diente ohne danach zu fragen, ob das jeweilige System Recht oder nicht Recht war«[88], glaubte, dass ihm auch nach dem Untergang des »Tausendjährigen Reiches« keine Gefahr drohe. Hätte der Schauspieler, der in den Zwanzigerjahren als revolutionärer Held auf den linken Barrikaden-Bühnen Theaterskandale provozierte, um dann im Nationalsozialismus Filmrollen in »Hitlerjunge Quex« oder »Jud Süß« zu übernehmen, nicht vorgewarnt sein müssen? Bereits 1934 erklärte sein Freund Friedrich Wolf aus dem Moskauer Exil: »Einzig die ›Alpenfee‹ Leni Riefenstahl und der geisterhafte Heinrich George bleiben im Reich. Wirklich, wir beneiden sie

nicht um ihre Arbeit und ihre filmischen Aufgaben. Alle diese Namen, mit ihren gegenwärtigen Beziehungen und Funktionen werden von uns in zukünftigen Tagen nicht vergessen werden.«[89]

Doch für Georges Familie galt es zunächst, Leib und Leben zu retten. Im April 1945 hatten die Russen Berlin erreicht, und in Wannsee sprengte man Brücken. Das Ufer zum Haus George wurde Kampflinie, die »Insel« Wannsee sollte verteidigt werden. George widersetzte sich der Aufforderung, sein Boot zu verbrennen und suchte eine Fluchtmöglichkeit nach Gegenüber – auf die andere Seite des Wannsees – zum großen Besitz Werner von Siemens'. Stalinorgeln! Fünf Tage und fünf Nächte blieb die Familie im gastfreien Haus, dann war die Insel von den Russen genommen worden. Frühmorgens fuhren sie übers Wasser zurück ins geplünderte, verwüstete Haus.[90]

Viermal wurde Heinrich George abgeholt. Beim ersten Mal verlief das Verhör von russischen Offizieren nach Partei, Intendanz und Propagandafilmen noch »großartig«. Man hatte viel getrunken und viel gegessen. Der Schauspieler war nur eine Nacht fortgeblieben, mit Wein und Fleisch kehrte er zurück ins Haus. Das nächste Verhör in Zehlendorf dauerte vierundzwanzig Stunden. George sollte verraten, wo sich prominente Nazis versteckten. Vier Tage Ruhe, dann erneute Hausdurchsuchung und Verhaftung. In Ribbeck im Havelland verbrachte der populäre Schauspieler vier Nächte. »Diese Tage waren schwer«, sollte er seiner Frau später erzählen, »Tags niedrigste Dienste, nachts Verhöre. Meine Orden haben mich spionageverdächtig gemacht. Ich kann ihnen nicht klar machen, dass ich sie für künstlerische Leistungen erhalten habe.«[91]

Am 22. Juni 1945 wurde George zum vierten Mal verhaftet, diesmal kam er nicht mehr frei. Der Schutzbrief für den Schauspieler, ausgestellt von Nikolai Bersarin, dem ersten russischen Kommandanten Berlins, war nach dessen tödlichem Motorradunfall wirkungslos geworden. Georges Instinkt, dass die Russen ihm nichts tun würden, sollte sich als trügerisch erweisen. Er, der seine Schwerarbeiterkarte »in Ordnung« fand und »seine Rechnung begleichen wollte«[92], war nicht auf die Denunziation aus den eigenen Reihen vorbereitet. Ein ehemaliges Mitglied des Schiller-Theaters rechnete mit seinem Theater-Boss George gnadenlos ab: »So griff er während der Zeit des Nazismus – getrieben durch seinen Ehrgeiz u. seine Eitelkeit, bar jeden Taktes nach seiner Glanzrolle im ›3. Reich‹ – fand und spielte sie mit Emphase. – Es war für mich, da ich an den Untergang dieses III. Reiches nicht einen Augenblick zweifelte, klar, daß Heinrich George – auch bei Zubilligung vieler mildernder Umstände – eines Tages für seine dem Nazismus dienende u. ihm fördernde Haltung sich zu verantworten und dafür einzustehen haben werde.«[93] Noch brutaler die Vorver-

Der Musikfreund Heinrich George.

urteilung in einem Denunzianten-Bericht an die NKWD-Behörde, deren Unterzeichner wahrscheinlich falsche Namen angaben: »Als Zeuge gegen George kann das ganze deutsche Volk antreten. Unsere Meinung ist, wenn man George auf irgend eine deutsche Bühne stellte, er gelyncht werden würde.«[94]

Dies wog schwerer als die Eingabe seiner loyalen Kollegen vom Schiller-Theater, dass der Intendant George »niemals aktiv, sondern nur passiv nationalsozialistische Politik gemacht [habe], indem die Propagandisten des 3. Reiches ihn als eine willkommene, weil überaus populäre Figur, politisch und propagandistisch ausnutzten[...] Eines besaß er allerdings nicht: Die Geschicklichkeit anderer exponierter Bühnengrößen zur Doppelzüngigkeit.«[95]

Die Berliner NKWD-Kommission beeindruckten solche Gnadengesuche nicht, nach einjähriger Haft im Sonderlager Hohenschönhausen wurde er in das Sonderlager Sachsenhausen verlegt. Am 23. September 1946 verstarb er an den Folgen einer akuten Blinddarmentzündung.

Georges Hoffnung für sich und seine Familie, dass »für uns wieder die Sonne scheinen« würde, war nicht in Erfüllung gegangen. Die Befürchtung, dass seine Frau ohne ihn »in möblierten Zimmern«[96] lande, schien sich neun Wochen nach seinem Tod zu bewahrheiten. Aufgrund einer Entscheidung des amerikanischen Treuhänders wurde Berta Drews vom Bezirksamt Zehlendorf aufgefordert, die Vermögenswerte Heinrich Georges aufzulisten und das Ergebnis dem »Amt für Sondervermögen« zur Verfügung zu stellen. Das Verfahren zog sich hin. Berta Drews wurde bereits im März 1947 von der Entnazifizierungskommission beim Berliner Magistrat rehabilitiert. Auf ihren Antrag auf »Entlassung aus der Vermögensbeaufsichtigung«, da ihr »Mann nicht zu dem Personenkreis gehört, auf den die Beschlagnahmungsbestimmungen des Gesetzes 52 Anwendung finden«,

Bismarckstraße 34 heute.

entschied die Spruchkammer bezüglich der Entnazifierung Heinrich Georges am 6. März 1953: Die Überprüfung hat nichts dafür ergeben, dass der Genannte sich aktiv im Sinne des Nationalsozialismus [...] betätigt hat; er unterliegt daher nicht den Sühnemaßnahmen dieses Gesetzes.

Die sterblichen Überreste Georges wurden nach knapp vierjährigen Bemühungen der beiden Söhne Götz und Jan Albert Götz 1994 in Sachsenhausen exhumiert und auf dem Waldfriedhof Zehlendorf feierlich beigesetzt. Im Mai 1998 wurde Heinrich George auf Antrag seiner Söhne auch von den russischen Behörden offiziell rehabilitiert.

Hätte Heinrich George nach dem Krieg überhaupt eine Chance gehabt? Sein Sohn Götz George, inzwischen selbst berühmter Schauspieler, zweifelt daran: »Der hätte die fünfziger Jahre noch so gerade durchgestanden, vielleicht mit 'ner Intendanz und mit zwei, drei oder vier nachhaltig tollen Filmen [...]. Der wäre beschäftigungslos herumgelaufen. Im Fernsehen hätte er vielleicht als absolute Anerkennung seiner Kunst einen Tatort-Kommissar angeboten bekommen. Der hätte doch gesagt: Ich scheiß' euch vor den Koffer, das hat doch mit dem Beruf nichts mehr zu tun. Und dieses Intendantenkarrussell hätte er doch nicht mitgemacht.«[97]

Götz George ist den umgekehrten Weg gegangen. Vom Image des Tatortkommissars Schimanski hat er sich längst befreit, als Charakterdarsteller vergleichen ihn manche Kritiker mit der »Reife und Qualität« seines Vaters. In »Der Totmacher« spielte Götz George den Massenmörder Fritz Haarmann, Vorbild für die Figur des Franz Biberkopf in Alfred Döblins Roman »Berlin Alexanderplatz«. So kann man Götz Georges »Der Totmacher« als filmische Annäherung an seinen Vater sehen, der als Franz Biberkopf Filmgeschichte geschrieben hat.[98] Auch mit seinem festen Domizil in der Nähe des Wannsees ist Götz George in die Fußstapfen seiner Eltern getreten.

Friedrich Glum

1891 Hamburg – 1974 Berlin

Generaldirektor der Kaiser-Wilhelm-Gesellschaft

Kirchweg 28

Friedrich Glum hatte viele Gesichter und ein wechselvolles Leben, wie schon die Kapitelüberschriften seiner Autobiografie belegen: »Jugend im Kaiserreich«, »Krieg«, »Im Dienste der Forschung«, »Arbeit und Leben im Dritten Reich«, »In der Bayrischen Staatskanzlei«, »In den Vereinigten Staaten«.

Wilhelm Raabe, dessen Erzählungen zur Lieblingslektüre des Gymnasiasten Friedrich Glum gehörten, habe ihn mit seiner Losung »Sieh nach den Sternen, hab Acht auf die Gassen« schon früh darin bestärkt, einen praktischen Beruf zu ergreifen und sich nicht nur mit den Sternen zu befassen. So studierte er Jura und Nationalökonomie, um in die Verwaltung und die Politik zu gehen. Der zweite Dichter, der ihm in seiner Gymnasiastenzeit in Bingen »nahe kam«, war Stefan George, dessen Lektüre ihn anregte, selbst Sonette zu schreiben. Seine kleine Schwester war da weniger schöngeistig. Als George, wie immer mit wallendem schwarzen Mantel und breitkrempigem Hut, bei einem seiner täglichen Spaziergänge am Garten der Glums vorbeischritt, spritzte sie, im Baume sitzend, den Meister mit einer Wasserpistole nass, was dieser mit einem sehr prosaischen »Dumme Gans« quittierte.

Seine erste Wohnung in Berlin suchte sich Friedrich Glum ganz gezielt in Nikolassee. Hier, am »Knotenpunkt der Wannsee- und Stadtbahn«, hatte er es nicht weit zu seinem Arbeitsplatz in Potsdam, wo er bei der »vornehmsten Regierung in Preußen« als erster nichtadeliger Regierungsreferendar, worauf er besonders stolz war, Dienst tat. Dieser, nicht sonderlich aufreibend, gab ihm die Zeit, regelmäßig von Nikolassee aus auch in den Norden zu fahren, um in einem Büro im Berliner Stadtschloss für die

Kaiser-Wilhelm-Gesellschaft zu arbeiten. Deren Generalsekretär Wilhelm Trendelenburg, ebenfalls in Nikolassee zu Hause, hatte ihn um Unterstützung gebeten. Ausgelastet war Glum dadurch wohl immer noch nicht, denn er fand Zeit, an seiner Dissertation über die »Organisationstypen im Recht der deutschen Gemeinden« zu arbeiten. Eine der Triebfedern hierfür war sein – wohl auch von der Schwiegermutter geschürter – Ärger, immer noch keinen Titel zu haben.

Später sollte er mehrere tragen, und Frau Geheimrat konnte stolz auf ihn sein. Zwar fing er bei der Kaiser-Wilhelm-Gesellschaft noch als »Hilfsarbeiter« mit 200 Mark im Monat an, aber als er 1938 ausschied, tat er es als Generaldirektor. In den dazwischen liegenden zwanzig Jahren war er maßgeblich an der Entwicklung der Kaiser-Wilhelm-Gesellschaft zu einer weltweit führenden Wissenschaftsorganisation beteiligt. Er gewann namhafte Forscher für die KWG, organisierte den Bau neuer Institute und besorgte das »Fundraising«, wie es heute heißen würde. Die Liste der Wissenschaftler, Großindustriellen, Bankiers und Politiker, mit denen er zu diesem Zweck verkehrte, liest sich wie ein »Who is Who« der Zwanziger- und Dreißigerjahre. Zu den Wissenschaftlern, die durch Glums Vermittlung zur Kaiser-Wilhelm-Gesellschaft kamen, gehörten der Biochemiker

Kirchweg 28 heute.

Adolf Butenandt, Entdecker des Oestrogens, Nobelpreisträger und Präsident der Nachfolgeorganisation der KWG, sowie der holländische Physiker und spätere Nobelpreisträger Peter Debye. Für diesen wurde das Kaiser-Wilhelm-Institut für Physik gebaut, das auf Initiative Glums den Namen »Max-Planck-Institut« erhielt. Noch heute trägt das Gebäude in der Boltzmann-Straße in Dahlem, wo Studenten der Wirtschaftswissenschaften der FU ein- und ausgehen, den Namen des Entdeckers der Quantenphysik und langjährigen Präsidenten der KWG.

Vom Harnackhaus, dem nach dem ersten Präsidenten benannten Gästehaus der Kaiser-Wilhelm-Gesellschaft, berichtet Glum, dass es »bis ins Kleinste« nach seinen Angaben errichtet wurde. Auch die Finanzierung des Hauses in der Ihnestraße war vor allem Friedrich Glum zu verdanken, der bei den Mitgliedern der Gesellschaft Geld locker machte, indem er ihnen Patenschaften für einzelne Räume »verkaufte«.

Ganz in der Nähe des Harnackhauses wurde mit Mitteln der KWG auch die Generaldirektoren-Villa gebaut, so groß, dass auch »für eine größere Kinderschar Platz sei«, und Glums Wunsch entsprechend »in einem süddeutschen Stil mit ausgebautem hohen Dach und mit Fenstergittern, wie man es oft in barocken Häusern auf dem Lande findet«. Trotzdem hätte Glum lieber in Nikolassee oder Zehlendorf gebaut. Er fürchtete, »nach Dahlem in die unmittelbare Nachbarschaft der Institute zu ziehen und damit dem Klatsch und dem Neid von Direktoren- und Assistentenfrauen« ausgesetzt zu sein.[99]

Harnackhaus und Direktorenvilla waren wie viele andere Gebäude der Kaiser-Wilhelm-Gesellschaft ein Werk des Architekten Carlo Sattler, dem Glum über seine Frau verwandtschaftlich verbunden war.

Die Rolle, die Glum in der Nazizeit spielte, ist, seitdem sich die Max-Planck-Gesellschaft vermehrt um Aufklärung dieses Kapitels der Geschichte ihrer Vorgängerin bemüht, zum Forschungsobjekt der Historiker geworden. Glum betont in seinen Erinnerungen, dass es sein Bestreben war, die Kaiser-Wilhelm-Gesellschaft vor dem Zugriff durch die Nazis zu schützen. Um das zu erreichen, sei es erforderlich gewesen, das eine oder andere Zugeständnis zu machen. So wurde statt der grün-gelben Fahne der KWG die Hakenkreuzfahne gehisst, interne und externe Briefe endeten mit »Heil Hitler«, in den Instituten wurden Hitlerbüsten aufgestellt, und der Präsident der KWG, Max Planck, und sein Generalsekretär Friedrich Glum hoben bei offiziellen Anlässen den Arm zum Hitlergruß. Dieses Wohlverhalten habe zur Folge gehabt, dass die Nazis die KWG lange Zeit in Ruhe ließen, das heißt, sich nicht in organisatorische und personelle Entscheidungen einmischten und auf die wissenschaftliche Arbeit wenig Einfluss nahmen. Andererseits gab es Institute, deren Forschungsergebnisse sich propagandistisch, ideologisch oder auch militärisch verwerten ließen und deswegen von den Machthabern besonders gefördert wurden. Glum verstand es, dies für die Entwicklung der Kaiser-Wilhelm-Gesellschaft geschickt zu nutzen.

Die Kaiser-Wilhelm-Gesellschaft war kein Fels in der braunen Brandung. Es gab hier wie woanders überzeugte Nazis, Ideologen, Mitläufer und Opportunisten. In mitunter vorauseilendem Gehorsam wurden Verträge mit regimekritischen Wissenschaftlern beendet und vakante Stellen mit nazifreundlichen besetzt. Obwohl das 1933 von den Nationalsozialisten in Kraft gesetzte »Gesetz zur Wiederherstellung des Berufsbeamtentums« wegen der besonderen Rechtsform der KWG dort gar nicht anzuwenden war, führte es zur Entlassung einiger Dutzend jüdischer Mitarbeiterinnen und Mitarbeiter der KWG. Zu den prominentesten unter ihnen zählte Fritz Haber, Chemie-Nobelpreisträger, »Vater des Gaskrieges«, getaufter Jude und langjähriger Direktor des Kaiser-Wilhelm-Institutes für Physikalische Chemie.

Der Prozess der Selbstgleichschaltung der KWG, den Glum nicht aufhalten konnte und teilweise wohl auch nicht wollte, fand in ihm selber ein weiteres Opfer. Auf der Suche nach einem Nachfolger für den zurückgetretenen Max Planck wurde ein neuer Präsident gesucht. Glum schlug den Nobelpreisträger und Aufsichtsratsvorsitzenden der IG Farben, Carl Bosch, vor. Nach längerem Zögern – Bosch war den Nazis wegen kritischer Äußerungen unangenehm aufgefallen – erklärte sich Kultusminister Rust mit dessen Ernennung einverstanden, unter zwei Bedingungen: Die KWG müsse das Führerprinzip einführen und Friedrich Glum sein Amt räumen. Damit endeten zwanzig Jahre erfolgreiche Arbeit des ersten deutschen Wissenschaftsmanagers. Glum musste aus der für ihn und seine Familie gebauten Dienstvilla ausziehen. Immerhin bekam er von der KWG eine großzügige Abfindung. Mit ihr erwarb er »ein Haus in Nikolassee neben der evangelischen Kirche, das Meier-Gräfe vor dem 1. Weltkrieg von Epstein hatte bauen und Rudolf Alexander Schröder ausstatten lassen und das seine erste Frau nicht mehr hatte halten können.«[100]

Magda Goebbels

1901 Berlin – 1945 Berlin

Inselstraße 8/10

An einer abschüssigen Klippe meditierte Magda Goebbels über ihr Karma: »›Wenn ich ganz oben an der Spitze angekommen bin, dann will ich auch herunterfallen und nicht mehr existieren.‹ Für Magda war das alles persönlich nicht so schlimm, weil sie ja alles erreicht hatte, was sie wollte.«[101] Von allen Religions- und Glaubensumschwüngen schien sie vor allem dem Buddhismus treu geblieben zu sein, und die schicksalhafte Bindung zum Wasser spiegelte die Vergänglichkeit ihrer flüchtigen Welt.

Drüben, am Neubabelsberger Griebnitzsee, hatte sie schon einmal die Spitze erklommen. Als Schülerin eines Mädchenpensionats war sie von einem der vermögendsten Männer Deutschlands, dem Textilunternehmer Günther Quandt, 1921 vom Fleck weg geheiratet worden. Sie führte einen feudalen Lebenswandel in einer idyllischen Villa, brachte einen Sohn zur Welt und langweilte sich dennoch. In Effi-Briest-Manier ging sie fremd. Offensichtlich hatte sie bei der Fontane-Lektüre aber gut aufgepasst, denn diesmal servierte sie zur Scheidung 1929 eine Briefsammlung ihres Mannes an ehemalige Verehrerinnen und rettete sich damit eine fürstliche Apanage. Auch hatte sie gelernt, nicht allzu oft am Rad der ewigen Wiederkehr zu drehen. Als Herbert Hoover, der Neffe des amtierenden US-Präsidenten, ihr auf der Terrasse des Golfclubs am Wannsee 1930 einen Heiratsantrag machte, verzichtete sie auf ein weiteres Experiment als Millionärsgattin. Hoover, der Magda nach Berlin zurückbringen wollte, überschlug sich mit dem Wagen auf der Avus, er blieb unverletzt, aber Magda lag wochenlang mit Knochen- und Schädelbrüchen im Krankenhaus.

Die Knochen waren verheilt, noch nicht geheilt war sie von der »inneren Leere«, die sie heimsuchte. Als Hausmittel dagegen entdeckte sie die

Politik. Sie setzte ganz auf den Nationalsozialismus, dabei war sie »keineswegs eine Nazi-Hippe, wie wir sagten«.[102] Ihr riskanter Flirt mit einer neuen Spitze war nicht ohne Kalkül: »Sollte aber Hitlers Bewegung zur Macht gelangen, bin ich eine der ersten Frauen Deutschlands.«[103] Gauleiter Joseph Goebbels wurde in Magdas luxuriöser Wohnung am Reichskanzlerplatz immer regelmäßiger Hausgast. Die geschiedene Frau Quandt und Goebbels fanden 1931 keine bessere Bühne für die Hochzeit als den hakenkreuzgesäumten Altar auf dem Gutshof des Exgatten Quandt. Trauzeuge war Hitler.

First Lady war sie jetzt. An einem ganz anderen Strand, in Tel Aviv, wurde indes 1933 ihre zionistische Jugendliebe Victor Arlosoroff durch Pistolenschüsse niedergestreckt. Er hatte 1933 noch einmal versucht, mit der Frau des Judenhetzers Kontakt aufzunehmen, doch sie hatte ihn gewarnt. Ob Joseph Goebbels hinter dem Attentat stand, konnte nie geklärt werden. Sie, die in ihren jungen Jahren selbst den Davidstern an einer Halskette trug, gab nun als Frau des Propagandachefs und Ehrenvorsitzende des neugegründeten »Deutschen Modeamtes« einen ganz anderen Ton an: »Es ist mir persönlich unangenehm und für mich untragbar, in den Verdacht zu kommen, mich in einem jüdischen Modehaus einkleiden zu lassen.«[104] Weniger Repräsentantin der »High Society«, als sie es sich erhofft hätte, durfte sie fortan sein. Von ihrem Mann wurde der »ersten Dame des Reiches« ganz die Rolle der Mutter auf den Leib geschrieben. Sie fügte sich und schenkte dem Führer (und auch ihrem Mann) sechs Kinder. Dass der Anfangsbuchstabe der Vornamen all ihrer Kinder mit »H« begann, soll Zufall gewesen sein, weniger zufällig war der propagandistische Einsatz der Vorzeigemutter, und dafür suchte das Ministerpaar die passende Bühne.

Am 22. März 1936 besichtigten sie die feudale Backsteinvilla auf Schwanenwerder, die zuvor dem jüdischen Bankier Dr. Oscar Schlitter gehört hatte. Das Grundstück fiel sanft zum schilfbewachsenen Ufer der Havel ab, auf dem hinteren Teil befand sich Wald. Goebbels' konnten das Anwesen günstig für 350000 Mark erwerben, Magda opferte ihre Abfindung von Quandt, ihr Mann verkaufte dafür seine Tagebücher, »20 Jahre nach meinem Tode zu veröffentlichen«[105], und auch Hitler steuerte 70000 Mark bei. Das Anwesen bestand aus drei Gebäuden, dem Haupthaus, dem Kavaliersheim für Gäste und dem Wirtschaftsgebäude mit Ställen und Vorratsräumen. In einem Teil des Wirtschaftsgebäudes wurde ein Filmsaal eingerichtet. Magdas Passion war es, das Haus nach ihrem persönlichen Stil einzurichten, sie plante mit den Architekten, zu denen auch Albert Speer gehörte, die Umbauten. Für Hitler wurde von ihr eigens ein Gästehaus »zurechtgemacht«. Schon am Gründonnerstag 1936 siedelte die Familie

Die Bediensteten der Familie Goebbels.

nach Schwanenwerder um, am 20. April 1936 besichtigte Hitler sein Gästehaus und ging mit dem Versprechen »oft zu Besuch zu kommen«.[106] Die neureichen Aufsteiger umgaben sich mit allen Attributen des Wohlstands: dem Motorboot namens »Baldur«, der Segelyacht, dem reichbestückten Fuhrpark, darunter ein neuer 5,4 l Mercedes Sportwagen. Im Garten tollten die Kinder mit Pony und Schäferhund herum. Goebbels hielt in seinen Tagebüchern die Besucher fest, Magda machte sich Sorgen um die Platzierung der berühmten Gäste. Dazu gehörten außer der NS-Prominenz der bulgarische König, ein steinreicher indischer Fürst und der italienische Kronprinz Umberto.

Als »Filmminister« entschied Goebbels seit 1935 über Aufstieg oder Fall der Künstler, und wer auf Schwanenwerder eingeladen wurde, gehörte zu den Gewinnern. Da kam zum Beispiel »Frau (Luise) Ulrich mit ihren Sorgen. Sie wird zu Unrecht übersehen.«[107] Goebbels griff ein, der Besuch hatte sich gelohnt. Doch so sehr die Goebbels' sich selbst den Luxus gönnten, für den Haushalt wurde gespart. In der Filmbranche gab man sich den Tipp, noch vor einer Einladung Zeit für einen Extra-Bissen zu finden. Die Ufa revanchierte sich für die Einladungen mit einem besonderen Geburtstagsgeschenk an ihren »Schirmherren«. Sie bannte das Bild einer nationalsozialistischen Musterfamilie mit der Kulisse eines malerischen Seeanwesens für immer auf Celluloid. Eine Kurzversion davon ließ Goebbels sogar im Kino zeigen. Doch Schwanenwerder bildete in dem üblen Propagandastreifen »Opfer der Vergangenheit« auch die Kulisse für eine rassenreine und erbgesunde Kinderschar der Goebbels', die im Gegensatz zu den diskriminierten Geisteskranken und Behinderten kontrastiert wurde. Magda aber war hinter den Hochglanz-Familienbildern mit den weißgerüschten Kindern und den üppigen Blumenbouquets eine andere Frau als die glücklich verheiratete Germanen-Mutter, die weder raucht, trinkt oder sich schminkt. Die Krisen und Rosenkriege, die sie mit ihrem Mann durchmachte, bekam die Öffentlichkeit deshalb nicht mit, weil sie sich mit eiserner Selbstdisziplin beherrschte. Jeden Tag stand sie zur gleichen Zeit auf, egal wann sie zu Bett gegangen war. Dann wurde die Morgentoilette gemacht, die Bürstenstriche gezählt und die Zähne nach einer festgelegten Minutenzahl geputzt. Sie schaffte es, sich in sehr kurzer Zeit zurechtzumachen, und nicht einmal die Familienmitglieder sahen sie unfrisiert oder ungeschminkt. Zum Mittagessen kam sie in neuer Garderobe, vor dem Abendessen oder dem Ausgehen schminkte sie sich ab und wählte eine komplett neue Aufmachung. Sie ließ bei ausgesuchten Modemachern fertigen und war stolz auf den ersten Elisabeth-Arden-Koffer mit seinen Schächtelchen, Döschen und Fläschchen. Und obwohl sie öffentlich verkündet hatte, nicht beim Juden zu kaufen, trauerte sie dem Modesalon Kohen hinterher: »Welch ein Jammer, daß auch Kohen zumacht … wir wissen doch alle, mit den Juden verschwindet die Eleganz aus Berlin.«[108] Die Betreuung ihrer Kinder überließ sie meistens dem Personal.

Grund zum Trinken gaben ihr die Seitensprünge ihres Mannes genug. Seine öffentlichen Auftritte mit der Schauspielerin Lida Baarova führten zu einem Trennungs-Agreement, zu dem auch der Neuerwerb eines Anwesens passte, mit dem sich die Goebbels' auf Kosten des jüdischen Eigentümers bereicherten. Magda hatte entdeckt, dass sich das Nachbargrundstück auf Schwanenwerder »wunderbar dem Goebbels'schen Besitz anschließen ließe«.[109] Der Nachbar Samuel Goldschmidt, Direktor des Bankhauses Goldschmidt-Rothschild, wurde genötigt, seinen Besitz, das Grundstück Nr. 12/14, am 30. März 1938 zu einem lächerlichen Preis von 117500 Reichsmark »an die Reichshauptstadt Berlin oder einen von der Stadt bei der Auflassung zu benennenden Dritten«[110] zu verkaufen. Dem Berliner Bürgermeister war klar, wer der »zu benennende Dritte« war. Nach dem Verkauf entlarvte sich Goebbels als der wahre Interessent, der nun das ganze Grundstück und Haus erwarb. Zwischen den Grundstücken wurde der Zaun niedergerissen, die Jugendstilvilla in Joseph Goebbels' »Burg« komplett umgebaut, aus dem alten Pferdestall wurde ein Filmsaal.

Magda überwachte diese Veränderungen. Wenn Joseph Gobbels jedoch 1941 notierte: »Wir können dann ungestört in Schwanenwerder wohnen«[111], täuschte er eine Idylle vor, die es zwischen dem Ehepaar schon lange nicht mehr gab. Die »Burg« behauste er allein, Magda hatte sich telefonisch anzumelden, bevor sie ihren Mann besuchen durfte, und sie musste akzeptieren, dass ihr Mann sein »Kavaliershaus« dazu nutzte, unter fadenscheinigem Vorwand seinen weiblichen Gästen Filme oder Schallplatten vorzuspielen.

Während ihr Mann die Kriegspropaganda vorantrieb und ihr »schreckliche Dinge« von den Vernichtungslagern erzählte, lagen auf Magdas Nachttisch die von den Nationalsozialisten verbotenen Schriften Buddhas, die sie sich aus der Schweiz kommen ließ. An der Seite eines Mannes, der Lügen, Hass und Durchhalteparolen predigte, flüchtete sie sich in eine seltsame Welt der »Treue über den Tod hinaus« und den Glauben an die »Wiedergeburt«.[112] Depressionen, physischer und psychischer Verfall schritten voran. Die im Hause wohnenden Adjutanten freuten sich, dass immer Hochprozentiges verfügbar war. Als Berlin im Frühling 1945 in Flammen aufging, schien die Welt auf Schwanenwerder noch in Ordnung zu sein. Die Kinder spielten im Garten, die Schule fiel aus, nur ein gelegentliches Donnergrollen unterbrach den Frieden. Sie ahnten nicht, was die Treue über den Tod hinaus bedeutete: dass Magda auch die »Kinder mitnehmen musste«.[113]

Selbst die fanatischsten Anhänger des Regimes waren entsetzt, als sie erfuhren, dass die Goebbels' vorhatten, ihre Kinder mit in den Tod zu nehmen. Albert Speer arbeitete einen Plan aus, wie Magda über Schwanenwerder aus Berlin fliehen könnte. Ein Hausboot wartete an ihrem eigenen Bootssteg, um sie und die Kinder in Sicherheit zu bringen. Der Kapitän sollte nur nachts fahren und sie über Nebenflüsse an den Russen vor-

Magda Goebbels mit ihren Kindern.

Modell Magda Goebbels.

bei zur Elbe bringen. Doch am 19. April kam es zu einer verzweifelten Abschiedsszene. Magda rief vom Bunker des Goebbels'schen Stadtpalais' ihre Mutter auf Schwanenwerder an, die Kinder mit der Erzieherin in die Stadt kommen zu lassen – jedes Kind durfte ein Spielzeug mitnehmen. Die Großmutter der Kinder versuchte, sich in den Weg zu stellen und schrie: »Ich will meine Tochter noch einmal sehen«.[114] Sie wusste, dass ihre Tochter und die Enkelkinder nie wieder zurückkehren würden.

Am 22. April 1945 zogen die Goebbels' mit ihren Kindern in den »Führerbunker«. Auch beim Mord an ihren Kindern flüchtete sich Magda in buddhistisches Gedankengut: »Sie sterben ja nicht, wir alle sterben ja nicht ... wir gehen durch ein nur scheinbar dunkles Tor ins nächste Leben«. An ihren Sohn an der Front schrieb sie: »... ein gnädiger Gott wird mich verstehen, wenn ich ihnen selbst die Erlösung geben werde ...«.[115] Sie kämmte ihren Kindern die Haare, hüllte sie in weiße Nachthemden und tröstete sie damit, dass sie bald wieder zu Hause in Schwanenwerder sein werden. Nach der Ermordung ihrer Kinder töteten sich Magda und Joseph selbst. Die Schwanenwerdersche Film-Familie des »Dritten Reiches« taugte nun als Variation eines ganz anderen Propagandabildes. Die toten Kinder wurden von russischen Soldaten aus den Betten geholt und neben ihre Eltern gelegt. Vor sowjetischer Kamera wurden sie den Siegern als die verendete Nazi-Familie vorgeführt. Ganz in Weiß, diesmal ohne Blumengebinde.

Vom einstmals riesigen Goebbels-Anwesen blieb nur das Pförtnerhaus.

Dieter Hallervorden

1935 Dessau

Schauspieler, Kabarettist

Inselstraße 39

Irgendwann fühlt sich jeder mal reif für die Insel. Und auch an Dieter Hallervorden, dem großartigen Schauspieler und Kabarettisten, ist dieses Phänomen nicht spurlos vorübergegangen. Sein Traum von einer eigenen Insel in Mittelamerika zerplatzte in den Neunzigerjahren nach territorialen Streitigkeiten zwischen den Staaten Guatemala und Belize, die dem jeweils anderen Land den Kaufpreis nicht gönnten, wobei es sogar zu schweren diplomatischen Verwicklungen kam. Damit war für Dieter Hallervorden das Abenteuer Karibik beendet, und im Gegenzug erwarb er ein wunderschönes Eiland mit einem schlossähnlichen Haus vor der französischen Atlantikküste, das ihm noch heute als Residenz dient. Jedoch, sein erstes »Inselerlebnis« hatte er in Berlin. Nicht die sprichwörtliche Insellage der damals eingemauerten Stadt machte dies aus, sondern der Charme jenes reizvollen Fleckchens Schwanenwerder auf dem Wannsee.

Hier kaufte Dieter Hallervorden Anfang der Achtzigerjahre das Haus Inselstraße 39. Auf diesem Grundstück stand einst ein trutzig wirkender, zweigeschossiger Bau mit einem beinahe wehrhaft anmutenden Balkon im Sockelgeschoss. 1901 hatte das Architektenbüro Wessel & Burkhardt die Villa als erstes Gebäude im Inneren der Inselstraße gebaut. Franz Wessel selbst war Bauherr und erster Besitzer. Bis 1918 blieb das Haus Eigentum der Familie Wessel, dann übernahm es Berthold Israel, der Warenhausinhaber, der es 1919 an den Großhandelskaufmann Wilhelm Braun vermietete. Ab April 1939 war die Aschaffenburger Zellstoffwerke AG Mieterin der prachtvollen Villa.

Nach dem Zweiten Weltkrieg stand auch dieses Grundstück unter amerikanischer Militärverwaltung, bis es 1951 der Familie Israel rückübertragen wurde. Zehn Jahre lang blieb Dr. Herbert Israel der Besitzer. Allerdings war die Villa unbewohnt. Eine Bestandsaufnahme aus dem Jahre 1953 bescheinigte, dass »das Wohnhaus erhalten« war und »kaum Schäden durch Kriegseinwirkungen zu erkennen«[116] waren. Jedoch stand die Villa komplett leer, die Dachhaut fehlte, der Dachstuhl war fast wertlos. Das Gutachten bestätigte: »Einfriedung umgestürzt oder fehlend. Grundstück allgemein zugänglich, nicht genutzt, ungepflegt und verwildert.« 1965 wurde die Villa abgerissen, bis 1967 entstanden im Zuge einer Grundstücksaufteilung die Adressen Inselstraße 9, 39, 9a und 39a. Die ursprüngliche Gesamtanlage ist heute nicht mehr erkennbar, vom ehemaligen Villengarten sind auf den durch die Teilung entstandenen Grundstücken nur noch einzelne Bäume erhalten geblieben.[117]

Dieter Hallervorden, studierter Theaterwissenschaftler und auch als Schauspieler, Sänger und Theaterleiter unterwegs, hatte es mit seiner Arbeit zu einem gewissen Wohlstand gebracht, der es ihm ermöglichte, schon damals seine Traumrolle als »Inselfürst« zu spielen. Der Mann mit den vielen Gesichtern und noch mehr Talenten kam 1952 aus seiner Heimatstadt Dessau nach Ost-Berlin, um an der Humboldt-Universität Romanistik zu studieren. In Dessau hatte der Sohn eines Flugzeugkonstrukteurs die Grundschule als einer der Besten des Landkreises absolviert, wurde jedoch nicht zum Besuch der Oberschule zugelassen. Diese staatliche Entscheidung war für Vater Hallervorden der Startschuss für einen kleinen Kreuzzug gegen die DDR-Obrigkeit. Mit viel Zivilcourage und großem Engagement erreichte er, dass der höchstintelligente Dieter schließlich dennoch zur Oberschule kam. Die Antwort Dieters auf die staatlichen Repressalien und der Dank an seinen Vater mündeten in einem vortrefflich benoteten Abitur, welches er bereits mit siebzehn Jahren ablegte.

Neben seinem Studium jobte der sprachbegabte Dieter Hallervorden als Dolmetscher und kam mit seinen Antworten auf die Fragen der ausländischen Ost-Berlin-Besucher in einen gewaltigen Gewissenskonflikt. Die Grundvoraussetzung für die Arbeit als Dolmetscher, so wurde er belehrt, war die Beantwortung aller Fragen »im Interesse des Arbeiter-und-Bauern-Staates«. Was dies zu bedeuten hatte, wurde ihm schnell klar. Er hielt sich nicht an die Direktive, die DDR »schönzudolmetschen«, sagte 1958 »Goodbye DDR« und ging nach Westberlin. Dort schrieb er sich an der Freien Universität ein, belegte als zweites Studienfach Publizistik und hörte Vorlesungen in Theaterwissenschaft. Er arbeitete als Gärtner, Bauarbeiter und Bierfahrer und ließ sich immer öfter bei der Theatergruppe »La Compagnie des Inconnus« sehen, bis er schließlich deren Mitglied wurde. Seine Liebe zur Schauspielerei war offen ausgebrochen, sie sollte ihn nie mehr loslassen. Trotzdem gab Dieter Hallervorden in seiner

Inselstraße 39 heute.

Hauptrolle weiterhin den braven und fleißigen Studenten, bis er – bereits im Doktorandenseminar – den Entschluss fasste, sein Hobby nun endlich zum Beruf zu machen. Und da ging es ihm wie manch anderen Berühmtheiten seiner Zunft: Bei der Aufnahmeprüfung für die Max-Reinhardt-Schauspielschule wurde er abgelehnt. Die niederschmetternde Diagnose des Prüfungsgremiums: Herrn Hallervorden mangelt es an Begabung.

Trotzdem gab der junge Amateurschauspieler mit dem Zertifikat der Talentlosigkeit nicht auf. Er erreichte eine Eignungsprüfung vor der Kommission der Bühnengenossenschaft, die ihm – im Gegensatz zu den tradierten Reinhardtianern – gute Zukunftschancen attestierte. Ein Ausbildungsplatz an der seinerzeit renommiertesten privaten Schauspielschule von Marlise Ludwig war das direkte Ergebnis, und bald schon spielte er kleinere Rollen in der »Tribüne« und bei Horst Behrendts »Vaganten«.

1960 wollte sich Dieter Hallervorden die Doppelbelastung als Student und Schauspieler nicht mehr antun. Er hatte erkannt, in welche Richtung sein Berufsleben gehen sollte, brach sein Studium – nicht ohne Bedenken – ab und gründete mit anderen jungen Heißspornen 1960 in der damaligen Schöneberger Scala das Kabarett »Die Wühlmäuse«, dem er noch heute als Direktor vorsteht. Der politische Kabarettist Dieter Hallervorden war geboren.

»Politiker muss man behandeln wie rohe Eier. Und wie behandelt man rohe Eier? Man haut sie in die Pfanne«. Dies tat er von Beginn an mit diebischer Freude, obwohl es die »Bewahrer der Reinheit der politischen Kultur« nicht nur Rosen regnen ließen, sondern ihn auch zu steinigen versuchten. »Ein Witz«, das weiß Dieter Hallervorden, »kann einen durchaus den Kopf kosten. In Diktaturen wortwörtlich, in Demokratien auf andere Art«.[118] Seinen Kopf hat er behalten, seinen Querkopf sowieso, obwohl er bereits in den späten Sechzigerjahren heftige Blessuren davontrug. Bei der Aufzeichnung eines Kabarettprogramms anlässlich der Berliner Funkausstellung kam es zum ersten großen Eklat. Hallervorden widersetzte sich der Zensur des Fernsehsenders, und so blieben ihm für die nächsten fünf Jahre die Türen sämtlicher Rundfunk- und Fernsehanstalten verschlossen. Dass ihn dieses faktische öffentlich-rechtliche Berufsverbot an die Machenschaften im – von ihm verlassenen – Arbeiter-und-Mauern-Staat erinnerte, hat der überzeugte Demokrat Dieter Hallervorden in politischer Korrektheit jedoch immer bestritten.

Die Fernsehsperre durchbrach dann der WDR. Mit seinem Soloprogramm »Seltsame Begegnung« gelang Hallervorden ein sensationeller Bühnenerfolg. Gegen alle Widerstände aus dem ARD-Generalstab zeichnete es der WDR auf, gleichzeitig begann für Dieter Hallervorden eine einmalige TV-Erfolgsgeschichte. Er spielte den Gangsterboss Köhler in Wolfgang Menges legendärem »Millionenspiel«, er drehte zwölf Folgen der Satire-Serie »Abramakabra«, sechs Folgen der »Grand Gala«, das »Lästerlexikon« und adelte sich ab 1975 als »König des feinsinnigen Klamauks« mit dem Start der Serie »Nonstop Nonsens«. Sketche wie »Die Kuh Elsa« oder »'Ne Flasche Pommes frittes« mit dem berühmt gewordenen »Palim, Palim« gehören heute zu den Klassikern.

Die Ideen schienen ihm nicht auszugehen, seine Kreativität und seine Vielseitigkeit nahmen beinahe beängstigende Formen an. Er war ständig auf Tournee, kreierte die Figur »Didi» und drehte in kurzer Zeit zehn Kinofilme, von denen besonders »Ach du lieber Harry« (1980) und »Der Experte« (1987) zum Standard des intelligenten deutschen Satirefilms zu zählen sind. In dieser unglaublich schöpferischen und produktiven Schaffensperiode nahm sich Hallervorden allerdings auch die eine oder andere »Auszeit«. Bei den Dreharbeiten zum Film »Der Schnüffler« (1983), in dem er als Taxifahrer Herbert Böckmann in die Fänge von CIA und KGB gerät, lebte er seinen damaligen Ruf, »gern mal einen zur Brust zu nehmen«, auf eine sehr eigene, konsequente Weise aus und kam einmal nach durchzechter Nacht direkt aus der Kneipe zum Drehort. Ausgerechnet an diesem Drehtag hatte Hallervorden physische Schwerstarbeit zu leisten: Auf dem Plan stand ein Tanz auf einem Mini-Tisch, außerdem sollte er diverse Türen eintreten und wohlbeleibte Schauspielerkollegen in Badewannen hieven. Nach Drehschluss rief ihn Ottokar Runze, der Regisseur, zu sich und sagte: »Herr Hallervorden, es hat alles prima geklappt. Ein Tip von mir: Kommen Sie doch öfter mal besoffen«.[119]

Auch die Musik erkor er zu seinem Betätigungsfeld. Zehn Langspielplatten und über dreißig Singles ließen ihn schnell zum Plattenmillionär werden. Die erfolgreichsten Songs des Multitalents waren »Ich bin der schönste Mann in unserer Mietskaserne« und das populäre Duett »Du, die Wanne ist voll« mit der unvergessenen Helga Feddersen. Und trotzdem, am schrägsten erschien seine Interpretation der »Shivago-Melodie« auf einer dichtbefahrenen Kreuzung mitten in der Innenstadt: »Schneuf schneuf schneuf schneuf, schneufel schneuf schneuf schneuf schneuf ...«

Hallervordens künstlerische Ehe mit dem öffentlich-rechtlichen Fernsehen erfuhr Anfang der Neunzigerjahre einen Knacks. Er hatte sich von der liebenswert-tolpatschigen Figur »Didi« verabschiedet und wollte »back to the roots«. Eine Sendung mit politischer Satire schwebte ihm vor, aber er konnte die ARD-Gewaltigen nicht so recht davon überzeugen. So zog er mit seinen Ideen 1992 zu SAT 1, wo er natürlich mit Kusshand empfangen und vom damaligen Programmchef Heinz Klaus Mertes entsprechend hofiert wurde. Hallervorden durfte endlich wieder politische Satire senden, allerdings nahm der Druck des Programmchefs, den »Mr. Tagesthemen« Ulrich Wickert in einem gewollten Versprecher einmal »Kleins Haus Mertes« nannte, ständig zu. Hallervordens bissige Attacken auf die Tagespolitik, die Bundeswehr oder die Bundesbank trafen den Humor des Helmut-Kohl-Fans Mertes nur teilweise. 1994 wechselte Dieter Hallervorden zurück zum SFB. Der Weg für die grandiose »SpottLight«-Serie war geebnet.

Hallervordens Pointen wurden jetzt heftiger, bissiger, polemischer und dennoch auch liebenswerter. Im »SpottLight«-Vorspann ließ er sich in die berühmt gewordene Stolperszene von Volker Rühe hineinschneiden. Hallervorden nieste, daraufhin stürzte der damalige Bundesverteidigungsminister kopfüber in den somalischen Wüstensand. Er nahm sich des damaligen CDU-Generalsekretärs Peter Hintze an, als er – im Goethekostüm – dem Bild des rheinischen Pfarrers die Worte entgegenschleuderte: »Was ist das für ein ekliges Gewürm? Es generalsekretet vor sich hin, wie wird man diese Geister wieder los?«[120] ARD-Programmdirektor Günter Struve bezeichnete »SpottLight« als »einen der wenigen qualitätsvollen und quotenbringenden Garanten«, was Dieter Hallervorden auf seine Art zu kommentieren wusste: »Ich möchte dem Mann in diesem Punkt ausnahmsweise mal nicht widersprechen.«[121]

Im Herbst 2005 erschien Dieter Hallervordens Autobiografie mit dem Titel »Wer immer schmunzelnd sich bemüht ...«. Auf die Frage, ob dieses Buch einen Schlusspunkt hinter die Karriere setzt, antwortete er: »Ich gehe nicht auf's Abstellgleis, bleibe euer Jubelgreis und mache weiter meinen Scheiß!«[122] Diese Drohung des grandiosen Spaßbringers sollte jeder ernst nehmen. Insbesondere jeder Politiker.

Gustav Hartmann

1859 Magdeburg – 1938 Berlin

Fuhrunternehmer

Alsenstraße 11

»Wat der Stresemann nich jeschafft hat, det schaff ick schon!«[123] Mit diesem kühnen Vorsatz machte sich der Wannseer Droschkenkutscher Gustav Hartmann am 2. April 1928 mit seinem einstmals feurigen, aber nun schon etwas betagten ungarischen Wallach »Grasmus« auf den Weg nach Paris. Die Fahrt von der Berliner Reichsstraße 1 bis zu den Champs Elysées und zurück sollte in Hartmanns Verständnis ein Beitrag zur Verständigung zwischen den Erbfeinden Deutschland und Frankreich sein. Anders als in den Zeiten des Ersten Weltkrieges, als General Erich Ludendorff säbelrasselnd die französische Metropole bedrohte, wollte nun ein Deutscher Paris friedlich erobern. Eine Unternehmung, die erfolgreich endete. Auf seinem langen Weg jubelten Gustav Hartmann weit über 100000 Menschen beiderseits des Rheins zu. Erich Kästner hielt die überall spürbare Stimmung der Annäherung beider Völker in einem Gedicht fest: »Man fuhr von Wannsee nach Paris, zwei Völker winkten mit den Mützen, auch schien es der Idee zu nützen, daß unser Kutscher Gustav hieß.«

Tag für Tag stand Gustav Hartmann mit seiner Droschke auf dem angestammten Platz vor dem Bahnhof Wannsee und wartete auf Fahrgäste. Schnell nannte man ihn wegen seiner Ausdauer und Zähigkeit den »Eisernen Gustav«, weil »immer eisern Wind und Wetter trotzend«. Eines Tages kam er mit einer jungen Frau ins Gespräch, einer Reiterin, die von Paris nach Bukarest unterwegs war. »Wat det Meechen kann, det kann ick ooch«, sagte sich Gustav Hartmann. Die Idee seiner Reise nach Paris war geboren. Die »wilden« Zwanzigerjahre boten sowieso als Sinnbild für Aufbruch und Abenteuer viel Platz für Pioniertaten und allerlei Verrücktheiten. Gustav, der mit einem Tante-Emma-Laden gescheitert war und neben-

Aufbruch nach Paris.

her Postkarten zeichnete, wandte sich – durchaus geschäftstüchtig – an die Redaktion der »BZ am Mittag«, die in seinem Vorhaben eine gute und verkaufsfördernde Story witterte. Ein Reporter begleitete ihn auf seinem Weg nach Paris, jeden Tag die Seiten seiner Zeitung mit den neuesten Nachrichten über Gustav und seine Mission füllend.

Sein Einzug in die französische Metropole am 4. Juni 1928, seinem Geburtstag, war triumphal. Anders als im anrührenden Heinz-Rühmann-Film dargestellt, in dem Gustav in einem beinahe verlassenen und menschenleeren Paris eintraf, weil am gleichen Tag der Ozeanüberflieger Charles Lindbergh bei Paris landete, jubelten tatsächlich viele tausend Pariser dem 69-jährigen Kutscher aus Wannsee zu. Der deutsche Gesandte Hoesch veranstaltete einen Galaabend, die Mistinguette trat auf, und Gustav schleckte sich später immer wieder die Lippen, wenn er sich an ihren Begrüßungskuss erinnerte. Die französischen Fuhrunternehmer ernannten ihn, auch wegen seines »Engagements für die Erhaltung des Pferdedroschkenwesens«, zu ihrem Ehrenmitglied, die Bewohner von Paris hatten neben dem luxemburgischen Tour-de-France-Sieger Niclas Frantz einen zweiten »nichtfranzösischen Nationalhelden«.

Gustavs Aufenthalt in Paris war nicht weniger anstrengend als die Reise selbst: Er wurde in der Pariser Gesellschaft von einem Höhepunkt zum anderen gereicht, war gern gesehener Ehrengast zahlreicher Soirees und

Matinees, er traf die Damen vom »Moulin Rouge«. Auf diversen Empfängen sonnten sich Diplomaten und wahlstimmenhungrige Kommunalpolitiker in seiner Gegenwart, er besuchte Krankenhäuser, Kinder- und Altenheime und trug, wie Gustav Stresemann und der Reichspräsident Paul von Hindenburg höchstselbst betonten, »viel zur deutsch-französischen Aussöhnung bei.« Gustav Hartmann war der »beste deutsche Botschafter, den man sich denken konnte.«

Die Rückkehr nach Berlin war überschattet von abenteuerlichen Meldungen einiger deutscher Zeitungen, die – in neidvoller Konkurrenz zum Exklusiv-Blatt »BZ am Mittag« – sensationslüstern über angebliche Hartmann'sche Mogeleien berichteten. So soll Gustav seinen treuen Gaul »Grasmus« dreimal gegen ein anderes Pferd ausgetauscht und viele Kilometer in einem von Opel gestifteten Automobil zurückgelegt haben.[124] Dies konnte jedoch die frenetische Begeisterung, die Gustav Hartmann bei seinem Einzug in Berlin erlebte, nicht trüben.

Vor ihrem Stammhaus in der Kochstraße rüstete die »BZ am Mittag« am 1. September 1928 zum feierlichen Empfang. Zehntausende waren auf den Beinen, die Menge raste, während drinnen der Chefredakteur des Blattes im Beisein von honorigen Ehrengästen wie Henny Porten und Alexander Moissi bei schlichtem Eisbeinessen den heimgekehrten Helden,

Ankunft in Paris.

Andenken an die letzte Droschkenfahrt Berlin-Wannsee-Paris — Paris-Berlin.

sein buchstäbliches »Zugpferd« der letzten Monate, feierte. Neben Gustavs Eisbeinportion lag eine Brieftasche. Er beäugte sie argwöhnisch, aber die freundlich-aufmunternden Blicke der Herren des Hauses bedeuteten ihm, die Brieftasche zu öffnen. Er entdeckte darin mehrere Hundertmarkscheine, befeuchtete den Daumen und begann ruhig, sie zu zählen. Dann nickte er befriedigt, übergab das Geld seiner Ehefrau, tätschelte kurz Henny Portens Unterarm, nickte auch ihrem Gatten Wilhelm von Kaufmann freundlich zu und begab sich dann zum Balkon, um sich seinem Volk, das »Hoch« und »Hurra« schrie, leutselig zu zeigen.[125] Nach einem Bad in der Menge bestieg Gustav seine Droschke, und mit seinem – falschen oder echten – »Grasmus« defilierte er, begleitet von dreißigtausend Menschen, über den Kurfürstendamm zum Lunapark. Auf der stundenlangen Fahrt erreichten ihn sechsundachtzig geflüsterte, gerufene und geschriebene Liebeserklärungen.

Bis 23.30 Uhr wurde im Lunapark gefeiert, anschließend ging es »im kleinen Kreis« mit seinen treuesten Kollegen und besten Freunden in eine kleine Bierschenke am Halensee. Gustav trank Weiße mit Schuss, aß Bockwurst mit Kartoffelsalat und zeigte stolz eine fünfzehn Kilogramm schwere Schachtel Konfekt, die ihm eine bekannte Berliner Schokoladenfabrik gestiftet hatte. Ein Herr mit Brille fragte ihn: »Pardon, Herr Hartmann, wie ich hörte, haben Sie in Paris die Mistinguette getroffen. Haben Sie mit ihr auch gesprochen?« »Jawohl, ha ick«, antwortete Gustav, »ick hab se jefracht, wie alt biste denn, Meechen. Da hat se jesacht, zween-

Der eiserne Gustav auf dem Hof seines Hauses Alsenstraße 11.

zwanzich. Da hab ick jesacht: een scheenet Alter, ick werd nächstens ooch siebzehn.«[126] Es herrschte eine angenehme, mitunter beinahe feierliche Stimmung, die von einem angetrunkenen Gast jedoch jäh unterbrochen wurde: »Sachn Se mal, Herr Hartmann, wat verlangen Se denn for so ne Ansichtskarte von Sie?« Gustavs Gesicht verfärbte sich. »Da müssen Se den fragen, der wo meine Karten fälscht und se for teuret Jeld an die Leute bringt.« Er zog an seiner Zigarre und setzte nach einer Weile leise »Quatschkopp« hinzu.[127] Dieses Wort ging von Mund zu Mund, und bald war es ein geflügeltes geworden.

Seinen neuen Ruhm und einen bescheidenen kleinen Wohlstand wollte Gustav Hartmann, der nach Berichten seiner Freunde »immer der alte geblieben ist«, mit anderen teilen. Am 12. September 1928 unterschrieb er die Gründungsurkunde der »Gustav-Hartmann-Stiftung« zur Unterstützung »alter, verdienter und unverschuldet in Not geratener Angehöriger des Berliner Droschkengewerbes«. Er beteiligte sich selbst mit einer großzügigen Einlage an diesem Fonds, der auch heute noch Opfern von Unfällen und Überfällen in ihrer ersten Not hilft.

Ein einfacher Mann mit Volksschulbildung, ausgestattet mit deftigem Mutterwitz und sympathischer Bauernschläue, brachte Wannsee weltweit in die Schlagzeilen. »Der eiserne Gustav« starb – hochbetagt – zehn Jahre nach seiner spektakulären Fahrt. Bis zu seinem Tode blieb er in der Alsenstraße und malte seine nunmehr viel gefragten Postkarten. Seine letzte Ruhestätte befindet sich auf dem Friedhof an der Friedenstraße.

Johannes Heesters

1903 Amersfort (Niederlande)

Sänger, Schauspieler

Pardemannstraße 8

»Wir Holländer sind ein Volk von Individualisten«, erkannte Johannes Heesters, der Mann im Frack. »Wir sind tolerant und liberal, nicht faul, aber gelassen, sparsam, erfinderisch und zäh. So gibt es noch eine Reihe weiterer Eigenschaften, die man einem Holländer zuschreiben kann. Sprachtalent, die Gabe, sich eine Fremdsprache einigermaßen mühelos anzueignen, gehört ganz bestimmt nicht dazu.«[128]

Eine entsprechende erste bittere Erfahrung musste Johannes Heesters 1934 machen, als er, in Holland bereits viel umjubelter Jungstar, einem Angebot der Wiener Volksoper erlag und dort die Titelpartie des Symon Rymanowicz in Karl Millöckers »Bettelstudent« singen sollte. »Ich knüpfte manche zarte Bande, studierte die Pariserin ...« Die Fallstricke für die holländische Zunge waren haufenweise gelegt. Ein ratloser Johannes Heesters bat auf der Straße, nur um einmal den Klang der Worte aufnehmen zu können, einen jungen Mann, ihm diesen Satz vorzulesen. Und das trieb den Holländer dann in die totale Ratlosigkeit. Kein »reines deutsch«, sondern breitestes »weanerisch« drang an das ungeübte niederländische Ohr, und mit dem ebenso unverständlichen »So a Schmoarrn« ließ der junge Mann den angehenden jugendlichen Helden stehen.[129] Aber was »reines deutsch« bedeutete, sollte Heesters wenig später erfahren. Und nicht nur sprachlich.

Mehr als ein Jahr brillierte Heesters an der Wiener Volksoper, neben dem »Bettelstudenten« sang er die Hauptrollen in Jacques Offenbachs »Orpheus in der Unterwelt«, in Emmerich Kalmans »Hollandmädel« oder in Oskar Nedbals »Polenblut«. Das Wiener Publikum hatte ihn ins Herz geschlossen. »Gut ist er, der Junge. Verstanden habe ich ihn zwar nicht, aber gut ist er.«[130]

1935 erreichte Johannes Heesters, der neben seiner Bühnentätigkeit in Österreich und Holland auch vor der Filmkamera stand, ein Telegramm aus Berlin. Die Komische Oper war auf den gutaussehenden Tenor aufmerksam geworden und hatte ihn zum Probesingen eingeladen. Eine schwere Entscheidung für den Liebling der Wienerinnen, aber als er erfuhr, dass er die Hauptrolle in der Operette »Die Weltmeisterin« von Joseph Snaga singen sollte, gab es für ihn keine Bedenken. Natürlich wusste Heesters, dass die Berliner Komische Oper zu jener Zeit nicht die erstrebenswerteste Adresse war – vom Glanz früherer Erfolge unter Hans Gregor war nicht mehr viel übrig geblieben –, aber er nutzte das Engagement, um vom Sprungbrett Berlin direkt in das Wildwasser einer beeindruckenden, aber auch nicht widerspruchslosen Karriere einzutauchen.

In Berlin hatte Johannes Heesters mit seiner Familie ein schönes Haus am Wannsee gefunden. Mag es Zufall gewesen sein, dass sich Heesters gerade hier und nicht in Grunewald oder Charlottenburg niedergelassen hatte, aber es war in doppelter Hinsicht eine gute Wahl. Sein hinter mächtigen Bäumen verstecktes Häuschen, die sanft hügelige Wiese an der Pardemannstraße und die Abgeschiedenheit von der Hektik der Großstadt gaben dem nun schon äußerst populären Operettensänger Ruhe und Kraft für die kommenden Aufgaben. Und der Weg zu den Ufa-Studios in Babelsberg war ein sehr kurzer …

1936 lud ihn das Filmimperium zu Probeaufnahmen ein. »Die große, mächtige Ufa« schwärmte Heesters, »die Größe dieses Filmkonzerns lernte ich bald kennen, seine wirkliche Macht erst später.«[131] Dabei kam ihm dieses Angebot selbst zu früh. »Ich war eigentlich noch nicht so richtig in Berlin angekommen. Dafür wollte ich mir Zeit nehmen. Aber die Ufa ließ nicht locker und wiederholte ihre Anfrage. Gut, dachte ich, dann soll es wohl so sein, und fuhr nach Babelsberg.«[132] Beim Vorsprechen improvisierte er ein fiktives Telefongespräch, spielte dabei Trauer und Entsetzen und beeindruckte damit den Produktionschef der Ufa Ernst Hugo Corell tief. »Obwohl ich Ihnen im Moment keine Rolle anbieten kann, möchte ich Sie dennoch unter Vertrag nehmen«[133], sagte Corell und erzählte beinahe nebenher, dass zur Zeit gerade am Drehbuch für den »Bettelstudenten« gearbeitet wird.

Blitzschnell war für Heesters klar, dass dieser kleine Satz sich ganz entscheidend auf den Fortgang seiner Karriere auswirken könnte. »Den Bettelstudent habe ich übrigens in Wien gesungen«, hörte Heesters sich selbst sagen. »Was, Sie singen?«, fragte Corell ungläubig. »Ja, natürlich«, erwiderte Heesters, »jeden Abend in der Komischen Oper.«[134] Der mächtige Mann an der Spitze der Ufa hatte tatsächlich keine Ahnung von Heesters' Sangeskunst, wollte aber sofort und unbedingt seine »Begabung« als Sän-

Johannes Heesters in seinem Haus am Wannsee (um 1938).

ger prüfen. Schon am darauf folgenden Tag stand Heesters im Kostüm zu Probeaufnahmen vor der Kamera und sang den »Bettelstudenten«, wie er es auf der Bühne der Wiener Volksoper getan hatte: In einer eigenartigen Sprachmischung aus wienerisch, deutsch und holländisch. Corell war wieder begeistert und entschied: »Herr Heesters, Sie sind unser Bettelstudent.«[135] Es war sein erster Film an der Seite von Marika Rökk, für beide wurde er ein großer Erfolg und der Beginn einer langjährigen Zusammenarbeit.

Johannes Heesters, dem die Ufa noch vor kurzer Zeit keine Rolle anbieten konnte, schlitterte jetzt von Film zu Film. Noch bevor der »Bettelstudent«in die Kinos kam, begannen schon die Dreharbeiten für das musikalische Lustspiel »Das kleine Hofkonzert«. Unter der Regie von Detlef Sierck, später unter dem Namen Douglas Sirk ein bedeutender Hollywood-Regisseur, spielte Heesters den jungen Leutnant Walter von Arnegg, der sich in die hübsche Sängerin Christine Holm verliebt und sie in einem rührenden Ufa-Happy End am Ende des Filmes heiratet. Seine Filmpartnerin war Marta Eggerth, das ehemalige musikalische Wunderkind aus Budapest und seit vielen Jahren als Opern-, Operetten- und Konzertsängerin eine feste Größe auf der Bühne und im deutschen Musikfilm.

Bei den Dreharbeiten kam es zum »kompliziertesten Filmkuss« in Johannes Heesters' Filmlaufbahn. Marta Eggerth sollte in einer Schlüsselszene dem jungen Leutnant, der in einem Wachhäuschen stand, einen Kuss geben. So stand es im Drehbuch. Beim ersten Versuch sprach Heesters seinen Text, nahm sie in den Arm – und Marta drehte ihren Kopf zur Seite. Auch der zweite Versuch schlug fehl. Und der auch der dritte. »Um nichts in der Welt wollte Marta mich küssen«, klagte Heesters.[136] Regisseur Sierck wurde leicht nervös, die Beleuchter fragten sich, warum »der sich das von dieser Zicke gefallen lasse«,[137] Heesters selbst verstand überhaupt nichts mehr. Plötzlich tauchte Jan Kiepura auf, der berühmte polnische Tenor und Marta Eggerths Lebensgefährte. Er wollte »ein bißchen bei den Aufnahmen zusehen«, nahm erwartungsfroh hinter der Kamera Platz, nachdem ihm Sierck die »wunderschöne Szene, die wir gleich zu sehen bekommen«[138], in allen Einzelheiten beschrieben hatte. Marta sah ihren Jan, blühte auf, spielte die Szene umwerfend gut, umarmte Heesters und streckte ihm ihre Lippen zum Kuss entgegen. Da kam dessen holländisches Blut in Wallung. »So, und jetzt will ich nicht«, schrie er, ließ die verblüffte Marta stehen und verließ wutentbrannt den Drehort, begleitet vom Beifall der gesamten Beleuchtungs- und Technikcrew.[139] »Ich bin nicht nachtragend gewesen«, erinnerte sich Heesters viele Jahre später. »Zehn Minuten später stand ich, als sei nichts geschehen, mit der Knarre in der Hand auf Posten, lächelte meiner heißgeliebten Partnerin entgegen, die auf das

Schilderhäuschen zuschlenderte, verliebte Augen machte, mit mir plauderte, mich küßte und nicht mehr das Gesicht beiseite wandte, als ich, wenn auch widerwillig, zurückküßte. Wir drehten bis zum Abend, und Marta vermied es, in den Pausen mit mir zusammenzusein. Abends war sie vor mir verschwunden, morgens kam sie kurz nach mir.«[140]

Zu den Dreharbeiten fuhr Johannes Heesters jedesmal mit dem Fahrrad von Wannsee nach Babelsberg, vor allem, um sich fit zu halten und auch die Schönheit der Landschaft, die Wälder entlang der Seen, genießen zu können. Eines Tages überholte ihn Marta Eggerth in einem Cabriolet, Jan Kiepura auf dem Beifahrersitz, und war erschrocken, als sie Heesters erkannte. »Ha, schau mal, Jan, er kommt mit dem Fahrrad, mein Partner«, und das klang so als sagte sie: Gott, der arme Kleine, wenn er so viel wie ich verdiente, könnte er sich gewiss auch ein Auto leisten. Ein schon wieder wütender Johannes Heesters rief ihr nach: »Wenn es Sie beruhigt, mein Wagen steht in der Garage. Sie brauchen für mich nicht sammeln zu gehen!«[141] Nur einen Film drehten die Streithähne zusammen, beide hielten das für eine sehr kluge Entscheidung ...

1938 nahm Johannes Heesters ein Angebot aus seiner Heimat an. Eine Gastspieltournee mit der »Gräfin Mariza«, veranstaltet von der jüdischen Fritz-Hirsch-Gesellschaft, wurde zu einem großartigen Erfolg. Mit deutschem Nachspiel und einer Vorladung zu Dr. Joseph Goebbels. »Sie leben hier, hier verdienen Sie Ihr Geld, und hier sind wir gegen Juden, Herr Heesters«, lautete die Kampfansage des Reichspropagandaministers, um gleich die Frage hinterher zu schieben: »Warum werden Sie eigentlich nicht Deutscher?« Heesters, der mit einer solch absurden Frage nicht gerechnet hatte, fiel eine ebensolch absurde Gegenfrage ein: „Warum werden Sie nicht Holländer, Herr Doktor? Was würde Herr Hitler sagen, wenn Sie plötzlich Holländer wären. Und was würde meine Königin sagen, wenn ich plötzlich Deutscher wäre?«[142] Ein zeitweiliges Beschäftigungsverbot bei der Ufa war das Ergebnis dieses sonderbaren Gespräches für Johannes Heesters.

Über »die Zeit«, wie Johannes Heesters seine Jahre in Nazi-Deutschland bezeichnete, ist viel geschrieben worden. Und wie immer liegen Dichtung und Wahrheit eng beieinander. Er erfreute sich der besonderen Gunst Adolf Hitlers, werfen ihm die einen vor, und die anderen sehen in ihm den lebenslang unpolitischen Menschen. Aber den wichtigsten Beitrag zur Darstellung seiner Funktion im »Dritten Reich« gibt der über Hundertjährige seit Jahrzehnten selbst: Er sagt, wie es war, und er kehrt seine Rolle während der Nazizeit nicht unter den Tisch, der Mann im Frack ist immer ehrlich geblieben. Auch wenn ihm das manchmal nicht leicht gemacht wurde.

Alexander Helphand-Parvus

1867 Beresina (Ukraine) –
1924 Berlin

Unternehmer

Inselstraße 15–18

Israil Lasarewitsch Helphand, der sich den Namen Alexander Parvus (der Kleine) gab, hat Großes bewirkt. Mehr als all die Goebbels, Hitler und Speer, die sich zwölf Jahre lang auch auf Schwanenwerder für ein »Tausendjähriges Reich« wichtig machten, veränderte Parvus die Welt. Bis ins 21. Jahrhundert reichen die Konsequenzen des Politpropheten, der Lenin in einen verplombten Zug nach Russland setzte und damit den Beginn der sowjetischen Ära heraufbeschwor.

Nicht der allerbeste Ruf eilte dem Neubewohner auf Schwanenwerder voraus. »Schlemmerfeste« und »Orgien« dichtete man ihm an, die er auf seinem herrschaftlichem Wohnsitz zelebrieren sollte. Und überhaupt: wer war das eigentlich, dieser Parvus, der seinen Reichtum so provokant zur Schau stellte? Der große, teure Zigarren rauchte, angeblich schon zum Frühstück eine Flasche Champagner leerte und immer einen Harem molliger Boticelli-Schönheiten im Gefolge hatte? Immerhin hatte er die deutsche Staatbürgerschaft und war so »dem Odium des Emigranten und dem Ludergeruch seiner politischen Vergangenheit« entkommen.[143] Schon rein äußerlich machte der Bohemien »mit dem Körper eines Elefanten und dem Kopf eines Sokrates« keinen vertrauenerweckenden Eindruck. »Seine massive, riesenhafte Gestalt [...] war jetzt aufgeschwemmt und fett. Unter seinem breiten bulligen Gesicht mit hoher Stirn, kleiner Nase und gepflegtem Kinnbart zeigte sich ein schwammiges Doppelkinn, das seinen Hals fast völlig verschwinden ließ. Die kleinen lebhaften Augen lagen tief. Seine kurzen Beine trugen den Körper wie einen Mehlsack, und er ruderte ständig mit den Armen, als müsste er so sein Gleichgewicht halten ...«[144] Mysteriös auch die Quelle des schier unerschöpflichen Reichtums des kommunistischen Millionärs. Hatte er nicht als »Meister der Spionage«, als Drahtzieher an der russischen Revolution mitgestrickt? Gewiss, der Mann hatte schon seine strengen Prinzipien; »je strenger sie waren, desto mehr Geld nahm er, um sie über Bord zu werfen«.[145] Und wer hatte schon einen Überblick über Parvus' undurchschaubares, multinationales Firmengeflecht, das von Krieg, Waffenschieberei und Sponsorengelder für die russische Revolution profitierte, zu dessen besten Kunden das deutsche Reich zählte?

Bei seinen linken Parteigenossen in Russland und Deutschland hatte er sich als »Zuhälter des Imperialismus« schon lange den Ruf versaut. Spätestens seit dem Skandal 1905 um die Maxim-Gorki-Affäre – Parvus hatte Gorkis Tantiemen veruntreut – war er als Revolutionär unglaubwürdig geworden. Leo Trotzki verfasste einen »Nachruf auf einen lebenden Freund« und kanzelte ihn als «politischen Falstaff« ab. »In diesem fleischigen Bulldoggenkopf vermischten sich Gedanken an Reichtum mit denen der sozialen Revolution.« Parvus war für seine Genossen »erst ultraradikaler Revolutionär, dann russischer Spitzel, Lump und Betrüger«, schließlich Agent und Spekulant geworden.

Doch auch bei den Rechtsextremen der jungen Weimarer Republik setzte gegen die »Judensau« eine Hetzkampagne ein. Wie Walther Rathenau stand Parvus als »Erfüllungspolitiker« der Friedenspolitik auf der Abschussliste einer sich um Kapitän Erhardt scharenden jungen Mördercrew.[146] 1922 rüsteten sich zwei preußische Offiziere mit Handgranaten aus, um ein Attentat auf Parvus zu verüben. Mitsamt seiner Schwanenwerder Villa sollte er in die Luft gesprengt werden. Das Komplott wurde vorzeitig aufgedeckt und vereitelt. Parvus war vorsichtig geworden, er verbrannte Unterlagen aus den bewegten Zeiten, da er eine Revolution in Russland angezettelt hatte, mit dem »perfekten Ablauf eines inszenierten Coup d'état«.[147] Nur er allein wusste, wie viele Namen, Intrigen und vernichtende Beweisstücke im Schwanenwerder Kamin zerstoben.

1914. Der Erste Weltkrieg war entflammt und ein schneller Sieg an der Ostfront für die deutsche Reichsregierung nicht in Sicht. Ein halbes Jahr erfolgloser Kampf mit Russland; das war die Gunst der Stunde für den Ex-Revoluzzer Parvus. Mit einem geradezu tollkühnen Plan trat er an die deutsche Regierung heran. Seine Idee: den russischen Koloss durch innere Unruhen ins Wanken zu bringen. Russland wäre zu besiegen, wenn man das Reich durch revolutionäre Aufstände schwächen würde und das Zarenhaus durch Zersplitterung in kleine Einzelteile vorantreiben könnte. Parvus hatte dafür einen fertigen Plan und die Kontakte, in Russland eine Revolution zu organisieren. Willfährige Revolutionäre könnten dann einen Separationsfrieden anbieten und das Deutsche Reich stark machen für einen Kampf an der Westfront. Berlin war entzückt und Parvus kassierte dafür Millionen – mit geringeren Summen gab er sich gar nicht erst ab. Von Kopenhagen verflocht er Hochfinanz und Proletariat, Regierungen und Revolutionäre und verband dabei politische mit kommerziellen Interessen auf wunderbar harmonische Weise, immer den eigenen Profit vor Augen. Das Unternehmen Revolution dauerte zwar bis zum Februar 1917, schien aber dann ganz nach Plan zu laufen. Um den radikalen Flügel der provisorischen Regierung in Russland zu unterstützen, brauchte es dringend einer durchsetzungsfähigen Führerpersönlichkeit, und Parvus wusste, wer dafür in Frage kam: Wladimir Iljitsch Lenin.

Der in der Züricher Spiegelgasse lebende Lenin war selbst brennend daran interessiert, nach Russland zu kommen, und Parvus konnte ihm helfen. Dem sonst so ausgefuchsten Geizhals bereitete es ein Vergnügen, die Fahrkarten für Lenin und seine Genossen aus eigener Tasche zu bezahlen. Den Vorwurf: »Verräter! Wilhelm bezahlt euch die Reise«, wies Lenin zurück: »Wenn die deutschen Kapitalisten so dumm sind, uns nach Russland zu bringen, schaufeln sie damit ihr eigenes Grab.«[148] In »plombierten Waggons« nahm der »Transport der Revolution, gefährlicher als jede Bombe …« seine Fahrt durch Deutschland in Richtung Russland auf.[149] Lenin sollte Recht behalten, die Revolution in Deutschland war teuer erkauft. Denn die Sowjets hatten dazugelernt: mit dem gleichen Geld und über dieselben Bankhäuser wurde am Sturz der kaiserlichen Regierung in Deutschland gefeilt. Der Revolutions-Bumerang kam zurück und flog jetzt den Deutschen um die Ohren. Hatte Parvus das so gewollt? Welche Strategie steckte dahinter, dass er ausgerechnet jetzt sein revolutionäres Herz wieder entdeckte und seinen Dienst der Sowjetregierung anbot? Die Antwort von Lenin kam prompt: »Die Revolution duldet niemanden, der schmutzige Hände hat.«[150]

Während Philipp Scheidemann die Republik ausrief, saß Parvus an seinen persönlichen Aufzeichnungen »Im Kampf um die Wahrheit« und resümierte, dass sein Millionenvermögen nie ein Widerspruch oder Verrat an der Revolution gewesen sei, die politisch-kommerzielle Kollaboration mit dem Gegner war nur Mittel zum Zweck. Schuldige für den Zusammenbruch Deutschlands wurden gesucht, und wer wenn nicht Parvus konnte dafür dingfest gemacht werden? Heere von Anwälten beschäftigten sich mit der »Verleumdungsklage« gegen Parvus. Der zog sich zurück in die Schweiz, um in seiner Villa am Zürchersee den inneren Frieden zu finden. Aber dort ließ man ihn nicht in Ruhe. Gerüchte um seinen ausschweifenden Lebensstil, die nächtlichen Vergnügungen des Spions mit einem Pulk von Damen, trieb die kleine Gemeinde in Wädenswyl um. Sie ließen erst ab, als Parvus von der Schweiz einen Ausweisungsbescheid erhielt.

Inselstraße 15–18.

Kein lebenslustiger Bohemien kam nach Schwanenwerder, sondern ein enttäuschter Mann, der in den letzten Jahren apathisch geworden war. Niedergeschlagen bedauerte er einem Freund gegenüber seine Rückkehr nach Berlin: »Ich habe mich schwer entschlossen, nach Berlin zu gehen. Ich hatte das Gefühl, hier zugrundezugehen [...] Ich mag das Berlinertum nicht, diese Weltstadtskepsis und diesen Weltstadtzynismus ohne französischen Esprit, dagegen mit dem grobschlächtigen Ton von Emporkömmlingen [...] Und das Gerede. Die Welt ist von Hass erfüllt zum Ersticken [...] Das alles bedrängt mich nur, weil ich mich außer Kontakt fühle mit dem geistigen Leben unserer Tage. Sehe ich es nicht oder existiert es nicht?«[151]

In der südländischen Kulisse des von Bruno Paul entworfenen Landhauses mit der riesig-runden Terrasse schien Parvus wieder ins Lot zu geraten. Mit seiner Sekretärin als Lebensgefährtin und dem gemeinsamen Kind führte der einstige Bohemien jetzt ein bürgerliches Familienleben. Umgeben von livrierten Dienern im 32 Zimmer großen Herrenhaus, das sich fächerförmig über dem steil abfallenden Hang zur spiegelnden Havel neigte, blühte Parvus noch einmal auf. Mit frischem Elan widmete er sich seinen verlegerischen Unternehmungen, er konzentrierte sich auf seine Zeitschrift »Die Glocke«, deren Chefredakteur und alter Freund Konrad

Haenisch preußischer Kulturminister geworden war. Überregional gab er die Zeitung »Der Wiederaufbau« heraus, die in mehreren europäischen Sprachen erschien.

Man ging wieder zu den geselligen Dinnerparties auf Schwanenwerder, und Parvus genoss die geistvollen Gespräche, denen er mit seiner riesigen Bibliothek, die zwei Räume füllte, ein Forum bieten konnte. Große Politiker wie Ebert und Scheidemann nahmen Kontakt zu ihm auf, auch wenn sie dies lieber nicht an die große Glocke hängten. Eine Haushälterin erinnert sich an die illustren Kreise bei Parvus: »Mit Frau und Kind führte er ein luxuriöses Leben, hatte auch viele Angestellte: ein Kindermädchen, Köche, zwei Waschfrauen, Gärtner und weitere Dienstboten. Das Ehepaar war sehr nett, doch er war ein hässlicher Knopp, benötigte zwei Stühle zum Sitzen.[...] Stets war viel los, jeden Tag kamen Gäste, u. a. Scheidemann und Otto Wels.«[152]

Eine Schrift über sein politisches Testament konnte er nicht mehr fertig stellen, es blieb nur ein Entwurf. Rheuma und Herzattacken setzten ihm zu, an einem winterlichen Dezembertag im Jahre 1924 ereilte den erst Siebenundfünzigjährigen, dessen ereignisreiche Jahre mehr zählten, ein plötzlicher Tod. Das Schlachtgetümmel um sein Erbe wurde eröffnet, das die vielen Kinder aus echten und wilden Ehen anlockte. Dabei wurde die Berliner Gesellschaft damit überrascht, das Parvus seine Frau auf Schwanenwerder erst am Totenbett geheiratet hatte. Wem stand der Schlüssel nun zu für den sagenumwobenen Safe, der Schätze und Geheimnisse enthielt?

Parvus Vermächtnis sind die vielen Schriften, deren prophetisches Gewicht bis heute nachhallt. Angesichts der Versailler Verträge 1921 schrieb er: »Vernichtet ihr das Deutsche Reich, so macht ihr das deutsche Volk zum Organisator des kommenden Weltkrieges. Es gibt nur zwei Möglichkeiten: entweder der Zusammenschluss Westeuropas oder die Herrschaft Russlands. Das ganze Spiel der Randstaaten wird mit dem Anschluss Russlands enden, wenn sie nicht mit Mitteleuropa zu einer wirtschaftlichen Gemeinschaft vereinigt werden, die man Russland entgegensetzen kann ...«[153] Die Organisatoren des kommenden Weltkrieges sollten bald in Schwanenwerder einziehen. Auf dem Gelände von Parvus machte sich 1941 Albert Speer breit.

Reinhard Heydrich

1904 Halle/Saale – 1942 Prag

SS-Obergruppenführer

Augustastraße 14
(heute: Reifträgerweg)

Aus Reinhard Heydrich hätte »ein zweiter Mozart« werden können. Zumindest sah es Vater Bruno so. Schon früh lernte der zerbrechliche, oft kränkelnde Sohn Geige und Klavier am hallenser Konservatorium, doch aus einer Karriere wie der des Papas, der in Bayreuth den Heldentenor gab und Opern komponierte, wurde nichts: »Reini« konnte nicht singen, behielt zeitlebens eine helle, piepsige Kinderstimme und ein meckerndes Lachen. Die Violine hingegen beherrschte er virtuos.

Doch der schmächtige, spindeldürre Reinhard, von seinen Mitschüler »Hebbe« (Ziege)[154] genannt, wollte nicht länger als »rachitisches Ungeheuer« verspottet werden. Ab 1914 begann er Sport zu treiben, das Ergebnis war das eines passablen Fechters, Seglers und Reiters. Nach dem Gymnasialabschluss trat er 1922 in die Reichsmarine ein, besuchte die Nachrichtenschule, stieg zum Oberleutnant auf und diente eine Zeit lang als Funkoffizier unter Korvettenkapitän Wilhelm Canaris in Kiel.

Dort sollte eine fanatische Hitler-Anhängerin Heydrichs Leben von Grund auf verändern. Bei einem Rudererball in der Kieler Tonhalle lernte er am Nikolaustag 1930 die Berufsschülerin Lina von Osten von der Insel Fehmarn kennen, neunzehn Jahre jung und blond. Zwei Tage nach ihrem ersten Treffen fragte er sie: »Fräulein von Osten, wollen Sie meine Frau werden?« Einem verblüfften »Ja« folgte am 18. Dezember die heimliche Verlobung.[155] Dumm nur, dass Heydrich bereits einer anderen das Verlobungsversprechen gegeben hatte, und so musste er sich vor dem Ehrenrat der Marine in Kiel verantworten. Eine Rüge wegen »irgend einer Weibergeschichte« hätte es geben können, aber Heydrichs Hochmut und seine Missachtung der Ehrenratsoffiziere trieben die Veranstaltung zum

Eklat. Das Gremium bemängelte »seine bewiesene Unaufrichtigkeit, um sich reinzuwaschen« und empfahl einen »schlichten Abschied wegen Unwürdigkeit«[156], den der spätere Großadmiral Erich Raeder schließlich verfügte. Am 30. April 1931 wurde Heydrich aus der Marine entlassen.

Mitten in der Weltwirtschaftskrise stand der Oberleutnant a. D. vor dem Nichts. Heydrichs Patentante, Elise Freifrau von Eberstein, sollte helfen.[157] Deren Sohn Karl war ein hoher SA-Führer in München, der »Hauptstadt der Bewegung«. »Karlchen« wusste, dass die neue SA-Elitetruppe, die SS, einen »Nachrichtenmann« sucht, »und die haben so schöne Uniformen«.[158]

Am 14. Juni 1931 kam Heydrich nach München und fuhr sofort zur Hühnerfarm des »Reichsführers SS« nach Waldtrudering. Himmler kurierte gerade eine Grippe aus, verschnupft empfing der SS-Chef den Bewerber, und sogleich war er von dessen nordischem Aussehen entzückt. »Groß und blond mit anständigen, scharfen und gutmütigen Augen«[159], erzählte er später. Jedoch stellte sich bald heraus, dass Heydrichs Bewerbung auf einem Irrtum beruhte. Der Hühnerzüchter wollte einen parteiinternen Spionagedienst aufbauen und brauchte dafür einen »Nachrichtenoffizier«. »Ja, Reichsführer, ich bin gar nicht der, den Sie suchen«, begann Heydrich, »ich bin Funkoffizier gewesen.« Himmler erwiderte: »Das stört mich gar nicht. Setzen Sie sich in das Zimmer hin, ich komme in einer Viertelstunde wieder, schreiben Sie auf, wie Sie sich einen Nachrichtendienst der NSDAP vorstellen.«[160]

Heydrich bemühte sein Wissen über militärische Organisation und Aufklärung und reicherte es mit Stoff aus seiner Lieblingslektüre, englischen Kriminalromanen, an. Mit dem zusammengesponnenen Resultat war Himmler zufrieden: »Gut, ich nehme Sie.« Damit wurde in Himmlers Arbeitszimmer zwischen den beiden jungen Männern – einunddreißig und siebenundzwanzig Jahre alt – ein schicksalhafter Pakt geschlossen, der Deutschland der Macht des Bösen ausliefern sollte.[161] Draußen gackerten die Hühner.

Heydrichs Aufstieg verlief atemberaubend schnell. Schon 1934 wurde er zum SS-Gruppenführer befördert, nachdem er während der Röhm-Affäre die »Drecksarbeit« geleistet hatte und damit seinen Ruf als »Finsterling des Dritten Reiches« begründete. Der nun Dreißigjährige erschien dem Schweizer Völkerbundemissär Carl J. Burckhardt in seiner schwarzen Uniform wie »ein junger böser Todesgott«, Görings Kusine Ilse gar wie »der Teufel«. Bei einem Empfang in Berlin hatte die Gesellschaftskolumnistin Bella Fromm, eine Jüdin, die später in die USA emigrieren konnte, eine Begegnung der unheimlichen Art: »Ein Schauer überlief mich, als Heydrich vor mir höflich die Hacken zusammenschlug. Nicht für alles Gold der Welt hätte ich diesem Obermörder die Hand gereicht.«[162]

In kürzester Zeit wurde Heydrich Chef des Sicherheitsdienstes (SD) der NSDAP und Leiter des Reichssicherheitshauptamtes. Vor allem aber war er der wahre »Architekt des Holocaust«.[163] Er war es, der die ersten Konzentrationslager in Deutschland organisierte und später die Vergasungsfabriken im Osten anregte. Für seine Skrupellosigkeit bei der Verfolgung, Vertreibung und Vernichtung der europäischen Juden bejubelte ihn Hitler als »Mann mit dem eisernen Herzen«.[164]

Ende Februar 1937 bezog Heydrich mit seiner Familie eine neue Wohnung in der Augustastraße 14 in Berlin-Schlachtensee.[165] Seinen Nachbarn, Wilhelm Canaris, der inzwischen zum Spionagechef der Wehrmacht aufgestiegen war, kannte er aus Kiel. Die beiden Geheimdienstmänner schätzten einander und pflegten ein beinahe freundschaftliches Verhältnis. Aber beide Oberspione wussten auch, was der andere, der Konkurrent, wusste. Jeder bunkerte ein Dossier über die jüdische Abstammung des anderen im Panzerschrank.[166]

Das hielt beide Familien jedoch nicht davon ab, sich gegenseitig zu besuchen und viel Zeit miteinander zu verbringen. In der Betazeile und in der Augustastraße ging es – abwechselnd – recht fidel zu. Kognak und Rum – je nach Jahreszeit – flossen in Strömen, und wenn die alten »Fahrensleute« auf »Betriebstemperatur« waren, zogen sich die Ehefrauen Erika und Lina diskret zurück. Canaris und Heydrich sprachen dann schwerzüngig über die »alten Zeiten«, über den »Seewolf« Graf Luckner, über Kiel, die Marine und die deutsche Innenpolitik, oft begleitet von dem einen oder anderen Seemannslied. Zum Ende eines solchen Abends wünschte sich Heydrich nicht selten »Labskaus«, ein typisches Matrosenessen. Dann stieg Canaris in die Küche und rührte selbst den Brei aus Kartoffeln, Milch, Corned Beef, Fleischbrühe, Rote Beete und Zwiebeln an und servierte ihn mit Rollmöpsen, Spiegelei und Gewürzgurken.[167] Heydrich belohnte den nachhaltig alkoholisierten Meisterkoch mit einem gegeigten Ständchen.[168]

1940 suchte der ehrgeizige Heydrich seine persönlichen Fronterfahrungen. Auf dem Fliegerhorst Werneuchen bei Berlin an dem Jagdflugzeug Messerschmidt Bf 109 D ausgebildet, erlebte er im Krieg gegen Polen als Kanzelschütze den ersten Feindflug.[169] 1940 flog er allein Kampfeinsätze in Norwegen und Holland. Fliegerglück hatte er jedoch nicht. Mehrmals klingelte bei Lina Heydrich in Schlachtensee das Telefon: »Gnädige Frau, der Obergruppenführer ist verunglückt, aber er lebt.«[170] Am 13. Mai 1940 überschlug sich seine Messerschmidt beim Start im norwegischen Stavanger, auf Wangerooge verschrottete er seine Maschine beim Einparken in den Hangar, 1941 traf sowjetische Flak sein Flugzeug über einer Dnjestr-Brücke in der Ukraine.[171] Nach diesem Absturz beendete Himmler

Reifträgerweg 14 heute.

persönlich die Fliegerkarriere des Bruchpiloten. Kurze Zeit später erfolgte dessen Ernennung zum Stellvertretenden Reichsprotektor von Böhmen und Mähren.

Am 18. Dezember 1941 beriet Hitler in seinem Hauptquartier »Wolfsschanze« in Ostpreußen mit Himmler über das Schicksal der Juden. Der Reichsführer-SS notierte dazu in seinen Dienstkalender: »Judenfrage / als Partisanen auszurotten«. Was das bedeutete, sollte auf einer Konferenz der Staatsekretäre geklärt werden, zu der das Reichssicherheitshauptamt in das Berliner SS-Gästehaus Am Großen Wannsee 56–58 geladen hatte. Dort wollte Heydrich das Schicksal der europäischen Juden endgültig besiegeln. Am verschneiten Mittag des 20. Januar 1942 versammelten sich vierzehn Staatssekretäre, Abteilungsleiter und Polizeichefs der für »Judenangelegenheiten« zuständigen Ressorts zur »Wannsee-Konferenz«. Heydrich war der Wortführer, aber sein Konzept hatte die Abteilung IV B 4 des SS-»Judenexperten« Adolf Eichmann vorbereitet, der auch das Protokoll der Sitzung anfertigte.[172]

Nicht wenigen Zeitgenossen fiel auf, dass Heydrich trotz all seiner Macht ein zutiefst zerrissener Mensch blieb. Schon äußerlich zerfiel er in einen zackig-sportlich-harten Kämpfertyp und in einen sanft-höflich-femininen Musenfreund; stechender Blick und schnarrender Ton paarten sich mit zarten Händen und weichen Hüften. Ein Kriminologe bezeichnete ihn nach dem Krieg als »ambivalent schizoid«. Nach der Wannsee-Konferenz soll er in seinem Schlachtenseer Haus Amok gelaufen sein. Mit den Worten »Hab ich dich endlich, du Kanaille!« schoss er – volltrunken – auf sein Spiegelbild.[173]

Seine Doppelfunktion bewältigte Heydrich mit großem Elan. Mehrmals in der Woche pendelte der Stellvertretende Reichsprotektor in einer Ju-52 zwischen Prag und Berlin, und nach wie vor sammelte er rastlos Informationen. Die Gespräche in seinem Büro in der Prinz-Albrecht-Straße wurden ebenso heimlich aufgezeichnet wie mancher »Nachbarschaftsbesuch« in der Augustastraße. Heydrich wies sogar an, ein Berliner Nobelbordell in der Giesebrechtstraße mit modernster Abhörtechnik einzurichten. Im »Salon Kitty« belauschte der Sicherheitsdienst (SD) dann das Bettgeflüster von Nazi-Würdenträgern, Wirtschaftsbossen und Diplomaten. Einmal wurde Heydrich, dem sein Stab den Beinamen »Don Juan in sexuellen Ausschweifungen« gab, versehentlich selbst im eigenen Puff abgehört.[174]

Es zeugt von Heydrichs Energie, dass er trotz 16-Stunden-Tagen noch Sport trieb. Er wollte »Vorbild« sein, denn der SS hatte er den Wettkampf als »ständige Mahnung zu körperlicher und charakterlicher Zucht« verordnet. Seine Erfolge im Fechten machten Schlagzeilen: Noch Mitte Dezember 1941 ging er als »bester Einzelkämpfer« aus einem Fechtturnier gegen die ungarische Säbel-Elite in Wien hervor. »Mitunter unterbrach Heydrich seine Arbeit plötzlich, um zu schwimmen, zu reiten oder zu fliegen«, berichtete sein Bekannter Ernst Hoffmann. »Danach war er wieder fit für den Schreibtisch.«[175]

Am 19. November 1941 hatte Heydrich in der Prager Wenzelskapelle aus den Händen des tschechischen Staatspräsidenten Emil Hacha die sieben Schlüssel zur Krönungskammer der böhmischen Könige entgegengenommen. Es war der symbolische Akt der Unterwerfung der Tschechei unter die deutsche Herrschaft.

Jetzt stand Heydrich vor dem Allerheiligsten der Tschechen, der Wenzelskrone. Diese war mit einem Fluch belegt: Wer die Krone unbefugt aufsetzt, so die Sage, würde binnen Jahresfrist eines gewaltsamen Todes sterben und danach sein ältester Sohn. Der Aberglaube reizte den Draufgänger und Machtmenschen Heydrich. Was sollte einen wie ihn schrecken, was konnte ihm schon passieren? Kurzentschlossen setzte sich der 38-Jährige die Krone auf, zum Entsetzen der anwesenden Tschechen.[176]

Wenige Monate später war Reinhard Heydrich tot. Ein Attentat tschechischer Widerstandskämpfer setzte seinem Leben in Prag ein Ende. Anderthalb Jahre nach dem Attentat kam auch Heydrichs ältester Sohn Klaus bei einem Fahrradunfall ums Leben. Der Fluch der Wenzelskrone hatte sich erfüllt.

Peter Hille

1854 Essen – 1904 Berlin

Dichter

Seestraße 35
(heute: Am Schlachtensee)

Um 1900 prophezeite Peter Hille: »Ich bin ein Geistesfaktor, mit dem man zu rechnen haben wird«.[177] Als er sich zu diesem Satz hinreißen ließ, war er ebenso arm und erfolglos wie sein beinahe gleichaltriger Zeitgenosse Vincent van Gogh. Herwarth Walden, der Wegbereiter des Expressionismus, brachte die Schicksale dieser beiden Künstler in eine enge Verbindung. In seiner Zeitschrift »Der Sturm« schrieb Walden über Peter Hille: »Das literarische Snobtum hat ihn nicht erkannt. Dafür ist er ein zu großer Dichter.« Und führte eine Reihe von Namen damals noch weithin Unentdeckter auf, »über die zu lachen eine Blamage bedeutet. Und niemand will sich gern blamieren.«[178] Hilles Namen platzierte Walden direkt neben Heinrich Mann, Rainer Maria Rilke, Gustav Mahler, Edvard Munch und eben Vincent van Gogh. Das spätere Lebenswerk der Genannten, ihre exponierte Stellung in der europäischen Kultur des 20. Jahrhunderts, sollten Herwarth Waldens sprichwörtliches Gespür für das Aufstöbern neuer, großer Talente deutlich werden lassen.

Peter Hille, der »Geistesfaktor«, arbeitete schon in jungen Jahren »hart und konsequent« an seinem späteren Ruf des unsteten Wanderers, des nie zur Ruhe kommenden »Zigeuners der Literatur«, des Bohemiens.[179] Schüler des Progymnasiums »Marianum« in Warburg und am »Paulinum« in Münster, war er schon zu dieser Zeit so leidenschaftlich der Literatur verfallen, dass er seine Gymnasialstudien ohne Abschluss beendete. Anders als seine Brüder Philipp und P. Kilian Hille, die als Theologieprofessor bzw. Bonaventuraforscher in Italien Bedeutung erlangten, gab es bei Peter Hille nie eine »exakt und gerade aufgezeichnete Lebensspur«.[180] Er arbeitete als Schreibgehilfe am Kreisgericht Höxter, studierte noch einmal kurzzeitig in Leipzig und wurde schließlich 1878 in Bremen von seinen Freunden Julius und Heinrich Hart, die seinen weiteren Weg später nachhaltig begleiten sollten, aufgefangen. Die Brüder waren die Herausgeber von literarischen Monatsheften und einer Tageszeitung, bei ihnen konnte Hille, der »Aussteiger um des Schreibens willen«[181], erstmals kontinuierlich seine Werke veröffentlichen.

Der »ganz Unzeitgemäße«[182] Peter Hille »stand am Wegrand der Zeit und sah ihr nach, dem Guten und dem Bösen, und pfiff sein Lied in seiner Art, sang, wie ihm der Schnabel gewachsen war und fragte nicht nach dem, was in der Literaturbranche gefragt wurde«.[183] Auf seine beinahe hymnisch verehrten Beiträge im »Bremer Tageblatt« mussten die Leser ab 1879 verzichten, die Brüder Hart hatten ihren Verlag in den Sand gesetzt, Hille brach erneut zu einem rastlosen Wanderleben auf und kam erst 1885, nach Odysseen durch England und Holland, nach Deutschland zurück. Immer wieder zog es den unruhigen Vaganten in die Hauptstadt. »Seit 1885 bin ich meistens um und in Berlin«, schrieb Hille 1903 in einem Lebenslauf, den er in der Sammlung »Lieder aus dem Rinnstein« veröffentlichte. Hille versuchte sich als Herausgeber und einziger Mitarbeiter der Zeitschrift »Völkermuse – Ein kritisches Schneidemühle« aber dieses Projekt scheiterte bereits nach zwei Ausgaben. Zwei namentlich bekannte Abonnenten waren seine Leser, einer von ihnen, der Schriftsteller Detlev von Liliencron, bleib zeitlebens einer seiner besten Freunde und größten Bewunderer. »Ich bin mir ganz sicher«, schrieb Liliencron an Hille, »daß Sie einmal hell herausleuchten werden aus dem Millionendichterschund. Irgend etwas ganz Wunderbares steckt in Ihnen. Soviel Herz und Güte und Menschenliebe.«[184] Liliencron war es auch, der Hille 1886 für den Roman »Die Sozialisten« den Druck ermöglichte.

In seiner Berliner Zeit hatte Peter Hille selten einen festen Wohnsitz. Meist lebte er in Gasthöfen und Pensionen in Moabit, in der Invalidenstraße oder in Wilmersdorf, er übernachtete, wenn er kein Geld mehr hatte, bei Freunden oder schlief, wenn es nicht zu kalt war, auf einer Parkbank im Tiergarten. Manchmal war er wochenlang nicht auffindbar, für seine Freunde galt er oftmals als verschollen.

Schließlich fand Peter Hille 1902 bei der »Neuen Gemeinschaft«, die in der Seestraße ein Haus mit Garten und Wald gepachtet hatte, eine dauerhafte Bleibe. Das große Grundstück um das ehemalige Sanatorium mit seinen dreißig Zimmern lag malerisch am Schlachtensee. Die Brüder Hart waren mit ihrem Friedrichshagener Dichterkreis an den See gezogen und fingen den Dichter ein zweites Mal auf. Zunächst war er nur gern gesehener und jedes Mal ungeduldig erwarteter Gast des Hauses. »Aber eines Tages erklärte er, daß er bei uns bleiben wolle«, erinnerte sich Heinrich

Hart, sein erster Biograf. »Ein Zimmer im Hauptgebäude schlug er aus, er wollte auch weiterhin möglichst Eremit und einsam bleiben. Es war aber noch ein Nebenhaus vorhanden, unten Werkstatt und Hühnerstall, oben einige Mansarden, die gerade keine Boudoirs waren, aber trotz Backsteinfußboden ihre Liebhaber fanden. Eins dieser Zimmer, getrennt von den anderen, legte Peter mit Beschlag und hielt mit einem Pack Bücher und einer Kiste Papiere seinen Einzug.«[185]

In seinem neuen Zuhause war der »Bohemien von Schlachtensee« vormittags selten zu erblicken. Meist schrieb er dann oder schlief. »Wenn wir jedoch unter seinem Fenster Holz hackten oder uns sonstwie laut machten, wurde er stets sichtbar, lächelte von oben herab und ergriff sofort die Gelegenheit, uns die neueste Szene, an der er gerade dichtete, vorzulesen. Meist sahen wir ihn aber erst, wenn der Gong dröhnend zum Mittagessen rief. Auch dann kam er selten, ohne ein Blatt mit seinem neuesten mitzubringen, das alsbald die Runde an den Tischen machte. Abends fuhr er gewöhnlich nach Berlin und kam erst spät nachts oder früh morgens heim.«[186] Aber in Schlachtensee fehlte eine feste Hand und eine solide geistige Basis. Hille nannte die Hart-Brüder in seiner Satire auf die Neue Gemeinschaft »fest im Wort, weich in der Tat«,[187] und anderen erschien der einstmals naturalistische Literatenkreis als eine »Mischung von Weinwirten und Religionsstiftern.«[188] Nach Else Lasker-Schüler, Hilles treuer

Peter Hilles Zimmer in Schlachtensee.

Peter Hille und Erich Mühsam.

Peter Hille. Aquarell von Clara Vogedes.

Freundin, war die Gemeinschaft eine »Familie geworden, wo man Kaffee kochen kann«. Sie hingegen sei nun aber »vereinslos« geworden.[189]

Hille war jetzt die tatsächliche Symbolfigur der Berliner Künstler- und Literatenkreise für den literarischen Aufbruch am Anfang des 20. Jahrhunderts. Um ihn scharten sich neben Detlev von Liliencron u. a. Richard Dehmel, Gerhart Hauptmann, Otto Julius Bierbaum, Johannes Schaaf, Stefan Zweig, Lovis Corinth und Erich Mühsam. Letzterer fasste seine tiefe Verehrung in die Worte: »Mir ist die Gestalt dieses kindlichen Weisen, der mich seiner Freundschaft gewürdigt hat, zu lieb, um die große Zahl der von ihm handelnden Anekdoten bereichern zu mögen. Wenn irgendein Mensch, der mir begegnet ist, als Genie bezeichnet werden darf, so Peter Hille. Alle Geschichten, die man von ihm erzählt, stammen aus den Eigenschaften, die sein Genie begründen, aus den gleichen Eigenschaften übrigens, die ihn als typischen Vertreter jener Boheme erkennen lassen, die unter den Wirrnissen der Gegenwart verschwunden zu sein scheint. Diese Eigenschaften, deren Personifizierung Peter Hille war, sind: Leben aus der Eingebung des Augenblicks, Hingabe an Welt und Menschheit, Verbundenheit mit allen Leidenden im Wissen um Freiheit und Glück.«[190]

1903 hatten ihm seine Freunde im Zentrum Berlins ein »Literarisches Cabaret« eingerichtet. Jeden Montag las Peter Hille seine Dichtungen, und verdiente zuletzt einhundert Mark im Monat, die er stets »großherzig und immer sogleich« mit seinen Freunden teilte.

Von Else Lasker-Schüler wurde Peter Hille beinahe mystisch verehrt. Er war ihr »Heiliger Petrus«, und sie widmete ihm, zwei Jahre nach seinem Tod, ihr erstes Prosawerk, »Das Peter-Hille-Buch«. Es war eine legendenhafte Dichtung, in der sie von imaginären Wanderungen mit ihrem »Apostel und Wundertäter«[191] erzählte. An Herwarth Walden, der einige Gedichte Hilles vertont hatte, schrieb sie: »Manchmal vergaß er wahrhaftig, daß er ein Prophet war. Wir müssen St. Peter Hille einen Tempel bauen, wer hätte so ein mächtiges Herz, ihn darin ganz gedenken.«[192]

Es war kein poetischer Anblick, der sich den Passanten am 4. Mai 1904 auf dem Bahnhof Zehlendorf bot. Der an Tuberkulose leidende Peter Hille saß, zusammengebrochen und blutend, auf einer Bank. Drei Tage später starb der Fünfzigjährige im Krankenhaus Lichterfelde, die Umstände seines Todes wurden nie geklärt. Als er beigesetzt wurde, schrieben die Berliner Zeitungen beinahe übereinstimmend über den »Bohemien mit dem zerfurchten, bartumwallten Christushaupt und den verträumten Kinderaugen«, doch mehr über sein Äußeres, als über sein Werk.[193] »Er war ein Mensch mit gelehrter Bildung, aber ein ganz unbürgerlicher Dichter, ohne ein Organ für irgendeinen Vorteil weltlicher Art, persönlicher Art. Unbürgerlich, das ist anders als antibürgerlich. Dieses ist Wille, jenes ist sein.«[194]

Peter Hilles Haus in Schlachtensee.

Brigitte Horney

1911 Dahlem – 1988 Hamburg

Schauspielerin

Im Mittelbusch 2

Es sind vier Dinge, die einen Schauspieler im Gedächtnis behalten lassen: Seine Kunst, der Name, das Gesicht, die Stimme. Dies gilt immer noch, aber nicht vielen Mimen ist dem markanten Gesicht heutzutage auf Anhieb auch der Name zuzuordnen. Oder der Synchronstimme das Gesicht. Ungerecht gewiss, aber in der schnelllebigen aktuellen Film- und Fernsehlandschaft, die weniger auf Kontinuität und mehr auf Kommerz setzt, leider eine Alltagserscheinung.

In der Erinnerung an Brigitte Horney aber ist alles lebendig geblieben und bleibt alles lebendig. Ihr wunderschönes, zartes, fragiles Gesicht und die von einer durchdringenden Erotik geprägte Stimme machten sie zu einer unverwechselbaren Künstlerin der deutschen Filmgeschichte. Mit ihrem Filmdebüt in Robert Siodmaks Drama »Abschied« erregte sie 1930 erstmals größere Aufmerksamkeit und galt fortan als hoffnungsvoller Leinwand-Nachwuchsstar. Im gleichen Jahr erhielt sie den Max-Reinhardt-Preis als beste Nachwuchsschauspielerin, ein Preis, den sie sich mit Ehrgeiz und einer soliden, umfassenden Bühnenausbildung hart erarbeitet hatte. Ilka Grüning war ihre geniale Schauspiellehrerin, aber Brigitte Horney, später von allen nur »Biggy« genannt, wollte mehr. Besser wollte sie sein, vielseitiger vor allem.

Der Tanz hatte es ihr besonders angetan. Bereits 1928 hatte sie sich der Trümpy-Tanzschule angeschlossen, um dort Unterricht zu nehmen, nebenher lernte sie bei Mary Wigman Ausdruckstanz. Ihre Tanzausbildung merkte man ihr zeitlebens auf der Bühne und im privaten Leben an. Brigitte Horneys Bewegungen, ihre Körpersprache, waren von unbeschreiblicher Grazie.

Die Tochter des Generalsekretärs Oscar Horney und dessen Ehefrau, der berühmten Ärztin und Psychoanalytikerin Karen Horney, war ein unruhiger Geist. Selten hielt sie es länger als zwei, drei Jahre an einem Ort. Als »Sonni Brigitte« in der Dahlemer Schweinfurthstraße wurde sie geboren, nach der Trennung der Eltern zog sie mit ihrer Mutter in die Zehlendorfer Sophie-Charlotte-Straße, sie besuchte ein Internat im schweizerischen Znoz, spielte später Theater in Würzburg, drehte Mitte der Dreißigerjahre Filme in England und kehrte schließlich 1937 nach Berlin zurück. Über die kurzzeitigen Wohnadressen Max-Eyth-Straße 27 und Im Mittelbusch 2 bezog sie 1940 mit ihrem Ehemann Konstantin Irmen-Tschet ein ruhiges Haus in Neubabelsberg. Hier wollte sie nach ihren Odysseen durch Berlin, Deutschland und Europa ihr wirkliches Zuhause, ihre »Insel« finden. Aber zur Ruhe kommen sollte Brigitte Horney nicht. Ihrem besten Freund Joachim Gottschalk ging es nicht gut.

Am 7. November 1941 warteten in der Berliner Volksbühne die Schauspielerkollegen vergeblich auf Joachim Gottschalk. Der beliebte Bühnen- und Filmschauspieler, verheiratet mit Meta Wolff, hatte in den Monaten zuvor Höllenqualen erleiden müssen. Immer wieder wurde er von Goebbels Büttel Hans Hinkel, »Reichskulturwalter« und Blutordensträger, aufgefordert, sich von seiner jüdischen Ehefrau scheiden zu lassen. Aber Joachim Gottschalk weigerte sich standhaft, Meta und Sohn Michael zu verlassen. Und er wusste genau, was die beiden bei einer Trennung zu erwarten hatten: Deportation und Tod.

Gottschalk suchte Rat bei seinen besten Freunden. Brigitte Horney, Gustav Knuth und René Deltgen beschworen ihn, sofort mit seiner Familie in die Schweiz zu emigrieren. Aber er zögerte. Niemand konnte später sagen, warum. Brigitte Horney erinnerte sich: »Nichts stimmt mehr bei ihm. Keine Farben, keine Kleider, Alles ist zufällig, er wirkt so nervös, scheint überhaupt nicht beisammen zu sein. Wenn es bloß vorüberginge ...[195]

An diesem schicksalsschweren Tag im November 1941 war alles vorüber gegangen. Die beunruhigten Kollegen riefen bei René Deltgen an, der damals in Gottschalks Nachbarschaft wohnte. Er ging zu dessen Haus am Seebergsteig, brach die Tür auf und fand Joachim Gottschalk mit Frau und Kind in der Küche, auf Matratzen liegend. Sie waren in den Tod gegangen. Auf dem Schreibtisch lagen Abschiedsbriefe an seine Mutter und seine engsten Freunde. In dem Brief an Brigitte Horney lag ein Ring, der einst seiner Mutter gehört hatte. Als sich die Tragödie ereignete, war Brigitte Horney nicht in Berlin. Sie hatte Termine in München und sprach dort auch mit den Autoren Emil Burri und Peter Francke über ihren neuen Film »Geliebte Welt«. Sie flog sofort nach Berlin. Im Hause Gottschalks sah sie das Unglück. »Wie drei Engel sahen sie aus«, schrieb sie später.[196]

Brigitte Horney mit Joachim Gottschalk in »Das Mädchen von Fanö«.

Nicht einmal die Beerdigung war frei von Demütigungen und Repressalien. Erst nach endlosen Verhandlungen mit der Friedhofsverwaltung konnte Gustav Knuth durchsetzen, dass Joachim Gottschalk mit Frau und Kind in einem gemeinsamen Grab bestattet werden konnten. Propagandaminister Goebbels ließ verbreiten, dass es unerwünscht sei, an der Beerdigung teilzunehmen. Aber da war Joachim Gottschalk dem allmächtigen Filmminister selbst zuvorgekommen. Genau darum hatte Gottschalk in seinem Abschiedsbrief an Gustav Knuth gebeten, damit seine Freunde und Kollegen seinetwegen keine Unannehmlichkeiten bekämen.[197] Aber einige kamen dennoch, auch Brigitte Horney.

Brigitte Horney ist zeitlebens über den Tod der Familie Gottschalk nicht hinweg gekommen. Eine lebenslange Freundschaft verband sie mit ihrem »Jochen«, mit dem sie erstmals 1938 für den Film »Du und ich« vor der Kamera stand. 1939 folgte der Gustav-Ucicky-Film »Aufruhr in Damaskus«. Wochenlang drehten sie dafür in der libyschen Wüste, das Stammquartier der Filmcrew war die Hauptstadt Tripolis. In ihren Drehpausen, wenn sich ihre Filmpartner Joachim Gottschalk und Hans Nielsen mit Wüstenkämpfen beschäftigen mussten, benutzte Brigitte Horney die freie Zeit zu Fahrten durch das Land. Besonders angetan hatten es ihr die Ausgrabungen in Leptis und Sabratha.[198] »Offen gestanden erinnere ich mich viel weniger an den Film als an Afrika und meine lieben Kollegen Gottschalk und Nielsen«, schrieb sie später. »Ucickys Regie macht Freude. Und sonst! Es ist wie ein Wunder, daß die Statuen, Mauern und Säulen, die einmal dort standen, heute wieder aufgerichtet, fest und unversehrt dastehen. Sie sind ja nicht, wie in Pompeji, unter Lava gekommen. Sie sind einfach umgefallen, vom Sand zugeweht und nun wieder ausgegraben. Herrlich sieht es aus.«[199]

1940 begannen die Arbeiten an dem Film »Das Mädchen von Fanö«. Die Titelrolle dieser dramatischen Liebesgeschichte im Fischermilieu sollte das künstlerische Paradestück von Brigitte Horney werden. Die Außenaufnahmen fanden auf der Ostseeinsel Hiddensee statt. Ihre Partner hießen wieder Joachim Gottschalk und Gustav Knuth, Hans Schweikart war der Regisseur, und auch dem gealterten Paul Wegener wurde viel Achtung und Liebe entgegengebracht, die dieser mit menschlicher Wärme und unübertroffener Herzlichkeit an die jungen Kollegen der »Familie« zurückgab. Aber Brigitte Horney fand auch Grund zur Klage. Während der Dreharbeiten gab es ausschließlich Ölsardinen zu essen, zwar auf allerlei verschiedene Arten zubereitet, aber eben immer Ölsardinen. Wie muss sie sich wohlgefühlt haben, als sie von Hans Schweikart zu einem Besuch bei Gerhart Hauptmann mitgenommen wurde. Der große deutsche Dichter wohnte ebenfalls auf Hiddensee, Schweikart wollte mit ihm über eine eventuelle Verfilmung von »Rose Berndt« sprechen. Brigitte Horney interessierte sich für die Titelrolle, aber das Drehbuch erschien allen nicht

Im Mittelbusch 2 heute.

besonders gut. Trotzdem war es für sie ein unvergesslicher Tag: Sie hatte einen beeindruckenden Gerhart Hauptmann kennen gelernt, und das Mittagessen in seinem Haus erwies sich als garantiert ölsardinenfrei.

Nach dem Zweiten Weltkrieg verließ sie Deutschland. Zunächst spielte sie Theater in Zürich und Basel, und auch der junge österreichische Film interessierte sich für sie. Deutschlands Filmemacher hatten, bis auf ganz wenige Ausnahmen, keine anspruchsvollen Rollen mehr für sie. 1952 verließ sie Europa und ging zunächst nach New York, wo ihre Mutter Karen Horney eine Poliklinik leitete und auch wieder als Psychoanalytikerin arbeitete. Nach deren Tod ging Brigitte nach Boston, heiratete in zweiter Ehe den Kurator und Kunsthistoriker Hanns Swarzenski und nahm die amerikanische Staatsbürgerschaft an. Dennoch kehrte sie immer wieder nach Deutschland zurück. Die deutschen Bühnen, das deutsche Publikum waren nun einmal erster Anlaufpunkt und künstlerische Heimat.

Die Fünfziger- und Sechzigerjahre brachten Brigitte Horney wieder mehr Arbeit im Film. In »Solange du da bist« spielte sie 1959 einen alternden Bühnenstar, sie war die Generalin von Reuss in »Nacht fiel über Gotenhafen«, spielte 1961 in »Der Ruf der Wildgänse« und gehörte zeitweise auch zum Standardensemble der Edgar-Wallace-Krimis. Ihre letzten großen Erfolge hatte sie an der Seite von Carl Heinz Schroth in der Fernsehserie »Jakob und Adele« sowie als verschrobene Chefin bei den »Guldenburgs«. 1986 feierte »Biggy« ihren fünfundsiebzigsten Geburtstag. Lob, Dank, Liebe und Huldigungen gab es in tausenden Briefen und Telegrammen, auch von allerhöchster Stelle. Bundespräsident Richard von Weizsäcker attestierte ihr »spontane Natürlichkeit, kluge Nachdenklichkeit, verschmitzten Charme, tiefen Ernst, menschliche Wärme und souveräne Selbstbeherrschung«[200], Helmut Kohls Glückwunsch galt »einer großen deutschen Schauspielerin, die mit der Ausstrahlungskraft ihrer Persönlichkeit über fünf Jahrzehnte Generationen von Zuschauern fasziniert.«[201]

1988 starb Brigitte Horney in einem Hamburger Krankenhaus. Auf ihrem Nachttisch lag das Gedicht »Mein Gebet«:

Gib am Ende meiner Wanderschaft
Wenn der Abend langsam sich herniedersenkt
Daß ein Schall von Feierabendglocken
Süß und tröstend mir zu Ohren dringt.

Gib ein Haus mit hohen Giebeln
Ganz von Blumen eingehegt
Und am Gartentore wartend
Steht ein Kind, das meine Züge trägt.

Franz Kafka

1883 Prag – 1924 Kierling, Klosterneuburg bei Wien

Schriftsteller

Heidestraße 25–26
(heute: Busseallee)

Der Aufbruch in den goldenen Südwesten Berlins nah am paradiesischen Wannsee verheißt Glückseligkeit. Die Stühle sind gerichtet bei den Sorglosen und Vermögenden. Ganz anders bei Franz Kafka. Als »armer zahlungsunfähiger Ausländer« war er aus seiner Steglitzer Wohnung vertrieben worden. Todkrank wurde er von seiner Freundin Dora Diamant durch ein heftiges Unwetter in die Zehlendorfer Villa geschleppt. Wie alles in seinen Briefen an die Eltern, beschönigte er auch diesen leidvollen Umzug: »Seit Samstag [1. Februar 1924] sind wir in der neuen Wohnung. Auch der Schluß der Übersiedlung war ganz glatt, für mich wenigstens. Zum allerletzten Schluß gabs zwar noch Schwierigkeiten, das Wetter war schlecht, Kot, Regen, Wind, verschiedener Krimskrams war noch mit dem Wägelchen zur Bahn zu transportieren (Dinge[,] die ich im Stand nicht heben kann und die D.[ora] leicht zur Bahn bringt, dort die Treppen auf und ab trägt, ins Coupé schafft u.s.w.) und dann in Zehlendorf die Viertelstunde von der Bahn ins Haus, vor allem aber war ich in dieses Wetter zu transportieren und die Galoschen waren schon in Zehlendorf – da kurz entschlossen, geldauswattiert wie ich war, ließ ich ein Auto kommen und im Husch in paar Minuten waren wir mit allem Gepäck in der neuen Wohnung, eine Zauberei allerdings für schöne sechs Mark.«[202]

Der Ruf der erholsamen Villen am Wannsee war bis ins ferne Böhmen an das Krankenbett des Dichters geeilt: »Die Wannseevilla, Max! Und mir bitte ein stilles Dachzimmer (weit vom Musikzimmer), aus dem ich mich gar nicht fortrühren will; man wird gar nicht merken, daß ich dort bin.«[203] Der an Tuberkulose erkrankte Dichter ersehnte sich mit der Flucht nach Berlin die Heilung, »eine Medizin gegen Prag« und den Anfang einer

Übersiedlung mit dem endgültigen Fernziel Palästina. Kafka versuchte sich aus der Unselbstständigkeit im Prager Elternhaus zu lösen. Angesichts seines Zustandes war das eine »Tollkühnheit, für welche man etwas Vergleichbares nur finden kann, wenn man in der Geschichte zurückblättert, etwa zu dem Zug Napoleons nach Rußland«.[204]

Am 24. September leistete er seiner Familie Widerstand und floh mit der Freundin Dora Diamant nach Berlin. Schon glaubte der nervlich zerrüttete Schriftsteller die Krise überwunden zu haben, sprach davon, den Dämonen endlich entkommen zu sein. »Jetzt suchen sie mich, finden mich aber nicht, wenigstens vorläufig nicht.«[205] Doch die Dämonen kehrten zurück und mit ihnen die Krankheit. »Die ganze Berliner Sache ist so ein zartes Ding, ist mit letzter Kraft erhascht und hat wohl eine große Empfindlichkleit behalten«[206], schrieb er im Oktober 1923. Zur Verschlimmerung seines körperlichen Befindens kam der grausame Inflationswinter, der Dora und Kafka in äußerste materielle Not stürzte. Er, der seine Unabhängigkeit beweisen wollte, konnte nur noch durch das Geld und die Päckchen mit dem Nötigsten zum Überleben das »Schlachtgetümmel« in der Metropole überstehen. An eine freiwillige Rückkehr war in seinem Zustand nicht mehr zu denken.

Zehlendorf war im Zeitraum von einem halben Jahr die dritte und letzte Station des Schriftstellers in Berlin.[207] Die Witwe des Dichters Carl Busse[208], die Kafka und seine Freundin in ihre Villa aufnahm, muss ein weites Herz gehabt haben für den völlig abgemagerten Dichter. Kafka plagte sein schlechtes Gewissen und die Angst vor Gespenstern: »Ich tue vielleicht Unrecht (und bin schon von vornherein durch die entsetzlich hohe, für die Wohnung zwar gar nicht ungebührliche, für mich aber in Wirklichkeit unerschwingliche Miete gestraft), in das Haus eines toten Schriftstellers zu ziehen, des Dr. Carl Busse (1918 gestorben), der zumindest zu Lebzeiten gewiß Abscheu vor mir gehabt hätte [...] Ich tue es trotzdem, die Welt ist überall voll Gefahren, mag diesmal aus dem Dunkel der unbekannten noch diese hervortreten. Übrigens entsteht merkwürdiger Weise selbst in solch einem Fall ein gewisses Heimatgefühl, welche das Haus verlockend macht.«[209]

Seine Krankheit herunterspielend, beschrieb er den Eltern die Vorzüge der neuen Wohnung. Vom Fenster schaute er »in die Gärten zum Wald hin«.[210] »In der neuen Wohnung wird es wohl recht gut werden, am ersten Tag schien sie wohl etwas lauter als die frühere, endlos stille, aber es dürfte sich beruhigen. Manches ist besser; das in voller allerdings jetzt vollständig abwesender Sonne liegende Hauptzimmer, die größere Freiheit, die das Im-ersten-Stock-wohnen gibt, die noch ländlichere Umgebung als in Steglitz, die bessere Abgeschlossenheit gegenüber dem übrigen Haus,

Heidestraße 25/26 (heute: Busseallee).

die Ofenheizung. [...], zur Bahn ist es eine Viertelstunde weit und dann ½ Stunde Eisenbahnfahrt zum Potsdamer Platz. Nach Charlottenburg und in diese Gegend soll bessere Verbindung sein, ich kenne sie noch nicht.«[211] Er schwärmte davon, wie er bei offenem Fenster in der Sonne im Schaukelstuhl liegt oder die »Veranda prachtvoll genießt«. Wesentlich schwermütigere Töne schlug er gegenüber seinem Freund Robert Klopstock an: »Ich wehre mich gegen ein Sanatorium, auch gegen eine Pension, aber was hilft es, da ich mich nicht gegen das Fieber wehren kann. 38 Grad ist zum täglichen Brot geworden, den ganzen Abend und die halbe Nacht. Sonst, trotzdem, ist es ja sehr schön hier, auf der Veranda zu liegen und zuzusehn, wie die Sonne an zwei der Schwere nach so verschiedenen Aufgaben arbeitet: mich und die Birke neben mir zu natürlichem Leben zu wecken (die Birke scheint Vorrang zu haben).«[212]

Einer der seltenen Lichtblicke war der Besuch des berühmten Rezitators Moritz Hardt. Kafka wäre gern zu seinem Vortragsabend gekommen, konnte die Wohnung aber nicht verlassen. Den Eltern in Prag warf er vor, dass ihre »gänzlich unbegründeten Sorgen zu meinem Leidwesen dazu geführt haben, daß der arme Onkel jetzt mitten im Winter die Reise in das teure Berlin und gar noch in das entfernte zu dieser Jahreszeit für einen Fremden höchst uninteressante Zehlendorf unternimmt.«[213] Mit einem Telefonat versuchte er zu verhindern, ihn vom Onkel nach Prag abholen zu lassen, verbot aber seinen Eltern, ihn selbst anzurufen: »Meine Telephonnummer ist Zehlendorf 2424, aber bitte lieber nicht telephonieren, nicht nur wegen der Angst und meiner Unfähigkeit zu hören, auch wegen der Umständlichkeit, die es hier hat. Ich wohne im ersten Stock, das Telephon ist unten, frei, in der Halle, recht unangenehm und doch wieder sehr angenehm, weil es das Telphonieren fast hindert. Was täte ich, wenn Prag anläutet und D.[ora] wäre nicht zu hause?«[214]

Kafka konnte nicht ahnen, dass Dora schon längst seine Verwandten und Freunde über seinen erschreckenden Krankheitszustand alarmiert hatte. Am 21. Februar 1921 eilte Kafkas Onkel, der Arzt Dr. Siegfried Löwy, nach Berlin. Er war entsetzt über dessen Krankheitssymptome. Man kann sich das Drama vorstellen, dass sich im Zehlendorfer Haus abspielte, als der Arzt und Dora auf Kafka einredeten, sofort ein Sanatorium aufzusuchen: »Der Onkel treibt mich fort und D. treibt mich fort, ich aber bliebe am liebsten. Die stille, freie, sonnige, luftige Wohnung, die angenehme Hausfrau [Busse], die schöne Gegend, die Nähe Berlins, das beginnende Frühjahr – das alles soll ich verlassen, bloß weil ich infolge dieses ungewöhnlichen Winters etwas Temperatur habe und weil der Onkel bei ungünstigem Wetter hier war und mich nur einmal in der Sonne gesehen hat, sonst aber einigemal im Bett, wie es auch voriges Jahr in Prag so war. Sehr ungern werde ich wegfahren und zu kündigen wird mir ein schwerer Entschluß sein.«[215]

Bis zum 17. März 1924 zögerte Kafka den Auszug aus dem Haus in der Heidestraße hinaus. Max Brod zwang endlich seinen lebenslangen Freund Kafka, mit nach Prag zu kommen. Max Brod, der dem genialen Werk des Schriftellers weltweit zum Ruhm verhalf, skizzierte in seiner biografischen Zeittafel das tragische Ende Kafkas: »1924: Berlin bis 17. März. – Prag. – Am 10. April ins Sanatorium Wiener Wald abgereist. – Klinik Prof. Hajek in Wien. – Dann Sanatorium Kierling bei Wien, mit Dora und Robert Klopstock. – Tod am 3. Juni. In Prag bestattet.«[216]

Jochen Klepper

1903 Beuthen – 1942 Berlin

Schriftsteller

Teutonenstraße 23

Im Herbst 1941 sah sich Jochen Klepper, der berühmte, aber von den Nazis geächtete Schriftsteller, mit einer ausweglosen Lage konfrontiert. Seit Ende August rollten die Deportationszüge mit deutschen Juden in Richtung Osten. Reni, die jüngere Tochter aus der ersten Ehe seiner Frau, sollte als »Volljüdin« ebenfalls deportiert werden. Es begann ein Jahr des Kampfes um seine Stieftochter, um den Erhalt seiner Ehe und Familie. Klepper, der analytische Denker, wusste aber, dass es am Ende ein aussichtsloser Kampf sein würde. Ende 1941, als er vom Freitod des Schauspielers Joachim Gottschalk und dessen jüdischer Frau gehört hatte, sprach er erstmals eine für ihn denkbare Lösung dieses Kampfes an: »Wir wissen, was der Selbstmord in unserem Falle wäre: Dreifacher Mord, Ungehorsam gegen Gott, Preisgabe der Geduld, Flucht aus der Führung Gottes.«

Er solle sich doch von der jüdischen Frau scheiden lassen, rieten ihm viele. Das würde alle seine Probleme lösen, und einer Fortsetzung seiner Schriftstellerkarriere stünde dann auch nichts mehr im Wege. Aber die Kleppers wollten sich nicht trennen. »Was Gott zusammengefügt hat, kann der Mensch nicht scheiden«, schrieb der gläubige Christ Klepper in sein Tagebuch.

Am Nachmittag des 9. Dezember 1942 kam Jochen Klepper zu einem Gesprächstermin ins Reichssicherheitshauptamt. Die ältere Tochter Brigitte war bereits nach England emigriert, und monatelang war auch Renis Ausreise nach Schweden vorbereitet worden. Nun endlich wollte sich Klepper die offizielle behördliche Genehmigung zur Übersiedelung seiner Stieftochter abholen. Nach stundenlangem Warten wurde er in ein

Teutonenstraße 23 heute.

Büro geführt, ein SS-Obersturmbannführer erhob sich, kam hinter seinem mächtigen Schreibtisch hervor, begrüßte den Schriftsteller und murmelte seinen Namen: »Eichmann«.

Der Herr über Leben und Tod war auf dieses Gespräch bestens vorbereitet. Er lobte Kleppers schriftstellerische Arbeit und »bedauerte« es sehr, dass Klepper wegen seiner jüdischen Frau 1938 aus der Reichsschrifttumkammer ausgeschlossen worden war. Den heiteren Roman »Der Kahn der fröhlichen Leute«, eine Geschichte über das Leben der Oderschiffer, fand Eichmann »hinreißend«, aber ganz besonders hatte es ihm Kleppers Roman »Der Vater« über den Preußenkönig Friedrich Wilhelm I. angetan. Eichmann wusste auch, dass die Deutsche Verlags-Anstalt in Stuttgart vom »Vater« dank einer Ausnahmegenehmigung immer neue Auflagen druckte, und Klepper bemerkte befriedigt, dass die Verkaufszahlen des Romans nicht stagnierten. Kleppers bedeutende Rolle als Dichter christlicher Lieder erwähnte Eichmann mit keinem Wort.

Adolf Eichmann hatte es an diesem Tag allein in der Hand, die Ausreise Renis zu genehmigen. Er verabschiedete den zuversichtlichen und erleichterten Schriftsteller mit den Worten: »Herr Klepper, ich habe noch nicht mein endgültiges Ja gesagt«, und mit einem jovialen Klaps auf dessen Schulter fügte er hinzu: »Aber ich denke, die Sache wird klappen. Kommen Sie morgen wieder und holen Sie sich die Entscheidung ab.«

Am nächsten Tag erfuhr Jochen Klepper in der Prinz-Albrecht-Straße, Eichmann habe »die Sache« negativ entschieden. Mehr noch: die »Zwangsscheidung« sei angeordnet und der Beschluss der sofortigen Deportation von Ehefrau und Tochter ergangen. Klepper wusste nun, was zu tun war. Er fuhr nach Hause und schrieb drei Sätze in sein Tagebuch: »Wir gehen heute nacht gemeinsam in den Tod. Über uns steht in den letzten Stunden das Bild des Segnenden Christus, der um uns ringt. In dessen Anblick endet unser Leben.« Jochen Klepper, seine Frau Johanna und die zwanzigjährige Reni starben in der Nacht zum 11. Dezember 1942. Am nächsten Morgen kam die Haushälterin der Familie, öffnete das Haus und entdeckte einen Zettel an der Küchentür: »Vorsicht, Gas!«

Kleppers Schwester Hilde war am letzten Abend bei der Familie und hatte diese voll böser Vorahnung verlassen. Telefonisch wurde sie von der Tragödie informiert. »Ich kann mich noch entsinnen, wie ich weinend durch die Straßen lief und die Leute mich ansahen. Als ich in Nikolassee ankam, hatte man die drei Leichen schon in Jochens Arbeitszimmer gelegt. Drei Männer in Uniform waren da, der eine bemerkte, es wären heute nicht die ersten. Sie hätten schon ein junges Mädchen in Wannsee abgeholt. Und er sagte angesichts der drei Toten: »Wenn sie das vorhatten, war es höchste Zeit. Den beiden Frauen haben wir noch die Hände falten können. Bei Ihrem Bruder ging das nicht mehr, die Arme waren schon zu steif.«

Jochen Klepper war alles andere als eine Kämpfernatur, und nichts hatte zu Beginn seiner literarischen Laufbahn auf das dramatische Ende hingedeutet. Klepper war auch kein Widerstandskämpfer. Er war ein »Stiller im Lande«, der sich in die »innere Emigration« zurückgezogen hatte, dessen christliches Bekenntnis jedoch vielen Menschen in den Jahren der Unmenschlichkeit Trost gegeben hat und vielleicht auch heute noch gibt. Seine geistlichen Lieder wie »Die Nacht ist vorgedrungen«, »Er weckt mich alle Morgen« oder »Der du die Zeit in Händen hast« werden heute in den evangelischen Gottesdiensten gesungen, seine veröffentlichten Tagebücher zeichnen das Bild eines demutsvollen, aber auch kritischen Christen. Seit 1961 erinnert am Jochen-Klepper-Weg/Ecke Beskidenstraße in Nikolassee ein Gedenkstein an den Schriftsteller und seine Familie. Zu lesen ist darauf das Bibelwort »Gott ist größer als unser Herz.«

Als 1961 Adolf Eichmann in Jerusalem gefragt wurde, ob er sich an den »Fall Klepper« erinnere, antwortete er – wie zu erwarten war: »Nein, ich erinnere mich nicht.«

Max Liebermann

1847 Berlin – 1935 Berlin

Maler

Am Großen Wannsee 42

Als sich Max Liebermann mit seiner Sommerresidenz am Großen Wannsee einen Lebenstraum erfüllte, war er längst ein anerkannter Maler. Mehrere Monografien waren bereits erschienen, eine Sonderausstellung anlässlich seines 60. Geburtstages wurde ein riesiger Publikumserfolg, und wer etwas auf sich hielt, ließ sich von ihm porträtieren. »Sehen Sie, diese zehn Finger haben alles in zwei Jahren ermalt, Grundstück, Haus, Gartenanlage und Einrichtung«,[217] erzählte er später stolz, wenn er seine Besucher über das Anwesen führte. Er hatte es als letztes freies Seegrundstück der Villenkolonie Alsen erworben.

Mit der Bebauung der sieben Hektar großen Fläche beauftragte Liebermann Paul Baumgarten, Meisterschüler von Alfred Messel. Viel Freizügigkeit ließ der Maler seinem Baumeister allerdings nicht. Bei der Gestaltung der Vorder- und Rückfront der Villa standen zwei Patrizierhäuser Modell, die Liebermann für die Sammlung »Bilder aus Hamburg« gemalt hatte. Auch die Innenräume entstanden ganz nach seinen Vorstellungen. Diele und Speiseraum im Erdgeschoss sollten als Sicht- und Mittelachse eine Verbindung zwischen dem vorderen und dem seeseitigen Garten bilden. Der Hauseingang befand sich an der linken Schmalseite des Gebäudes und nicht, wie man von einem solch repräsentativen Gebäude erwarten würde, zwischen den beiden mächtigen Säulen des Portikus. Auch die Wohn- und Schlafräume im Obergeschoss sollten recht bescheiden ausfallen. Das Atelier über dem Hauseingang empfand Liebermanns Malerkollege und Biograf Erich Hancke sogar als klein und ungemütlich: »Es war geweißt, ein Tischchen, ein Stuhl und einige Staffeleien möblierten es dürftig. Eine richtige Arbeitsstimmung empfand man darin nicht.«[218]

Auch bei der ihm überaus wichtigen Gestaltung des Gartens entwickelte Liebermann eigene Ideen. Beraten ließ er sich dabei von seinem langjährigen Freund und Förderer Alfred Lichtwark, der nicht nur Leiter der Hamburger Kunsthalle war, sondern auch als Sozialreformer und Gartenplaner einen Namen hatte. »Gartenkunst ist Raumkunst«, und »Garten und Haus schließen sich zu einem einheitlichen Raumgebilde zusammen«,[219] waren seine Forderungen, für die er bei Max Liebermann ein offenes Ohr fand.

Die mehrfach überarbeiteten Planungen für den Vordergarten mündeten in der Anlage eines Blumen-, Gemüse- und Obstgartens, den ein heckengesäumter Weg durchquerte. Der Garten auf der Seeseite untergliederte sich in vier Bereiche: die obere Gartenterrasse, auf die man beim Verlassen des Speisezimmers trat, die sich anschließende Blumenterrasse, eine bis zum See reichende Rasenfläche mit Birkenhain sowie drei Heckengärten an der nördlichen Grundstücksgrenze.

Das Gesamtkunstwerk, bestehend aus Haus, Garten mit Blumenkübeln und Bänken, einem romantischen Teehäuschen, einem rustikalen Bootssteg, einer Sonnenuhr und dem Fischotterbrunnen von August Gaul, war eine sprudelnde Motivquelle für den Maler. In den 25 Jahren, die Liebermann in Wannsee wohnte, schuf er nahezu 200 Ölbilder und ungezählte Pastelle, Aquarelle und Zeichnungen – unvergängliche Dokumente seiner reifen Meisterschaft und bis ins hohe Alter ungebrochenen Lebens- und Naturliebe. Da Liebermann seine Wannsee-Villa nur in den Sommermonaten bewohnte, zeigen die »Wannseegarten-Bilder« seinen Garten und

Am Großen Wannsee 42.

dessen Umgebung nur zu dieser Jahreszeit. Er malte möglichst im Freien, ohne Vorausplanung und ohne Vorzeichnung. Und er malte meist, wenn die Sonne am höchsten stand, die Schatten kurz und tief, die Blätter und Blüten weit geöffnet waren. So sind die helle Sommeratmosphäre und das Zusammenspiel von Licht, Schatten, Farben, Formen und Formationen der Pflanzen charakteristisch für diese eigene Gruppe im Œuvre des Malers. Die Begeisterung, mit der sie von Publikum und Sammlern aufgenommen wurde, bestärkte Liebermann »in der weiteren malerischen Erforschung seines Gartens«.[220] Trotz der Wiederholung der Motive, die sich aus dieser thematischen Beschränkung ergab, zeigen die Werke durch veränderte Perspektiven, unterschiedliche Bildausschnitte, Wechsel der Grundtöne und andere malerische Mittel eine ungeheure Vielfalt. »Eine Entwicklung im herkömmlichen Sinne oder gar eine Alterskurve ist in den Gartenbildern Liebermanns nicht erkennbar, allenfalls eine mit den Jahren zunehmende Großzügigkeit gegenüber den gegenständlichen Dingen und dem anfänglich in den Staffagen mitschwingenden erzählerischen Duktus. Dafür steigert sich die Empfänglichkeit des Auges dem Anschein der Dinge gegenüber. Das Bild wird freier, farbiger, abstrakter. Sehbild und Malbild fallen zusammen.«[221] Es sind gerade die Wannsee-Gartenbilder, die Liebermanns Entwicklung vom Naturalisten zum Impressionisten deutlich machen.

Am Großen Wannsee 42 heute.

Max Liebermann mit Ehefrau Martha, Tochter Käthe und Enkelin Marie am Wannsee (1924).

Auch während des Ersten Weltkrieges behielt Liebermann den Rhythmus bei: die Winter verbrachte er mit der Familie in seiner Wohnung am Pariser Platz, die Sommer am Wannsee. Und als man vermehrt Gemüse und Obst anbaute, um nicht Hunger zu leiden, diente der Garten dem Maler weiterhin als Hauptinspirationsquelle.

Im Juli 1917 verlieh der Kaiser, der seiner Malerei bisher sehr skeptisch gegenüberstand, Liebermann den Roten Adler-Orden III. Klasse. Die Nationalgalerie räumte ihm ein eigenes Kabinett ein, und die Königliche Akademie der Künste präsentierte die größte Gesamtschau mit fast zweihundert Gemälden. Die Nachfrage nach seinen Gartenbildern durch Galerien, Kunsthändler und Privatsammler konnte er kaum mehr befriedigen. »In meiner Jugend war es mir leicht, Bilder zu malen, aber schwer sie zu verkaufen. Jetzt ists umgekehrt (ich würde gleich wieder tauschen wollen).«[222] Trotzdem gehörten gerade die Kriegsjahre und die Zwanzigerjahre zu seinen produktivsten.

Für den alten Liebermann, gefordert von dem regen gesellschaftlichen Leben in der Stadt, den Pflichten als Präsident der Akademie der Künste, der öffentlichen Auseinandersetzung um die Entwicklung der Kunst, die er maßgeblich mitbestimmte, war der Landsitz in Wannsee ein Ort der Erholung, des Rückzuges und der Besinnung. Er wurde es noch mehr mit

Blick durch den Garten auf den Wannsee.

der Machtergreifung durch die Nationalsozialisten, deren Aufmarsch auf dem Pariser Platz er von seiner Wohnung beobachtend mit dem berühmt gewordenen Satz kommentierte: »Ich kann gar nicht so viel fressen, wie ich kotzen möchte.«

Im Sommer 1933 malte Liebermann ein letztes Mal die Blumenterrasse seines Gartens in Wannsee. Es war still um ihn geworden, viele seiner Freunde waren inzwischen gestorben oder hatten sich von ihm, dem Juden, abgewendet. Er spürte, dass er vor der herannahenden Katastrophe auch in seinem Refugium nicht geschützt sein würde, aber er fühlte sich zu alt für die Flucht ins europäische Ausland oder gar die Übersiedlung nach Palästina.

Max Liebermann starb am 8. Februar 1935. Berlin nahm wenig Notiz vom Tod seines berühmten Malers, dem »treuen Sohn unserer Stadt«, wie es noch 1926 anlässlich seiner Ernennung zum Ehrenbürger hieß. Nicht nur wegen des Verbots der Gestapo, am Begräbnis teilzunehmen, folgten nur wenige dem Sarg auf dem Jüdischen Friedhof an der Schönhauser Allee, darunter Ferdinand Sauerbruch und Käthe Kollwitz. Die Akademie der Künste verweigerte ihrem ehemaligen Präsidenten jede Ehrung und legte noch nicht einmal einen Kranz an seinem Grab nieder.

Die Witwe Liebermanns, der die Villa am Wannsee schon 1928 testamentarisch überschrieben worden war, konnte diese nicht mehr lange halten. Aufgrund der »Verordnung über den Einzug jüdischen Vermögens«

Der Garten von Max Liebermann heute.

vom 3. Dezember 1938 musste sie das Seegrundstück samt Haupthaus und Nebengebäude für den lächerlichen Preis von 160000 Reichsmark an die Deutsche Reichspost verkaufen. Über den auf ein so genanntes Sicherheitskonto überwiesenen Betrag konnte sie nie verfügen. Das Haus mit gesamtem Inventar diente als »Lager für die weibliche Gefolgschaft der Deutschen Reichspost«.

Nachdem der Versuch von Freunden fehlschlug, Martha Liebermann gegen Zahlung eines Lösegeldes von 50000 Schweizer Franken in die Schweiz zu holen, musste sie mit ihrer baldigen Deportation rechnen. Sie entzog sich aber dem Zugriff der Nazi-Schergen mit einer Überdosis Veronal, an deren Folgen sie am 23. April 1943 starb. Erst 1960, auf Betreiben ihrer Tochter Käthe, fand sie ihre letzte Ruhestätte an der Seite ihres Mannes auf dem Jüdischen Friedhof an der Schönhauser Allee, die ihr vorher verwehrt worden war.

Nach dem Zweiten Weltkrieg wurde die seit 1940 als Wohnheim, Reservelazarett und Krankenhaus genutzte Liebermann-Villa an seine 1933 in die USA geflüchtete Tochter zurückgegeben. 1952 erwarb das Land Berlin das Haus und übertrug es dem Bezirk Zehlendorf zur Nutzung. Bis 1970 diente es als Krankenhaus und Liebermanns Atelier vorübergehend als »aseptischer Operationsraum«.

Als nach dem Auszug des Krankenhauses die Villa leer stand und zu verfallen drohte, schlug ein Architekturhistoriker Alarm: Julius Posener, der sich dem Andenken Liebermanns besonders verpflichtet fühlte, hatte das Beispiel Aix-en-Provence vor Augen. Dort hatte die Stadt das Atelier Paul Cézannes zu einem würdigen Ort der Erinnerung an seinen großen Bürger gemacht. »Als Liebermann starb, herrschten in Berlin die Nazis. Daß die Akademie der Künste nicht sofort nach ihrer Neugründung das Notwendige veranlaßt hat, den Juden Liebermann in seinem Haus zu ehren, (...) es tut weh daran zu denken«,[223] schrieb Posener in einem Brief. Die Akademie hielt nichts von seiner Idee einer Liebermann-Gedenkstätte, die Wannsee-Villa sei wegen der stadtfernen Lage für eine kulturelle Nutzung ungeeignet. Auch das Bezirksamt Zehlendorf hielt eine wassersportliche Nutzung für sinnvoller und verpachtete 1972 Villa und Grundstück für dreißig Jahre an den »Deutschen Unterwasser-Club«. Immerhin wurde der Verein verpflichtet, Haus und Garten »in angemessenem Zustand« zu erhalten. Damit war vereinbar, dass Liebermanns ehemaliges Atelier in ein kleines Kino verwandelt und die Fenster zur Verdunkelung des Raumes schwarz übermalt wurden.

Trotz heftiger Proteste, insbesondere durch die inzwischen gegründete Max-Liebermann-Gesellschaft, wurde 1995 der Pachtvertrag sogar verlängert. Die Bezirksverordnetenversammlung Zehlendorf hatte die Zeichen der Zeit noch immer nicht verstanden.

Erst im August 2002 wurde eine für alle Betroffenen zufriedenstellende Lösung gefunden. Der »Deutsche Unterwasser-Club« gab die Villa zugunsten eines mit Hilfe der Max-Liebermann-Gesellschaft gefundenen Ersatzgrundstücks in der Scabellstraße 7 auf. Seitdem wird an der Restaurierung der Villa, des zugehörigen Gartenhauses und des Gartens gearbeitet. Ziel ist die Wiederherstellung der Einheit von Villa und Garten zu jenem Gesamtkunstwerk, wie es einst Liebermann und Lichtwark vorschwebte.

Theo Lingen

1903 Hannover – 1978 Wien

Schauspieler, Regisseur

Waldemarstraße 1a
(heute: Matterhornstraße)

»Komiker wurde ich nur aus Versehen«,[224] sagte Theo Lingen in einem der wenigen Interviews, die er im Laufe seines Schauspielerlebens der Presse gab. Der als Franz Theodor Schmitz in Hannover geborene Mime wählte als Künstlernamen die Geburtstadt seines Vaters, vor allem deshalb, um seiner bürgerlichen Familie »die Schande zu ersparen, mit einem Schauspieler verwandt zu sein«. Der französische Stummfilmkomiker Max Linder diente ihm als Vorbild, von ihm übernahm er auch das elegante Outfit. Ob nun aus Versehen oder dank seines Aussehens oder seines großen Talents – Lingen, der penible Sonderling, der Pedant, der »steife Stock«[225] wurde zu einer der großen Legenden des deutschen Filmes.

Jedes Kind kannte ihn, gegen die Nachahmung seines näselnden, stets um Atem ringenden Sprechstils war er nicht gefeit. Die oft eingenommene »Diener-Johann-Haltung«, seine Mischung aus Schlagfertigkeit und Arroganz, forderten – und fordern auch heute noch – jeden Amateurkabarettisten dazu heraus, es ihm nachzutun.

Lingens große Zeit fiel in die Jahre 1933 bis 1945, über die er später – wie übrigens auch über sein Privatleben – nur ungern sprach. »Ich bin froh, dass diese Zeit so lang vorbei ist«, sagte er noch kurz vor seinem Tod 1978. »Mir kommt's heute noch hoch, wenn Kollegen davon erzählen, dass sie ja eigentlich so unpolitisch waren und dass der Dr. Goebbels so charmant war. Ich würde am liebsten fragen: Habt ihr Euch mit ihm auch über Franz Werfel oder Bertolt Brecht unterhalten?«[226]

Zeit seines Lebens verehrte Theo Lingen den großen Theatermann Bertolt Brecht. Dabei war seine Beziehung zu ihm nicht frei von Schwierigkeiten. Über die Stationen Hannover, Halberstadt und Frankfurt am

Main kam Lingen 1929 nach Berlin, spielte am Staatstheater und an Brechts Theater am Schiffbauerdamm. Hier kam es zwischen Lingen und Brecht immer wieder zu Konfliktsituationen, denn der junge, aufstrebende Schauspieler hatte sich in die Ex-Frau seines Theaterleiters, die Opernsängerin Marianne Zoff, verliebt und sie gar geheiratet. Eine äußerst pikante Konstellation. Brecht, selbst wieder mit Helene Weigel verheiratet, raste vor Eifersucht, aber dieses Gefühl galt weniger dem obsiegenden Nebenbuhler, sondern eher der für Brecht unvorstellbaren Perspektive, dass Lingen ihn bei seiner Tochter Hanne als Vater ersetzen sollte. So schrieb er an seine Ex-Frau: »Ich werde alles tun, um das Kind vor diesem Burschen in Sicherheit zu bringen. Das Kind, das noch vor einem Vierteljahr reine, klare Augen hatte, blickt jetzt trüb und verstört und ich weiß nicht wie. Dein Verbrechen ist ungeheuer.«[227]

Der »Bursche« wurde schließlich von Brecht nicht nur als Ziehvater, sondern auch als Schauspieler in seinen Stücken akzeptiert. Großen Erfolg hatte er als Mackie Messer in der »Dreigroschenoper«, in »Mann ist Mann« und »Die Mutter«. Und als das Ehepaar Zoff-Lingen dem Kind durch eine Namensänderung von »Brecht« zu »Lingen« Schikanen in der Schule ersparen wollte, schrieb Brecht 1935 an Lingen, dass »sie für mich immer Brecht heißen wird«, aber doch auch, »daß ich einer Namensänderung Hannes auf den dringenden Wunsch ihrer Mutter nicht opponieren will, daß ich zu Ihnen und Marianne volles menschliches Vertrauen habe.«[228] Zur Namensänderung kam es dann doch nicht, weil die Bindung der zwölfjährigen Hanne an ihren Vater so stark war, dass sie sich erfolgreich dagegen wehrte.

Für den Film wurde Theo Lingen 1930 entdeckt. Anatole Litvak besetzte ihn erstmals in dem Streifen »Dolly macht Karriere«, und ziemlich schnell entwickelte Lingen seinen eigenen, unverwechselbaren Figurentyp: den kleinen, einfachen Mann, der auf Zucht und Ordnung achtet und schließlich, von Katastrophen überrascht, diese mit List und Charme bewältigt. Diener mit akkurat gezogenem Mittelscheitel waren in den Dreißiger- und Vierzigerjahren seine Paraderollen, obwohl er auch in anderen Fächern zu glänzen wusste. Beinahe in Vergessenheit geraten ist, dass Lingen zwischen 1939 und 1955 immerhin 14 Mal als Regisseur hinter der Kamera stand, dass er Drehbücher und Stücke schrieb. Lingen spielte mit Heinz Rühmann, und mit Hans Moser zusammen war er ein komisch näselndes, nuschelndes Paar. Auf Witze und Sketche setzten seine Filme. Doch noch in der verwegensten Klamotte wusste er mit der präzisen Mimik, die er am Theater gelernt hatte, zu überzeugen.

Während der Zeit des Nationalsozialismus galt Lingen wegen seiner Ehe mit Marianne Zoff als »jüdisch versippt« und durfte nur mit einer

Theo Lingen mit Ehefrau Marianne Zoff (links) und deren Tochter Hanne Brecht (1940).

Sondergenehmigung von Joseph Goebbels, der Lingen stets verehrte und bewunderte, seinen Beruf ausüben. Oft spielte Lingen mit dem Gedanken, ins Exil zu gehen, unterließ es letztlich, da er für sich im Ausland kaum Arbeitsmöglichkeiten sah.

Der privat als ungemein ernst, still und belesen geschilderte Theo Lingen galt in der Presse als äußerst schwierig, zurückhaltend und zugeknöpft. Wichtig war ihm nur seine Familie. »Während sich mein Vater Fremden gegenüber sehr abgekapselt und verschlossen gibt, ja manchmal unfreundlich wirkt, ist er zuhause ein rührender Familienvater. Er liebt die Einsamkeit und haßt jeglichen Rummel«[229], charakterisierte ihn seine Tochter Ursula, selbst eine erfolgreiche Schauspielerin.

1944 übersiedelte Theo Lingen nach Wien und erwarb nach dem Zweiten Weltkrieg die österreichische Staatsbürgerschaft. Einige Zeit lebte er in Strobl, einem beschaulichen, am Südostende des Wolfgangsees gelegenen Dorf. Die Gemeinde ist noch heute stolz auf Theo Lingens Zivilcourage. Um Schlimmes zu verhindern, setzte er kurzerhand einige Tage vor Ende des Zweiten Weltkrieges den NS-Bürgermeister im örtlichen Gefängnis fest und übernahm kommissarisch dessen Geschäfte. Als die Alliierten eintrafen, übergab er ihnen kampflos das Dorf.[230]

Zwanzig Jahre lang, bis kurz vor seinem Tod, gehörte er dem Ensemble des Wiener Burgtheaters an, war aber auch häufig als Gastdarsteller auf bundesdeutschen Theaterbühnen zu sehen. Legendär wurden seine Carl-

Sternheim-Rollen unter der Regie von Rudolf Noelte. Sein Wahlspruch war: »Es gibt immer etwas zu verbessern an der Welt – sich selbst.«

Auch der deutsche Film interessierte sich wieder für den Mann mit den abstehenden Ohren und dem Seufzerchen beim Sprechen. Und obwohl der jetzt ernste Burgschauspieler vornehmlich – oder immer noch – in Komödien besetzt wurde, litt er unter den Slapsticks, die er zu spielen hatte, nicht allzu sehr. »Man kann so etwas ja nur spielen, wenn man die Dinge mit einem Augenzwinkern betrachtet«, wusste er, und beglückte die Wirtschaftswundergeneration mit optimistischen Unterhaltungsfilmen wie »Der Theodor im Fußballtor«, »Die Beine von Dolores« oder »Pension Schöller«. Selbst die »Paukerfilme« der Sechziger- und Siebzigerjahre, in denen er meisterhaft den Oberstudiendirektor Dr. Gottlieb Taft (»Oh Nietnagel, traurich, traurich, traurich«) spielte, ließ er im Rückblick durchaus gelten und schätzte sie wohlwollend ein: »Die basierten wenigstens auf Ludwig Thoma und waren lustig.« Für Johannes Heesters war Theo Lingen »immer ein guter Kollege und ein sehr lieber Mensch.«[231] Und der große Clown Charlie Rivel sagte über ihn: »Theo Lingen gehörte zu den wenigen Künstlern, über die auch ich lachen konnte.«[232]

Hermann Muthesius

1861 Groß-Neuhausen/Thüringen – 1927 Berlin

Architekt

Potsdamer Chaussee 49a

Am 26. Oktober 1927 besuchte Hermann Muthesius eine Baustelle in Berlin-Steglitz. Er wollte sich ein Bild vom Vorankommen der Bauarbeiten machen. In die Baupläne vertieft, bemerkte er die herannahende Straßenbahn nicht. Hermann Muthesius starb noch an der Unglücksstelle. So wie sich jeder Schauspieler wünscht, auf der Bühne zu sterben, so ereilte der Tod den bedeutenden Berliner Architekten auf einer Baustelle.

Hermann Muthesius hatte an der TH Charlottenburg bis 1887 Architektur studiert und nebenbei im Büro von Paul Wallot gearbeitet. Die Arbeiten Wallots, zu denen auch das Reichstagsgebäude gehört, haben ihn ein Leben lang tief beeindruckt. Nach seinem erfolgreich abgeschlossenen Studium ging Muthesius als Angestellter der Baufirma Ende & Böckmann für dreieinhalb Jahre nach Tokio. Dort baute er eine im neugotischen Stil gehaltene Kirche für die dortige evangelische Gemeinde. Nach seiner Rückkehr nach Deutschland legte er 1891 seine zweite Hauptprüfung für den Staatsdienst im Hochbau ab, schlug eine Beamtenlaufbahn ein und wurde zunächst als Regierungsbaumeister in einem Entwurfsbüro tätig. Er entwarf unter anderem eine Hochbrücke über den Nordostseekanal bei Levensau und übernahm ein Jahr lang stellvertretend die Redaktion der preußischen Zeitschriften »Zentralblatt für Bauverwaltung« und »Zeitschrift für Bauwesen«. Nach einer siebenmonatigen Studienreise durch Italien und seiner Heirat mit der Sängerin Anna Trippenbach ging er von 1896 bis 1903 als Technischer- und Kulturattaché an die deutsche Botschaft nach London. Dort verfasste er im amtlichen Auftrag zahllose Artikel über englische Architektur, Kunsterziehung, Kunstgewerbeerziehung, Ausstellungen und auch ingenieurtechnische Neuerungen, die überwiegend im »Zentralblatt der Bauverwaltung« veröffentlicht wurden. Der Name Muthesius wurde fortan, auch außerhalb der Fachwelt, mit englischer Kultur gleichgesetzt

Damit begann eine umfangreiche schriftstellerische Tätigkeit, die schließlich fast 500 Publikationen umfasste. Neben zahlreichen Beiträgen in einschlägigen Kunstzeitschriften veröffentlichte er 1902 die berühmte Streitschrift »Stilarchitektur und Baukunst«. Dort propagierte er die Überwindung der akademischen Stil-Architektur des Historismus zugunsten einer sachlichen und in der Gestaltung an ihrer Funktion orientierten Bauweise. Die zweite Auflage 1903 ergänzte er um eine scharfe Kritik am Jugendstil, den er, wie schon alle im 19. Jahrhundert vorausgegangenen Stile, in Deutschland zwangsläufig in einer vorübergehenden Modewelle enden sah.

Muthesius erlangte als Kenner der englischen Reformbewegungen in Kunstgewerbe und Architektur besonderes Prestige und wurde in den Jahren zwischen 1904 und 1914 zu einem der gefragtesten Vortragsredner innerhalb der deutschen Bewegungen. Neben seinen theoretischen Arbeiten entwarf und baute er ab 1904 über hundert Häuser. Bekannt wurde er überwiegend durch seine von englischen Vorbildern inspirierten Landhäuser, womit er in Deutschland zu den Initiatoren der so genannten Landhausbewegung gehörte.

Sein schriftstellerisches Hauptwerk bildeten drei in England entstandene Bücher über englische Baukunst, von denen »Das englische Haus« (1. Auflage 1904, dreibändig) am bekanntesten wurde. Er propagierte darin das herrschaftliche englische Wohnhaus als methodisches Vorbild einer sachlichen, aus den Funktionen und dem komfortablen Gebrauch bedingten Formgebung. Die englische Architektur erscheint so als ein Gegenleitbild zur so genannten »Stilarchitektur« in Deutschland, die sich nach Muthesius' Auffassung allein vom Streben nach einem repräsentativen und künstlerischen Erscheinungsbild leiten lasse und der damit insgesamt etwas Unechtes anhafte. Aus einem 1907 gehaltenen Vortrag an der Berliner Handelshochschule entwickelte sich ein Skandal, der als »Fall Muthesius« berühmt wurde und nach Protesten des wirtschaftlichen Interessenverbandes des Kunstgewerbes, in einer mit Muthesius solidarischen Gegenbewegung, die Gründung des »Deutschen Werkbundes« auslöste. Das Werk von Hermann Muthesius ist untrennbar mit der Entwicklung von Nikolassee zur Villenkolonie verbunden. Hier baute er unter anderem das »Haus Vowinckel«, das »Haus Hirschowitz«, beide in der heutigen Schopenhauerstraße, das »Landhaus Freudenberg« sowie sein Privathaus an der Potsdamer Chaussee 49. Der Architekt hat sein Haus stets als »Landhaus« bezeichnet und verstand es als eine Art Übertragung dessen,

Blick von der Rehwiese auf das Landhaus Muthesius (historische Aufnahme).

was ihm am englischen Herrenhaus so sehr imponiert hat, auf die bürgerliche deutsche Wohnkultur. Als sein wichtigster Bau in Nikolassee gilt jedoch der am Kirchweg 33 gelegene »Mittelhof«. Die ebenfalls im englischen Landhausstil gehaltene 900 Quadratmeter große Anlage ist eines der bedeutendsten Bau- und Gartendenkmale Berlins. Muthesius schuf den Mittelhof zwischen 1914 und 1918 für den Großindustriellen Wilhelm Mertens. Auf nahezu ideale Weise verkörperte der Mittelhof das Wohnideal des fortschrittlichen Großbürgertums vor dem Ersten Weltkrieg. Der Mittelhof, eine äußerlich schlichte, eingeschossige Anlage, ist trotz seines Gehöftcharakters mit der mehr als 70 Meter langen, birkenbestandenen Auffahrt und der großen Anzahl von Zimmern als rein private, landhausartige Familienresidenz entworfen worden. Die Flügel des schiefergedeckten Ziegelbaus wurden um einen brunnengeschmückten Mittelhof, der der Anlage den Namen gab, und um einen kleineren, später verglasten Lichthof gruppiert. Heute beherbergt die Anlage das »Zentrum Moderner Orient«. Schmuckstücke des Mittelhofes sind die von einem Kamin dominierte Eingangshalle mit der Kopie eines Ölgemäldes von Murillo sowie das holzgetäfelte Esszimmer, das heute für Tagungen genutzt wird, mit Blick auf die Rehwiese.

Obwohl Muthesius' Wirken nach dem Fall des Kaiserreiches weit weniger im Rampenlicht der Öffentlichkeit stand, blieben er und sein schriftstellerisches Werk Bezugspunkte der Architekturdiskussion.

Mitte der Zwanzigerjahre besuchte ein junger Student der Technischen Hochschule Charlottenburg mit seinen Eltern den mittlerweile ergrauten

Landhaus Muthesius heute.

Landhausbaumeister in Nikolassee. Julius Posener, später einer der renommiertesten Muthesius-Kenner, erinnerte sich: »Muthesius zeigte uns alles, immer die praktische Seite betonend. Besonders eindrucksvoll fand ich es, wie er eine schmale Tür in einem der Wandschränke des Arbeitszimmers öffnete und die Leiter herausholte, die dazu diente, die im Oberteil der Wand fast unsichtbaren oberen Fächer zu öffnen. Anschließend tranken wir Tee in jenem langgestreckten Raum, und Muthesius sprach von van de Velde. Es herrschte eine gewisse Verlegenheit bei diesem Besuch. Muthesius, der schon lange nicht mehr zu den führenden Architekten der Zeit gehörte, war wohl zufrieden, daß ein junger Architekt ihn sehen wollte, aber er muß es auch ein wenig merkwürdig gefunden haben. Ich meinerseits konnte nicht wissen, daß er damals – es muß 1925 gewesen sein – ein tiefenttäuschter Mann war, einer, der über die moderne Bewegung der Zwanzigerjahre den Kopf schüttelte und dessen letzte Häuser wie das Haus Tuteur gegenüber der Technischen Hochschule, die eigene Erfahrung leugneten.«[233]

Nach dem Ersten Weltkrieg hat Muthesius zwar noch eine große Zahl von Häusern gebaut und einige Schriften zum Haus- und Siedlungsbau veröffentlicht, war aber in Anbetracht der neueren Entwicklungen der Architektur in Richtung Bauhaus und Neue Sachlichkeit zum außenstehenden Beobachter geworden.

Günther Pfitzmann

1924 Berlin – 2003 Berlin

Schauspieler

Reifträgerweg 30

Er gehörte zu Berlin wie der Wannsee und die Havel. »Ich bin seit Jahrzehnten sozusagen ein Aushängeschild Berlins«, sagte Günther Pfitzmann über sich selbst. Und genauso sahen es die Berliner, die ihn neben seinem Freund Harald Juhnke zum unbestrittenen Publikumsliebling erkoren hatten.

Nicht selten wurde er auf der Straße mit »Guten Tag, Herr Doktor« gegrüßt. Das fand Günther Pfitzmann anfangs noch witzig. Doch als er sich am Telefon selbst mit »Dr. Brockmann« verwechselte, musste er die Notbremse ziehen und nach 106 Folgen die »Praxis Bülowbogen«, seine wohl erfolgreichste TV-Serie, aufgeben.[234] Sein guter Freund Dieter Thomas Heck erinnerte sich: »Ich habe sehr früh das Glück gehabt, mit Pfitze in der Praxis Bülowbogen spielen zu dürfen. Für mich war er die Verkörperung des Arztes, der sein Herz und sein Mitgefühl mit seinen Patienten zeigte. Ob es sich dabei um einen Penner handelte oder ein suchtkrankes Mädchen, er war für alle da. Und dieses Mitgefühl war nicht gespielt, sondern kam aus vollem Herzen. So war er! Und als Kollege einfach wunderbar.«[235]

Harald Martenstein nannte ihn »das freundlichste Gesicht der Stadt«[236] und fand eine einfache und doch so kluge Definition der Pfitzmann'schen Popularität: »Wenn man sagt, er war ein Berufsberliner, Untergruppe West, tut man ihm nur bedingt unrecht. Aber wie übte er diesen Beruf aus? Pfitzmann war schalkhaft, schlagfertig, gutmütig, onkelhaft, bärbeißig und tapsig, zärtlich auf eine wunderbar unbeholfene Weise, er war einfach herzensgut und überwältigend liebenswert. Die Berliner schauten in das Pfitzmanngesicht wie in einen Spiegel, sie staunten über sich und fühlten sich geschmeichelt.«[237] Günther Pfitzmann war einer der ihren, ein »bekennender Berliner«. Er liebte Bulette mit Kartoffelsalat, trank sein Bier – manchmal auch zwei – bei Kalle Gaffkus in dessen Schlachtenseer Bahnhofskneipe und »referierte« in einer Berliner Boulevardzeitung über seine Potenzprobleme. Er liebte Heinrich Zille und Salvador Dali und litt mit Hertha BSC. Das Einfache, das Geradeaussein war sein Markenzeichen. Bei ihm konnte man suchen, solange man wollte, man fand keinen doppelten Boden, nichts Falsches und kein Geheimfach.

Zeit seines Lebens ist Günther Pfitzmann seiner Heimatstadt und deren Theaterbühnen treu geblieben. Engagements in Potsdam und München folgte immer wieder die Heimkehr nach Berlin. Geboren als Sohn eines Kaufmanns in Neukölln, erlebte er kurz nach seinem Abitur die Schrecken des Zweiten Weltkrieges. Zunächst wurde er zum Arbeitsdienst, dann zur Wehrmacht eingezogen. Er brachte eine schwere Kriegsverletzung am Bein mit nach Hause, die ihm ein Leben lang zu schaffen machte. Sofort nach Kriegsende schrieb er sich an Fritz Kirchhoffs Berliner Schauspielakademie »Der Kreis« ein und erhielt eine solide Ausbildung, die ihm ein Jahr später sein Theaterdebüt in Goethes »Iphigenie auf Tauris« am Landestheater Potsdam ermöglichte. Sportlehrer wollte er eigentlich werden. Oder Arzt. Seine Alternativwahl »Schauspieler« erwies sich als nicht die schlechteste ...[238]

Das Jahr 1949 war ein ganz bedeutsames für Pfitzmann und die Berliner Unterhaltungsszene. Gemeinsam mit den anderen »jungen Wilden« Wolfgang Gruner, Achim Strietzel und Jo Herbst, die er im Kabarett »Die Dachluke« kennen gelernt hatte, gründete er die heute legendären »Stachelschweine« und stand mit ihnen beinahe acht Jahre auf der Bühne. Ein prachtvolles, ehrgeiziges, in den Anfangsjahren oft mit Magenknurren kämpfendes Team. Manchmal spielten die »Stachelschweine« nur für eine Mark zwanzig und einen Teller Suppe. Oder für einen Knopf, »damit die Leute nicht ganz umsonst reingehen konnten«.[239] Die Kabarettbühne sollte Pfitzmanns Hauptdomizil werden. Friedrich Schoenfelder, der Grandseigneur der deutschen Schauspielkunst, bewunderte den agilen, »ständig förmlich über die Bühne tänzelnden«[240] Kollegen, der sich dennoch nicht auf einen bestimmten Rollentypus festlegen ließ. So sah man ihn auf verschiedenen Berliner Bühnen: als Karl Moor in Schillers »Die Räuber«, als Petruccio in Shakespeares »Der Widerspenstigen Zähmung « oder als Professor Higgins in »Pygmalion« von George Bernard Shaw.

Bereits 1951 meldete sich der junge deutsche Nachkriegsfilm bei Pfitzmann. Artur »Atze« Brauner produzierte den Polit-Thriller »Die Spur führt nach Berlin«, die Geschichte eines amerikanischen Rechtsanwalts, der nach dem Zweiten Weltkrieg den Erben eines großen Vermögens sucht und in das Netz einer Geldfälscherbande gerät. An der Seite der ebenfalls noch beinahe unbekannten Barbara Rütting und Horst Buchholz gab Günther Pfitzmann sein Leinwanddebüt – im Vorspann ungenannt – als Polizist. Für das Newcomer-Kleeblatt war dieser – rund um den zerstörten Reichstag gedrehte – Film der Start in eine große Karriere. Barbara Rütting erhielt für ihre Darstellung einer sowjetischen Soldatin gar den Bundesfilmpreis für die beste Nachwuchsschauspielerin.[241]

So war es ganz logisch, dass Günther Pfitzmann weitere Filmangebote bekam. Die Rollen wurden größer, aber auch differenzierter. 1955 war er der Hauptmann Röder in der Militärsatire »Der Hauptmann und sein Held«, ein Jahr später holte ihn Produzent Kurt Ullrich ein weiteres Mal vor die Kamera, diesmal spielte er in »Spion für Deutschland« den Korvettenkapitän Hilbig und bewies an der Seite von Nadja Tiller, Walter Giller, Martin Held, Heinz Drache und Gustav Knuth höchste Vielseitigkeit. Günther Pfitzmann begeisterte als Kriminalsekretär Pierre in »Dr. Crippen lebt«, als Wachtmeister Kunowski in »Hunde, wollt ihr ewig leben« und vor allem als Unteroffizier Heilmann in Bernhard Wickis »Die Brücke«. Pfitzmanns Rolle in diesem Klassiker ist nicht groß, aber ganz typisch für ihn, und sie sollte sein größter Kinoerfolg werden. Er ist ein alter, erfahrener Unteroffizier, der ein paar Jungs davor bewahren möchte, in den letzten

Reifträgerweg 30.

Günther Pfitzmann in seinem Garten (1985).

Tagen des Krieges verheizt zu werden. Eine ehrliche Haut, ein sympathischer deutscher Soldat, aber alles um ihn herum ist hoffnungslos schlecht. Er stirbt beim Versuch, die Jungen zu retten. Es ist wirklich ein Heldentod.[242]

1960 war vielleicht das »Schicksalsjahr« für Günther Pfitzmann und die deutsche Fernsehlandschaft. Er kam als Bob Arnoldis in Fritz Umgelters TV-Serie »Am grünen Strand der Spree« erstmals auf den Bildschirm, populär wurde er dann 1964 in der Titelrolle der ersten Krimiserie des deutschen Fernsehens »Gestatten, mein Name ist Cox«. Seither war Günther Pfitzmann aus dem Fernsehen nicht mehr wegzudenken, es wurde »sein Wohnzimmer«. Die höchst langlebigen Vorabendserien »Drei Damen vom Grill« und »Praxis Bülowbogen« machten den hinreißenden Volksschauspieler zum TV-Star schlechthin. Seine Auftritte in »Der Millionenerbe«, im »Havelkaiser« und in der »Klinik unter Palmen« konnten diesen Status – hart, ehrlich und diszipliniert erarbeitet – nur noch eindrucksvoll untermauern.

Allerdings blieb Günther Pfitzmanns sprichwörtliche Arbeitswut nicht ohne Folgen. Er hatte ein großes Herz, jedoch auch ein krankes. Von seinem ersten Herzinfarkt 1968 konnte er sich wieder erholen. Seither unterstützte er herzkranke Kinder im Rahmen der Deutschen Herzstiftung, spendete beinahe ein Drittel seiner Gagen.[243] Einen zweiten Herzinfarkt erlitt er 2003. Er konnte die Symptome richtig einordnen und rief einen Arzt. So rettete er sich selbst das Leben. Auf Alkohol und Zigaretten hatte er längst verzichtet, jetzt hielt er sich mit Yoga fit und trat beruflich kürzer, drehte weniger. Bei der Eröffnung des Berliner Zille-Museums im Jahre

Von einem behinderten Kind bekam Günther Pfitzmann 2003 einen Nistkasten als Geschenk.

2002 sagte er, die Schauspielerei stehe nun nicht mehr im Vordergrund seines Lebens. »Ich bin so ausgefüllt und angespannt, ich brauche das nicht mehr. Ich, der ich auf die Achtzig zugehe, muss nicht mehr, ich habe nicht mehr das Bedürfnis, durchzuziehen ...«[244]

Seit 1964 war Günther Pfitzmann mit seiner Frau Lilo verheiratet. »Ohne meine Frau wäre ich ein Nichts«, sagte er immer wieder. Es war seine Art, eine lebenslang empfundene Liebe zu erklären. »Lilo war das beste, was Pfitze passieren konnte. Sie entwickelte sich zur Löwenmutter, wenn es um ihren Mann ging und sie sich Sorgen machte um seinen gesundheitlichen Zustand.«[245] Dieter Thomas Heck war ein guter Beobachter.

Gute Freunde waren sie: Günther Pfitzmann, Wolfgang Gruner, Horst Buchholz, Harald Juhnke und Brigitte Mira. Gemeinsam haben sie die West-Berliner Fernsehlandschaft geprägt, die berlinischsten von allen Berliner Befindlichkeiten öffentlich gemacht und der oft gefürchteten »Berliner Schnauze« einen sympathischen, beinahe liebenswerten Anstrich gegeben. Jahrzehntelang haben sie das getan, und sie wurden dafür von ihrem Publikum mit Liebe und Dankbarkeit belohnt. Zwischen 2002 und 2005 ist einer nach dem anderen von Bord gegangen. Jetzt sind sie wieder zusammen. Der Himmel berlinert. Brigitte Mira überlegt noch, ob sie mit Helen Vita und Evelyn Künneke als »Die drei alten Schachteln« wieder auf Tournee geht.[246] Nicht mehr nach Köln oder Wuppertal, sondern in fernste Galaxien. Oder sie spielt mit Pfitze, Harald und Wolle auf irgendeiner Wolke Theater oder Kabarett. Und Hotte Buchholz führt Regie. Das machen sie heute, das machen sie morgen. Bis in alle Ewigkeit.

Marika Rökk

1913 Kairo– 2004 Baden bei Wien
Schauspielerin, Tänzerin, Sängerin

Potsdamer Chaussee 49

Bespuckt wurde sie nach dem Ende des Zweiten Weltkrieges, geächtet und gemieden. Man verdächtigte sie der Spionage für die Nazis, Liebschaften mit hochrangigen Vertretern des Regimes wurden ihr angedichtet, und in ihrer ungarischen Heimat rüstete Matyas Rakosi, KP-Chef von Stalins Gnaden, gar zu physischer Verfolgung. In ihren Erinnerungen »Herz mit Paprika« stellte Marika Rökk die empörte Frage: »Wofür habe ich gebüßt?«[247]

Eine Frage, die gleichermaßen Lida Baarova oder Leni Riefenstahl hätten stellen können. Ebenso wie die Goebbels-Geliebte und die »Reichsfilmerin« war Marika Rökk – und dies muss die Tragik ihres Lebens sein – nicht bereit zu büßen. Sie war nicht bereit, ihre aktive Rolle in der nationalsozialistischen Unterhaltungsmaschinerie anzuerkennen, und noch weniger war sie bereit, ihre eigene Vergangenheit kritisch und ehrlich einzuordnen. »Ich mochte, liebte und bewunderte Deutschland und konnte das Regime nicht beurteilen, denn ich war total unpolitisch. Ich habe mich immer auf meinen Beruf konzentriert.«[248]

Die total unpolitische Marika aber nahm offenbar bedenkenlos die Zuwendungen der Nazis entgegen und dankte sie ihnen mit unbedingter Loyalität. Nach einem Wohnintermezzo in Nikolassee bezog sie eine Villa in der Domstraße 28 in Neubabelsberg, jene Villa, aus der der stellvertretende Ufa-Produktionschef und Regisseur Alfred Zeissler wegen seiner »jüdischen Abstammung« vertrieben und in die Emigration gezwungen wurde. Zeisslers Untermieter Georg Jacoby, der in dem Haus bleiben durfte, leistete ganze Arbeit: Er heiratete Marika Rökk und kaufte den Prachtbau.[249] Das erste Bild, für das Marika nach ihrem Einzug – bekopftucht und ein Liedchen trällernd – einen Nagel in die Wand hämmerte, war ein Bildnis ihres Führers im Vorraum der Villa.[250]

Marika Rökk war während des Krieges gern und oft gesehener und gehörter Gast des »Wunschkonzertes für die Wehrmacht«. Unter dem Motto »Die Front reicht ihrer Heimat jetzt die Hände, die Heimat aber reicht der Front die Hand« wurden jeden Sonntag zwischen 16.00 und 20.00 Uhr in Übertragungen aus dem Großen Sendesaal des Berliner Rundfunkhauses Musikwünsche, Grüße und Nachrichten zwischen den Soldaten im Feld und ihren Angehörigen ausgetauscht.[251] Innerhalb der Sendung gab es auch ein »Geburtenregister«, aus dem nach einleitendem Babygeschrei vom Band mancher Landser von seinen Vaterfreuden erfuhr.[252] Bekannte Künstler interpretierten die beliebtesten Schlager aus den Musikfilmen, und wenn es zum Spendenaufruf für das Winterhilfswerk ging, ließ sich Conferencier Heinz Goedecke schon mal eine reimgeschmiedete Kostbarkeit einfallen: »Wo alles dient dem guten Zweck, da fehlt auch nicht Marika Rökk.«[253]

Und in der Tat, Marika fehlte nirgendwo. Bei zahllosen Straßensammlungen versperrte sie den Volksgenossen mit klappernder Spendendose den Weg, und während der so genannten »Eintopfsonntage« ließ sie sich vor laufenden Kameras zu Spar-Appellen an das deutsche Volk hinreißen, immer flankiert von braun und schwarz gewandeten, Suppe löffelnden und feist grinsenden NS-Größen.[254] Sie gehörte auch zu der nach Legionen zählenden Schar deutscher Kulturschaffender, die sich in peinlichen Huldigungsbriefen bei Adolf Hitler lieb Kind, unentbehrlich oder einfach nur wichtig machen wollten. Einen Rosenstrauß des oberösterreichischen Kunstliebhabers als Anerkennung für einen ihrer Filme beantwortete Marika 1940 mit diesem Dankschreiben: »Wenn ich Sie, mein Führer, von Ihrer verantwortungsvollen Arbeit ein wenig ablenken konnte, so bin ich darüber unendlich stolz. Mit deutschem Gruß. Ihre Marika Rökk.«[255]

Höhepunkt des »total unpolitischen« Tuns der stolzen Marika war 1943 der Eintritt in den »Bund Deutscher Osten«, eine der unappetitlichsten NS-Organisationen, die die »Germanisierung« Mittel- und Osteuropas auf ihre Fahnen geschrieben hatte.[256] Einer der Führer dieses perfiden, auf rassenideologischen Theorien fußenden Haufens war bis 1937 der spätere Bundesminister Theodor Oberländer, 1943 mitverantwortlich für die Massaker der Einsatzgruppen »Bergmann« und »Nachtigall« an der ukrainischen Bevölkerung in der Stadt Lwow.[257]

Während der Zeit des »Dritten Reiches« wurde Marika Rökk zum Star, aber sie wurde es auch, weil andere Stars ins Exil getrieben wurden. Die durch die Emigration hochkarätiger Künstler wie Bertolt Brecht, Fritz Lang, Peter Lorre, Elisabeth Bergner, Tilla Durieux, Carola Neher oder

Marika Rökk (um 1935).

Marlene Dietrich qualitativ nachhaltig ausgedünnte deutsche Theater- und Filmlandschaft brauchte neue Identifikationsfiguren zur Vermittlung des »nationalsozialistischen Unterhaltungsbildes«. Damit trat jedoch eine seltsame Entwicklung ein, die der sonst so analytisch denkende Propagandaminister Dr. Joseph Goebbels weder beachtet, forciert, geschweige denn gewollt hatte: Die »deutschen« Leinwand- und Bühnenstars waren nun die Ungarinnen Marika Rökk, Marta Eggerth und Käthe von Nagy, die Tschechinnen Anny Ondra und Lida Baarova, die Russin Olga Tschechowa, die Schwedinnen Kristina Söderbaum und Zarah Leander, Jan Kiepura aus Polen, Johannes Heesters aus den Niederlanden, René Deltgen aus Luxemburg, Helge Rosvaenge aus Dänemark, Benjamino Gigli aus Italien oder die 1938 »Heim ins Reich« geholten «Ostmärker« wie Paula Wessely, Paul und Attila Hörbiger und Hans Moser. Diese Tatsachen konnten nicht Goebbels' Vorstellungen vom deutschen Film entsprochen haben, und so baute sich ein seltsamer Druck auf die vom Publikum heiß geliebten ausländischen Stars auf: Der Minister verlangte von ihnen unbedingte Treue zum deutschen Volk, Lobpreisungen auf die nationalsozialistische Idee, Huldigungen des »geliebten Führers«. Ein Druck, dem sich auch – vielleicht vor allem – Marika Rökk ausgesetzt sah.

Als sie 1934 von der Ufa unter Vertrag genommen wurde, konnte Marika bereits auf eine internationale Karriere als Tänzerin zurückblicken. Schon mit elf Jahren trat sie 1924 im Pariser »Moulin Rouge« auf, ein Jahr später tanzte sie, von den Amerikanern liebevoll »Little Queen of Pirouettes« genannt, am Broadway. Sie begeisterte ab 1929, nun auch als Sängerin, das Publikum in Hamburg, Berlin, Monte Carlo, Cannes, London, Budapest und Wien.

Marika Rökks Physis entsprach so ganz den Vorstellungen von »deutschem Tanz«, »deutscher Revue«, »deutscher Unterhaltung«. Sie war keine ausdrucksstarke La Jana und auch keine fragile Anita Berber, sie hatte einen robusten Körperbau, ihre Tänze waren geprägt von artistischen Elementen. Handstand, Kopfstand, Radschlag, Salto oder ein Flickflack waren spektakuläre Höhepunkte in jeder ihrer Nummern. Dementsprechend war auch die Choreographie für die Chorus Line weniger auf klassischen Tanz, sondern mehr auf sportliche, beinahe militärische Wirkung angelegt. Die beineschwingenden Tänzerinnen in Marika Rökks Revuefilmen erinnerten nicht selten an eine im Stechschritt paradierende Mädchenkompanie in Spitzenhöschen. »Akrobatik«, erinnerte sich Marika Rökk 1974, »wurde zunächst noch ausgeklammert bei mir, die musste ich studieren. Und das tat ich. Mein Pensum war unheimlich reichhaltig, aber ich schaffte alles mit unverwüstlicher Gesundheit und einer überschäumenden Lebensfreude.«[258]

Ihre ersten Filmerfahrungen hatte Marika Rökk 1930 gemacht. In England stand sie damals in Monty Banks Kolonialkomödien »Kiss me, Sergeant« und »Why Sailors Leave Home« vor der Kamera, wenig später drehte sie in Ungarn »Kisertetek vonata – Geisterzug«. Ihr erster deutscher Film

Potsdamer Chaussee 49a heute.

war Werner Hochbaums reizende Zirkus-Komödie »Leichte Kavallerie«, dem wenig später der zweite, »Heißes Blut«, folgen sollte. Seit diesem überaus erfolgreichen Streifen war Georg Jacoby ihr Leibregisseur, 1940 wurde er ihr erster Ehemann. Fortan war Marika Rökk in ihren Filmen »festgelegt«, und zur Ausprägung ihres Images gehörte es vor allem, die Handlungsideen ihrer Drehbücher nicht allzu sehr zu differenzieren. »Nach dem immer gleichen Drehbuchrezept, dessen einmal gefundenes Schema rigoros eingehalten wird, ist sie in ständiger Variation des eigenen Typs immer der Bühnenstar, der durch eine flache Fabel banaler Intrigen, Verwechselungen oder Missverständnisse geschickt wird, bis er am Ende im überwältigenden Arrangement einer Schlussrevue brillieren kann und obendrein den Mann für's Leben gewinnt.«[259] Themen, die das deutsche Filmpublikum während der Kriegszeit dankbar annahm, bedeuteten sie doch – wenigstens für neunzig Minuten – »Ferien vom Krieg«, Ablenkung vom immer schwerer werdenden Alltag. Die propagandistisch wohlverpackte Botschaft der Revuefilme und Marikas Schlager – optimistisch sein, fröhlich sein, weitermachen, durchhalten – war angekommen.

Aber ausschließlich in dem genormten Vergnügungskonzept des »deutschen Revuefilms« wollte sich Marika Rökk doch nicht aufhalten. Sie war eine Künstlerin, deren Aufgabe es war, sich selbst ihrer weiteren Entwicklung zu stellen und somit dem Publikum immer neue Facetten ihres Schaffens zu bieten. Und sie suchte sich im engen Korsett der vorgegebenen Drehbücher immer wieder Freiräume. In »Die Frau meiner Träume« begeisterte sie mit einem spanischen Tanz, dem sie mit tief dekolletiertem Kleid und äußerst deutlichen Gesten eine laszive Erotik gab. Dem Propagandaminister war dies allerdings zu viel Freiraum. Nach der Voraufführung erzwang Goebbels umfassende Nachaufnahmen. »Das ist frivol, so tanzt eine deutsche Frau nicht«,[260] ließ er den Produktionsstab wissen.

Marika Rökk war einer der größten Stars des deutschen Films im »Dritten Reich«, und sie schaffte es, durch eisernen Willen und Disziplin, sich diesen Status in Adenauers Nachkriegsdeutschland neu zu erarbeiten. Sie als größten europäischen Revue- und Operettenstar des 20. Jahrhunderts zu bezeichnen, ist ohne Zweifel hart an der Wahrheit. Ihre große Kunst auf ihre Rolle in der Nazizeit zu reduzieren, ist ebenso hart an einer unzulässigen Verknappung. Marika Rökk erlebte eine einmalig erfolgreiche Karriere, und dabei traf sie auf vier Generationen eines immer dankbaren Publikums.

»Ich habe nichts gewusst«, beteuerte sie nach dem Ende der Naziherrschaft. Als sie 1995, charmant kokettierend, dem ARD-Talkmaster Alfred Biolek gegenübersaß, sagte sie: »Ich war sexy, nur wusste ich es nicht.«[261] Nicht einmal das hatte sie gewusst.

Helge Rosvaenge

1897 Kopenhagen –
1972 München

Sänger

Grüner Weg 19

Der Krieg war zu Ende. Russische Soldaten erschienen am Tor der Villa Grüner Weg 19, inspizierten den Garten, in dem die letzten Kämpfe tiefe Spuren hinterlassen hatten, und betraten das Haus, dessen zerborstene Fensterscheiben durch Pappe ersetzt waren. Sie staunten über das luxuriöse Bad, die große Küche und darüber, dass die stattliche Villa einem berühmten dänischen »Artista« gehörte. Sie staunten noch immer, als man ihnen Schallplatten von ihm vorspielte. Immer mehr Platten wurden hervorgeholt, und immer mehr Russen kamen, um dem Grammophon zu lauschen. Bis ihnen die Tonkonserven nicht mehr ausreichten. Der »Artista« solle selber singen. Helge Rosvaenge setzte sich ans Klavier, sang auf russisch die »Arie des fremden Gastes« von Rimskij-Korsakow, ließ den Lenski aus Tschaikowskis »Eugen Onegin« folgen und durfte an diesem und den folgenden Tagen mit dem Singen nicht mehr aufhören. »Danke«, sagte der Kommandant, »Sie sind ein großer ›Artista‹«[262]

Wäre es nach dem Vater gegangen, wäre aus Helge Anton Rosenvinge Hansen nie ein großer »Artista« geworden. Ihm zuliebe studierte der Sohn am Polytechnikum in Kopenhagen und machte sein Diplom als Chemieingenieur. Selbst als die Sängerkarriere längst begonnen und der Vater sich mit ihr abgefunden hatte, blieb Helge der Chemie verbunden. Zwischen den Auftritten studierte er Fachliteratur oder experimentierte in seinem eigenen Labor, das er sich für 60000 Mark in seiner Wannsee-Villa hatte einrichten lassen. Ein Ergebnis seiner Experimente war das HEROS-Brot, das durch die Streckung von Roggenmehl mit Kartoffelflocken entstand und sogar patentiert wurde. Nach dem Krieg entwickelte Rosvaenge für eine spanische Firma Antifowling-Schiffsfarbe.

Doch seine große Liebe galt dem Gesang. Schon als Kind ließ er sich nicht zweimal bitten, eines der vielen dänischen Volkslieder auswendig vorzusingen. Als der junge Rosvaenge das erste Mal Bizets »Carmen« in der Hamburger Staatsoper hörte, wusste er längst, dass er Opernsänger werden wollte, auch wenn er noch nicht ahnte, dass gerade die Rolle des Don José sich wie ein roter Faden durch seine Karriere ziehen wird.

In seiner ersten Opernsaison 1921 am Neustrelitzer Landestheater sang Rosvaenge neben dem Don José gleich sieben weitere Titelpartien mit so großem Erfolg, dass andere Bühnen auf ihn aufmerksam wurden. Nach Zwischenstationen in Altenburg, Basel und Köln kam Rosvaenge 1930 an die Deutsche Staatsoper Unter den Linden. Ihr Dirigent Leo Blech wurde sein »musikalischer Vater«, bei dem er vor allem »Präzision und Disziplin« lernte.

»Wer schöne Stimmen, kunstvollen Gesang liebt, kommt bei Rosvaenge auf seine Rechnung. Der vortreffliche Sänger ist ein männlicher lyrischer Tenor, nicht weichlich und gefühlszerflossen, wie es lyrische Tenöre oft sind. In seiner metallischen Stimme ist Energie, etwas Stählernes, das hohen Tönen Glanz gibt. Bei aller Wärme des Gesangs ist Adel der Form da, eine schöne Linie, Maß und Geschmack.«[263] Eine der vielen positiven Kritiken, die in den Feuilletons der Tageszeitungen jener Tage zu lesen waren, in denen der Vielbeschäftigte von Aufführung zu Aufführung, Opernhaus zu Opernhaus und Konzertsaal zu Konzertsaal eilte. Über zweihundert Auftritte zählte er in manchem Jahr. Zeitweise war er von sechs Opernhäusern gleichzeitig engagiert. Sein dichter Terminkalender machte ihn zum weitgereisten Passagier der noch jungen Verkehrsfliegerei.

Erstaunlich war die Breite des Repertoires, Rosvaenge war der ideale Mozartsänger, nicht zu überbieten als Florestan in Beethovens »Fidelio« und ein Meister des Belcantos, wie es keinen zweiten im deutschsprachigen Raum gab. Viele Rollen spielte er an Hunderten von Abenden, ohne je in Routine zu verfallen oder stimmlich indisponiert zu sein. Allein den König Gustaf IV. in Verdis »Ein Maskenball« sang Rosvaenge an die dreihundert Mal, was eine seiner zahlreichen Verehrerinnen mit einem Blumenstrauß honorierte, versehen mit der Widmung »Für den eisernen Justav«.

Der Deutschen Staatsoper Unter den Linden hielt er auch nach der kriegsbedingten Spaltung Deutschlands die Treue, was ihm viele im Westen verübelten. Wegen seines Auftritts in der Festaufführung von Beethovens Neunter im wiedererstandenen Knobelsdorff-Bau lud man ihn prompt von den Feiern bei der fast gleichzeitig eröffneten Wiener Staatsoper wieder aus. Er reagierte mit einem Zeitungsartikel unter dem Titel

Grüner Weg 19.

»Ich kenne keine politischen Künstler«, eine These, deren Fragwürdigkeit ihm schon bei früherer Gelegenheit hätte auffallen müssen. 1934 sang er bei einem Konzert in Graz Hugo-Wolf-Lieder, darunter auch das Lied »Heimweh«. »Als die letzte Strophe mit den Worten ›Grüß dich Deutschland, aus Herzensgrund‹ verklungen war, blieb alles still und stumm im Saal, nur stand das Publikum wie auf Kommando auf und hob den Arm zum Hitlergruß«.[264] Rosvaenge war ungewollt zum Nazi-Propagandisten geworden, durfte weitere geplante Konzerte nur unter Polizeiüberwachung geben und später gar nicht mehr in Österreich auftreten. Das galt bis zum »Anschluss«. Danach war er rehabilitiert, und Graz, die »Stadt der Erhebung«, dankte ihm seinen prophetischen Konzertauftritt mit der Anwartschaft als Mitglied der NSDAP. Eine Ehrung, die ihm noch Schwierigkeiten machen sollte. Als Rosvaenge nach dem Krieg in Stockholm auftrat, feierte ihn zwar das Publikum, aber die Presse schmähte ihn als »Kollaborateur« und »Nazi«. Und die Dänen hatten endlich auch einen prominenten »Schuldigen« so wie die Schweden ihren Sven Hedin und die Norweger ihren Knut Hamsun.

Die Alliierten verweigerten dem Sänger die Rückkehr nach Deutschland, selbst die Durchreise für ein Engagement in Zürich wurde ihm nicht gestattet. Erst 1948 gab Rosvaenge erste Gastkonzerte in Basel und Bern. Dann rief die Wiener Oper nach ihm, und Rosvaenge trat wieder mit seiner Lieblingsrolle auf, 102 mal Don José in einer Spielzeit. 1949 war er den

Berliner Zeitungen eine Schlagzeile wert: »Rosvaenge wieder in Berlin«. Die Städtische Oper hatte ihren »wohl größten Abend seit 1945«. Und Publikum und Kritiker staunten, dass die Stimme des inzwischen Zweiundfünfzigjährigen nichts von ihrer Strahlkraft verloren hatte. Noch immer schaffte er mühelos die hohen Töne und war von zwingender Bühnenpräsenz.

Es folgten Jahre unermüdlicher Arbeit, in Salzburg bewunderte man ihn als »Florestan«, in Dresden als »Faust«, in Berlin als »Canio«, in Barcelona als »Tamino« und in Belgrad als »Radames«, um nur einige Beispiele zu nennen. Er nahm Schallplatten auf, gründete seine eigene Produktionsgesellschaft, inszenierte selbst Opern und Operetten, und das Wunder seiner Stimme hielt an: im sechzigsten Lebensjahr stehend, war er für Kritiker und Publikum immer noch »der begnadete Tenor«.

1958 nahm er Abschied von seiner zweiten künstlerischen Heimat, der Wiener Staatsoper. Ihr neuer Direktor Herbert von Karajan bestand darauf, dass Opern in der Sprache gesungen werden, in der sie komponiert wurden. Rosvaenge dachte als inzwischen 62-jähriger nicht mehr daran, seine Rollen umzulernen. Der Däne hatte vierzig Jahre in deutscher Sprache gesungen, und zwar so, dass der Zuhörer jedes Wort verstehen konnte. Jetzt die Partien in unverständlichem Italienisch zu singen, hätte für ihn die Aufgabe eines wichtigen Teils seines künstlerischen Ausdrucks bedeutet.

Opernbesucher, die wegen Karajan nicht auf Rosvaenge verzichten wollten, luden ihn zu einem Lieder- und Arienabend in den Großen Musikvereinsaal ein. Das Konzert wurde ein Triumph, »kein Arienabend mit Applaus wie jeder andere, es war vielmehr ein Ozean von Beifall ..., ein massenpsychologisch interessantes Beispiel von Heldenverehrung, wie sie die Mitte des 20. Jahrhunderts versteht«, schrieb die »Österreichische Neue Tageszeitung«. Es gab mehrere gleichermaßen umjubelte Wiederholungen, bis Rosvaenge 1961 auch hier sein Abschiedskonzert gab. Doch er hörte nicht auf zu singen. Dass seine Stimme nahezu unverbraucht war, davon konnte sich auch das Publikum im Madison Square Garden von New York überzeugen, wo er mit inzwischen 66 Jahren seinen ersten Auftritt in den USA hatte. Der Erfolg war überwältigend, die Zeitungen sprachen vom »Wunder Rosvaenge« und konnten gar nicht verstehen, dass dieser Sänger vorher nie in der Met aufgetreten war. 1971 feierte er sein 50-jähriges Bühnenjubiläum mit »Yolimba« am Gärtnerplatztheater in München, wohin er inzwischen übergesiedelt war. »Keine Müdigkeit, kein Verlangen nach Ruhe, so wie er das Publikum, elektrisierte das Publikum ihn«.[265] 1972, zwei Monate vor seinem 75. Geburtstag, wurde der große »Artista«, der »dänische Caruso«, aus dem vollen Leben gerissen.

Ferdinand Sauerbruch

1875 Barmen – 1951 Berlin

Mediziner, Chirurg

Koblanckstraße 1

1928 war Ferdinand Sauerbruch als Direktor der Chirurgischen Abteilung und Leiter der Chirurgischen Universitätsklinik an die Berliner Charité berufen worden. Der Freiwillige des Ersten Weltkrieges, der es bis zum Beratenden Chefarzt des XV. Armeekorps gebracht hatte, wurde bereits 1915 nach einem Beurlaubungsgesuch, das er auf Veranlassung der Züricher Universität einreichte, von der deutschen Regierung für seine Forschungsarbeiten in der Schweiz freigestellt. Fortan widmete er sich der Entwicklung der so genannten »Sauerbruch-Hand« für Kriegsversehrte, die unter Einbeziehung von gesunden Muskelsträngen Handbewegungen erlaubte. Seine Erfahrungen auf diesem Gebiet veröffentlichte er 1916 in der Schrift »Die willkürlich bewegbare künstliche Hand«.

1918 folgte der international anerkannte Chirurg einem Ruf an die Universität München. Hier setzte er seine bahnbrechenden Forschungen fort und entwickelte die nach ihm benannte »Sauerbruch'sche Umkipp-Plastik«: Nach Entfernung eines durch Krebs zerstörten Oberschenkelknochens wurde der gesunde Unterschenkelknochen in die Hüftgelenkpfanne verpflanzt und der Unterschenkel durch eine Prothese ersetzt. 1931 – nun schon in Berlin – gelang ihm ein weiterer sensationeller Operationserfolg: Erstmals konnte die Ausbuchtung der Herzwand nach einem Infarkt beseitigt werden.

Sauerbruchs Jahre in Berlin sollten die erfülltesten, glücklichsten, aber auch widerspruchsvollsten seines Lebens werden. Kurz nach seiner Ankunft in der Reichshauptstadt machte ihn Margarete Oppenheim, eine gute Bekannte und Gattin eines einflussreichen Bankiers, auf ein leerstehendes Haus in der Wannseer Koblanckstraße aufmerksam. Dem passio-

Prof. Ferdinand Sauerbruch während einer Vorlesung.

nierten Reiter Sauerbruch waren die bauliche Beschaffenheit oder die räumlichen Gegebenheiten letztendlich egal, wichtig für ihn war nur, dass sich auf dem Grundstück ein Reitplatz und ein Pferdestall befanden. Fortan gehörte der »reitende Professor« zum gewohnten Straßenbild am Wannsee.

Aus München hatte sich Sauerbruch einen Wallach mitgebracht, den er schon in der bayerischen Hauptstadt gern geritten hatte. Ein gutes, harmloses Tier mit Namen Artur, der in München, wenn ein Pferd gebraucht wurde, immer an die Oper ausgeliehen wurde. Artur hatte die Bühne lieben gelernt und litt in Berlin darunter, dass er nicht mehr im Rampenlicht stehen konnte. Ferdinand Sauerbruch erinnerte sich: »Erhielten wir in Wannsee Besuch, von dem wir annehmen mussten, er könne singen, so holten wir Artur aus dem Stall, hießen den Sänger, seinen Kopf an Arturs Hals zu legen und loszuschmettern. Das gefiel dem Pferde sehr, Artur bekam träumerischen Glanz in seinen Augen. Er schwelgte in alten Erinnerungen.«[266]

Im Hause Oppenheim lernte Ferdinand Sauerbruch während einer abendlichen Gesellschaft auch Max Liebermann kennen. Aus diesem ersten nachbarschaftlichen Treffen entwickelte sich eine jahrelange Freundschaft.

1932 erkrankte Liebermann an einem gefährlichen Leistenbruch, Sauerbruch ließ den Hochbetagten sofort in die Charité bringen. Die Therapie gab der achtzigjährige Maler dem berühmten Professor vor: »Sauerbruch, häng'n Se mir verkehrt 'rum an die Beene uff, denn wird det schon wat«. Sauerbruch tat es, der Bruch korrigierte sich von selbst. Während der Untersuchung sagte Liebermann: »Mensch, Sauerbruch, wat ha'm Sie für ne Visage! Det is die vertrackteste Visage uff de Welt. Die muß ick zeichnen. Jeben Se mir sofort Papier und 'nen Bleistift.« Sauerbruch wollte seine Behandlung fortsetzen, aber Liebermann ließ nicht locker: »Nee, erst jeben Se mir wat zum Zeichnen«. Nachdem er eine Weile skizziert hatte, sagte Liebermann erleichtert: »So, nu ha ick Ihre Visage im Jröbsten festjehalten«.[267]

Zurück in Wannsee, begann Liebermann sofort nach der Skizze an einem Porträt zu arbeiten. In seiner Biografie »Das war mein Leben« erinnerte sich Ferdinand Sauerbruch: »Einige Tage später erklärte er mir, ich müsse ihm jetzt sitzen. Das tat ich auch, aber dann nahm es mir zuviel Zeit weg, und ich murrte. Er jedoch meinte: ›Et jeht ja mal nich anders. Wenn Sie'n Fehler machen, dann deckt ihn anderntags der jriene Rasen. Aber'n Fehler von mir sieht man über hundert Jahre an de Wand häng'n.‹ So malte er mich in Öl, wie er sich ausdrückte. Zuerst fertigte er eine große Ölskizze, dann begann er noch einmal. Das fertige Bild nannte er ›Der Chirurg‹ und stellte es aus. Die Skizze vollendete er und schenkte sie mir.«[268]

Der bis dahin völlig unpolitische Sauerbruch geriet ab 1933 immer mehr in die unmittelbare Nähe des nationalsozialistischen Regimes. Der

Koblanckstraße 1 (historische Aufnahme).

Premiere des Sauerbruch-Films »Das war mein Leben« 1954 in Berlin.

preußische Ministerpräsident Hermann Göring ernannte ihn 1934 zum Staatsrat, 1937 wurde ihm auf dem Nürnberger Reichsparteitag der NSDAP der Nationalpreis verliehen, und ab 1938 gab Sauerbruch die Zeitschrift »Neue Deutsche Chirurgie« heraus. Nachdem Sauerbruch seit Mitte der Dreißigerjahre dem Hauptausschuss der Deutschen Forschungsgemeinschaft angehörte, wurde er später in den »Reichsforschungsrat« berufen. Dieser unterstützte, auch mit Wissen Sauerbruchs, so genannte Forschungsprojekte der SS, zu denen vornehmlich die Menschenversuche in den Konzentrationslagern gehörten. 1942 wurde er Generalarzt des Heeres und bewilligte in dieser Funktion die Mittel für Senfgasversuche an Häftlingen im KZ Natzweiler.

Andererseits verurteilte Sauerbruch die Verfolgung seiner jüdischen Mitarbeiter nach den »Nürnberger Gesetzen«, er protestierte gegen das Euthanasie-Programm und bot der antinazistischen »Mittwochs-Gesellschaft«, einem Zirkel von sechzehn herausragenden Natur- und Geisteswissenschaftlern, Verwaltungsbeamten, Militärs, Wirtschaftsführern, Kulturschaffenden und Regierungsmitgliedern, zeitweise Raum in seinem Haus am Wannsee. Da einige Mitglieder der »Mittwochs-Gesellschaft« zum Widerstand gehörten, wurde nach dem 20. Juli 1944 auch Sauerbruch mehrfach von der Gestapo verhört.

Seinen Freund Max Liebermann traf Ferdinand Sauerbruch letztmalig 1934 am Wannsee. Als Liebermann nach einem langen Sommeraufenthalt in sein Haus am Pariser Platz zurückkehrte, antwortete der Maler auf Sauerbruchs Frage nach seinem Befinden: »Nich jut, in diesem Sommer ha'm se mir fuffzehn Bilder bezahlt. Ick hab aber bloß dreizehn jemalt«.

Sauerbruch hat seinen berühmten Freund um sechzehn Jahre überlebt. Nach dem Ende des Zweiten Weltkrieges beteiligte er sich maßgeblich am Wiederaufbau des Berliner Gesundheitswesens. Noch 1950, trotz altersbedingter Beeinträchtigung seiner chirurgischen Sicherheit und geistigen Spannkraft, operiert er in Westberliner Privatkliniken. Seine Autobiografie »Das war mein Leben« wurde 1954 verfilmt.

Albert Speer

1905 Mannheim – 1981 London

Architekt, Reichsminister

Schopenhauerstraße 31, Inselstraße 18

»Ihr Mann wird für mich Bauten errichten, wie sie seit vier Jahrtausenden nicht mehr entstanden sind.«[269] Ob nun Vorahnung, Wunschdenken oder gar Drohung, das, was Ehefrau Margret Speer aus dem Munde Adolf Hitlers hörte, sollte das politische Schicksal und das Wirken eines jungen und überaus talentierten deutschen Architekten nachhaltig bestimmen und schließlich endgültig besiegeln.

Albert Speer, Sohn eines erfolgreichen Karlsruher Architekten, hatte an der TH Charlottenburg studiert und danach noch einige Jahre als Assistent bei Professor Heinrich Tessenow gearbeitet. In Berlin traf er auch erstmals auf seinen späteren Förderer. Am 4. Dezember 1930 hörte er eine Rede Adolf Hitlers im überfüllten Festsaal in der Neuköllner Hasenheide. Fasziniert von dessen oberösterreichischem Gebrüll, trat Speer am 1. März 1931 mit der Mitgliedsnummer 474.481 der NSDAP bei.

1932 bekam er, mittlerweile als selbstständiger Architekt in Mannheim tätig, seinen ersten Auftrag in der Reichshauptstadt. Der NSDAP-Gauleiter Joseph Goebbels hatte in der Voßstraße eine Villa erworben, die Speer zum Berliner »Gauhaus« umbauen sollte. »Ich arbeitete Tag und Nacht mit größter Eile, da die Gauorganisation auf schnellste Fertigstellung drängte. Goebbels sah ich selten. Abgehetzt und völlig heiser ließ er sich einige Male, ohne viel Interesse zu haben, die Räume zeigen. Einige Tage nach der Einweihung besichtigte auch Hitler das nach ihm benannte Gauhaus. Ich hörte, daß der Umbau seinen Beifall fand, was mich mit Stolz erfüllte.«[270]

Für diesen Umbau wollte Speer kein Honorar. Wichtiger waren ihm die engen Kontakte zur Partei und zu deren Führung, und er spekulierte auf üppige Nachfolgeaufträge. Diese blieben nicht aus, allerdings musste sich der junge, aufstrebende Baumeister bis zur Machtübernahme der Nationalsozialisten im Januar 1933 gedulden. Sein Gönner Joseph Goebbels war bei der Besetzung des ersten Kabinetts Hitler, dem anfangs neben Hitler mit Hermann Göring und Wilhelm Frick nur drei Nazis angehörten, noch leer ausgegangen. Erst nach der Reichstagswahl vom 5. März 1933 konnte Hitler Goebbels' Ernennung zum »Reichsminister für Volksaufklärung und Propaganda« durchsetzen. Den Rücktritt Alfred Hugenbergs von seinem Posten als Reichsernährungs- und Reichswirtschaftsminister nutzte Goebbels, um sich dessen Palais in der Friedrich-Ebert-Straße als Dienstwohnung zu sichern. Als Amtssitz seines neuen Ministeriums wählte Goebbels das 1737 errichtete und hundert Jahre später von Karl Friedrich Schinkel umgebaute Leopold-Palais am Wilhelmplatz. Die Umgestaltung des Palais' zum Propagandaministerium, die »Ausrichtung auf die neue Zeit«, übernahm natürlich Albert Speer.

Nach wenigen Wochen konnte Speer dem Minister das Ergebnis präsentieren. Dieser empfand zwar die sachlich orientierte Möblierung zu bescheiden, allerdings war er von Speers schneller, effizienter und künstlerisch äußerst einfühlsamer Arbeit beeindruckt. Speer hatte für die Dekoration der Büroräume Gemälde aus der Nationalgalerie ausgeliehen, darunter auch einige Aquarelle des von ihm verehrten Emil Nolde. Joseph und Magda Goebbels lobten Speers guten Geschmack. Ihnen gefielen die Bilder, dem allerobersten Dienstherren jedoch überhaupt nicht. Nach einem Besuch Hitlers im neuen Ministerium rief ein aufgeregter Goebbels seinen Architekten an: »Die Bilder müssen augenblicklich weg, sie sind einfach unmöglich!«[271]

Im Juli 1933 erfuhr der achtundzwanzigjährige Albert Speer die nächsten hohen Weihen. Goebbels ernannte ihn zum »Amtsleiter für die künstlerische Gestaltung von Großkundgebungen«. Der Künstler und dennoch kühle Rechner Speer hatte verstanden. Er wusste, was das bedeutet. Jetzt lag es an ihm, die Macht des Nationalsozialismus in Stein zu hauen, er war derjenige, der »die neue deutsche Architektur in Einklang mit den neuen Menschen« zu bringen hatte. Die Neugestaltung des Reichsparteitagsgeländes in Nürnberg diente ihm als erstes Experimentierfeld. Im Frühjahr 1934 ließ er hier die Holztribünen abreißen und durch ein 400 Meter langes und 25 Meter hohes Steingebäude ersetzen. Hitler hatte gefordert, ein »Dokument stilbildender Art im gewaltigsten Ausmaß zu schaffen«. Speer tat ihm diesen Gefallen und ließ zum »Reichsparteitag der Sieger« bei Einbruch der Dunkelheit in der gewaltigen Steinwüste 130 Flakscheinwerfer aufleuchten, die mit ihren sieben Kilometer hohen Strahlen erstmals einen gigantischen »Lichtdom« bildeten, eine Kunstform, die Speer während der Olympischen Sommerspiele in Berlin 1936 perfektionierte. Vor dieser beeindruckenden Kulisse marschierten rund 200 000 uniformierte Parteimitglieder in schnurgerade ausgerichteten Konturen über das Parteitagsgelände. Die Menschenmassen ergänzten die monumentale Architektur, und der »Führer« war so begeistert, dass er Speer zum Nachfolger seines verstorbenen Architekten Paul Ludwig Troost machte. Hitlers tiefe persönliche Zuneigung zu dem jungen Architekten, die mitunter beinahe erotische Züge annahm, gab es als Beigabe obendrauf.

In den Folgejahren wurde das Verhältnis zwischen den beiden ungleichen Männern immer enger. Wenn Speer seinem »Führer« einen Plan oder ein Modell zeigen wollte, ließ dieser alles stehen und liegen und benahm sich, »als ob eine Geliebte käme und ihn besuchte«.[272] In unzähligen Vier-Augen-Gesprächen entstanden die Ideen für das Berliner Olympiastadion, für den weiteren Ausbau des Nürnberger Parteitagsgeländes, für die Neue Reichskanzlei und schließlich für die Neugestaltung Berlins als zukünftige »Welthauptstadt« Germania. Hitler ernannte seinen Lieblingsarchitekten zum »Generalbauinspektor« und gab ihm alle Freiheiten zur Verwirklichung seiner ehrgeizigen Vorhaben. Zu Speers »Freiheiten« gehörte auch die »Zersiedelung« der Berliner Mitte. Insgesamt 75 000 Berliner Juden mussten ihre Wohnungen räumen, um Platz für »Germania« zu schaffen. Es ist anzunehmen, dass der verwegene »Germaniaplaner« nie mit der Rückkehr dieser Menschen rechnete. Ihr Gepäck wurde an den Bahnhöfen waggonweise »vergessen«...

Vorbild für »Germania« war Paris. Nur sollte alles größer, wuchtiger und gewaltiger werden. Der Arc de Triomphe ist 54 Meter hoch, das in Berlin geplante »Denkmal für die Gefallenen des Weltkrieges« sollte 117 Meter hoch werden. Die Champs Eysées sind 100 Meter breit und zwei Kilometer lang, eine neue Prachtstraße auf der Berliner »Nord-Süd-Achse« sollte120 Meter breit und fünf Kilometer lang sein und zur »Großen Halle des Volkes«, einem 250 Meter hohen Steinkuppeldom, führen. Dem »gebauten Nationalsozialismus« konnte und wollte sich Speer nicht mehr entziehen: »Für einen großen Bau hätte ich wie Faust meine Seele verkauft. Nun hatte ich meinen Mephisto gefunden.«[273]

Speers Faszination für ideologisch gefärbte Kolossalbauten ließ allerdings immer noch Platz für den Schöngeist, den »normalen«, den »einfachen« Architekten und Gestalter. Mit seiner Familie wohnte er in einem Landhaus in der Schopenhauerstraße 31 in Schlachtensee. Dieses Haus hatte er mit seiner Frau Margret zu einer Heimstatt eingerichtet, welche nichts von seiner Vorliebe für bombastische »steinerne Denkmäler« erahnen ließ. Moderne Gemälde, Bauhausmöbel, helle, sonnendurchflutete Räume, dazu ein liebevoll angelegter Garten – Speer konnte einen klaren Trennstrich ziehen zwischen Privatleben und Profession.

1938 erfüllte sich Speer einen besonderen Traum. Oft war er bei Joseph und Magda Goebbels auf Schwanenwerder zu Gast, er empfand es als »wunderbar«, wenn die Kinder beider Familien – Speer hatte selbst vier Söhne und zwei Töchter – über das Goebbels'sche Anwesen tobten und im seichten Wasser badeten. Speer hatte sein Herz an die Insel – und auch ein wenig an Magda Goebbels – verloren. Überglücklich war er, als er die unbebaute Parzelle Inselstraße 7 erwerben konnte. Die jüdische Eigentümerin, Baronin Marie-Anne von Goldschmidt-Rothschild war die Tochter des Großindustriellen Fritz von Friedlaender-Fuld und Ehefrau von Rudolf Maximilian Benedikt von Goldschmidt-Rothschild. Das Ehepaar bewohnte ein Palais am Pariser Platz 6, der Käufer Albert Speer hatte sein Büro zwei Häuser weiter, am Pariser Platz 4.

Aber es war ein abenteuerlicher Kauf. Im August 1938 wurde das Grundstück Inselstraße 7 mit einer Hypothek in Höhe von 465000 Reichsmark zur Sicherung der Forderung über 8216963 Reichsmark »Reichsfluchtsteuer« belastet, die der Fiskus von Marie-Anne Goldschmidt-Rothschild verlangte. Speer fädelte am 4. Oktober 1938 einen Kaufvertrag ein, nach dem er einen Quadratmeterpreis von lediglich sechs Reichsmark an die jüdischen Vorbesitzer bezahlte. Die Bebauung des 25000 Quadratmeter großen Anwesens erwies sich jedoch als äußerst schwierig. Seit Sommer 1937 bedurfte jede bauliche Veränderung auf Schwanenwerder der Zustimmung des Berliner Oberbürgermeisters. Baugenehmigungen wurden zumeist mit der Begründung einer angespannten Rohstofflage verweigert. Diese Anordnung galt für alle bauwilligen Grundstückseigentümer. Albert Speer, der das Grundstück Inselstraße 7 nie bewohnt hat, erlangte über nicht näher bezeichnete »Reichsdienststellen« eine Ausnahmegenehmigung. Mit dem vorgebrachten Nachweis vorhandenen Bauholzes durfte er wenigstens einen Bootshafen mit einem aufwändigen Bootshaus bauen.[274]

Speer hatte nun drei Domizile. Hitler ließ ihm, um seinen Zögling so oft wie möglich an seiner Seite zu wissen, als Zweitwohnsitz das Bechsteinhaus auf dem Obersalzberg in unmittelbarer Nachbarschaft zu Hermann Göring und Martin Bormann einrichten. In Berlin unterhielt er weiterhin sein Haus in der Schopenhauerstraße, aber auf Schwanenwerder wollte er mehr haben als eine große Wiese mit Bootssteg.

Und wieder kam Speer die Familie Goebbels zu Hilfe. In der unmittelbaren Nachbarschaft des Propagandaministers hatte sich im Laufe der Jahre einiges verändert. So hatte Gustav Fröhlich 1939 sein Haus in der Inselstraße 18 an den neuen Eigentümer Albert Nestler für 140000 Reichsmark verkauft.[275] Mehr oder weniger freiwillig vermietete Nestler sein Haus 1941 an Albert Speer und dessen Familie. Endlich war Speer im »Olymp Schwanenwerder« angekommen.

Blick auf Schwanenwerder.

Den nunmehrigen Ballast Inselstraße 7 schaffte er sich gewinnbringend vom Halse. Mit Vertrag vom 11. Februar 1943 verkaufte er das Grundstück für 389506 Reichsmark an die Deutsche Reichsbahn. Abzüglich angenommener Eigenleistungen ergab sich für Speer ein Gewinn von rund 210000 Reichsmark, die er persönlich einstrich. Später versuchte das Wirtschaftsamt nach der »Verordnung über die Nachprüfung von Entjudungsgeschäften« diese Summe zurückzufordern, doch der windige Speer schaffte es, dass der Berliner Stadtpräsident eine Rückzahlung von nur noch 46000 Reichsmark für angemessen ansah.[276] Dieser Grundstückskauf und -verkauf sollte ihn sein Leben lang verfolgen. Noch in der Zeit, als er in Spandau seine zwanzigjährige Zuchthausstrafe verbüßte, erhob die Bundesregierung Rückzahlungsforderungen gegen ihn. Bezahlt hat Speer diese Forderungen nie. »Freunde« des Künstlers und Architekten, der als »Reichsminister für Bewaffnung und Munition« ab 1943 zum Hauptkriegsverbrecher mutierte und schwerste Schuld auf sich lud, hatten dies übernommen.

Friede Springer

1942 Oldsum, Insel Föhr

Geschäftsführerin der Axel-Springer-Gesellschaft für Publizistik

Inselstraße 24/26

»Siebzehn Jahr, blondes Haar, so stand sie vor mir…« Es war Liebe auf den ersten Blick. Friede Riewerts, die als unbedarftes Kindermädchen 1965 mit einem Köfferchen im Haus Axel Springers ihren Dienst antrat, ahnte nicht, dass sich einer der größten europäischen Zeitungsverleger sofort Hals über Kopf in sie verliebt hatte.[277] Die 23-jährige lebenslustige blonde Schönheit von der Insel Föhr, die Springers Tochter hätte sein können, erinnerte den Zeitungszaren an seinen Jugendschwarm Julie Christie. Immer wieder spielte der Verleger die Schallplatte des jungen Schlagerstars Udo Jürgens ab und konnte bei dem schmachtenden Ohrwurm an nichts anderes denken als an das blonde Mädchen von der Insel.

1945 hatte einst ein entnervter Besatzungsoffizier, der sich regelmäßig die vielen Heldensagen vermeintlicher Widerstandskämpfer anhören musste, Axel Springer die Frage gestellt: »Und wer hat Sie verfolgt, Herr Springer?« – »Nur die Mädchen, Sir«, war die Antwort des zukünftigen Verlegers.[278] Aber angesichts der Schönheit des »stillen Fräulein Riewerts« sollte aus dem Verfolgten nun selbst ein Verfolger werden. Axel Springer zog von nun an über jeden Schritt der Tochter des Gärtnermeisters Erkundigungen ein und verlor sie auch während ihrer Au-pair-Zeit im Ausland nicht aus den Augen.

Als Friede 1967 von Spanien nach Hamburg zurückkam, hatte der verliebte Verleger bereits alles für seine neue Liebschaft arrangiert: Eine luxuriöse Unterkunft in Hamburg und eine »Gesellschaftsdame«, die sich um die Manieren und Stilfragen der dreißig Jahre jüngeren Angebeteten kümmern sollte. Friede, die nicht den Eindruck machte, »Schmetterlinge im Bauch« zu haben und eher fasziniert von dem mächtigen Mann war, gab nach und fügte sich zunächst mit Unwohlsein dem Arrangement einer heimlichen »Mätresse«, »die sich aushalten ließ«, in den Augen ihres Bruders eine »Kurtisane«, »eingesperrt in eine mit teurem Mobilar bestückte Wohnung«.[279]

Sie passte sich vollkommen Springers Leben an. Fräulein Riewerts sollte in der Anfangszeit ihrer Beziehung immer im Hintergrund bleiben, und auch als sich die Beziehung verfestigte, trat sie öffentlich kaum in Erscheinung. Hin und wieder wurde sie im gesellschaftlichen Rahmen an Axel Springers Seite gesehen, so beim Wiener Opernball, wo sie Anfang der Siebzigerjahre mit Kaiserin Sissis Diadem auffiel. Sonst aber wussten nur Eingeweihte über die feste Lebensgefährtin des Verlegers Bescheid. Aber diese Geheimhaltung bedeutete weitaus mehr als nur das Verstecken einer »wilden Ehe«. Axel Springer, »der von seinen Getreuen geliebte, von seinen Gegnern gehasste König aller Blattmacher«[280], war seit den Straßenschlachten um sein Verlagshaus und der Formierung der Roten Armee Fraktion einer der gefährdetsten Privatpersonen der Bundesrepublik geworden. Die Anschläge, Mord- und Bombendrohungen, die es auf Axel Springer und seinen Verlag gegeben hatte, brachten auch seine Lebensgefährtin, die nicht unter Staatsschutz stand, in Gefahr.

Das Haus auf Schwanenwerder, das sich der Verleger 1961 als Berliner Sommersitz zugelegt hatte, lag zwar mit seiner einzigen überwachbaren Straße sicherheitsstrategisch günstig, aber auf den staatlichen Personenschutz allein verließ sich der Verleger nicht. Er engagierte einen eigenen Chef mit privatem Sicherheitsdienst, der ihn schützen sollte, wenn er zu Hause war. Zwei abgerichtete Schäferhunde bewachten die mehrfach gesicherte Toreinfahrt zum Grundstück auf Schwanenwerder, und für den Fall, dass die einzige Inselstraße blockiert sein sollte, hielt sich Springer ein Schnellboot. Der lebensfrohe Verleger litt unter den Angriffen und Verfolgungen, er hätte möglicherweise weiter seine unverbindlichen Frauenbeziehungen gepflegt, aber unter dem öffentlichen Druck rückte Friede Riewerts immer näher. »Er rief sie ›Schalom‹ und ›Engel‹. Friede wurde sein Trost im irdischen Jammertal. Friede bedeutete ihm Frieden in einer oft feindselig gewordenen Welt.«[281] Ihr konnte er absolutes Vertrauen entgegenbringen, und sie war bereit, Springers Leben zu leben. »Sie diente ihm bedingungslos. Als Dienerin sah er sie, was er auch anderen sagte, ohne dass er ihrem Dienen den Beigeschmack einer niederen Tätigkeit gegeben hätte. Im Gegenteil: In ihrer dienenden Funktion war sie für ihn das Höchste.«[282] Friedes größtes Opfer war der Verzicht auf eigene Kinder, weil der Lebensgefährte ihre Liebe nicht mit anderen teilen wollte.

Hatte das einfache Mädchen von der Insel Föhr gerade durch ihre unentbehrliche Opferbereitschaft für einen der reichsten Männer

Deutschlands andere unabhängigere Rivalinnen wie Mannequins, eine berühmte Dressurreiterin oder eine Industriellengattin aus dem Rennen geschlagen? Ein nicht nur von Gunst getragenes Raunen ging durch die Republik, als bekannt wurde, dass sich der Verleger und Friede unter Ausschluss der Öffentlichkeit am 20. Januar 1978 das Jawort gegeben hatten. 20 Millionen Mark waren der Frau des Verlegers schon mal gesichert, falls sie auf ihr weiteres Pflichtteil des Erbes verzichte. Nach der Hochzeit fuhren Friede und Axel Springer zum Anwesen auf Schwanenwerder, das als großzügiger Berliner »Alterssitz« ausgebaut werden sollte. Das Grundstück hatte sich Axel Springer 1961 in Mauerbau-Zeiten, da viele wohlhabende Westberliner der Stadt den Rücken kehrten, erworben. Auf dem Trümmerfeld, wo einst Hitlers Leibarzt Theo Morell residierte, hatte ein Freund Axel Springers eine Schachfigur gefunden – einen weißen Springer, er sollte bis zum Tode des Verlegers immer auf seinem Nachttisch stehen.[283]

Den gläsernen »Tee-Pavillon« aus den 1960ern, den er auf Schwanenwerder bauen ließ, hatte Springer nie gemocht. Mit dem kühlen Bauhaus-Entwurf in Anlehnung an Mies van der Rohes Barcelona-Pavillon konnte der konservative Verleger privat wenig anfangen. Dazu kamen noch die Einwände der Polizei: »Herr Springer, in Ihrem Glashaus sitzen Sie wie in einem Aquarium. Jeder, der auf dem Wannsee segelt, kann sie nicht nur sehen, sondern auch erschießen.«[284] Springer ließ seinen Tee-Bungalow abreißen und baute seine der Ruhe und Gelassenheit gewidmete »Villa Tranquillitati«, Berlins prachtvollster Villen-Neubau – mit Fluchttunnel. Ende 1978 war das zweistöckige Haus im preußischen Landhausstil bezugsfertig. Es breitete sich mitten im Park zur Havel hin aus. Die Repräsentationsräume lagen im Erdgeschoss der Villa, sie sollten einen ästhetischen Bezug zur Bibliothek in der Berliner Verlagszentrale herstellen. In der oberen Etage befanden sich die Privat- und Gästezimmer. Im hellen Marmorboden der Eingangshalle war eine schwarze Rosette eingelassen, der Blick wurde auf eine Standuhr und auf ein mannshohes Gemälde von Antoine Pesne gezogen. Antoine Pesne war Hofmaler Friedrich des Großen, das Bild von ihm in Schwanenwerder war eine bewusste Anspielung auf die preußischen Herrscher in Sanssouci, das Schloss lag nur wenige Kilometer entfernt im durch die Mauer von Berlin-Wannsee getrennten Potsdam. Die Freitreppe der Halle schwang sich wie eine Spirale mit ihren Emporen zum zweiten Stock hinauf, eine Glaskuppel krönte den prunkvollen Eingang. Die Flügeltür leitete zur Bibliothek über, hohe Fenster öffneten sich für den weiten Blick in den Park. Rechts von der Bibliothek ging das Speisezimmer ab und links befand sich das Wohnzimmer, in dessen hinterem Teil um den Kamin eine großzügige Sessel- und Sofagruppe den Salon-Charakter unterstrich. An heiteren Sommertagen schipperten

Inselstraße 24/26 vom Wasser aus gesehen.

die Springers und Gäste mit ihrem Riva-Boot, dem für sie angefertigten letzten Exemplar der Baureihe »Tritone« Nummer 258 zu einem Ausflugslokal an der Havel.

Bei der Bauplanung und der kunstvollen Innenausstattung mit Gemälden, Plastiken und antiken Möbeln hatte Springer maßgeblich mitgewirkt. Springer war einer der bedeutendsten Kunstsammler und Mäzene der Nachkriegszeit, und auf Schwanenwerder vereinigte er vor allem seine Bilder aus Berlin und Preußen. Neben dem erwähnten Antoine Pesne waren Berliner Straßenszenen von Lesser Ury, märkische Landschaften von Walter Leistikow und eine große Zille-Sammlung zu besichtigen. Außerdem hingen hier Gemälde von Max Liebermann, Ernst Barlach und Edvard Munch, Max Pechstein und Emil Nolde, Kirchner, Kokoschka und Macke. Springers Villa auf Schwanenwerder war ein weiteres Bekenntnis für West-Berlin: »Ich habe dieses Haus primär zu dem Zweck dorthin gestellt, um ein Beispiel zu setzen. Ich will mich nicht damit abfinden, dass die wohlhabenden Leute in unserem Lande, die einst ihre bedeutenden Häuser in der deutschen Hauptstadt unterhielten, sich gegenüber dem geteilten Berlin so abstinent verhalten«.[285]

Axel Springer wollte der geteilten Stadt wieder etwas von ihrem alten Glanz zurückgeben. Dafür lud er zu gesellschaftlichen Abenden, wie sie dereinst im 19. und frühen 20. Jahrhundert rund um Havel und Wannsee gegeben wurden. Im luxuriösen Ambiente inszenierten die Schwanenwerder Gastgeber die Hauskonzerte, die der Freund Springers, der weltberühmte Cellist, Dirigent und Komponist Mstislaw Leopoldowitsch Rostropowitsch, musikalisch betreute. Zu den rund 70 bis 100 Gästen gehörte die Elite der westdeutschen Republik. Zum Bundespräsidenten gesellten sich Ministerpräsidenten, Bürgermeister, Botschafter, Industrielle wie Henkel und Siemens und Schauspieler wie Heinz Drache oder die Boxlegende Max Schmeling.

Ruhe sollte Friede Springer neben ihrem rastlosen Mann in der »Villa Tranquillitati« allerdings kaum noch finden. »Zweimal im Jahr Israel«, stand auf dem Programm ihres Mannes, dazu kamen die regelmäßigen Reisen zu ihren Besitzungen, vor allem zum Haus auf der Insel Patmos, zum Gut Schierensee in Schleswig-Holstein und nach Klosters in der Schweiz. Springers Frau war die einzige, die seine Ungeduld, seinen Jähzorn und seine Depressionen aushalten konnte. »So bin ich Krankenschwester, Köchin, Mutter, Wäscherin, Sekretärin, Fahrerin und so weiter«, schrieb Friede Springer an eine Freundin.[286] Mehr und mehr nahmen die Klinik- und Kuraufenthalte Axel Springers zu, von welchen sich der schwerkranke Verleger eine Heilung versprach. Am Ende einer langen Odyssee kehrten Friede und Axel im Jahre 1985 nach »Hause auf Schwanenwerder« zurück. Axel Springers letzter Wille, der Friede mit einem Erbe nunmehr mit 70 Prozent bedachte, sollte unbeglaubigt auf dem Nachttisch in Schwanenwerder liegen bleiben. Am 21. September 1985 wurde Axel Springer von der »Villa Tranquillitati« in das Martin-Luther-Krankenhaus eingeliefert. Einen Tag darauf starb er. Zu einer rechtsgültigen Form seines Testaments kam es nicht mehr.

Ende Oktober 1985 reisten alle fünf Springer-Erben zur Testament-Verlesung nach Schwanenwerder. Die Erben einigten sich darauf, trotz erheblichen Verzichts von Vermögenswerten zugunsten anderer, und das war hier vor allem die Frau des Verlegers, den nicht rechtsgültigen Letzten Willen von »Daddy« und »Granddaddy« zu befolgen. Friede Springer bekam 70 Prozent, Barbara und Nicolaus je zehn, Axel und Ariane je fünf Prozent des Erbes.

Die Witwe Springers war als Haupterbin die Repräsentantin eines der größten Medien-Unternehmen Deutschlands. Im Sinne ihres Mannes nahm sie ihren Platz als Mittelpunkt der Berliner Gesellschaft ein, mit Kultursenator Volker Hassemer rief sie auf Schwanenwerder die »Frühstücksgespräche« ins Leben. Die Größen der Berliner Gesellschaft trafen sich hier im festen Kreis und luden immer einen Gast dazu, mit dem Ziel, die Geschicke der geteilten und später wiedervereinigten Stadt voranzutreiben.

Haupterbin und Testamentsvollstreckerin zugleich, war Friede Springer in eine unerträgliche Zwitterrolle geraten, die sie fortwährend in Konflikte mit den anderen Erben stürzte und ihre unternehmerischen Entscheidungen beeinträchtigte. Als ihre Miterben auch noch einen öffentlichen Streit um die Führung des Konzerns austrugen, drängte sie zu einer endgültigen Testamentsvollstreckung. Sie wollte ihre Doppelrolle ein für alle Mal loswerden. Einen Spickzettel griffbereit, zog sie in ihrem VW Golf nach Quickborn ins Haus von Verlegerenkelin Ariane Springer. Posten für Posten hakte sie mit den Kindern und Kindeskindern ihrer Lebensliebe die Liste des Erbes ab. Die Testamentsvollstreckung sollte zehn Jahre nach dem Tod von Axel Springer endgültig beendet sein. »Blut ist stärker als Himbeersaft«, musste sich die eingeheiratete Haupterbin vorwerfen lassen, aber sie setzte sich mit ihrer Strichliste durch. Um eine klare Trennung zu erzielen, sollten alle durch Erbgemeinschaft verstrickten Immobilien verkauft werden: Gut Schierensee, das Haus in London, das Haus in Hamburg, die Wohnung in Jerusalem, das Haus auf Patmos und auch die Villa auf Schwanenwerder.

Friede Springer hatte jetzt freie Hand, sich um das Unternehmen Springer zu kümmern.

War es eine Marotte, als Friede Springer das unbeschriebene Blatt Mathias Döpfner zum Vorstandschef bestellte, der nur rein äußerlich das Ebenbild des Verlagsgründers war? Viel wurde über die teuren Fehlgriffe der Witwe im 19. Stock des Springer-Hochhauses gelästert, doch mit Döpfner wurde im Verlag wieder Geld verdient. Und Döpfner war es, der den Hauptrivalen im Zeitungsimperium Springer, den Medienmogul Leo Kirch, zu Fall brachte. Kirch musste in die Insolvenz gehen, zehn Prozent von seinen Springer-Anteilen kaufte Friede Springer und wurde mit 55,4 Prozent Allein-Herrscherin im Reich des toten Zeitungskönigs.

»Siebzehn Jahr, blondes Haar ...«, aus dem bildschönen Kindermädchen wurde eine Königin, vielleicht nicht ganz so wie in den Märchen, die sie einst Axel Springers Sohn Raimund Nicolaus vorlas, aber so ähnlich. Sie hat sich aus dem Schatten des Verlegers gelöst und war nun selbst eine der mächtigsten Frauen Deutschlands. Vom Schatten ihres Mannes befreite sie sich auch mit der Auflösung der »Villa Tranquillitati« auf Schwanenwerder. »Sie hatte die Kinder und Enkel Axel Springers ausbezahlt und ihnen erlaubt, sich noch das eine oder andere Möbelstück herauszunehmen. Bald parkten Möbelwagen in der Einfahrt. Ihre Miterben zögerten nicht lange, griffen zu und holten die wertvollen Stücke des Mobiliars aus der großen Villa. Einen Tag lang haderte Friede mit ihrem Schicksal, das sie diesmal selbst zu verantworten hatte. ›Egal‹, sagte sie sich dann und verscheuchte ihren Ärger. Teures Mobiliar und Pretiosen bedeuteten ihr nicht so viel. Das Haus war ihr zu einer Belastung geworden. Es war viel zu groß und viel zu abgelegen. Es machte sie einsam ... Am 1. Januar 1999 wechselte das ›Haus an der Havel‹, wie es Springer genannt hatte, den Besitzer.«[287]

Von Schwanenwerder zog Friede Springer nach Dahlem, wo sie auch mal mit dem Fahrrad einkaufen fahren konnte und sich freute, wenn sie jemanden auf der Straße traf. Für repräsentative Zwecke hat sie sich ein kleines, um die Jahrhundertwende gebautes Palais in Potsdam zugelegt. »Die Räume sind vornehm eingerichtet mit Möbeln, die zum Stil des Palais passen. Wieder hängen teure Bilder an den Wänden der mit Antiquitäten bestückten kleinen Salons. Ihren Geschmack hat der Verleger geformt, das ist nicht zu übersehen. Den Rahmen aber, in dem sie jetzt ihr Leben führt, hat sie sich selbst gewählt.«[288] Nur Preußen-Bilder hängen im Palais keine. »Axel war ja der große Preußen-Liebhaber«, sagt sie. In ihrem Haus in Schwanenwerder hingen sie noch, die Gemälde von Friedrich dem Großen. Die hat sie dem Museum geschenkt.[289]

Otto Stahn

1859 Berlin – 1930 Berlin

Architekt

Rechts: Die von Otto Stahn erbaute Oberbaumbrücke in Friedrichshain-Kreuzberg.

Moltkestraße 29
(heute: Hugo-Vogel-Straße)

»Wer ist Otto Stahn?« Bei einer Straßenumfrage gäbe es wohl nur ganz wenige, die diesen Namen einordnen könnten. Und niemand käme auf die Idee, in Otto Stahn einen der bemerkenswertesten Berliner zu sehen, dessen Werk uns alltäglich begegnet. Doch er selbst war so kamerascheu, dass es nicht einmal ein Porträtfoto von ihm gibt.

Der Architekt, Landschaftsgestalter, Regierungsbaumeister und Lehrer an der Königlichen Gärtnerlehranstalt in Dahlem gehörte zu den »stillen Helden« der Stadtentwicklung Berlins, er war nicht, wie es heute heißen würde, ein »Stararchitekt« vom Schlage eines Muthesius, Straumer, Ahrens oder Behrens, jedoch schuf er Werte, die uns vertraut sind, denen wir heute noch – im eigentlichen und besten Sinne des Wortes – auf Schritt und Tritt begegnen.

Nach seinem Studium an der Bauakademie war Stahn für die Eisenbahndirektion Magdeburg tätig und erarbeitete auch die Entwürfe für die Bahnhofshallen in Magdeburg, Halle und Stralsund. Nach einem einjährigen Italienaufenthalt kam er 1888 nach Berlin. Der zurückhaltende, stets korrekte und zuvorkommende Baumeister, der bei seinen Mitarbeitern geschätzt und beliebt war, erhielt eine Anstellung bei der Berliner Stadtverwaltung, wo er sich um die künstlerische Ausgestaltung und Veränderung der Berliner Brücken kümmern sollte. Eine Aufgabe, der er sich mit Eifer widmete, und in die er die Ergebnisse seiner Studien in Rom, Florenz und Venedig einbringen konnte.

Otto Stahn schuf bis 1897 u. a. die Moltkebrücke, die Moabiter Brücke, die Gertraudenbrücke sowie die Weidendammer Brücke am Bahnhof Friedrichstraße. Er war der Architekt der Hochbauten am Urbanhafen, baute das VOX-Rundfunkhaus in der Potsdamer Straße sowie Villen im Grunewald, entwickelte monumentale Brunnenanlagen und gestaltete auch den Sockel des Denkmals der »Berolina« am Alexanderplatz. Sein Meisterstück allerdings war der Hochbahn-Viadukt von der Oberbaumbrücke bis zum Frankfurter Bahnhof, dem heutigen S-Bahnhof Warschauer Straße.

Ende des 19. Jahrhunderts war die Oberbaumbrücke dem Verkehrsaufkommen zwischen Kreuzberg und der Stralauer Vorstadt nicht mehr gewachsen. Die alte Brücke, im Zuge der Stadterweiterung unter Friedrich Wilhelm I. um 1724 als hölzerne Jochbrücke errichtet, konnte das stetig zunehmende Verkehrsaufkommen nicht mehr bewältigen, zumal sich auch sicherheitstechnische Risiken zeigten. Bereits 1879 gab es erste Pläne für einen neuen Brückenbau. Der kühne, beinahe revolutionierende Entwurf sah eine Verkehrslösung auf drei Ebenen vor: Der Schiffsverkehr, der Straßen- sowie der Eisenbahnverkehr sollten gleichzeitig und übereinander stattfinden. Otto Stahn erhielt schließlich den Auftrag, die alte Oberbaumbrücke durch einen zeitgemäßen Neubau zu ersetzen. Dieser begann 1894 und wurde am 24. August 1895 abgeschlossen. Erschaffen wurde die längste Brücke Berlins über die Spree, die an dieser Stelle rund 150 Meter breit ist. Die beiden markanten Türme der Brücke sind dem Mitteltorturm in Prenzlau motivisch nachempfunden, wobei die Brücke durch die historisierende Gestalt ohnehin einer mittelalterlichen Stadttoranlage mit zwei mittleren Wehrtürmen und Wehrgängen ähnelt.

Im Zweiten Weltkrieg wurde das Mittelfeld der Brücke gesprengt, die Türme schwer beschädigt. 1961, nach dem Mauerbau, entstanden im gesamten Brückenbereich die DDR-Wach- und Grenzsicherungsanlagen, Anfang der Siebzigerjahre erfolgte der Abriss des Hochbahntraktes. Erst 1989 wurde die Brücke wieder geöffnet und nach einem Entwurf des Züricher Architekten Santiago Calatrava zwischen 1992 und 1994 aufwändig restauriert und mit einem neuen Mittelteil versehen.

Bis 1890 wohnte Otto Stahn in der Markgrafenstraße 16, dann zog es ihn in die Colonie Alsen. In den nun folgenden Jahrzehnten sollte Stahn zu einem der wichtigsten Wannseer Architekten und Stadtplaner aufsteigen. Jede Unterstützung erhielt der integre Baumeister von seinem Lehrmeister Johannes Otzen sowie vom Gründer der Colonie, Wilhelm Conrad.

Wilhelm Conrad hatte sich schon lange mit dem Gedanken getragen, für die junge Kolonie einen Begräbnisplatz zu schaffen, später sollte auch eine Kirche entstehen. Er beauftragte Johannes Otzen (dessen Villa Am Sandwerder 9 heute unter Denkmalschutz steht) mit der Planung. Otzen legte 1887 seinen Entwurf »Friedhofsanlage und Kirchenproject für Wann-

Die von Otto Stahn erbaute Kirche in der Lindenstraße.

see« vor, der eine trapezförmige Friedhofsanlage auf dem von Conrad kurz zuvor vom Potsdamer Forstfiskus für 600 Goldmark erworbenen, zwei Morgen großen Stück Land vorsah. An den Umfassungsmauern waren 42 Grabstellen eingeteilt, wobei dic Eckplätze für Wilhelm Conrad und den Architekten Hermann Ende reserviert wurden. Über der Mittelachse plante Otzen eine dreischiffige, offene Vorhalle, an welche sich später in westlicher Richtung die Kirche anschließen sollte. Die erste Grabstelle zur Rechten der Aussegnungshalle hatte Otzen für sich selbst vorgesehen.[290]

1888 wurde die neue Begräbnisstätte mit Ausnahme der Kirche angelegt. Sowohl die gärtnerische Gestaltung des alten Friedhofsteiles, als auch Otzens Friedhofsportal, die Friedhofsmauer und die Vorhalle sind weitgehend original erhalten. Typisch für Otzen war die Akzentuierung der in rotem Backstein ausgeführten und in gotischen Formen errichteten Vorhalle durch hellbraune Form- und Glasursteine. Ursprünglich war geplant, die noch zu bauende Kirche durch das mittlere Verbindungsjoch an die Vorhalle anzuschließen. Dass das Otzensche Kirchenbauprojekt nicht zur Ausführung kam, hatte seine Ursache in den ungewöhnlich langen Verhandlungen Conrads mit dem Forstfiskus, die sich über fast fünf Jahre hinzogen.

Wie besessen verfolgte Conrad das Ziel, seiner Colonie Alsen eine Kirche zu stiften, und so schrieb er an den Forstfiskus: »Wenn unter den jetzigen sozialen Verhältnissen der Bau einer Kirche besonderer Gründe kaum bedarf, so will ich doch betonen, daß die weite Entfernung der Kirchen Nikolskoe und auch selbst Stolpe den Besuch derselben im Sommer für die Gärtner und Dienstboten, wegen Mangels an Zeit sehr erschwert, derselbe im Winter aber so schwierig ist, daß er bei den Meisten ganz unterbleibt. Ich habe die Hoffnung, daß sich dies wesentlich ändern wird ... und darf deshalb wohl die Erwartung aussprechen, daß mein Gesuch von meiner kgl. Kirche keinerlei Zuschüsse verlangt werden. C.«[291]

Erst am 24. Januar 1895 kam es zur »käuflichen Überlassung eines forstfiscalischen Teilstückes zum Bau einer Kirche pp.« Conrad freute sich, »den Bau der Kirche in Wannsee baldigst beginnen zu können und dessen Beendigung mit Gottes Hülfe auch noch zu erleben.« Im Laufe der Jahre hatte Otto Stahn einen eigenen Entwurf für den Kirchenneubau entwickelt und schlug mit diesem einen völlig neuen Weg ein. Wilhelm Conrad erkannte Stahns Anliegen, er verstand dessen Intentionen und erteilte ihm den Auftrag, die Wannseer Kirche zu bauen.[292]

Otto Stahn änderte die von Johannes Otzen geplante Ost-West-Achse der Kirche, indem er das Bauwerk praktisch um 90 Grad drehte. Durch den nunmehr südlichen Haupteingang wurde die Otzensche Vorhalle so zum Nebeneingang. Nach einjähriger Bauzeit wurde am 18. Juni 1896 zu Wilhelm Conrads 74. Geburtstag der Schlussstein gesetzt. Die darunter eingemauerte Urkunde hat folgenden Wortlaut:

»Im Namen Gottes des Vaters, des Sohnes und des heiligen Geistes!
Unter Preis und Dank gegen den allmächtigen Gott wurde am heutigen Tage der Grund- und Schlußstein zu dieser neuerbauten Kirche gelegt. Zur Ehre Gottes und

im Hinblick auf die kirchlichen Bedürfnisse der Villen-Colonie ›Alsen‹, sowie aus Dankbarkeit für die uns und unseren Kindern während unserer fast vollendeten 50-jährigen Ehe so reichlich zu theil gewordenen göttlichen Gnade, haben wir diese Kirche erbauen lassen und dieselbe zum Geschenk an die Kirchengemeinde Stolpe bestimmt. Möge sie recht viele Jahre allen Gemeinde-Mitgliedern zum Heile gereichen und Gottes Segen dauernd auf ihr ruhen.
Das walte Gott!
Villa Alsen am Wannsee, den 18. Juni 1896«.[293]

Am 24. April 1902 stellte der Industrielle Oscar Huldschinsky den Antrag, »den neuen Begräbnisplatz in Wannsee auch für Juden freizugeben; sollte dies in seinem ganzen Umfang nicht angängig sein, einen Theil des Begräbnisplatzes für Juden abzuzweigen«. Der Landrat des Kreises Teltow stimmte dem Antrag zu, und Oscar Huldschinsky, »mosaischen Glaubens«, konnte später auf dem Friedhof beigesetzt werden. Das monumentale Erbbegräbnis hatte Otto Stahn erbaut, der bereits mehrere Bauten für Huldschinsky entworfen hatte. Auf dem im Volksmund als »Millionenfriedhof« verspotteten Areal wurden fast alle frühen Villenbesitzer der Kolonie bestattet. 1918 wurde die westliche Umfassungsmauer durchbrochen und der Friedhof um ca. dreieinhalb Morgen Land erweitert. Auch diese Bauten wurden von Otto Stahn, dem genialen Wannseer Baumeister, ausgeführt.[294]

Hugo-Vogel-Straße 29 heute.

Claus Graf Schenk von Stauffenberg

1907 Jettingen/Bayern – 1944 Berlin

Oberst

Waltharistraße 20, Tristanstraße 8

Josef Wissarionowitsch Stalin war ein scheinbar ausgeglichener Mann. Egal, ob er im engsten Zirkel über die Vorzüge der Sowjetmacht, die Weltrevolution und den Kommunismus sprach oder millionenfach Todesurteile für die Häftlinge des Gulag unterzeichnete, alles tat er mit stoischer Ruhe und Bedächtigkeit. Am späten Nachmittag des 20. Juli 1944 war jedoch alles ganz anders. Poskrebyschew, der Leiter von Stalins Privatkanzlei, überbrachte dem roten Diktator die Meldung von »einem erfolgreichen Attentat auf Hitler«. Stalins pockennarbiges Gesicht verzerrte sich, er stieß russische und georgische Flüche aus und warf in ohnmächtiger Wut seine brennende Tabakspfeife nach Poskrebyschew, seinem getreuen Schildknappen.

Ähnliches spielte sich zur gleichen Zeit in London und Washington ab. Auch Winston Churchill und Franklin D. Roosevelt hatten die Nachricht vom Tode Hitlers erhalten. Die alliierte Troika war alles andere als begeistert über die Vorgänge im Führerhauptquartier. Ihre Truppen waren an allen Fronten im Vormarsch, ihr erklärtes Kriegsziel war es, Deutschland und Hitler, Deutschland mit Hitler zu besiegen. Als pragmatische Politiker wussten sie, ein getöteter Hitler hätte nach Kriegsende – vielleicht jahrhundertelang – die Legende am Leben gehalten: »Wir Deutschen haben den Krieg verloren, aber der Führer hätte, wenn er am Leben geblieben wäre, den Endsieg geschafft«. So nahm es nicht Wunder, dass die abendliche Meldung aus dem Führerhauptquartier bei Stalin und seinen Verbündeten mit leichtem Aufatmen zur Kenntnis genommen wurde: »Der Führer lebt. Er hat außer leichten Verbrennungen und Prellungen keine Verletzungen erlitten.«

Nur kurz waren die Alliierten durcheinander gebracht worden, das Attentat war gescheitert. Noch in der Nacht zum 21. Juli wurden in Berlin die unmittelbar am Anschlag beteiligten Generäle und Offiziere Ludwig Beck, Friedrich Olbricht, Albrecht Ritter Mertz von Quirnheim, Claus Graf Schenk von Stauffenberg und Werner von Haeften auf Befehl des opportunistischen Generalobersten Friedrich Fromm erschossen. An der Ostfront nahmen sich Günther von Kluge und Henning von Tresckow das Leben, Generalfeldmarschall Erwin Rommel wurde wenige Tage später zum Selbstmord gezwungen. In den folgenden Wochen verhafteten Gestapo und Sicherheitsdienst mehr als 5000 Menschen. Roland Freisler, der Präsident des Volksgerichtshofes, sprach mehr als 2000 Todesurteile aus, die bis in die letzten Tage des Krieges hinein vollstreckt wurden.

Claus Graf Schenk von Stauffenberg, der Mann, der die Bombe im Besprechungsraum in der Rastenburger Wolfsschanze platzierte, war eine Zentralfigur im deutschen militärischen Widerstand. Als Mann der Tat hielt er es für unvereinbar mit seiner Soldatenehre, nur über Umsturz und Neuordnung in Deutschland zu debattieren und nicht auch das Attentat auf den Diktator zu versuchen. Dabei machte ihm sein tiefer christlicher Glaube die Entscheidung nicht leicht: »Derjenige allerdings, der etwas zu tun wagt, muß sich bewußt sein, daß er wohl als Verräter in die deutsche Geschichte eingehen wird. Unterläßt er die Tat, so wird er zum Verräter vor seinem eigenen Gewissen.«[295] Als Hitler 1933 an die Macht kam, begrüßte Stauffenberg zwar das neue Reich, nicht aber seine Protagonisten. Das Plebejische der Nazis war ihm zuwider, allerdings erschien Hitler dem jungen Offizier wie ein Erlöser, weil er sich über die Bestimmungen des Versailler Vertrages hinwegsetzte und eine stürmische Wiederaufrüstung in Gang brachte. Nach der Reichspogromnacht im November 1938 begann sich Stauffenberg von der nationalsozialistischen Staatsführung zu distanzieren. Auch wegen der Deportation der Juden, der brutalen Besatzungspolitik während des Krieges und wegen der ohnmächtigen Führung der Deutschen Wehrmacht wurde er bald zu einem entschiedenen Gegner des NS Regimes.

Seit seiner frühesten Jugend war Stauffenberg romantikbegeistert, ein zartfühlender, kluger, oft kränkelnder Junge, der zum frühreifen Schöngeist heranwuchs. Er liebte sein Cello, wollte Architekt werden und dichtete: »Oft ist es mir als müßt ich Pläne zeichnen, von hohen unermeßlichen Palästen, mit rotem Marmor weißen Treppenhäusern, und märchenlangen lichtbesäten Gängen.«[296] Gemeinsam mit seinen Brüdern Berthold und Alexander geriet der sechzehnjährige Claus in den Bann des Dichters Stefan George, und er schwärmte: »Ich wühle gern in alter Helden Sagen, und fühle mich verwandt so hehrem Tun und ruhmbekrönten

Blute.«[297] Die Bindung an George und die Verwurzelung in seinem Denken hielt bis zum 20. Juli 1944, und sie hatte »unmittelbare Auswirkungen auf die Vorbereitung des Umsturzes«.

Sein Abitur bestand der junge Stauffenberg ohne Glanz und überraschte seine Familie mit einer verblüffenden Berufswahl. Er tauschte das Cello gegen das Gewehr und träumte, infiziert vom beinahe wahnhaften Nationalismus ausgangs der Weimarer Republik, vom romantischen Offiziersideal. In einer dienstlichen Beurteilung hieß es über den dreiundzwanzigjährigen Leutnant: »Zuverlässiger und selbständiger Charakter mit unabhängiger Willens- und Urteilsbildung. Besitzt bei ausgezeichneten geistigen Anlagen überdurchschnittliches taktisches und technisches Können. Neigt gelegentlich gegenüber Kameraden zur Überheblichkeit, die sich leicht spöttisch äußert, aber nie verletzend wirkt. Etwas salopp in Haltung und Anzug, dürfte sein Auftreten als junger Offizier etwas frischer und energischer sein. Er berechtigt bei fortschreitender Entwicklung zu den besten Hoffnungen.«[298]

Am 6. April 1936 begann Claus Graf Schenk von Stauffenberg sein Studium an der Kriegsakademie in Berlin. Gemeinsam mit seiner Ehefrau Nina und den ersten beiden Söhnen Berthold und Heimeran bezog er eine Wohnung in der Waltharistraße 20. In der Nähe, in Wilmersdorf, hatte sich sein Bruder Berthold niedergelassen, in Steglitz wohnte Vetter Caesar von Hofacker und in Zehlendorf sein Onkel Graf Üxküll. Im Haus des Onkels diskutierte Stauffenberg oft und leidenschaftlich mit dem stellvertretenden Berliner Polizeipräsidenten Fritz-Dietlof Graf von der Schulenburg über Wehr- und Verteidigungspolitik.

Nach seinem Studium zog sich Stauffenberg mit seiner Familie wieder auf das Familiengut in Lautlingen zurück, bevor er 1943 – nach Fronteinsätzen in Polen, Frankreich und Nordafrika – erneut nach Berlin kam. Sein Bruder Berthold, Jurist und Völkerrechtler, war zwischenzeitlich in die idyllische Villa Tristanstraße 8 gezogen, Claus, inzwischen schwer verwundet, bewohnte dort bis 1944 mit seinem Bruder die zweite Etage. General Friedrich Olbricht hatte ihn nach Berlin geholt, um ihm den Dienst im Allgemeinen Heeresamt anzubieten, und obwohl Stauffenberg einwandte, er sei noch in Behandlung, bestand Olbricht auf seiner Anforderung. In die Tristanstraße 8 zog wenig später auch Onkel Nikolaus Graf von Üxküll, um dem schwerbehinderten Claus bei den täglichen Dingen zu helfen. Zur Führung des Haushaltes wurde Annabel Siemens gewonnen, eine Nichte von Peter Graf Yorck von Wartenburg. Annabel kam »zunächst nur tagsüber, um die Wohnung in Ordnung zu halten, die Wäsche zu besorgen und das Abendessen, an dem sie nie teilnahm, vorzubereiten«.[299] Claus war »gewöhnlich morgens schon von seinem Fahrer abgeholt worden, wenn sie kam, und kam abends erst, nachdem Annabel schon weg war«. Nur wenige Male gab es Gespräche zwischen den beiden. So im Februar 1944, als sich Stauffenberg vom Frühstück erhob und sagte: »Jetzt muß ich wieder an meinen Schreibtisch und Zehntausende in den sinnlosen Tod schicken«.[300] Auf die Frage Annabels, was dies bedeute, erklärte er, er habe für Ersatz an der Ostfront zu sorgen.

In der Tristanstraße 8 gingen die Männer des militärischen Widerstandes ein und aus, dort planten sie das Attentat. Annabel Siemens wusste nichts von der Verschwörung, sie bemerkte nur, dass viele Besprechungen in der Wohnung stattfanden. Die Zahl der abendlichen Gäste konnte sie am nächsten Morgen den benutzten Gläsern entnehmen. Die Tochter der einstigen Besitzer der Villa, die selbst im Erdgeschoss wohnten, erzählte nach dem Krieg, ihre Eltern hätten nicht gemerkt, dass die Stauffenbergs im Widerstand aktiv waren, »sonst hätten sie die Wohnung wohl nicht an die beiden Brüder vermietet.«[301] Die heutige Bewohnerin der Stauffenbergschen Wohnung lernte später den Chauffeur des Obersten kennen, der ihr erzählte, dass die Bombe, mit der das Attentat verübt wurde, in seinem Zimmer unter dem Bett versteckt war. Heute ist dort eine Küche eingerichtet.

Die Nacht zum 20. Juli 1944 verbrachte Stauffenberg in Gesellschaft seines Bruders Berthold in der Tristanstraße. Die Versuche, per Telefon noch seine Frau Nina in Lautlingen zu erreichen, blieben erfolglos. Am Morgen verließ Claus Graf Schenk von Stauffenberg um 7.00 Uhr mit der Bombe in der Aktentasche das Haus, sein Fahrer steuerte den Flughafen Rangsdorf an. Gegen 8.00 Uhr startete Stauffenberg mit einer Ju 52 zu seiner Mission in Richtung Wolfsschanze.

Kurz nach Mitternacht starb Claus Graf Schenk von Stauffenberg unter den Kugeln eines Erschießungskommandos im Hof des Bendlerblocks. Seine letzten Worte wählte der Stefan-George-Jünger ganz bewusst: »Es lebe das geheime Deutschland.«

Rudolf Steiner

1861 Kraljevec (Österreich-Ungarn) – 1925 Dornach

Pädagoge, Philosoph

Seestraße 40 (heute: Am Schlachtensee)

»Er spinnt.« Es schlug wie eine Bombe ein, als der Wissenschaftler Dr. Rudolf Steiner am 8. Oktober 1902 vor dem »Giordano Bruno-Bund« im Bürgersaal des Berliner Rathauses einen Vortrag über »Monismus und Theosophie« hielt. Rudolf Steiner war zum »Theosoph« geworden, und »obschon eigentlich niemand wusste, was das war«, klang das sehr nach Geisterbeschwörung und Spiritismus.[302]

»Unsere Würfel sind – sozusagen – gefallen«, berichtete Steiner einige Tage nach dem Vortrag. Mit seinem Eintreten für die Theosophie war er bereit, seinen Namen als seriöser Wissenschaftler, Philosoph und Gelehrter, den er sich um die Jahrhundertwende aufgebaut hatte, zu opfern.[303] Graf und Gräfin Brockdorff hatten Steiner als Nietzsche-Experten zu einem öffentlichen Vortrag in die Theosophische Bibliothek geladen, und daraus entwickelte sich eine regelmäßige Vortragsreihe. Steiner wusste, worauf er sich einließ: »Die (theosophische) Gesellschaft lebte völlig in den Vorstellungen, die man von okkult fortgeschrittenen verehrungswürdigen Führern, die auf höheren Planen lebten, hatte.«[304] »Bei den Brockdorffs verkehrten keineswegs allein wohlerzogene adlige Fräuleins, sondern Menschen, die den verschiedensten Klassen, Schichten und Berufen angehörten: Damen mit kurzen und Herren mit sehr langen Haaren, Theosophen der verschiedensten Provenienz, Wagnerianer, Spiritisten, Lebensreformer ... Menschen aber auch, die die Courage hatten, aus dem konventionellen Denken und Verhalten auszubrechen.«[305] Aus den konventionellen Wissenschaftskreisen katapultierte sich nun auch Steiner, als er im Oktober 1902 mit dem Amt des Generalsekretärs die Leitung der deutschen Sektion der Theosophischen Gesellschaft übernahm. In der

Eröffnungsansprache deutete Steiner die neuen »Zeichen der Zeit«: Die naturwissenschaftliche und die religiöse Gedankenentwicklung seien je an einem Endpunkt angelangt. Das naturwissenschaftliche Denken könne die menschliche Innerlichkeit nicht erfassen, das religiöse und moralische Empfinden habe alle Kraft verloren, über die Welt mitzureden. Zwischen beiden Anschauungen herrsche eine unüberbrückbare Kluft. Nur eine neue Entfaltung und Vertiefung der Geisteskräfte der Menschen könne weiterführen.[306]

Rudolf Steiners Frau Anna blieben diese theosophischen Sphären fremd. Dennoch zog sie mit ihm im Frühjahr 1903 in ein Häuschen am Schlachtensee. Misstrauisch dürfte sie aufgenommen haben, dass die Freundin Rudolf Steiners, Marie von Sivers, das Ehepaar im Haus einquartierte. Marie von Sivers »war der erste Mensch, der Rudolf Steiners Bedeutung erkannte. Als sie ihn sah, durchfuhr sie der Gedanke: ›Ist denn niemand da, der erkennt, wer dieser Mensch ist!‹«[307] Marie von Sivers, Geschäftsführerin der deutschen theosophischen Sektion, versuchte mit ihrer Unterstützung zum Umzug in die Seestraße 40 vermutlich, die schwierige finanzielle Lage ihres Freundes Rudolf Steiner abzufedern. Der kämpfte »um jedes Stück Brot«. Denn noch waren die Umstände des »Theosophischen Konservatoriums« sehr bescheiden. Die Vortragsstube war eine Schankstube, die zur Straße hinausging, hinten klirrten die Biergläser. So zogen die Teilnehmer lieber in etwas, das eine Art Stall war[308] Weit weg von Stall und Stadtlärm, als Mitbewohner bei Marie von Sivers am Schlachtensee, fand Rudolf Steiner mehr Ruhe, seine entscheidenden Schriften zur Theosophie vorzubereiten. Das Häuschen lag idyllisch in der Nähe des Sees, und der Wald war leicht zu erreichen. Steiner musste zwar längere Wege nach Berlin zu seinen regelmäßigen Vorträgen, die er auch samstags und sonntags abhielt, in Kauf nehmen, aber in der stillen Umgebung fand er in den beschaulicheren Sommerwochen die Zeit, intensiv geistig zu arbeiten. Rudolf Steiners ursprünglich praktische Absicht, »Geisteschüler auf die Bahn der Entwicklung zu bringen«, wandelte sich in der Abgeschiedenheit am Schlachtensee zu einer theoretischen »exoterischen« Aufgabe: »soviel ich nur kann, die Lehre zu verbreiten«.[309] Jenseits des Trubels von Berlin entstanden hier die bedeutenden Aufsätze über »Einweihung und Mysterien« und die Vorarbeiten zum Buch »Theosophie«. Im Hochsommer waren Maria von Strauch-Spettini, die Freundin von Marie von Sivers und zeitweise auch Olga von Sivers zu Gast. Der »Bohemien von Schlachtensee« Peter Hille gehörte zu seinen Nachbarn. Steiners Frau Anna konnte die Intensität der Seelenverwandtschaft von Rudolf und Maria von Sivers nicht verborgen bleiben. Die enge Zusammenarbeit Sivers' und Steiners brachte in den bürgerlichen Verhältnissen

Klatschereien mit sich. Anna fand keinen Zugang zur theosophischen Bestimmung ihres Mannes. Als seine Ehefrau tolerierte sie auch nicht seinen freundschaftlichen und intensiven Kontakt zu Marie von Sivers, die als überragende Persönlichkeit ihre ganze Existenz für das Werk Rudolf Steiners einsetzte. Annas Leidensdruck mag sich verschärft haben, als Rudolf Steiner im Oktober 1903 mit seiner Frau nach Schöneberg in die Motzstraße 17 zog. Gleichzeitig nahm sich Marie von Sivers im selben Haus eine eigene Wohnung. Rudolf Steiner versicherte seiner Frau: »daß ich Dich lieb, sehr lieb habe wie früher [...] Suche zu verstehen, dass ich eine Lebensaufgabe habe, daß keine persönlichen Beweggründe mich leiten.«[310] Anna Steiner hatte dafür kein Verständnis. 1904 verließ sie ihren Mann. Von ihrem Standpunkt aus hatte sie recht, bekannte Rudolf Steiner. Anna Steiner starb 1911. Rudolf Steiner heiratete 1914 seine Lebensgefährtin und engste Mitarbeiterin Marie von Sivers. In einem mehrjährigen Prozess geistiger Distanzierung nabelte sich ein Teil der Deutschen Theosophischen Gesellschaft unter Rudolf Steiner ab und begründete 1912 die Anthroposophische Gesellschaft. Marie von Sivers nahm eine leitende Position ein. Rudolf Steiner wählte für sich lediglich die Aufgabe des »Lehrers und Beraters«, die er bis 1923 ausübte. Außer Frage standen seine Urheberschaft und seine Autorität innerhalb der anthroposophischen Bewegung.

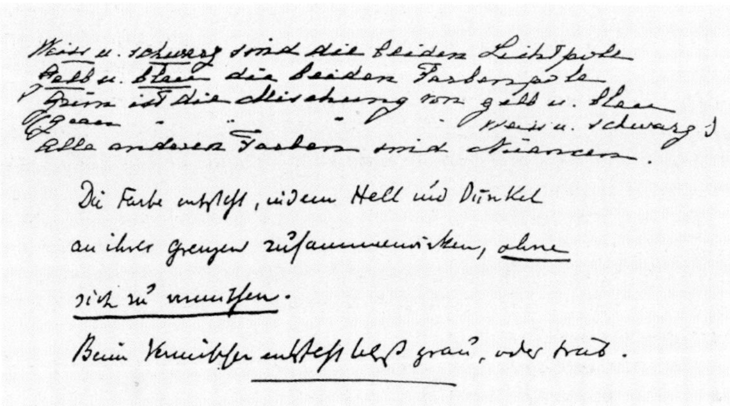
Weiss u. schwarz sind die beiden Lichtpole
Gelb u. blau die beiden Farbenpole
Grün ist die Mischung von gelb u. blau
Grau " " " weiss u. schwarz
Alle anderen Farben sind Nüancen.

Die Farbe entsteht, indem Hell und Dunkel
an ihren Grenzen zusammenwirken, ohne
sich zu vermischen.
Beim Vermischen entsteht bloss grau, oder trüb.

Am 26. Nov. 1923 schrieb Marie Steiner von Sivers aus Berlin an Rudolf Steiner in Dornach: „Vor beinah 21 Jahren (im März 1903) trugst du mir in Schlachtensee Goethes Farbenlehre vor und demonstriertest an einer Kerze blau und gelb." Ein Zeugnis ihrer Verbundenheit aus jenem Frühjahr 1903 ist die Notiz zur Farbenlehre; die ersten fünf Zeilen sind von Marie von Sivers geschrieben, die folgenden vier von Rudolf Steiner.

Helene Stöcker

1869 Elberfeld –1943 New York

Frauenrechtlerin, Sexualreformerin, Pazifistin

Münchowstraße 1

Ihre Ideen über die freie Liebe, über die Unabhängigkeit der Frauen und über die Vereinbarkeit von Familie und Beruf sind bis heute von großer Aktualität.

Vor 100 Jahren gründete Helene Stöcker in Berlin den »Bund für Mutterschutz«. »Zweck des Bundes ist es, die Stellung der Frau als Mutter in rechtlicher, wirtschaftlicher und sozialer Hinsicht zu verbessern, insbesondere unverheiratete Mütter und deren Kinder vor wirtschaftlicher und sittlicher Gefährdung zu bewahren und herrschende Vorurteile gegen sie zu beseitigen«, hieß es in der Satzung des Vereins, dem zum Beispiel auch die Sozialdemokratin Lily Braun oder der Rassenhygieniker Alfred Ploetz angehörten. Schon zwei Jahre später verfügte der Bund über 4000 Mitglieder und über elf Geschäftsstellen in allen großen Städten Deutschlands. Bald folgten die Eröffnungen der ersten Mütterheime.

Im Gegensatz zur bürgerlichen Reform- und Frauenbewegung gehörten die Mitglieder des Bundes zum links-liberalen Spektrum. Helene Stöcker brandmarkte die Doppelmoral ihrer Zeit, setzte sich für die Emanzipation der Frau ein und kämpfte für eine straffreie Abtreibung und eine Verbesserung des Eherechtes.

Nach dem Besuch der Städtischen Höheren Töchterschule in Elberfeld zog Helene Stöcker 1891 nach Berlin und trat in ein Lehrerinnenseminar ein. Die Begegnung mit den sozialen Brennpunkten des Molochs Berlin, die verzweifelte soziale, hygienische und rechtliche Lage vieler Menschen war für die Tochter aus bürgerlichem, tiefreligiösem Elternhaus ein prägendes Erlebnis. Ihr ganzes Leben hat Helene Stöcker für soziale Gerechtigkeit und für die Rechte der Frauen gestritten.

Sie hat niemals vorgehabt, Lehrerin zu werden. Sie wollte »schriftstellerisch tätig werden« und für die »Gleichberechtigung der Geschlechter« kämpfen. Allerdings war der Weg für eine Frau in die Wissenschaft damals sehr viel schwieriger als heute, denn Frauen wurden in Berlin erst 1908 offiziell zum Studium zugelassen. Es bestand lediglich die Möglichkeit, auf Antrag Gasthörerin zu werden, sofern der zuständige Professor dem Gesuch zustimmte. Helene Stöcker machte auf externem Weg ihr Abitur in Berlin, und ihre »jahrelange Sehnsucht« ging 1896 in Erfüllung: sie wurde Gasthörerin an der Berliner Friedrich-Wilhelms-Universität (der heutigen Humboldt-Universität). Als Studentin besuchte sie Vorlesungen bei dem berühmten Philosophen Wilhelm Dilthey und dem Soziologen Georg Simmel. »Es war eine große Freude, nun endlich an den Quellen mitzuschöpfen und auch in den Seminaren mitarbeiten zu dürfen.«[311] Dilthey stellte Helene Stöcker sogar als Privatassistentin zur Bearbeitung des Nachlasses von Schleiermacher an.

Da eine Promotion in Deutschland nicht möglich war, ging Helene Stöcker in die Schweiz und promovierte 1901 in Bern mit dem Thema: »Zur Kunstanschauung des 20. Jahrhunderts. Von Winckelmann bis Wackenroder«. Die frisch promovierte Philologin kehrte wieder nach Berlin zurück, denn obwohl München ihr »mit seinem reicheren, bunteren Leben, reizvolleren Leben« sehr verlockend erschien, hatte sie »aber Berlin, wo vor allem der konzentrierte geistige Kampf winkte«, den Vorzug gegeben.

Helene Stöcker sah in der ökonomischen Unabhängigkeit der Frauen die Basis für ein selbstbestimmtes Leben, in dem die Frau über ihren Körper und ihre Sexualität selbst bestimmen konnte. Die Frauen sollten die Freiheit der Wahl für ihren Lebensentwurf haben und im Idealfall Mutter, Geliebte und Berufstätige gleichzeitig sein können.

Innerhalb der Frauenbewegung war Helene Stöckers radikale Haltung umstritten, und dies nicht nur, weil sie stets für eine Emanzipation beider Geschlechter stritt und den Ausschluss der Männer ablehnte, vielmehr gingen vielen bürgerlichen Frauenrechtlerinnen ihre »unsittlichen Ansichten« über die freie Liebe viel zu weit.

Immer hat Helene Stöcker auch die Mütterlichkeit als einen wichtigen Aspekt im Leben einer Frau gesehen und sich selbst als mütterliche Frau verstanden. Dass sie kinderlos geblieben ist, hat sie ihr Leben lang sehr bedauert.

Bis 1933 war Helene Stöcker die Herausgeberin der Zeitschrift des Bundes »Die neue Generation«. In der Zeitschrift wurden gesellschaftlich relevante Themen zu Fragen der Ökonomie, der Medizin, der Literatur und der Philosophie diskutiert. Geschrieben haben für die Zeitung u. a. der Psychoanalytiker Sigmund Freud, Schriftsteller wie Kurt Tucholsky, Gerhart Hauptmann, die Frauenrechtlerinnen Hedwig Dohm und Lily Braun.

Theoretischer Hintergrund der Reformbewegung war die von Helene Stöcker begründete »Neue Ethik«, die sich an die Gedanken Nietzsches und an die Frühromantik anlehnte. In mehr als 400 wissenschaftlichen Texten hat Helene Stöcker ihre Ansichten über Ethik und Moral veröffentlicht.

Die Beschäftigung mit der Unterschiedlichkeit der Geschlechter und die Auseinandersetzung mit der Verbindung zwischen Liebe, Berufstätigkeit und Wissenschaft war auch im privaten Leben von Helene Stöcker eine zentrale Thematik.

Auf einem Ausflug mit Bekannten nach Potsdam und zur Pfaueninsel hatte sie 1905 den Berliner Rechtsanwalt Bruno Springer kennen gelernt. Es war Liebe auf den ersten Blick. Sie teilten die gleiche Begeisterung für die deutsche Lyrik und für die Natur. Allerdings hatten sich hier zwei sehr unterschiedliche Charaktere getroffen: die lebenslustige, aktive Helene und der schüchterne, eher behäbige Bruno. Schon ihre Urlaubsvorlieben passten nicht zusammen. Während sie das Meer liebte, bevorzugte er die Berge. Die Beziehung der beiden, die mehr als 25 Jahre bestand, gestaltete sich im Laufe der Zeit schwierig, und es war Helenes Part, immer wieder Nähe herzustellen: »Ich werde dich noch dreißig Jahre lieben müssen, um all das Eis aus Deinem Herzen wegzuschmelzen mit meiner Wärme«, schrieb sie Bruno Springer in einem Brief.[312]

Die Begegnung mit Bruno Springer fand fünf Jahre nach dem Scheitern ihrer großen Liebe mit dem Germanisten und Philosophen Alexander Tille, einem verheirateten Mann, statt. Mit ihm hatte sie das Jahr 1897 in Berlin verbracht und einen Menschen getroffen, »der so viele ideale Forderungen zu erfüllen schien, die man an einen Mann stellte.« Am Ende des Jahres kehrte Alexander Tille nach England zu seiner Frau und seinen beiden Kindern zurück. Kurze Zeit später starb Tilles Frau Lotte, und Alexander bat Helene, nach England zu kommen. Helene ging für einige Zeit nach Glasgow, doch die Beziehung scheiterte daran, dass sie »etwas anderes vom Leben erwartete, als nur seine Frau und die Mutter seiner Kinder zu sein.« Alexander Tille war nicht bereit, Helene Raum für ihre eigene geistige und berufliche Entwicklung zu geben.

Ganz bewusst hat sie, basierend auf ihrer Anschauung, nur die Liebe – und nicht die Ehe – bilde die einzige legitime Basis für jede sexuelle Beziehung, ihre Lebensgemeinschaft mit Bruno Springer nicht amtlich auf einem Standesamt besiegeln lassen. Dennoch bezog das Paar 1912 eine gemeinsame Wohnung in der Münchowstraße. »Wir erklärten beide, hier wollten wir nun wohnen bleiben bis zum Ende unseres Lebens … Wir haben oft gescherzt, wir können uns schon deshalb nie im Leben trennen, weil wir ja beide im gleichen Maße froh wären, dort draußen zu leben.«[313] Dort draußen war ein ausgebautes Dachgeschoss in Nikolassee mit sechs Zimmern und einem Balkon, von dem man über die Wälder und den Wannsee nach Kladow blickte.

Bruno Springer kam 1931 durch einen Verkehrsunfall ums Leben. Allerdings rankten sich um seinen Tod auch Gerüchte, die von einem Freitod ausgingen, vielleicht bedingt durch die in den letzten Jahren eher unglückliche Liebesbeziehung der beiden.

Bis zum Ende ihres Lebens konnte Helene Stöcker allerdings nicht – wie sie es vor hatte – in Nikolassee wohnen bleiben. Nach der Machtergreifung der Nazis musste sie Deutschland sofort verlassen, denn sie stand auf den Verfolgungslisten der Nazis. Ihre »Reichszugehörigkeit« und ihre Doktorwürde wurden ihr aberkannt, ihr Guthaben und ihre Manuskripte beschlagnahmt.

Nach Stationen in der Schweiz, in England und in Schweden kam Helene Stöcker sehr krank und völlig mittellos in den USA an. Von Stockholm war sie über Moskau, Wladiwostok und Yokohama mit dem Schiff nach San Fransisco gereist. Aus Sicherheitsgründen hatte sie ihr letztes Hab und Gut vorausgeschickt. Trotzdem war der Koffer mit Kleidung und Wäsche auf der Reise verloren gegangen. »So verliert man ein Besitztum nach dem anderen: Häuslichkeit, Vaterland, die wichtigsten Daten und Bücher, und endlich auch noch die Kleidung. Man ist wie ein Schiffbrüchiger, der nur das nackte Leben rettet – das man am Ende auch dran geben muß«, schrieb sie zwei Jahre vor ihrem Tod bei der Ankunft in San Francisco.[314] Zu ihrer Herzerkrankung, an der sie seit Jahren litt, kam nun noch eine Krebserkrankung hinzu. Aus Heimweh nach Europa, denn »ein Stück meines Herzens ist doch drüben geblieben«, zog sie noch einmal um, nach New York, in dem sie sich Europa näher fühlte. Dort am Riverside Drive arbeitete sie an ihrer Biografie, die sie allerdings nicht mehr fertig stellen konnte. »Der Geist ist noch frisch, aber die Behausung, in der er steckt, scheint recht abgebraucht zu sein!«, schrieb sie an einen Freund. Am 23. Februar 1943 starb Helene Stöcker in New York.

Clara Viebig

1860 Trier – 1952 Berlin

Schriftstellerin

Königstraße 3

Clara Viebigs Werke gehörten um die Jahrhundertwende in den Bücherschrank eines jeden bürgerlichen Haushalts. Durch die naturalistische Bewegung gelangte die »deutsche Zolaide« zu Ansehen und gehörte zu den großen deutschen Erzählerinnen. Als Tochter eines preußischen Beamten wurde Clara Viebig in Trier geboren. Obwohl sie die meisten Jahre ihres Lebens in Berlin verbrachte, spielte die Landschaft an Mosel und Rhein, in der sie ihre Kindheit und Jugend verbrachte, eine zentrale Rolle in ihren Romanen und Erzählungen.

Nach dem Tod des Vaters, der sehr viel älter als Claras Mutter gewesen war, überredete Clara – wie sie selbst schreibt – die Mutter und Geschwister, 1883 nach Berlin zu gehen. Die Familie stand ohne Ernährer da, und die kleine Pension reichte kaum »nach außen und innen, die Tradition der guten Jahre und einer behaglichen Existenz zu wahren«. Clara wollte in Berlin an der Hochschule für Musik Gesang studieren, um Konzertsängerin zu werden, einer der wenigen Berufe, die höheren Töchtern offen standen, um so zum Familieneinkommen beitragen zu können.

Ihre Stimme erwies sich als zu klein für eine Karriere als Konzertsängerin, und so begann sie, »einem inneren Zwang folgend«, mit dem Schreiben. Um das Familienbudget aufzubessern, gab sie Musikstunden und veröffentlichte kleine Erzählungen. Entsetzt reagierten Mutter, Bruder und Verwandte, als sie Claras Namen unter Artikeln in Zeitungen entdeckten. Trotz der strengen Haltung der Mutter, der sich die Tochter oftmals fügen musste, verfolgte Clara weiter ihr Ziel. Allerdings gelang es ihr erst mit 37 Jahren, als Schriftstellerin Erfolg zu haben. Ebenso musste sie noch als 36-Jährige bei ihrer Mutter um die Zustimmung für die Heirat mit dem

Verleger Fritz Th. Cohn kämpfen. Letztlich hat die Fürsprache Theodor Fontanes die Mutter überzeugen können.

Die Lektüre des Romans »Germinal« von Emil Zola war ihr, wie sie schrieb, »eine Offenbarung«. »Und wenn auch kein Mensch mehr etwas von mir drucken würde, und wenn meine Verwandten, meine Freunde sich auch beleidigt von mir wenden würden, und wenn ich verhungern sollte; ich würde von jetzt an anders schreiben: ohne Phrasen, ohne Zierlicheit ohne Schönfärberei. Ganz nackt meinetwegen sollten die Gestalten dastehen, nur ehrlich, ehrlich!«[315], beschrieb sie um 1916 den tiefen Eindruck, den Zolas Roman auf sie gemacht hatte. Ihre naturalistische Erzählweise sowie sozialkritische Themen kamen bei den Lesern an.

»Als Dichterin der Eifel« machte sie sich nunmehr einen Namen. Ihr literarischer Durchbruch, der Roman »Das Weiberdorf«, die Beschreibung des kargen ländlichen Lebens und Arbeitens in einem Dorf in der Eifel, wurde in der Frankfurter Zeitung vorabgedruckt und erregte in der Öffentlichkeit große Aufmerksamkeit. Um das Buch entzündete sich eine heftige Auseinandersetzung, und die katholische Kirche setzte es auf den Index der verbotenen Literatur. Bei einem Besuch in dem Dorf, das Clara Viebig als Vorlage für ihre Erzählung benutzt hatte, wurde sie von den Frauen des Ortes mit Mistgabeln und Rechen bedroht.

Mit dem Umzug nach Berlin wurden die enormen Veränderungen der Stadt und das mühsame Leben der »kleinen Leute« in der Großstadt ihre zentralen Themen. Für den Großstadtroman »Das tägliche Brot« (1900) gestaltete Heinrich Zille den Umschlag. »Das schlafende Heer« (1904) war der letzte Roman, den sie noch in Berlin schrieb. Dann aber erlaubten es ihre schriftstellerischen Erfolge und ihre Heirat, dass sie in Zehlendorf, das damals vor den Toren Berlins lag, ein Häuschen mit einem großen Garten kaufen konnte. Das »Haus Clara« mit dem verwunschenen Grundstück wurde für die naturverbundene Clara Viebig für viele Jahre mit Mann und Sohn ein wichtiges Refugium. »Weil ich in der Natur aufgehe. Es gibt nichts in der Welt, was sie mir ersetzen kann! […] Ich lebe in der Natur, mit den Blumen, mit den Tieren, und auch hier in meinem Hause, meinem Garten, habe ich ein kleines Tierparadies geschaffen«, erzählte Clara Viebig in einem Interview.[316]

Die Mehrzahl ihrer Bücher – so u. a. »Die vor den Toren« (1910) und »Eine Handvoll Erde« (1915) – hat Clara Viebig in ihrem Haus in der Königstraße geschrieben, dort hat sie beinahe fünfzig Jahre ihres Lebens verbracht. Noch heute sind an dem schmiedeeisernen Gitter des rechten Balkons die Initialen »CV« zu erkennen.

Clara Viebig war einer der populärsten Schriftstellerinnen Deutschlands geworden, ihre Bücher wurden in alle europäischen Sprachen übersetzt. Doch trotz aller Berühmtheit übernahm sie ihre hausfraulichen Pflichten in der Zehn-Zimmer-Villa. Clara folgte hier dem Rat, den ihre Mutter ihr zu ihrer Hochzeit gegeben hatte: »Glaub mir, mein Kind! Du magst schreiben können wie Zola und Dostojewski und wie die verrückten Kerle von heute alle heißen mögen, der beste Mann von der Welt geht dir laufen, wenn du ihm auf Dauer angebrannte Speisen auftragen läßt.«[317] Sie hat ihre Doppelrolle als Hausfrau, Mutter und Schriftstellerin niemals in Frage gestellt.

Während des Nationalsozialismus als Autorin zwar nicht verboten, war sie – mit einem Juden verheiratet – allerdings auch nicht erwünscht. Zunehmend sah sich das Ehepaar Repressalien ausgesetzt. 1935 erschien ihr letzter Roman, 1937 starb Claras Mann und Verleger. 1942 zog sie nach Mittelwalde (Schlesien), um dem Bombenkrieg in Berlin zu entgehen, kehrte 1946 als Heimatvertriebene krank und mittellos nach Berlin zurück. Nach dem Krieg wurde es still um die einstmals berühmte Schriftstellerin, ihre Werke gerieten in Vergessenheit, einzig in der DDR wurden ihre Bücher neu aufgelegt.

Als großes Glück muss es Clara Viebig empfunden haben, dass sie nach ihrer Rückkehr aus Mittelwalde wieder in ihre alte Villa ziehen durfte. Der neue Besitzer hatte ihr und ihrer Haushälterin zwei Zimmer zur Verfügung gestellt. Mit 92 Jahren starb Clara Viebig in Berlin; beerdigt wurde sie allerdings auf ihren Wunsch nicht im Grab der Mutter in Berlin, sondern in Düsseldorf im Ehrengrab ihres Vaters.

Carl Zuckmayer

1896 Nackenheim/Rheinhessen – 1977 Visp (Schweiz)

Schriftsteller

Friedrich-Carl-Straße 29 (heute: Am Sandwerder 5)

»Dieser heillose Lyriker wird niemals einen auf der Bühne sprechbaren Satz hervorbringen.«[318] Alfred Kerrs Urteil über Carl Zuckmayer, der später mit dem »Schinderhannes«, »Des Teufels General« und dem »Hauptmann von Köpenick« Weltruhm erlangte, war vernichtend. Anlass war Zuckmayers Drama »Kreuzweg«, das gerade im Königlich Preußischen Schauspielhaus am Berliner Gendarmenmarkt seine Uraufführung erlebt hatte. Und tatsächlich geriet dieser Premierenabend im Winter 1920 für den jungen Autor zur Katastrophe. Einer der Ehrengäste, der grobschlächtige Reichswehrminister Gustav Noske, der sich geschmeichelt fühlte, wenn irgend ein General ihm herablassend auf die Schulter klopfte, verließ die Ehrenloge schon nach dem ersten Akt. Grußlos, brummend und kopfschüttelnd.[319] Irgendwo unter den Zuschauern befanden sich auch Zuckmayers Eltern, die, wie Zuckmayer später schrieb, »die weite Reise von Heidelberg nach Berlin gemacht haben, um der Schande ihres Sohnes beizuwohnen«. Um sie herum wurde geschimpft, gezischt, getuschelt und an ernst gemeinten Stellen gelacht. Eine Dame stöhnte laut: »Dieses Stück muss ein armer Irrer geschrieben haben«.[320] Nach drei Aufführungen, nur von wenigen, auch irrtümlich hineingeratenen Zuschauern besucht, verschwand das Stück vom Spielplan und wurde nie wieder inszeniert. Die Autorenkarriere Carl Zuckmayers schien schon nach seinem Erstlingswerk hoffnungslos zerschmettert.

Dabei hatte dieses Jahr 1920 für Zuckmayer einen wundervollen Anfang genommen, Im Januar heiratete er seine Jugendliebe, und mit seiner Frau verlebte er einen Sommer in Heidelberg »im beglückenden Wahn, daß es immer so bleiben werde, in einer mondblassen Seligkeit, die mir die Ruhe und Kraft gab, ein Stück zu schreiben«. Es war, wie er später sagte, kein gutes Stück. Es erschien ihm selbst als verworren und chaotisch, aber im Spektrum der Zeit des Aufbruchs auch »erregend und hoffnungsvoll«. Zuckmayer schickte seinen »Kreuzweg« nach Berlin zu Leopold Jessner, den Intendanten des Berliner Staatstheaters, und erfuhr in den Folgetagen allerhöchste Weihen für seine »Anfängerarbeit« in Form von zahlreichen Triumphtelegrammen. Ludwig Berger hatte das Stück gelesen, auch Eckart von Naso und Ernst Legal, die Crème der Berliner Dramaturgen. Und der Verleger Kurt Wolff ließ Zuckmayer wissen, er habe »von dem Werk den stärksten und erfreulichsten Eindruck«.[321] Damals wurden Tausende Stücke eingereicht, die Produktionen in dieser Zeit waren enorm. Dass ein unbekannter junger Autor angenommen und an einer Berliner Bühne gespielt werden sollte, war eine Seltenheit, für Zuckmayer »ein ungeheurer Glücksfall, das große Los. Denn selbst Brecht musste mit seinen frühen Geniedramen jahrelang auf solch eine Gelegenheit warten.«[322]

Nach dem Berliner Fiasko arbeitete Zuckmayer in Heidelberg, Mainz, München und Kiel. Noch hatte er die Hoffnung nicht aufgegeben, als großer Dramatiker in die Theatergeschichte einzugehen. Er schrieb weiterhin wenig beachtete Stücke und führte Regie. In Kiel erlebte er vielleicht die ersten größeren Erfolge, weniger ablesbar an der Publikumsgunst, vielmehr im Kultivieren seiner später berühmt gewordenen und sprichwörtlichen »Theaternase« für das Wesentliche. Wenn wieder einmal kein Geld für die Ausstattung einer Neu-Inszenierung vorhanden war, nähte er gemeinsam mit den Schauspielerinnen selbst die Kostüme, schreinerte und malte die Kulissen. Und er stöberte junge Talente auf. Er fand Schauspieleleven, die vorher kaum auf der Bühne gestanden hatten, aber unter Zuckmayer ihren späteren Theaterruhm begründen konnten. Bei »Blohm & Voss« entdeckte er den Werftarbeiter Ernst Busch, den späteren »Barrikaden-Tauber«, auch Hans Söhnker, den siebzehnjährigen Sohn des Kassenvorstehers am Kieler Stadttheater, brachte er zur Schauspielerei. Und ein Jahr, nachdem Gustaf Gründgens in Kiel debütierte, wurde Zuckmayer auf einen jungen Studenten, der in der Statisterie mitwirkte, aufmerksam: Bernhard Minetti.[323]

1923 inszenierte Zuckmayer das Terenz-Stück »Der Eunuch«, mit dem Ergebnis, dass das Kieler Theater am Tage nach der Uraufführung wegen »groben Unfugs« polizeilich geschlossen und Zuckmayer fristlos entlassen wurde. In der Begründung wurden ihm »Aufsässigkeit, Unbotmäßigkeit und völlige künstlerische Unfähigkeit«[324] attestiert. Die Honoratioren der Stadt und die zahlreich erschienenen Kritiker hatten sich in diesem Schauspiel, welches die laszivste Theaterzeit im alten Rom beschrieb, als »Eunuchen« selbst erkannt. Nach dem Berliner folgte ein Kieler Desaster.

Am Sandwerder 5.

In seiner Biografie »Als wär's ein Stück von mir« beschrieb Zuckmayer den Kieler Skandal auch als Chance, als Herausforderung und begriff ihn als Sprungbrett: »Das Gerücht von unseren künstlerischen Bocksprüngen in Kiel hatte sich in der Theaterwelt herumgesprochen, und der Herausschmiß weckte bei ihrem progressiven Teil mehr Interesse als Ablehnung.«[325] So holte ihn im Sommer 1923 die bedeutende Schauspielerin Helene Körner, die gerade die Leitung des Münchener Schauspielhauses in der Maximilianstraße übernommen hatte, in die bayerische Hauptstadt. Hier fand er in Bertolt Brecht und Erich Engel nicht nur zwei Freunde, gleichzeitig waren sie für ihn Förderer und Mentoren. Gemeinsam gingen die drei nach zwei erfolgreichen Münchener Jahren 1925 nach Berlin ans Deutsche Theater.

Im Sommer 1925 lud der Bankier Dr. Ernst Goldschmidt, ein Vetter von Zuckmayers Mutter, den jungen Dramatiker als Hausgast in das von ihm gemietete Schloss in der Friedrich-Karl-Straße 29 am Wannsee ein. »Es war ein gräßlicher Kasten im Stil einer imitierten Ritterburg«, erinnerte sich Zuckmayer, »aber es hatte einen Park mit Seegrund und ein großes, achteckiges Turmzimmer, von dem man einen prächtigen Ausblick über die Landschaft hatte. Dort, nahm ich mir vor, werde ich mein neues Stück schreiben.«[326] Sein Gastgeber allerdings, ein ausgesprochener Theaternarr und Freund aller schönen Künste, durfte nicht ahnen, dass Zuckmayers finanzielle Lage hoffnungslos und er auf Goldschmidts Einladung angewiesen war. Er kannte zu gut die Gemütslage des reichen Mannes, und um diesem die Chance zu geben, sich als Wohltäter zu empfinden, ließ sich Zuckmayer Woche für Woche – natürlich nach einigen Überlegungen – zögernd zu einer Verlängerung seines Aufenthaltes bei dem Bankier überreden. »Mein Gastgeber war ein reizender Mensch. Ich machte ihm die Freude meines Besuches, die er auch wirklich empfand.« Zuckmayer schätzte es sehr, dass »Küche und Keller vorzüglich waren und die Zigarren zum offenen Gebrauch standen«. Der Kammerdiener Paul allerdings hatte mit dem Scharfblick des Butlers Zuckmayers wirtschaftliche Lage erkannt, lieh ihm – wenn Zuckmayer in die Stadt musste – das Fahrgeld und versorgte ihn mit den gebrauchten Rasierklingen seines Herrn. »Äußerlich aber«, schrieb Zuckmayer, »war mir nichts anzumerken, ich hatte sogar einer Berliner Photographin für ein Reklamebild in der ›Dame‹ Modell gestanden, unter dem es hieß: ›Der elegante Herr trägt im Sommer weißes Sporthemd mit langer Krawatte.‹«[327] Nicht zu sehen war allerdings, dass das Hemd unterhalb des Gürtels abgeschnitten war, da dieser Teil zur Erneuerung des Kragens herhalten musste …

In diesem Umfeld schrieb Zuckmayer eine Komödie in heimatlicher Mundart, arbeitete mit Elan und »lachte bei jedem Satz«. So entstand am Wannsee »Der fröhliche Weinberg«. Es sollte der größte deutsche Theatererfolg der Zwanzigerjahre werden.

Anmerkungen S. 13–91

1 Schumacher, Horst: Manuskript Colonie Alsen: Die neue Stadt, Berlin 1997.
2 Ebd.
3 Ebd.
4 Teut, Anna: Max Liebermann, Gartenparadies am Wannsee, München/New York 1997, S. 7.
5 Ebd.
6 Ebd., S. 8.
7 Ebd., S. 9.
8 Wolff, Max I.: Club von Berlin 1864 – 1924, Berlin 1926, S. 82f.
9 zit. in: Teut, München/New York 1997, S. 7.
10 Wolff, Berlin 1926, S. 39.
11 Wolff, Karl: Wannsee, Berlin 1974, S. 103.
12 Brasch, Georg: Das Wannseebuch, Reprint Berlin 1984, S. 90.
13 Brasch, Reprint Berlin 1984, S. 60.
14 Protzen, Otto: Die Geschichte unseres Seglerhauses, Berlin-Wannssee 1924.
15 Brasch, Reprint Berlin 1984, S. 64.
16 Brasch, Reprint Berlin 1984, S. 66.
17 Gedruckte Einladung Ende Mai 1882 im Nachlass Wilhelm von Bode, Zentralarchiv der Stiftung Preußischer Kulturbesitz.
18 Wolff, Berlin 1974, S. 91.
19 Mitteilungen Zeitschrift der Neuen Gemeinschaft, zit. in: Engel, Helmut u. a.: Geschichtslandschaft Berlin-Zehlendorf, Berlin 1992, S. 350.
20 Wille, Bruno, zit. in: Berlin um 1900, Hrsg. Richard Schneider, Berlin 2004, S. 328.
21 Jazbinsek, Dietmar/Thies Ralf: Großstadt-Dokumente, Metropolenforschung im Berlin der Jahrhundertwende, Berlin 1997, S. 18.
22 Lasker-Schüler, Else: Peter Hille, Berlin 1919, S. 79f.
23 Mühsam, Erich: Das Ende vom Lied, in: Der Anarchist, Berlin 25. 7. 1904.
24 Lasker-Schüler, Else: Werke und Briefe 6, Frankfurt a. M. 1996, S. 28.
25 Kraft und Schönheit, 1907, Nr. 10, S. 298.
26 Deutsche Nachrichten, 20. 8. 1907.
27 Die große Glocke, 28. 8. 1907.
28 Berliner Tageblatt, 11. 7. 1907.
29 Protzen, Berlin-Wannssee 1924, S. 199.
30 Ebd.
31 Solmssen, Arthur R. G.: Berliner Reigen, Frankfurt a. M. 1986, S. 104.
32 Malinowski, Stephan: Der Barmat-Skandal, in: Jahrbuch für Antisemitismusforschung, TU-Berlin 199, Nr. 5, S. 48ff.
33 Solmssen, Berlin 1984, S. 42 ff.
34 Gutmann, Herbert, in: Der Querschnitt Jg. 7, 1927, S. 373f.
35 Die Weltbühne, Jg. 23, 1927, S. 957.
36 Wilder, Billy, zit. in: Hanisch, Michael: Billy Wilder, Berlin 2004, S. 19.
37 Dazu trägt auch das Wannsee-Filmpaar Berta Drews (Mutter) und vor allem Heinrich George in der Rolle des kommunistischen Vaters bei. Ein doppelbödiger Rollenwechsel des ehedem »linken« Schauspielers hin zum nationalsozialistischen Propagandafilm.
38 Petzold, Paul-Erich: Hitlerjunge Quex. Was unsere Kamera beim Verfilmen sah, 1933, Mappe 7164: »Hitlerjunge Quex« im Bundesarchiv Filmarchiv Berlin.
39 Filmwoche 1933, Nr. 37.
40 Die Tagebücher von Joseph Goebbels, Hrsg.: Elke Fröhlich, München/New York 1987, 8. 6. 1936.
41 Goebbels, München/New York 1987, 9. 4. 1936.
42 Goebbels, München/New York 1987, 22. 5. 1936.
43 Goebbels, München/New York 1987, 14. 6. 1936.
44 Hindenburg, Paul von, zit. in: Reuth, Ralf Georg: Goebbels, Eine Biografie, München 1995, S. 269.
45 Goebbels, München/New York 1987, 9. u. 27. 7. 1936.
46 Goebbels, München/New York 1987, 3. 8. 1936.
47 Reuth, München 1990, S. 342.
48 Goebbels, München/New York 1987, 22. 6. 1938.
49 Goebbels, München/New York 1987, 3. 8. 1936.
50 Berliner Lokal Anzeiger, 16. 8. 1936.
51 Ebd.
52 François-Poncet, André, zit in: Siedler, Wolf Jobst: Pfaueninsel, Berlin 1987, S. 104.
53 Berliner Lokal Anzeiger, 16. 8. 1936.
54 Klabunde, Anja: Magda Goebbels, München 1999, S. 219.
55 Meissner, Hans-Otto: Magda Goebbels, München 1978, S. 184.

56 Reuth, München, 1990 und Siedler, Berlin 1987, S. 104.
57 Goebbels, München/New York 1987, 16. 7. 1938.
58 Reichsjugendpressedienst, 2. 7. 1939, zit. in: Reif, Janin/Schumacher, Horst/Uebel, Lothar, Schwanenwerder, Ein Inselparadies, Berlin 2000, S. 118.
59 Ebd..
60 Dettbarn-Reggentin, Jürgen: Strandbad Wannsee, Berlin 1987, S. 35.
61 Ebd.
62 Zit. in:Tuchel, Johannes, Am Großen Wannsee 56–58, Berlin 1992, S. 109.
63 Adolf Eichmann-Prozeß, zit in Tuchel, Jochen: Am Großen Wannsee 56–58, Von der Villa Minoux zum Haus der Wannsee-Konferenz, Berlin 1992, S. 110ff.
64 Siehe Heydrich-Porträt in diesem Buch.
65 Dettbarn-Reggentin, Berlin 1987, S. 42.
66 Ebd.
67 Die Polizei sah darin ein Sicherheitsproblem, das Haus wurde 1968 abgerissen und stattdessen ein Wohnhaus mit konventionellem Mauerwerk errichtet.
68 Spandauer Volksblatt, 8. 9. 1980.
69 Sturm über Berlin, Film von Johannes Mayer, Rundfunk Berlin-Brandenburg, 18. 10. 2005.
70 Ebd.
71 Tilmann, Johannes Heinisch und Schumacher Horst: Colonie Alsen, Berlin 1988, S. 215
72 Ebd.
73 Wolff, Berlin 1974, S. 94.
74 www.radiobremen.de.
75 Jäckel, Hartmut: Menschen in Berlin, Bergisch Gladbach 2002, S. 60.
76 Ebd., S. 59.
77 http://www.ghwk.de/sonderausstellung/villenkolonie/luftschutzschule.htm.
78 Ebd.
79 Ebd.
80 www.lcb.de.
81 Ebd.
82 Lichtenauer, Heinz/Henning, Christoph: Geschichte der Kriegsmarine, Aufsatz 1978, Privatarchiv Raabe.
83 Hamburger Abendblatt, 28. Juni 2002.
84 Reif, et. al., Berlin 2000.
85 Haus der Wannseekonferenz, Manuskript.
86 Reif et. al., Berlin 2000.
87 http://www.militaria-lexikon.de/katalog/wk2/wk2_bericht4/wk2_bericht4.html.
88 Ebd.
89 www.dhm.de.
90 Ebd.
91 Hauptmann Avner W. Less, Tonbandaufzeichnung der Verhöre Adolf Eichmanns, Jerusalem, Juni 1960.
92 Kogon, Eugen, Der SS-Staat, München 1974.
93 Heynowski, Walter, Akte J, Film des Fernsehens der DDR, Berlin-Adlershof 1971.
94 Wistrich, Robert, Wer war wer im Dritten Reich?, Frankfurt a. M. 1992.
95 Hitlers Stellvertreter – Der Aufstieg des Rudolf Heß, Dokumentation, Das Erste, 8. 5. 2005.
96 G. P., Zum Beispiel der Verwaltungsjurist Hans Globke, Manuskript, Die Zeit, 1984.
97 Ebd.
98 Andrej Wyschinski (1883–1954) war Chefankläger in den Moskauer Schauprozessen gegen Bucharin, Sinowjew, Kamenew, Tuchatschewski, Radek u. v. a.
99 Drews, Berta: Wohin des Wegs, Erinnerungen, Berlin 1988, S. 63ff.
100 Baarova, Lida: Die süße Bitterkeit meines Lebens, Koblenz 2001, S. 65.
101 Körner, Torsten: Ein guter Freund – Heinz Rühmann. Berlin 2000, S. 95.
102 Fröhlich, Gustav: Waren das Zeiten – Mein Film-Heldenleben, München-Berlin 1983, S. 330.
103 Drews, Berlin 1988, S. 111f.
104 Brief von Mara Wend an Heinrich George, 1932 zitiert in: Fricke, Kurt: Spiel am Abgrund – Heinrich George, Halle(Saale) 200, S. 287.
105 Fröhlich, München-Berlin 1983, S. 361.
106 Fröhlich, München-Berlin 1983, S. 350.
107 Koelbl, Herlinde: Jüdische Portraits: Gitta Alpar, Frankfurt a. M. 1998, S. 9ff.
108 Freyermuth, Gundolf S.: Reise in die Verlorengegangenheit. Auf den Spuren deutscher Emigranten, Hamburg 1990, S. 179ff.
109 Körner, Berlin 2000, S. 195.
110 Körner, Berlin 2000, S. 194.
111 Drews, Berlin 1988, S. 132.
112 Verhoven, Michael: Paul, ich und wir. Die Zeit und die Verhoevens, Berlin 2005, S. 45.

113 Verhoven, Berlin 2005, S. 45.
114 Gerda, Charlott: Prominente Privat. Heinrich George, Berlin 1940.
115 Drews, Berlin 1988, S. 226.
116 Stöckl, Ulla: Appell an Wünsche und Traumbilder, in: Belach, Helga (Hg.): Wir tanzen um die Welt. Deutsche Revuefilme 1933–1945.München, Wien 1979, S. 94ff.
117 Ebd.
118 Seit 1935 war es Brauch, Goebbels mit einem Geburtstagsfilm zu ehren. Die Filme wurden jedes Jahr von unterschiedlichen Firmen und Regisseuren produziert, Motiv waren immer die Goebbels-Kinder. Siehe Körner, Berlin 2000, S. 214.
119 Zit. in: Körner, Berlin 2000, S. 214.
120 Brinker, Käthe: Heinz Rühmann – Hertha Feiler, Er und Sie, Berlin 1941, S. 35.
121 Heinz Rühmann an Eliza La Porta am 24. 4. 1971, zit. in Körner, Berlin 2000, S. 346.
122 Drews, Berlin 1988, S. 287.
123 Luft, Friedrich, Laudatio am 19. 11. 1981, zit. in: Drews, Berlin 1988, S. 302.
124 Walter Giller und Nadja Tiller, Interview mit Reinhold Beckmann, ARD 28. 11. 2005.
125 Bandmann, Christa: Es leuchten die Sterne. Aus der Glanzzeit des deutschen Films, München 1979, S. 160.
126 Bandmann, München 1979, S. 162.
127 Ebd.
128 Interview mit Reinhold Beckmann, a.a.O.
129 Später lebten sie mit ihren beiden Kindern Natascha (auch Schauspielerin) und Jan Claudius in Castagnola bei Lugano im schweizer Tessin. Sie haben beschlossen, ab 2007 ihren Lebensabend gemeinsam in einem Hamburger Altenheim zu verbringen.
130 Brauner »Atze«: Mich gibt's nur einmal, München/Berlin 1976, S. 173f.
131 Interview mit Reinhold Beckmann, a.a.O.

Anmerkungen S. 93–263

1 Tagebucheintrag Harry Graf Kessler am 24. 3. 1911, zit. in: Dorrmann, Michael: Eduard Arnhold 1849 – 1925, Eine biographische Studie zu Unternehmer- und Mäzenatentum im Deutschen Kaiserreich, Berlin 2002, S. 91f.
2 Arnhold, Johanna: Ein Gedenkbuch, Eduard Arnhold, Berlin 1929, S. 16.
3 Ebd., S. 89.
4 Ebd., S. 32. Lieblingsspruch von Theodor Fontane, den E. Arnhold gern unter seine Fotografien setzte.
5 Marie von Bunsen, zit. in: Dorrmann, Berlin 2002, S. 93.
6 Zeitschrift für bildende Gartenkunst Nr. 3 (1892), S. 178 f.
7 Lichtwark, Alfred: Brief vom 2. 7. 1906 an die Kommission für die Verwaltung der Kunsthalle, Bd. XIV. Hamburg 1908, S. 188.
8 Tagebucheintrag von Marie von Bunsen am 18. 7 1906, zit. in: Dorrmann, Berlin 2002, S. 213.
9 Dorrmann, Berlin 2002, S 209.
10 Brief Max Liebermann an A. Donath vom 27. 5. 1924, zit. in: Dorrmann, Berlin 2002, S. 141.
11 Brief Eduard Arnhold an Ludwig Manzel vom 15. 6. 1919, zit. in: Dorrmann, Berlin 2002, S. 141.
12 Arnhold, Berlin 1929, S. 226.
13 Tschudi, Hugo von: Die Sammlung Arnhold in: Kunst und Künstler, Nr. 7 (1903), S. 4f.
14 Arnhold, Berlin 1929, S. 222f.
15 Arnhold, Berlin 1929, S. 48.
16 Eduard Arnhold an Adolf von Harnack, zit. in: Dorrmann, Berlin 2002, S. 251.
17 Arnhold, Berlin 1929, S. 305.
18 www.deutsche-kriegsgeschichte.de, Prinz August Wilhelm von Preußen, Aus den Tagebüchern.
19 Ebd.
20 Bredel, Willi/Maetzig, Kurt, Film »Ernst Thälmann – Sohn seiner Klasse«, DEFA, Babelsberg 1953/1954.
21 Flachenecker, Heinz-Herbert/Schreyer, Bertram, Die Dolchstoßlegende, Aufsatz 1952, Privatarchiv Raabe
22 www.wikipedia.de

23 Rademacher, Ernst, Preußentum und Nationalsozialismus, Vortrag Stuttgart 1976, Privatarchiv Raabe.
24 Die christlichen Wurzeln des Nationalsozialismus, www.humanist.de/kriminalmuseum.
25 Klabunde, Anja, Magda Goebbels, Annäherung an ein Leben, München 1999, S. 111.
26 Ebd., S. 113
27 Ebd., S. 114
28 Rademacher, Ernst, Preußentum und Nationalsozialismus, Vortrag Stuttgart 1976, Privatarchiv Raabe
29 www.preussen.de/de/geschichte/1888-wilhelm-II-kinder/august-wilhelm.html
30 Ebd.
31 Furian, Heinz-Jürgen, Heil Hitler, Königliche Hoheit, www.sopos.de/Aufsätze.
32 Baarova, Lida: Die süße Bitterkeit meines Lebens, Koblenz 2001, S. 130
33 Fröhlich, Gustav: Waren das Zeiten, München 1983, S. 136.
34 Ebd., S. 362.
35 Baarova, Koblenz 2001, S. 86f.
36 Fröhlich, München 1983, S. 365.
37 Baarova, Koblenz 2001, S. 81f.
38 Fröhlich, München 1983, S. 367.
39 Ebd. S. 158f.
40 Ebd.
41 Ebd.
42 Baarova, Koblenz 2001, S. 119.
43 Die Tagbücher Goebbels, Baarovas Biografie und die Zeitzeugen Magda Goebbels weichen hier extrem voneinander ab.
44 Baarova, Koblenz 2001, S. 133.
45 Meissner, Hans Otto: Magda Goebbels. Ein Lebensbild. München 1977, S. 228ff.
46 Baarova, Koblenz 2001, S. 139.
47 Meissner, München 1977, S. 238ff.
48 Baarova, Koblenz 2001, S. 138.
49 Baarova, Koblenz 2001, S. 141.
50 Baarova, Koblenz 2001, S. 146.
51 Riess, Curt: Das gab's nur einmal. o. O., 1956, S. 569.
52 Fröhlich, München 1983, S. 371.
53 Berliner Lokal Anzeiger 31. 12. 1924 und 2. 1. 1925, Berliner Tageblatt 31. 12. 1924.
54 Berliner Morgenpost 23. 8. 1964.
55 Berliner Lokal Anzeiger 31. 12. 1924.
56 Barmat und seine Partei, Broschüre der KPD, 1925.
57 Ebd.
58 Barmat und seine Partei, Broschüre der KPD 1925; Radek Karl: Die Barmat-Sozialdemokratie, Hamburg 1925.
59 Rintelen, Karlludwig: Gustav Bauer: Ein undemokratischer Demokrat, Frankfurt a. M. 1993, S. 248.
60 Tagesspiegel, 22. 11. 2003.
61 Ebd.
62 http://dp.expo2000.de/koepfe/brandt.
63 Durieux, Tilla: Meine ersten neunzig Jahre, München-Berlin 1971, S. 314.
64 Breuer Robert, in: Möhrmann, Renate: Tilla Durieux und Paul Cassirer, Berlin 1997, S. 142.
65 Möhrmann, Berlin 1997, S. 96.
66 Durieux, Tilla, München-Berlin 1971, S. 314.
67 Kellen, Konrad: Katzenellenbogen, Erinnerungen an Deutschland, Wien 2003, S. 180.
68 Durieux, München-Berlin 1971, S. 324.
69 Durieux, München-Berlin 1971, S. 325.
70 Durieux, München-Berlin 1971, S. 328ff.
71 Inwieweit bei den Beschuldigungen antisemitische Ressentiments eine Rolle spielten und es sich bei diesen Beschlagnahmungen auch um einen frühen Versuch der »Arisierung« handelte, darüber gibt Tilla Durieux in ihrer Biografie keine Auskunft. Die eigenartige »Verstrickung« von Dr. Georg Emil von Stauss (bei Durieux: »Herr von Strauß, Direktor der Deutschen Bank«) legt diesen Verdacht nahe. Konrad Kellen (Wien 2003), der Sohn Katzenellenbogens, schreibt von seinem Vater »dem aber dann alles verlorengegangen war – teils durch die Weltwirtschaftskrise, teils durch Machenschaften der Nazis und der nazihörigen Behörden –, als das Gesindel noch gar nicht das Heft führte, aber bereits die Macht besaß, Leute zu ruinieren.«
72 Durieux, München-Berlin 1971, S. 331.
73 Durieux, München-Berlin 1971, S. 334.
74 www.zdf.de.
75 Fiedler, Teja: Ein Preuße für Hitler, D-Day – der längste Tag, Manuskript, Der Stern, 2. 6. 2004.
76 www.zdf.de.
77 Fiedler, 2004.
78 Eisenhower, Dwight D.: Kreuzzug in Europa, Bermann-Fischer Verlag 1948.

79 Reif, Janin/Schumacher, Horst/Uebel, Lothar: Schwanenwerder, Ein Inselparadies, Berlin 2000.
80 Dähn, Brunhilde: Berlin, Hausvogteiplatz, Göttingen 1968, S. 169.
81 Dähn, Göttingen 1968, S. 174.
82 Tucholsky, Kurt: Gesammelte Werke, Reinbeck 1965.
83 Heute im Jüdischen Museum Berlin.
84 Balzerowitz, Timm und Malchow, Andreas: Haus Freudenberg, Begleitendes Referat zum Entwurfsseminar A 4, Sommersemester 2000, Fachhochschule Hamburg.
85 Zit. in Westphal, Uwe: Berliner Konfektion und Mode, Berlin 1986, S. 50.
86 Drews, Berta: Wohin des Weges, Berlin 1988, S. 109.
87 Drews, Berlin 1988, S. 128.
88 Sander, Ulrich: unveröffentlichtes Manuskript, zit. in: Fricke, Kurt: Spiel am Abgrund, Heinrich George, Halle/Saale 2000, S. 260.
89 Wolf, Friedrich: Hitler's Filme, in: Internationale Literatur, H. 1, Moskau 1934, S. 138.
90 Drews, Berlin 1988, S. 239.
91 Drews, Berta: Heinrich George, Ein Schauspielerleben, Hamburg 1959, S. 133.
92 Weisenborn, Günther: Der gespaltene Horizont, München 1964, S. 49.
93 Ernst Stahl-Nachbaur, zit. in Fricke, Halle/Saale 2000, S. 267.
94 KGB-Akte im KGB-Archiv Moskau, zit. in: Maser, Werner: Heinrich George, Berlin 1998, S. 390f.
95 Eingabe an die Sowjetische Kommandantur, Mai 1946, unterzeichnet u. a. von Ernst Schröder , Dr. Kurt Raeck, Dr. Wilhelm Fraenger, Hubert von Meyerinck und Walter Felsenstein, zit. in: Laregh, Peter: Heinrich George, München 1992, S. 274ff.
96 Brief von Heinrich George an seine Frau vom 19. 8. 1945 aus Hohenschönhausen, zit. in Maser, Berlin 1998, S. 366f.
97 Götz George über Heinrich George, in: Blum, Heiko R.: Götz George, München 1989, S. 27
98 Blum, München 1989, S. 7f. Götz George spielte selbst die Rolle des Franz Biberkopf in einem Dokumentarbericht des Sender Freies Berlin 1977.
99 Glum, Friedrich: Zwischen Wissenschaft, Wirtschaft und Politik, Bonn 1964, S. 353.
100 Glum, Bonn 1964, S. 492.
101 Knopp, Guido: Hitlers Frauen und Marlene, München 2001, S. 92.
102 Ebd., S. 87.
103 Ebd., S. 112.
104 Ebd., S. 86.
105 Die Tagebücher von Joseph Goebbels, 22.10.1936, München 1987.
106 Tagebücher, München 1987, 20.4.1936.
107 Tagebücher München 1987, 12.11.1936.
108 Meissner, München 1977, S. 243.
109 Klabunde, Anja: Magda Goebbels, München 1999, S. 233.
110 Curth, Roland, in: Geschichtslandschaft Berlin-Zehlendorf, Berlin 1992, S. 422.
111 Tagebücher, München 1987, 24.3.1941.
112 Klabunde, München 1999, S. 284f.
113 Ebd., S. 284.
114 Ebd., S. 289.
115 Ebd., S. 285 u. 294.
116 Reif, Berlin 2000.
117 Ebd.
118 Hoffmann, Tobias, Manuskript.
119 Brandenburg, Guido/Saure, Hans-Wilhelm, BILD am Sonntag, Interview 2000.
120 Hoffmann, Tobias, Manuskript.
121 http://www.prisma-online.de/express/person.html?pid=dieter_hallervorden.
122 Derks, Kai-Uwe: teleschau – der mediendienst, 2005.
123 Toller, Ernst, Internationale Bibliothek G.m.b.H. 1929.
124 Ebd.
125 Ebd.
126 Ebd.
127 Ebd.
128 Heesters, Johannes, Auch hundert Jahre sind zu kurz, München 2002, S. 33.
129 Ebd.
130 Ebd.
131 Ebd., S. 45.
132 Ebd.
133 Ebd., S. 46.
134 Ebd., S. 47.
135 Ebd.
136 Ebd., S. 52.
137 Ebd.
138 Ebd., S. 53.
139 Ebd.

140 Heesters, Johannes, Es kommt auf die Sekunde an, München 1978, S. 112.
141 Ebd.
142 Ebd., S. 123.
143 Maximilian Harden, zit. in: Heresch, Elisabeth: Geheimakte Parvus, Die gekaufte Revolution, München 2000, S. 237.
144 Arthur Siefeldt, zit. in: Heresch, München 2000, S. 146.
145 Janos Plesch, zit. in: Heresch, München 2000, S. 198.
146 Salomon, Ernst von: Der Fagebogen, Hamburg 1951, S. 130.
147 Heresch, München 2000, S. 257.
148 Wladimir I. Lenin, zit. in: Heresch, München 2000, S. 267.
149 Stefan Zweig, zit. in: Heresch, München 2000, S. 268.
150 Wladimir I. Lenin, zit. in: Heresch, München 2000, S. 348.
151 Brief Alexander Helphand-Parvus, zit. in: Heresch, München 2000, S. 364f.
152 Louise Wels [Interview, 1982 mit Rainer Sandvoß] in: Reif, Berlin 2000, S. 94.
153 Alexander Helphand-Parvus, zit. in: Heresch, München 2000, S. 368.
154 Dederichs, Mario R.: Heydrich, Die Macht des Bösen, Manuskript, Der Stern, Hamburg 2003.
155 Dederichs, Mario R.: Der kühle Manager des Massenmordes, Manuskript, Der Stern, Hamburg 2003.
156 Ebd.
157 www.reinhardheydrich.org.
158 Dederichs, Mario R.: Der kühle Manager des Massenmordes, Manuskript, Der Stern, Hamburg 2003.
159 Ebd.
160 Ebd.
161 Ebd.
162 Dederichs, Mario R.: Hitlers eiskalter Vollstrecker, Manuskript, Der Stern, Hamburg 2003.
163 www.shoa.de.
164 Heymann, Bernhard: Das Reichssicherheitshauptamt, Berlin 1963.
165 www.reinhardheydrich.org.
166 Dederichs, Mario R.: Hitlers eiskalter Vollstrecker, Manuskript, Der Stern, Hamburg 2003.
167 Ebd.
168 www.luebeck-kunterbunt.de.
169 Dederichs, Mario R.: Der kühle Manager des Massenmordes, Manuskript, Der Stern, Hamburg 2003.
170 Heymann, Berlin 1963.
171 Dederichs, Mario R.: Hitlers eiskalter Vollstrecker, Manuskript, Der Stern, Hamburg 2003.
172 Dederichs, Mario R.: Todesurteil für Europas Juden, Manuskript, Der Stern, Hamburg 2003.
173 Dederichs, Mario R.: Hitlers eiskalter Vollstrecker, Manuskript, Der Stern, Hamburg 2003.
174 Ebd.
175 Ebd.
176 Dederichs, Mario R.:, Todesurteil für Europas Juden, Manuskript, Der Stern, Hamburg 2003.
177 www.peter-hille-gesellschaft.de.
178 Ebd.
179 Albrecht, Günter: Peter Hille – der Bohemien von Schlachtensee, Berlin 1994, S. 255.
180 Leventzow, Fritz: Peter Hille in Berlin, Aufsatz, Berlin 1948, Privatarchiv Raabe.
181 www.peter-hille-gesellschaft.de.
182 Albrecht, Berlin 1994, S. 255.
183 Ebd.
184 www.peter-hille-gesellschaft.de.
185 Albrecht, Berlin 1994, S. 256.
186 Ebd.
187 Bauschinger, Sigrid: Else Lasker-Schüler, Biographie, Göttingen, S. 83.
188 Ebd.
189 Ebd.
190 www.peter-hille-gesellschaft.de.
191 Albrecht, Berlin 1994, S. 262.
192 Ebd.
193 Ebd., S. 256
194 Ebd.
195 Horney, Brigitte: So oder so ist das Leben, Bern/München 1992, S. 111
196 Ebd., S. 112.
197 Ebd.
198 Ebd., S. 79.
199 Ebd.
200 Ebd., S. 266.
201 Ebd., S. 267.
202 Kafka, Franz: Briefe an die Eltern, Frankfurt a. M. 1990, S. 57f.
203 Ebd.,S. 393.
204 Kafka, Franz: Briefe 1902 – 1924, Frankfurt a. M. 1958, S. 447.

205 Hackermüller, Rotraud: Kafkas letzte Jahre, München 1990, S. 90.
206 Ebd.
207 September – November 1923: Miquelstraße 8, Berlin-Dahlem, November 1923 – Februar 1924: Grunewaldstraße 13, Berlin-Steglitz.
208 siehe kommentierte Liste im Anhang.
209 Kafka, Frankfurt a. M.1958, S.475, an Felix Weltsch.
210 Kafka, Frankfurt a. M. 1990, S. 56.
211 Kafka, Frankfurt a. M. 1990, S. 58.
212 Kafka, Frankfurt a. M.1958, S. 478, an Robert Klopstock
213 Kafka, Frankfurt a. M. 1990, S. 62.
214 Kafka, Frankfurt a. M. 1990, S. 61.
215 Kafka, Frankfurt a. M. 1990, S. 64.
216 Brod, Max: Franz Kafka, Frankfurt a. M. 1962, S. 306.
217 Bröhan, Nicole: Max Liebermann, Berlin 2002, S. 119.
218 Hancke, Erich: Max Liebermann – Sein Leben und seine Werke, Berlin 1914, S. 478.
219 Teut, Anna, Max Liebermann – Gartenparadies am Wannsee, München – New York 1997, S. 47.
220 Bröhan, Berlin 2002, S. 129.
221 Teut, München – New York 1997, S. 23.
222 Immenhausen, Wolfgang: Max Liebermann in Wannsee, Berlin 1997, S. 44.
223 Immenhausen, Berlin 1997, S. 85.
224 http://www.mdr.de/artour/archiv/751687.html.
225 Ebd.
226 promi.abacho.at/stars/tv/detail.
227 Kebir, Sabine: Sexuell vernetzte Singles, Manuskript, Freitag 07, 12. 2. 1999.
228 Ebd.
229 http://www.prisma-online.de/gabonn/person.html?pid=theo_lingen.
230 Nordamerikanische Wochenpost, 7. 11. 2005, Wolfgangsee Tourismus.
231 Heesters, München 1978, S. 158.
232 http://www.swo.de/steglingen1.html.
233 Vortrag Berlin 2001, Privatarchiv Raabe.
234 Tarnow, Volker: Pfitzmanns größte Rolle war sein Leben, Die Welt, 30. 5. 2003.
235 Heck, Dieter Thomas: Adieu, Pfitze, Welt am Sonntag, 1. 7. 2003.
236 Martenstein, Harald: Der Kaiser von Berlin-West, Tagesspiegel, 31. 5. 2003.
237 Ebd.
238 Thomann, Jörg: Pfitzmann, Günter, FAZ, 30. 5. 2003.
239 Martenstein, Harald: Der Kaiser von Berlin-West, Tagesspiegel, 31. 5. 2003.
240 Ebd.
241 www.bundestag.de.
242 Martenstein, Harald: Der Kaiser von Berlin-West, Tagesspiegel, 31. 5. 2003.
243 www.mdr.de.
244 http://www.tikonline.de/content/specials/guenter_pfitzmann.php.
245 Heck, Dieter Thomas: Adieu, Pfitze, Welt am Sonntag, 1. 7. 2003.
246 Berliner Morgenpost, 9. 3. 2005.
247 Rökk, Marika/Reitze, Elvira: Herz mit Paprika, Erinnerungen, München 1974.
248 Ebd.
249 www.kinosessel.de/Villen.
250 www.berlinonline.de, Frost, Fritz, Stadtführer Neubabelsberg, rbb, Stilbruch 2005.
251 Goedecke, Heinz/Krug, Wilhelm: Wunschkonzert für die Wehrmacht, Emmelshausen 2002.
252 http://de.wikipedia.org/wiki/Wunschkonzert.
253 http://www.infobitte.de/free/lex/ww2_Lex0/w/wunschkonzert.htm.
254 Die Deutsche Wochenschau, Bundesfilmarchiv, Winter 1943.
255 Hamburger Abendblatt, 23. 8. 2005.
256 Zander, Peter: Morgenpost, Berlin 7. 7. 2005.
257 Anklageschrift des Obersten Gerichtes der DDR, Berlin 1960.
258 Rökk/Reitze, München 1974.
259 www.filmportal.de; Rohde, 1979; Schröder, Christian: Tagesspiegel, Berlin 7. 7. 2005.
260 Bandmann, Christa/Hembus, Joe: Klassiker des deutschen Tonfilms, München 1985
261 Schröder, Christian: Tagesspiegel, Berlin, 7. 7. 2005.
262 Rosvaenge, Helge: Lache Bajazzo, München Wien 1953, S. 187.
263 Tassié, Franz: Helge Rosvaenge, Augsburg 1975, S. 104f.
264 Rosvaenge, Helge: Mach es besser, mein Sohn, Leipzig 1963, S. 74.
265 Tassié, Augsburg 1975, S. 184.
266 Sauerbruch, Ferdinand: Das war mein Leben, München 1993, S. 325.
267 Ebd., S. 327.
268 Ebd., S. 330.

269 Speer, Albert: Erinnerungen, Frankfurt am Main/Berlin/Wien, 1969.
270 Ebd.
271 Ebd.
272 Spitzy, Reinhard, Erinnerungen, Fernsehinterview PHOENIX 2000.
273 Ebd.
274 Reif/Schumacher/Uebel, Berlin 2000.
275 Ebd.
276 Ebd.
277 Kloepfer, Inge: Friede Springer – Die Biographie, Hamburg 2005, S. 60.
278 Axel Springer – Neue Blicke auf den Verleger, Berlin 2005.
279 Kloepfer, Hamburg 2005, S. 36f. u. 69.
280 Fengler, Susanne, in: Die Welt, 22. 2. 2005.
281 Jacobi, Claus: Der Verleger Axel Springer – Eine Biographie aus der Nähe, München 2005, S. 275.
282 Kloepfer, Hamburg 2005, S. 89.
283 Jacobi, München 2005, S. 186.
284 Kloepfer, Hamburg 2005, S. 99.
285 zit. in: Naeher, Gerhard: Axel Springer – Mensch, Macht Mythos, Erlangen-Bonn-Wien 1991, S. 446.
286 Kloepfer, Hamburg 2005, S. 110.
287 Kloepfer, Hamburg 2005, S. 234.
288 Kloepfer, Hamburg 2005, S. 235.
289 Lahann, Birgit, in: Stern, Nr. 38, 2001.
290 http://www.berlin-wannsee.de/kirchen/evang/kirchen.html.
291 Ebd.
292 Ebd.
293 Ebd.
294 Ebd.
295 Hoffmann, Peter: Claus Schenk Graf von Stauffenberg und seine Brüder; Stuttgart 1992.
296 Langer, Fred: Der Mann, der Deutschland retten wollte, Manuskript, Der Stern, Hamburg 2004
297 Ebd.
298 Ebd.
299 Müller, Christian Stauffenberg – Eine Biographie, Droste Verlag, Düsseldorf 1970.
300 Ebd.
301 Die Welt, 19.7.2004.
302 Poeppig, Fred: Rudolf Steiner, Wien 1960, S. 147 f.
303 Rudolf Steiner setzte dennoch seine Arbeit in allen ehemaligen Kreisen, so auch im »Bruno-Bund« oder als Lehrer in der »sozialdemokratischen Arbeiterbildungsschule«, fort.
304 Lindenberg, Christoph: Rudolf Steiner. Band I, Stuttgart 1977, S. 339.
305 Lindenberg, Stuttgart 1977, S. 224.
306 Lindenberg, Stuttgart 1977, S. 350.
307 Poeppig, Wien 1960, S. 163.
308 Lindenberg, Stuttgart 1977, S. 356.
309 Lindenberg, Stuttgart 1977, S. 362f.
310 Lindenberg, Stuttgart 1977, S. 356.
311 Christl Wickert: Helene Stöcker 1869–1943. Frauenrechtlerin, Sexualreformerin und Pazifistin. Eine Biographie, Bonn 1991, S. 29.
312 Ebd., S. 85.
313 Ebd., S. 88.
314 Ebd., S. 155.
315 Aretz, Christel (Hg.): Clara Viebig. Mein Leben – Autobiographische Skizzen, Hontheim 2002, S. 54.
316 Ebd., S. 185.
317 Ebd., S. 69.
318 Zuckmayer, Carl: Als wär's ein Stück von mir, Frankfurt am Main 1966, S. 318.
319 Ebd., S. 315.
320 Ebd., S. 326.
321 Ebd., S. 309.
322 Ebd., S. 312.
323 Ebd., S. 356.
324 Ebd., S. 362.
325 Ebd., S. 364.
326 Ebd., S. 388.
327 Ebd., S. 389.

Grabmal des Architekten Johannes Otzen auf dem Friedhof Lindenstraße

Gräber von berühmten Persönlichkeiten in Zehlendorf

Evangelischer Kirchhof Nikolassee, Kirchweg 8–12

Der zu Beginn des 20. Jahrhunderts entstandene Ortsteil Nikolassee erhielt 1909 eine Pfarrstelle und eine Kirche, nachdem bereits 1906 der Friedhof angelegt worden war.

Name	***Beruf***	***Grabstelle***
Friedensburg, Ferdinand (1886 – 1972)	Politiker	Feld A Nr. 10/11
Brockhusen, Theo von (1882 – 1919)	Maler	Familienstelle 47
Dahlke, Julius (1891 – 1951)	Kirchenmusiker	
Epstein, Walter (1874 – 1918)	Architekt	
Friedenthal, Richard (1896 – 1979	Schriftsteller	C-II-49/50
Henneberg, Rudolf (1845 – 1909)	Kommerzienrat	Familiengrab
Klepper, Jochen (1903 – 1942)	Schriftsteller	
Kretzschmar, Hermann (1848 – 1924)	Musikwissenschaftler	A I-19-20
Krottnaurer, Hugo von (1851 – 1915)	Direktor d. Heimstätten AG	
Lorenz, Peter (1922 – 1987)	Politiker	P-I-1/2
Muthesius, Hermann (1861 – 1927)	Architekt	Familienstelle 83
Schmidt, Erich (1897 – 1952)	Verleger	
Springer, Axel Cäsar (1912 – 1985)	Verleger	
Trendelenburg, Friedrich (1844 – 1924)	Chirurg	Feld A Nr. 44
Trendelenburg, Friedrich (1878 – 1962)	Ministerialdirektor	
Vasmer, Max (1886 – 1962)	Sprachforscher	B I-25/26

Friedhof Wannsee I (Alter Friedhof Wannsee), Friedenstraße 8/10

Der alte Kirchhof des Dorfes Stolpe wurde nach Skizzen von Friedrich Wilhelm IV. und Entwürfen von August Stüler 1859 mit einer neuen Kirche versehen. Der zugehörige Friedhof wurde bereits 1846 eingeweiht. Der heutige Name stammt aus dem Jahre 1898.

Begas, Oskar (1828 – 1883)	Maler	001/30
Encke, Erdmann (1843 – 1896)	Bildhauer	3/166
Encke, Eberhard (1881 – 1936)	Bildhauer	3/165
Franck, Philipp (1860 – 1944)	Maler	3/163-164
Hartmann, Gustav (1859 – 1938)	Droschkenkutscher	8/133
Poelzig, Hans (1869 – 1936)	Baumeister	8/32
Sievers, Johannes (1880 – 1969)	Kunsthistoriker	7/91

Friedhof Wannsee, Lindenstraße 1–2

Angelegt wurde der Neue Friedhof Wannsee ab 1888 und 1895 als Begräbnisstätte für die Gemeinde der von Wilhelm Conrad gestifteten und 1896 eingeweihten Kirche, die seit 1965 Andreaskirche heißt. Erweiterungen folgten 1917 und 1977.

Arnhold, Eduard (1849 – 1925)	Kunstmäzen	8/92 AT 38
Conrad, Wilhelm (1822 – 1899)	Gründer der Colonie Alsen	11/29 AT 17
Ende, Hermann (1829 – 1907)	Architekt	8/37 AT 26
Fischer, Emil (1852 – 1919)	Chemiker	8/99 AT 39
Freudenberg, Julius (1870 – 1927)	Modehausbesitzer	Familiengrab
Greeff, Richard (1862 – 1938)	Augenarzt	9/51 AT 62
Hahn, Martin (1865 – 1934)	Hygieniker	7/160 NT 102
Helmholtz, Hermann von (1821 – 1894)	Physiologe, Physiker	10/66 AT 52
Minotto, Agnes Sorma Gräfin (1865 – 1927)	Schauspielerin	7/35 NT 84
Otzen, Johannes (1834 – 1911)	Architekt	8/2 AT 22
Sauerbruch, Ferdinand (1875 – 1951)	Chirurg	9/28 AT 58
Stahn, Otto (1859 – 1930)	Architekt	
Straßmann, Paul (1866 – 1938)	Gynäkologe	7/1 NT 79
Vogel, Hugo (1855 – 1934)	Maler	9/50 AT 62

Friedhof Zehlendorf, Onkel-Tom-Straße 26–30

Der Friedhof wurde zwischen 1871 und 1872 angelegt, die erste Erweiterung erfolgte 1903, die zweite Erweiterung nach 1945.

Reif, Hans Otto Ernst (1899 – 1984)	Politiker	003/402
Biesalski, Conrad (1868 – 1930)	Mediziner	001/426
Borm, William (1895 – 1987)	Politiker	020/183
Dominik, Hans (1872 – 1945)	Schriftsteller	009/38
Dovifat, Emil (1890 – 1969)	Publizistikwissenschaftler	018/653
Drewitz, Ingeborg (1923 – 1986)	Schriftstellerin	020/406
Engel, Carl (1876 – 1946)	Privatgelehrter	
Felixmüller, Conrad (1897 – 1977)	Maler	019/294
Fleischmann, Paul (1889 – 1965)	Stadtältester	007/478
George, Heinrich (1893 – 1946)	Schauspieler	013/96
Graeser, Erdmann (1870 – 1937)	Schriftsteller	013/231
Harnack, Ernst von (1888 – 1945)	Regierungspräsident	011/735
Hart, Julius (1859 – 1930)	Schriftsteller	019/508
Herrmann, Hans (1858 – 1942)	Maler	006/280
Jhering, Herbert (1888 – 1977)	Dramaturg, Kritiker	003/199-200
Koester, Hugo Karl Elima (1859 – 1943)	Bezirksbürgermeister	007/134
Kunzendorf, Paul (1853 – 1923)	Chronist, Schriftsteller	001/191
Legal, Ernst (1881 – 1955)	Schauspieler, Intendant	006/46
Lotz, Hermann (1877 – 1936)	Kommerzienrat	
Mebes, Paul (1872 – 1938)	Architekt	015/505
Meusel, Margarethe (1897 – 1953)	Leiterin der Inneren Mission	007/565
Michael, Rudolf (1896 – 1972)	Stadtältester	013/28

Moll, Margarethe (1884 – 1977)	Malerin, Bildhauerin	012/53
Moll, Oskar (1875 – 1947)	Maler, Bildhauer	012/53
Poelchau, Harald (1903 – 1972)	Pfarrer	008/98
Ruhnke, Carl (1874 – 1922)	Optiker	003/342-352
Sandkuhl, Hermann (1872 – 1936)	Maler, Graphiker	001/94
Schieske, Alfred (1908 – 1970)	Schauspieler	007/223
Schott, Karl (1897 – 1954)	Bezirksbürgermeister	007/625
Schubert, Emil (1868 – 1925)	Gartenbaudirektor	011/624
Steinrück, Albert (1972 – 1929)	Schauspieler	017/705
Stomps, Luise (1900 – 1988)	Bildhauerin	012/205
Weber, Anton (1890 – 1969)	Stadtältester	018/309
Weidt, Otto (1883 – 1947)	Widerstandskämpfer	015/346
Wurster, Elisabeth (1919 – 1977)	Malerin	006/109

Waldfriedhof Zehlendorf, landeseigener Friedhof, Potsdamer Chaussee 75–77, Wasgensteig 30

Der im Ortsteil Nikolassee gelegene Waldfriedhof Zehlendorf II ist die größte Begräbnisstätte im Bezirk Zehlendorf. Er wurde als Waldlandschaft erbaut und 1953 mit einem italienischen Militär- und Ehrenfriedhof sowie einer Aschen-Gemeinschafts-Grabstätte versehen. Die erste Beerdigung fand am 3. Dezember 1945 statt. Eine Erweiterung des Friedhofes erfolgte 1948. Der Friedhof war notwendig geworden als Ersatzfläche für den im russischen Sektor gelegenen Kirchhof Stahnsdorf.

Brandt, Willy (1913 – 1992)	Politiker	038/484
Kaiser, Jacob (1888 – 1961)	Politiker	013/3
Löbe, Paul (1875 – 1967)	Politiker	024/14
Scharoun, Hans (1893 – 1972)	Architekt	028/847
Arndt, Klaus-Dieter (1927 – 1974)	Wirtschaftsstaatssekretär	XYI-379b
Barlog, Boleslav (1906 – 1999)	Generalintendant	039/30
Van Beek, Jan Bontjes (1899 – 1969)	Kunstkeramiker	008/335
Bach, Otto (1899 – 1981)	Politiker	038/388
Beese, Hertha (1902 – 1987)	Politikerin	027/147
Blacher, Boris (1903 – 1975)	Komponist	026/9
Dumstrey, Wilhelm (1899 – 1990)	Stadtältester	037/342
Friedrich, Götz (1930 – 2000)	Generalintendant	Feld 039
Genschow, Fritz (1905 – 1977)	Schauspieler	010/345
Gsovsky, Tatjana (1901 – 1993)	Ballettdirektorin	060/190
Hartung, Karl (1908 – 1967)	Bildhauer	047/24
Henneberg, Willy (1898 – 1961)	Politiker	013/237
Hertz, Paul (1888 – 1961)	Wirtschaftssenator	038/19
Homeyer, Lothar (1883 – 1969)	Graphiker	008/571
Horlitz, Albert (1882 – 1972)	Stadtältester	024/856
Ihlenfeld, Kurt (1901 – 1972)	Theologe, Schriftsteller	012/511
Käutner, Helmut (1908 – 1980)	Schauspieler, Regisseur	024/930
Klein, Günter (1900 – 1963)	Senator	060/187
Klingelhöfer, Gustav Adolf (1888 – 1961)	Stadtältester	038/192
Knef, Hildegard (1925 – 2002)	Schauspielerin	039/685
Körner, Hermine (1878 – 1960)	Schauspielerin	027/139
Kressmann, Willy (1907 – 1986)	Bürgermeister	022/302

Kressmann-Zschach, Sigrid 1929 – 1990)	Architektin	038/634
Landsberg, Kurt (1892 – 1964)	Hochschuldirektor	055/440
Leber, Annedore (1904 – 1968)		059/785
Lemmer, Ernst (1898 – 1970)	Bundesminister	055/87
Mattick, Kurt (1908 – 1986)	Politiker	037/448
May, Hermann Gustav(1900 – 1953)	Stadtrat	026/157
Melzer, Moriz (1877 – 1966)	Maler, Bildhauer	051/285
Nemitz, Anna (1873 – 1962)	Stadtälteste	027/92
Paul, Bruno (1874 – 1968)	Architekt	012/567
Piscator, Erwin (1893 – 1966)	Intendant, Regisseur	050/82
Pohl, Gerhart (1902 – 1966)	Schriftsteller	048/322
Rahn, Erich (1885 – 1973)	Jiu-Jitsu-Lehrer	024/317
Rave, Paul Ortwin (1893 – 1962)	Kunsthistoriker	027/131
Reger, Eric (1893 – 1954)	Schriftsteller	038/378
Reuter, Ernst (1889 – 1953)	Regierender Bürgermeister	038/485
Schamoni, Ulrich (1939 – 1998)	Schriftsteller, Regisseur	V-W
Schloss, Fritz (1895 – 1954)	Bezirksbürgermeister	038/260
Schmalstich, Clemens Carl Otto (1880 – 1960)	Komponist, Dirigent	aufgelassen
Schnurre, Wolfdietrich (1920 – 1989)	Schriftsteller, Kritiker	XVI-W 413
Scholz, Gustav »Bubi« (1930 – 2000)	Boxer	038/404
Schröter, Richard (1892 – 1977)	Stadtältester	028/662
Schubert, Richard (1877 – 1955)	Stadtältester	037/444
Suhr, Otto (1894 – 1957)	Regierender Bürgermeister	022/441
Theis, Herbert (1906 – 1972)	Stadtältester	024/112
Westphal, Kurt (1904 – 1978)	Musikwissenschaftler	

Auf einen Blick – Prominente in Wannsee, Nikolassee und Schlachtensee

Ahrends, Bruno	1878–1948	Architekt	Am Großen Wannsee 5

Neben Hermann Muthesius, Paul Mebes, Heinrich Schweitzer, Otto Rudolf Salvisberg und Heinrich Straumer der wichtigste Architekt in Zehlendorf. Er baute u. a. das Gemeindehaus Wannsee am Schuchardtweg sowie zahlreiche Wohnhäuser.

Albertz, Heinrich	1915–1993	Theologe, Regierender Bürgermeister von Berlin	Matterhornstraße 37/39

Nach seinem Rücktritt vom Amt des Regierenden Bürgermeisters kehrte Heinrich Albertz in seinen Beruf zurück und wirkte bis zu seiner Pensionierung 1979 als Pfarrer in Nikolassee. Er blieb eine politische Stimme von Gewicht, u. a. wurde er zu einem der profiliertesten Köpfe der Friedensbewegung.

Alpar, Gitta	1900–1991	Sängerin, Schauspielerin	Zietenstraße 3

Die in Budapest geborene »Nachtigall von Berlin« war in zweiter Ehe mit Gustav Fröhlich verheiratet. 1933 emigrierte sie in die USA und setzte ihre Karriere als Operettensängerin erfolgreich fort. Ihr Mann ließ sich scheiden und ging später mit Lida Baarova eine schicksalhafte Liaison ein.

Anton, Karel	1898–1979	Drehbuchautor, Regisseur	Salzachstraße 29

Er macht sich vor allem in den Fünfzigerjahren um den deutschen Film verdient. Zu seinen erfolgreichsten Arbeiten zählen »Die Rose von Stambul«, »Der Vetter aus Dingsda« (beide 1953) und »Die Christel von der Post« (1956).

Arnhold, Eduard	1849–1925	Unternehmer	Am Großen Wannsee 4

Eine Zeitzeugin schrieb über das Haus Arnhold: »Der große Wannseebesitz lag inmitten alter Bäume, in denen Nachtigallen sangen, auf den Terrassen erhob sich Gaulsche und andere Plastik. Künstler waren oft zugegen, so Tuaillon, Kolbe, Leopold Kalckreuth und Gaul.«

Arons, Barthold	1852–1934	Bankier	Am Großen Wannsee 5

Er erwarb 1880 das stattliche Haus. Ein Löwenkopf am Springbrunnen erinnert noch an die »Löwenvilla.« Nach dem Zweiten Weltkrieg wurde die »Villa Arons« als erste Wannseevilla unter Denkmalschutz gestellt.

Baarova, Lida	1914–2000	Schauspielerin	Inselstraße 18

Über ihre heftige Liebesaffäre mit Joseph Goebbels schrieb sie später: »Ich wollte anfangs nicht, doch er war so einfühlsam, lieb und einfallsreich. Es waren zwei wunderschöne Jahre. Wie ein Rausch!«

Barmat, Julius	1889–1937	Unternehmer	Inselstraße 12/14

Unsaubere Kreditgeschäfte waren ab 1919 Barmats Hauptmetier. Nach dem Zusammenbruch des Barmat-Konzerns wurden 18000 Arbeiter erwerbslos.

Bauschulte, Friedrich Wilhelm — 1923–2003 — Schauspieler — Gerkrathstraße 7, Terrassenstraße 18

Der 1970 zum »Berliner Staatsschauspieler« ernannte Mime war auch ein gefragter Synchronsprecher. Seine bekannteste Synchronrolle war die des Polizisten Mike Stone in der US-TV-Serie »Die Straßen von San Francisco, gespielt vom knollennasigen Karl Malden.

Becker, Karl — 1820–1900 — Maler — Conradstraße 13

In großen Gemälden hat Becker bedeutungsvolle Augenblicke der Geschichte dargestellt, z. B. »Kaiser Karl V. bei Jacob Fugger«. Seine Bilder wurden wegen der virtuosen Technik und der prächtigen Farben viel bewundert.

Begas, Oscar — 1828–1883 — Maler — Am Kleinen Wannsee 2

Der Bruder von Reinhold Begas schuf u. a. die Fresken für den Festsaal des Berliner Rathauses. Privat züchtete er grüne Klettermelonen, was 1876 einer gärtnerischen Fachzeitschrift immerhin eine Notiz wert war.

Berliner, Trude — 1903–1982 — Schauspielerin — Von-Luck-Straße 56

Nach einer erfolgreichen Stummfilmkarriere erlebte sie im Tonfilm der Dreißigerjahre mit den Streifen »Großstadtnacht« oder »Kaiserwalzer« den Höhepunkt ihrer Laufbahn. Er währte nicht lange: als Jüdin musste sie Deutschland verlassen.

Bessler, Albert — 1905–1975 — Schauspieler — Krottnaurerstraße 69

Der Mann mit dem undurchdringlichen Gesicht spielte Rechtsanwälte und Direktoren, doch am bekanntesten wurde er als geheimnisumwitterter Butler an der Seite von Klaus Kinski in einigen »Edgar-Wallace«-Filmen.

Blacher, Boris — 1903–1975 — Komponist — Ahrenshooper Zeile 63

Als Sohn eines russischen Diplomaten in China geboren, kam er als Neunzehnjähriger nach Berlin. Er wurde einer der meistgespielten modernen Komponisten, amtierte von 1953 bis 1970 als Direktor der Westberliner Musikhochschule und widmete einen großen Teil seines Lebens den aus aller Welt zu ihm kommenden Studenten.

Bochmann, Werner — 1900–1993 — Filmkomponist — Am Kleinen Wannsee 15

Bevor er am Ende des Zweiten Weltkrieges Zuflucht in seinem Wochenendhaus auf dem Schliersberg fand, wohnte er für kurze Zeit im Haus von Heinz Rühmann und Hertha Feiler. In den Dreißigerjahren hatte er die Schauspielerin Ilse Werner als Sängerin und Kunstpfeiferin entdeckt.

Born, Nicolas — 1937–1979 — Schriftsteller — Am Sandwerder 5

Gemeinsam mit Peter Handke, F. C. Delius und Rolf Dieter Brinckmann gehörte er in den Siebzigerjahren zu den herausragenden Vertretern der »Neuen Subjektivität«. Sein Roman »Die Fälschung« wurde 1981 von Volker Schlöndorff verfilmt.

Brandt, Willy	1913–1992	Politiker	Marinesteig 14

»Berlin wird leben und die Mauer wird fallen«, sagte er im 1989 auf einer Kundgebung vor dem Rathaus Schöneberg. Was damals noch wie eine ferne Vision anmutete, ist heute alltäglich gelebte Realität.

Braun, Alfred	1888–1978	Rundfunkreporter, Regisseur	Am Großen Wannsee 41 Moltkestraße 5 (heute: Hugo-Vogel-Straße)

Seine Live-Reportagen von der Trauerfeier für Reichsaußenminister Gustav Stresemann am 6. Oktober 1929 sowie von der Verleihung des Literatur-Nobelpreises an Thomas Mann am 10. Dezember 1929 sind in die Rundfunkgeschichte eingegangen.

Canaris, Wilhelm	1887–1945	Admiral	Betazeile 17 (heute: Waldsängerpfad)

Der Chef der militärischen Abwehr nutzte seit 1938 seine Stellung zugunsten des Widerstandes in der Wehrmacht. Er deckte die Aktivitäten seines Stabschefs Oster, förderte die Oppositionshaltung von Ludwig Beck und gab mehreren Widerstandsgruppen Informationen für einen Staatsstreich.

Clay, Lucius Dubignon	1897–1978	US-General	Inselstraße 16

Auf die am 24. Juni 1948 beginnende Berlin-Blockade reagierte Clay unmittelbar mit der Organisation einer Luftbrücke zwischen Berlin und den drei westlichen Besatzungszonen. Er erhielt 1965 das Großkreuz des Bundesverdienstkreuzes und wurde Ehrenbürger Berlins.

Conrad, Wilhelm	1822–1899	Bankier	Königstraße 4

Er erwarb 1863 den Gasthof »Stimmingscher Krug« an der Friedrich-Wilhelm-Brücke, ließ ihn drei Jahre später abreißen und an seiner Stelle einen Sommersitz für sich und seine Familie bauen. Die im klassizistischen Stil gehaltene »Villa Alsen« war der Anfang der Colonie Alsen.

Crinis, Max de	1889–1945	Direktor der Universitäts-Nervenklinik	Alsenstraße 20

Der Auslands-Spionagechef der SS, Walter Schellenberg, Reichsbildungsminister Bernhard Rust und der Reichsärzteführer Leonardo Conti zählten zu seinen engsten Freunden. 1945, unmittelbar nach dem Einmarsch der Roten Armee in Wannsee, nahm sich der Professor und SS-Würdenträger das Leben.

Cruise, Tom	Geb. 1962	Schauspieler	Am Sandwerder 21/23

Während der Dreharbeiten zu »Mission Impossible 3« in Babelsberg sollte das Domizil des Hollywood-Stars geheim gehalten werde. Schnell sickerte jedoch durch, dass Tom Cruise eben jene Villa angemietet hatte, deren Inventar wenige Jahre zuvor sein Kollege Steven Seagal verwüstet haben soll.

D'Alquen, Gunter	1910–1998	Hauptschriftleiter	Kronprinzessinnenweg 16

Der Sohn eines Weinhändlers war neben Hans Schwarz van Berk und dem Rundfunkkommentator Hans Fritzsche der Star unter den jungen Journalisten des Dritten Reiches. Der SS-Standartenführer legte Wert darauf, dass sein Name »Dalken« ausgesprochen wurde, damit er zumindest phonetisch als deutsch erschien.

Degen, Michael	Geb. 1932	Schauspieler, Buchautor	Im Mittelbusch 47

Als Film- und Theaterschauspieler gleichermaßen gefragt und erfolgreich, begann er eine zweite Karriere als Buchautor. 2002 sorgte sein Roman »Blondi« für Aufsehen Darin betrachtet Adolf Hitlers Schäferhündin Blondi die Menschenwelt aus ihrer ganz eigenen Sicht.

Domgraf Fassbaender, Willi	1904–1978	Sänger	Ahrenshooper Zeile 57

Brigitte Domgraf Fassbaender, die gemeinsame Tochter von Willi Domgraf Fassbaender und der Schauspielerin Sabine Peters, wurde später ebenfalls eine bekannte Sängerin sowie Opernintendantin in Innsbruck.

Drews, Berta	1904–1987	Schauspielerin	Bismarckstraße 34

Mit sechzehn Jahren wollte sie ein Opernstar werden. Nach zwei Jahren Gesangsunterricht an der Berliner Musikhochschule versagte die Stimme, der Traum war aus. Stattdessen ging die spätere Ehefrau Heinrichs und Götzens Mutter an die Max-Reinhardt-Schauspielschule und wurde eine der ganz großen Charakterdarstellerinnen des 20. Jahrhunderts.

Duisberg, Carl-Ludwig	1889–1958	Regisseur, Schauspieler	Inselstraße 36

Der Regisseur mit dem Künstlernamen »Achaz« war der Sohn des Gründers der IG Farben, Carl Duisberg. Er kaufte das ehemalige Anwesen von Rudolph Karstadt um 1940.

Durieux, Tilla	1880–1971	Schauspielerin	Golfplatz Wannsee

Mit ihrem Ehemann lebte die Durieux zeitweise in einem Bungalow auf dem Golfplatz. 1933 verließen die beiden Deutschland »... mit zwei Handkoffern und den erlaubten zweihundert Mark pro Person« in Richtung Prag.

Dutschke, Rudi	1940–1979	Studentenführer	Wasgenstraße 75

Am 11. April 1968 feuerte der Hilfsarbeiter Josef Bachmann drei Schüsse auf den Studentenführer ab und verletzte ihn lebensgefährlich. Dutschke nahm brieflich Kontakt zu dem verurteilten Attentäter auf und versuchte, ihn von der Richtigkeit eines »sozialistischen Engagements« zu überzeugen. Nach Bachmanns Selbstmord im Gefängnis 1970 bedauerte es Dutschke, ihm »nicht öfter geschrieben« zu haben.

Ebert, Hans	1889–1952	Komponist	Albiger Weg 13

Er schuf u. a. die Musik zu den Filmen »Sein Sohn«, »Erdbeben und Vulkane«, »Himmel, wir erben ein Schloß«, »Die Jungfern vom Bischofsberg«, »Der Seniorchef« und »Vogelparadies in der Arktis«.

Eichberg, Friedrich — 1875–1941 — Elektroingenieur, Generaldirektor — Inselstraße 32

Der Generaldirektor der Gesellschaft für Maschinenfabrikation machte sich als Inhaber zahlreicher gewinnbringender Patente einen Namen. Unter anderem erfand er den nach ihm benannten Winter-Eichberg-Motor.

Eisenhower, Dwight David — 1890–1969 — US-General, US-Präsident — Inselstraße 16

Von Mai bis November 1945 führte der spätere US-Präsident den Oberbefehl über die amerikanischen Besatzungstruppen in Deutschland Als Militärgouverneur in der amerikanischen Besatzungszone ordnete er die konsequente Durchführung der Entnazifizierung an.

Ende, Hermann — 1829–1907 — Architekt — Am Kleinen Wannsee 6/6a

1872 erhielten die Regierungsbauräte Hermann Ende und Wilhelm Böckmann die Genehmigung zur »Anlage einer Landhauskolonie am Ufer des Griebnitzsees«. Sie wollten finanzkräftige Berliner dazu überreden, ihre Sommerhäuser außerhalb der Stadt zu errichten und lockten mit geringeren Steuern als in Berlin üblich.

Engel, Alexander — 1902–1968 — Schauspieler — Stölpchenweg 17

In den Sechzigerjahren agierte er in einigen Edgar-Wallace-Filmen wie »Die seltsame Gräfin«, »Das indische Tuch« und »Der Hund von Blackwood Castle«. Ebenfalls sehr erfolgreich waren seine Filme »Im Stahlnetz des Dr. Mabuse« und »Der Henker von London«.

Esser, Hermann — 1900–1981 — NS-Staatssekretär — Lindenstraße 12

Er war neben Anton Drexler und Gottfried Feder einer der frühesten und treuesten Gefolgsleute Hitlers. Dieser hatte jedoch im »Dritten Reich« keine Verwendung mehr für seine »alten Kämpfer«. Esser wurde auf den Posten eines Staatssekretärs für Fremdenverkehrsangelegenheiten abgeschoben.

Esser, Paul — 1913–1988 — Schauspieler, Regisseur — Beskidenstraße 28, Waldsängerpfad 11

Heinrich Manns Roman »Der Untertan« diente Wolfgang Staudte 1951 als Vorlage für den DEFA-Film gleichen Namens. Neben Werner Peters, der den kaisertreuen Patrioten Diederich Heßling spielte, brillierte Paul Esser als furchteinflößender Regierungspräsident von Wulkow, Doggenfreund und Menschenfeind.

Falkenstein, Julius — 1879–1933 — Schauspieler — Kronprinzessinnenstraße 11 (heute: Schopenhauerstraße)

Als einer der beliebtesten Stummfilmkomiker hatte er den besonderen Wunsch, ».... unter guten Regisseuren gute tragisch-komische Rollen zu spielen, Rollen, bei denen der Zuschauer zugleich lachen und weinen muss.«

Fanck, Arnold — 1889–1974 — Regisseur, Drehbuchautor — Am Sandwerder 39

Er war der Pionier des deutschen Bergfilms (»Der Berg des Schicksals«, »Der heilige Berg«, »Die weiße Hölle von Piz Palü«). Seine Filme wurden nach dem Zweiten Weltkrieg von den alliierten Militärregierungen verboten, Fanck erhielt keine Aufträge mehr, verarmte und arbeitete als Waldarbeiter.

Faßbender, Albert	1897–1964	SS-Hauptsturmführer	Zum Heckeshorn 1/3

Den Adoptivsohn von Nelson Faßbender bezeichnete Eugen Kogon als »Taugenichts, Säufer und Verschwender«, gegen den es im Verlauf seiner SS-Karriere mehrere Verfahren wegen Verbrechen an der Front, Plünderungen und Vergewaltigungen sowie Missbrauch der Dienstgewalt gab.

Faßbender, Nelson	1883–1967	Schokoladenfabrikant	Am Großen Wannsee 52/54 Zum Heckeshorn 1/3

Nelson Faßbender kaufte die Villa vom Fabrikanten Paul Herz und ließ dort in den Dreißigerjahren zu Ehren Hitlers im Garten eine Eiche pflanzen. 1936 veräußerte er die Immobilie an die Deutsche Arbeitsfront.

Feiler, Hertha	1916–1970	Schauspielerin	Am Kleinen Wannsee 15 Endestraße 28

Während der Naziherrschaft galt sie als Vierteljüdin und durfte nur mit einer Sonderbewilligung arbeiten. In der Presse galten Hertha Feiler und Heinz Rühmann als Musterehepaar.

Feininger, Lyonel	1871–1956	Maler	Königstraße 32

Der ans Weimarer Bauhaus berufene »Meister der Formlehre« gründete 1924 mit Wassily Kandinsky, Paul Klee und Alexej von Jawlensky die Gruppe »Die blaue Vier«. Deren erste Ausstellung fand 1925 in New York statt, wo Feininger später seine zweite Heimat finden sollte.

Feist, Hermine	1855–1933	Kunstsammlerin	Bergstraße 80

Ihre Porzellansammlung, die als eine der größten in Europa galt, stellte sie in ihrer Villa in zahlreichen Vitrinen vom Entree bis zum Speisezimmer aus. Die Sammlung bot einen nahezu geschlossenen Überblick über deutsche Porzellane.

Fernau, Rudolf	1898–1985	Schauspieler	Dreilindenstraße 52

In der Rolle eines Kapitalverbrechers in dem Krimi »Im Namen des Volkes« war er so glaubhaft, dass Regisseur Erich Engel fassungslos staunte: »Ne dolle Ausstrahlung haben Sie! Menschenskind, so dämonisch, und im Leben harmlos wie'n Waisenknabe!«

Filbert, Albert		SS-Obersturmbannführer	Waltharistraße 34

Als Führer des SS-Einsatzkommandos 9 war er 1941 für den Mord an 11000 jüdischen Bürgern in der Sowjetunion verantwortlich. Am 22. Juni 1962 wurde er vom Schwurgericht Berlin zu einer lebenslangen Gefängnisstrafe verurteilt.

Fischer, Emil	1852–1919	Chemiker	Hugo-Vogel-Straße

Der Direktor des Kaiser-Wilhelm-Institutes für Chemie erhielt 1902 den Nobelpreis für seine synthetische Arbeiten auf dem Gebiet der Zucker- und Puringruppen.

Fischer-Nienburg, Hans-Ludwig	1891–1990	Maler	Beskidenstraße 56

Der Nikolasseer Kunstmaler war Vorstand des Vereins Berliner Künstler und fungierte von 1958 bis 1960 auch als Juror bei der Großen Berliner Kunstausstellung.

Franck, Philipp	1860–1944	Zeichner, Radierer	Hohenzollernstraße 7

Als Direktor der Königlichen Kunstschule setzte der Freund Max Liebermanns eine grundlegende Reform des Zeichenunterrichts in Preußen durch. Sein Ziel war es, durch natürliche und lebendige Zeichenvorlagen die Zeichnung als schöpferisches Ausdrucksmittel zu nutzen.

Freudenberg, Julius	1870–1927	Modehausbesitzer	Potsdamer Chaussee 48

Gemeinsam mit seinem Bruder Hermann betrieb er das Modehaus Gerson am Werderschen Markt. Auf dem 1908 erworbenen Grundstück bauten sie eine Villa, die zu den prunkvollsten in Nikolassee zählte.

Friedensburg, Ferdinand	1886–1972	Bürgermeister von Berlin	Hoiruper Straße 14

Während der Berlin-Blockade übernahm er 1948 von der erkrankten Louise Schroeder die Amtsgeschäfte des Berliner Oberbürgermeisters. Ihm ist es zu verdanken, dass es nicht zur Abholzung der Berliner Forsten kam, wie es die Westalliierten gefordert hatten. Er verhinderte auch einen Plan der Russen und Franzosen: die Sprengung der Siegessäule.

Fritsch, Ekkehard	1921–1987	Schauspieler, Kabarettist	Quantzstraße 18a

Der gelernte Bankkaufmann erlangte große Popularität als Kabarettist. Unvergessen bleibt er als philosophierender »Hugo Knallmeyer« in der »RIAS-Kaffeetafel« sowie als Jurymitglied bei Hans Rosenthals Fernsehshow »Dalli Dalli«.

Fröhlich, Gustav	1902–1987	Schauspieler	Inselstraße 18

1936 überraschte der Ufa-Star seine Partnerin Lida Baarova beim Liebesspiel mit Joseph Goebbels. Hartnäckig hielt sich das Gerücht, Fröhlich habe den Reichsminister geohrfeigt. Der Kabarettist Werner Finck griff es mit dem Satz auf: »Ich möchte heute Fröhlich sein«. Dafür kam er ins KZ.

Fürst, Manfred	1895–1973	Schauspieler	Gerkrathstraße 5/6

Der Schauspieler emigrierte 1933 nach Frankreich, 1939 ging er nach Großbritannien und ein Jahr später in die USA. Dort spielte er kleinere Filmrollen, ehe er 1955 nach Deutschland zurückkehrte.

Funk, Walther	1890–1960	Reichswirtschaftsminister	Am Sandwerder 17/19

Albert Speer charakterisierte ihn 1944 als »wenig ehrgeizigen Alkoholiker, der seinen Aufgaben weder fachlich noch politisch gewachsen ist«. Im Nürnberger Prozess wurde der ehemalige brillante Wirtschaftsjournalist 1946 zu einer lebenslangen Freiheitsstrafe verurteilt.

Gaffkus, Karlheinz »Kalle«	Geb. 1933	Schauspieler, Gastronom	Altvaterstraße 1

Der gelernte Schlosser aus Kreuzberg wurde 1957 Rock'n Roll-Weltmeister, spielte in dem Horst-Buchholz-Film »Die Halbstarken« mit, heiratete seine Filmpartnerin Karin Baal und eröffnete später im S-Bahnhof Schlachtensee das Restaurant »Bei Kalle«, Stammlokal vieler Schauspielkollegen.

Genschow, Fritz	1905–1977	Schauspieler, Regisseur	Prinz-Friedrich-Leopold-Str. 31, Kyllmannstraße 14

In den Dreißigerjahren avancierte er zu einem begehrten Nebendarsteller und wirkte in vielen namhaften Filmproduktionen mit. Großen Bekanntheitsgrad erreichte er zwischen 1947 und 1972 als »Onkel Tobias vom RIAS«.

George, Götz	Geb. 1938	Schauspieler	Bismarckstraße 34 Terrassenstraße 32

Auf der Leinwand ist er 1962 erstmals neben Lex Barker und Pierre Brice in dem Karl-May-Western »Der Schatz im Silbersee« zu sehen. Schon damals machte es ihm Spaß, gefährliche Stunt-Szenen ohne Double zu übernehmen, was er später als Tatortkommissar Schimanski perfektionierte.

George, Heinrich	1893–1946	Schauspieler	Bäkestraße 6 Bismarckstraße 34

In der Weimarer Republik noch der politischen Linken nahe, stellte er seine Schauspielkunst später in den Dienst der NS-Propaganda. In sowjetischer Lagerhaft inszenierte er 1945 den »Postmeister«. Seine Schauspieler waren deutsche Kriegsgefangene und sowjetische Wachsoldaten.

Gibson, Vivian	1898–1981	Schauspielerin	Spanische Allee 109 (früher: Wannseestraße)

Ab 1923 wirkte die britische Schauspielerin regelmäßig in deutschen Filmproduktionen mit (»Gräfin Mariza«, »Der Mann der sich verkauft« , »Unter Ausschluss der Öffentlichkeit« u. a.). 1929 zog sie sich zurück, der Tonfilm hatte keine Rollen für sie.

Giller, Walter	Geb. 1927	Schauspieler	Pardemannstraße 22

Privat eher introvertiert, hatte er in Film und Theater oft Heiterkeit und Humor zu vertreten. Mitunter fühlte sich der »traurige Clown« wie zum Spagat gezwungen. »Man wird leicht mit seinen Rollen identifiziert. Aber ich kann ja nicht permanent am Kronleuchter hängen.«

Gisevius, Hans Bernd	1904–1974	Jurist, Vertreter des Widerstandes	Westhofener Weg 40

Er hatte Verbindungen zu den westlichen Alliierten und vertrat in außenpolitischen Verhandlungen die deutsche militärische Opposition. Er lebte als Agent der Abwehr in der Schweiz und reiste kurz vor dem Attentat auf Hitler nach Berlin. Am 20. Juli 1944 war er im Bendlerblock, konnte sich dem Zugriff der Gestapo jedoch entziehen und in die Schweiz zurückkehren.

Globke, Hans	1896–1973	Jurist, Staatssekretär	Am Großen Wannsee 50

Der Kommentator der Nürnberger Rassengesetze arbeitete bis 1945 im Reichsinnenministerium. Trotz scharfer Proteste der Opposition machte ihn Konrad Adenauer 1953 zum Staatssekretär im Kanzleramt und hielt bis zu seinem Rücktritt an Globke fest.

Glum, Friedrich	1891–1974	Generaldirektor der Kaiser-Wilhelm-Gesellschaft	Kirchweg 28

1935 wurde der Generaldirektor der Kaiser-Wilhelm-Gesellschaft vom selbsternannten »Wehrchemiker« Rudolf Mentzel und seinem Handlanger Peter Adolf Thiessen (später einer der führenden Wissenschaftler der DDR) auf Geheiß von Reichsminister Rust aus dem Amt getrieben.

Goebbels, Joseph	1897–1945	Reichsminister für Volksaufklärung und Propaganda	Inselstraße 8/10

Der fanatische Antisemit studierte bei dem von ihm tief verehrten jüdischen Literaturwissenschaftler Professor Friedrich Gundolf. 1921 promovierte er in Germanistik an der Bonner Universität und schrieb seine Dissertation unter der Betreuung des jüdischen Professors Freiherr von Waldberg.

Goebbels, Magda	1901–1945		Inselstraße 8/10

Am 19. Dezember 1931 heiratete sie Joseph Goebbels auf Gut Severin in Mecklenburg. Der Katholik Goebbels wurde wegen der Hochzeit mit einer Protestantin aus der Kirche ausgeschlossen, der ebenfalls katholische Trauzeuge Adolf Hitler streng verwarnt.

Gross, Walter	1904–1945	Leiter des Rassenpolitischen Amtes der NSDAP	Am Sandwerder

Das Rassenpolitische Amt der NSDAP gehörte zu den 62 nationalsozialistischen Organisationen, die durch das Kontrollratsgesetz Nr. 2 vom 10. Oktober 1945 für »abgeschafft, ungesetzlich und ausdrücklich aufgelöst« erklärt wurden.

Grothe, Franz	1908–1982	Komponist	Matterhornstraße 65

Der wohl populärste deutsche Filmkomponist schuf u. a. die Musik für »Ich denke oft an Piroschka«, »Das Wirtshaus im Spessart« und »Wir Wunderkinder«. Seit 1965 war er musikalischer Leiter der beliebten Fernsehsendung »Der blaue Bock« und schrieb hier neue Lieder für Rudolf Schock, Erika Köth, Renate Holm oder Willy Hoffmann.

Grothum, Brigitte	Geb. 1933	Schauspielerin	Wasgenstraße 18 Cimbernstraße 22

Sie war eine der »Drei Damen vom Grill«, der beliebten Fernsehserie mit Brigitte Mira und Günther Pfitzmann. Als Regisseurin inszenierte sie 1987 zum ersten Mal das Mysterienspiel »Jedermann« von Hugo von Hoffmannsthal. Seitdem wird es jedes Jahr im Berliner Dom aufgeführt.

Gürtler, Egon	1907–?	Filmwissenschaftler	Königstraße 4

Er studierte am Bauhaus in Weimar und war von 1937 bis 1938 Pressechef der Deutsch-Italienischen Filmunion Berlin. Nach 1948 leitete er die Firma »Film-Form«.

Hallervorden, Dieter	Geb. 1935	Schauspieler, Autor	Inselstraße 39

Den Durchbruch als Komiker schaffte der Theaterwissenschaftler aus Sachsen-Anhalt 1975 mit der TV-Slapstick-Reihe »Nonstop Nonsens«. Ab 1980 widmete er sich verstärkt dem Kino. Die tollpatschige Hauptfigur »Didi« wurde schnell zu seinem Markenzeichen und Spitznamen.

Hamspohn, Johann	1840–1926	Unternehmer	Am Großen Wannsee 40

Er leistete Pionierarbeit bei der Einführung der Elektrizität im Transport- und Verkehrswesen. Nach einer Studienreise in die USA gründete er 1892 in Berlin die Union-Elektrizitäts-Gesellschaft, die zehn Jahre später mit der AEG fusionierte.

Hancke, Edith	Geb. 1928	Schauspielerin	Breisgauer Straße 15a

1949 wurde das schlanke Mädchen mit den großen Augen für den Film entdeckt. Regisseur Erich Engel gab ihr bei der DEFA in Gerhart Hauptmanns »Biberpelz« die erste Chance. Es folgten ungezählte Rollen beim Film, später beim Fernsehen, und es gibt fast keine Berliner Bühne, auf der Edith Hancke nicht gestanden hat.

Hansen, Peter	1896–1967	General der Waffen-SS	Petzower Straße 8

Der ehemalige Oberleutnant der Reichswehr begann seine SS-Karriere 1933 als Obersturmbannführer, wurde später Chef des Stabes im XVIII. SS-Armeekorps unter SS-Oberstgruppenführer Paul Hausser und galt als Begründer der Artillerie in der Waffen-SS.

Hartmann, Gustav	1859–1938	Fuhrunternehmer	Alsenstraße 11

Am 2. April 1928 brach der »Eiserne Gustav« zu seiner legendären Droschkenfahrt von Berlin nach Paris auf und machte damit weltweit Schlagzeilen. Fünf Monate war er mit seinem edlen ungarischen Droschken-Wallach unterwegs, den er »Grasmus« nannte, weil ihm der Taufname »Erasmus« nichts sagte.

Hass, Hans	Geb. 1919	Zoologe, Meeresforscher	Straße zum Löwen 9

Der aus Österreich stammende Biologe, Zoologe und Meeresforscher wurde besonders durch seine Dokumentarfilme über Haie sowie sein Engagement für den Umweltschutz bekannt. Im Januar 2005 tauchte er, mittlerweile 86-jährig, vor den Malediven, um die Folgen der Tsunamikatastrophe unter Wasser festzustellen.

Hausmeister, Ruth		Schauspielerin	Von-Luck-Straße 56

Die zweite Ehefrau von Carl Heinz Schroth war auf der Leinwand u. a. in »Das Mädchen Rosemarie«, »Die Brücke«, »Das fliegende Klassenzimmer« und »Affäre Dreyfus« zu sehen. Engagements hatte sie am Renaissance- und am Hebbel-Theater.

Heesters, Johannes	Geb. 1903	Schauspieler, Sänger	Pardemannstraße 8

1930 heiratete er die belgische Schauspielerin Louise H. Ghijs, mit der er bis zu ihrem Tode 1985 zusammen blieb. Ihre Töchter traten später in die künstlerischen Fußstapfen der Eltern. Wiesje ist heute eine bekannte Pianistin in Wien, Nicole eine erfolgreiche Theater- und Fernsehschauspielerin.

Hecht, Ada	1921–2001	Sängerin, Kabarettistin	An der Rehwiese 6

Sie war 1971 eine der Gründerinnen des Berliner Kabaretts »Klimperkasten«. Aus diesem Ensemble gingen u. a. Charles Williams, Max Raabe und Jürgen von der Lippe hervor.

Hehn, Albert	1908–1983	Schauspieler	Nibelungenstraße 11

Der Vater von Sascha Hehn begann seine Filmkarriere in den Dreißigerjahren, größere Popularität erreichte er jedoch erst nach dem Krieg. Zu seinen erfolgreichsten Filmen gehörten »Es geschah am 20. Juli« (1955), »Der Stern von Afrika« (1957) und »Sechs Stunden Angst« (1964).

Heidemann, Paul	1884–1968	Schauspieler, Regisseur	Königstraße 68b

Anfang der Dreißigerjahre waren Militärklamotten im Kino und auf der Bühne besonders populär. In vielen wirkte Paul Heidemann mit. Dazu gehörten »Schön ist die Manöverzeit« (1931), »Die Mutter der Kompanie« (1931) und »Liebe in Uniform« (1932).

Helm, Brigitte	1908–1996	Schauspielerin	Am Großen Wannsee 4

Nach dem Tod von Johanna Arnhold, der Witwe des Kunstmäzens Eduard Arnhold, erbte die Enkelin, Erika Gericke, das Anwesen Am Großen Wannsee 4. Nach dem Abbruch der alten Villa 1933 ließ sie einen Bunglow nach Plänen des Architekten Moritz Lesser errichten. Hier wohnte in den Zwanzigerjahren Brigitte Helm, durch Fritz Langs »Metropolis« bekannt gewordener Filmstar..

Helmholtz, Hermann von	1821–1894	Mediziner, Physiker	Colonie Alsen

Seine bahnbrechende Erfindung des Augenspiegels wurde erstmals in die Augenarztpraxis eingeführt durch Albrecht von Graefe, der an der Charité praktizierte und somit zum Neubegründer der Ophthalmologie wurde.

Helphand, Alexander Lazarewitsch	1867–1924	Schriftsteller, Verleger	Inselstraße 16/18

Der glühende Unterstützer der russischen Revolution gilt als Urheber und Finanzier der legendären Aktion, mit der Lenin und seine Freunde in einem plombierten Eisenbahnwaggon 1917 von Genf durch Deutschland nach Finnland gebracht wurden.

Heydrich, Reinhard	1904–1942	SS-Obergruppenführer, Chef des Sicherheitsdienstes (SD) der SS und Chef des Reichssicherheitshauptamtes	Augustastraße 14 (heute: Reifträgerweg)

Sein Vater, der Musiklehrer Bruno Heydrich, komponierte 1895 die Oper »Amen«. Es klingt wie eine böse Prophezeiung, dass er dem Opernprolog, neun Jahre vor Reinhard Heydrichs Geburt, den Titel »Reinhards Verbrechen« gab.

Heydt, Eduard Freiherr von der	1882–1964	Bankier	Kaiserstraße 2/3

Ursprünglich war die imposante Villa der Sommersitz der Familie von der Heydt. Später wurde sie an die Erben des Bankiers Schoeller verkauft, die sie 1926 zu einem exklusiven Hotel und Restaurant (»Haus am See«) umbauten. Max Liebermann hielt deren sonnige Atmosphäre in einem Gemälde fest.

Hildebrandt, Rainer	1914–2004	Gründer der »Kampfgruppe gegen Unmenschlichkeit« (KgU)	Am Schlachtensee 136 Ernst-Ring-Straße 2

Bis zu seinem Tode leitete er das »Haus am Checkpoint Charlie«. Dem Gründer des Mauermuseums wurde am 1. Oktober 1992 der Verdienstorden des Landes Berlin verliehen.

Hille, Peter	1854–1904	Dichter	Seestraße 35 (heute: Am Schlachtensee)

Nach einem Unfall auf dem S-Bahnhof Zehlendorf starb der gesundheitlich schon länger Geschwächte am 7. Mai 1904. Else Lasker-Schüler mystifizierte ihren geliebten »St. Petrus« in ihrem »Peter-Hille-Buch« ins Überzeitliche, veröffentlichte seine Briefe an sie und widmete ihm dankbare Nachrufe.

Hoffmann, Ruth	1893–1974	Schriftstellerin	Waldsängerpfad 4

Sie war die Autorin des Romans »Die Schlesische Barmherzigkeit« und schrieb 1953 das Drehbuch für den Film »Der verzauberte Königssohn« mit Ernst Legal in einer Hauptrolle.

Höllerer, Walter	1922–2003	Literaturwissenschaftler, Autor	Am Sandwerder 5

1963 gründete er das Literarische Colloquium Berlin, ein Haus für Autoren, das in den Zeiten des Kalten Krieges und nach dem Mauerbau ein Treffpunkt für Autoren aus Ost und West wurde, aber auch eine Talentschmiede, der viele Autorinnen und Autoren ihre Entdeckung und Förderung verdanken.

Holtzmann, Thomas	Geb. 1927	Schauspieler	Nickisch-Rosenegk-Straße 6

1961 gelang ihm der Durchbruch am Berliner Schillertheater mit dem »Prinzen von Homburg« von Heinrich von Kleist unter der Regie des Intendanten Boleslaw Barlog. Von 1977 bis 2001 war er Ensemblemitglied der Münchner Kammerspiele, 2001 wechselte er an das Bayrische Staatsschauspiel.

Horney, Brigitte	1911–1988	Schauspielerin	Im Mittelbusch 2

1938 war sie erstmals an der Seite von Joachim Gottschalk in dem Film »Du und ich« zu sehen. Es entstand eine großartige Zusammenarbeit der beiden, die trotz ihrer Gegensätzlichkeit erfolgreich als Filmpaar weitere Filme drehten (»Aufruhr in Damaskus« »Eine Frau wie Du« und »Das Mädchen von Fanö«).

Horvath, Ödön von	1901–1938	Schriftsteller	An der Rehwiese 4

Der in Berlin lebende ungarische Schriftsteller übersiedelte nach der Machtübernahme durch die Nationalsozialisten 1933 nach Wien. Nach dem »Anschluss« Österreichs emigrierte er 1938 nach Paris. Dort wurde er am 1. Juni 1938 auf den Champs-Élysées während eines Gewitters von einem Ast erschlagen.

Huldschinsky, Oscar	1846–1931	Unternehmer	Friedrich-Karl-Straße 19 (heute: Am Sandwerder)

Er war neben James Simon und Arnold von Siemens einer der bedeutendsten Berliner Mäzene und stiftete den Museen und Galerien zahlreiche wertvolle Exponate, so z. B. der Nationalgalerie Edgar Degas' Gemälde »Unterhaltung« und Auguste Rodins berühmte Plastik »Der Denker«.

Israel, Berthold	1868–1935	Warenhausbesitzer	Inselstraße 34/35

Ein Bekannter bezeichnete den Lebensstil des Multimillionärs als »kalkulierte Schlichtheit«, denn »wenn er allein verreiste, dann war ihm das einfache Bahnhofsbüfett ebenso recht wie das nächste gute Restaurant«.

Jacobs, Monty	1875–1945	Journalist, Herausgeber	Normannenstraße 11

Der fähige junge Reporter entwickelte sich schnell zu einem profilierten Theaterkritiker und wurde 1921 Feuilletonchef der »Vossischen Zeitung«, eine Position, die er 1933 wegen seiner jüdischen Herkunft verlor. Ende 1938 emigrierte er nach England.

Jankowski, Horst	1936–1998	Musiker, Orchesterleiter	Am Sandwerder 8a

Der auch international beachtete Komponist und Jazzpianist leitete von 1975 bis 1994 das RIAS-Tanzorchester. Mit der »Schwarzwaldfahrt« gelang ihm Mitte der Sechzigerjahre ein Welthit.

Kafka, Franz	1883–1924	Schriftsteller	Heidestraße 25/26

Selbst die Suche nach Kafkas letztem Wohnsitz in Berlin gestaltete sich »kafkaesk«. Er wohnte nicht in dem oft abgebildeten Haus Heidestraße 1/Ecke Am Kleinen Wannsee 25, sondern tatsächlich in der Zehlendorfer Heidestraße 25/26, die seit 1931 den Namen Bussealle trägt. Benannt wurde sie nach dem 1918 gestorbenen Schriftsteller Carl Busse, dessen Witwe den todkranken Dichter aufnahm.

Karstadt, Rudolph	1856–1944	Warenhausbesitzer	Inselstraße 36

Am 14. Mai 1881 gründete Karstadt sein erstes Geschäft namens »Tuch-, Manufactur- und Confectionsgeschäft Karstadt« in Wismar. Das zweite Karstadt-Haus wurde 1884 in Lübeck eröffnet. Kunden der ersten Stunde waren Heinrich und Thomas Mann.

Karwahne, Herbert		Film-Tonmeister	Königsweg 310

In den Fünfzigerjahren einer der gefragtesten Tonmeister des deutschen Films. Zu seinen bekanntesten Arbeiten zählten »Ferien auf Immenhof«, »Der tolle Bomberg«, »Kapitänleutnant Prie U 47«, »Piefke, der Schrecken der Kompanie« und »La Paloma«.

Kempinski, Hans	1875–1940	Gastronomie-Unternehmer	Hohenzollernstraße 22

Der Neffe des Firmengründers Berthold Kempinski, ... »klein, schmal, zäh, nervös« ..., absolvierte bei seinem Onkel eine Lehre als Wein- und Gastronomiefachmann und wurde 1901 Mitgesellschafter von Kempinski & Co.

Kiepenheuer, Wolfgang	Geb. 1914	Regisseur, Kameramann	Krottnaurerstraße 73/75

Der Sohn des Verlegers Gustav Kiepenheuer arbeitete von 1939 bis 1945 als Kameramann bei der Hauptfilmstelle des Reichsluftfahrtministeriums. Nach dem Krieg produzierte er mit seiner eigenen Firma Ikaros-Film vor allem Dokumentarfilme.

Kleberger-Krahn, Ilse	Geb. 1921	Ärztin, Schriftstellerin	Cimbernstraße 16

Die Ärztin begann 1964 ernsthaft mit der Schriftstellerei und schrieb den ersten der vier Bände der Kinderbuchreihe »Oma-Serie«, die in der Gesamtauflage von über einer Million verkauft wurden. Es folgten zahlreiche Biografien und Berlin-Bücher, 1999 auch eine Käthe-Kollwitz-Biografie.

Klepper, Jochen	1903–1942	Schriftsteller	Teutonenstraße 23

1939 bezog er mit seiner jüdischen Frau Johanna und Tochter Renate das Haus in der Teutonenstraße. Da alle Versuche auszuwandern erfolglos blieben und täglich mit der Deportation von Frau und Tochter zu rechnen war, gingen Jochen, Johanna und Renate Klepper am 11. Dezember 1942 in den Freitod.

Kluge, Kurt	1886–1940	Bildhauer, Schriftsteller	Krottnaurerstraße 64

Der Professor für Erzguss an der Akademie für bildende Künste Berlin arbeitete auch als Maler, Radierer und Bildhauer und begann mit 43 Jahren eine weitere Karriere: er schrieb Gedichte, Novellen, Erzählungen und Romane.

Koch, Hans	1893–1945	Rechtsanwalt	Burgunder Straße 2a

1937 war er einer der Verteidiger Martin Niemöllers vor dem Volksgerichtshof. Eng mit dem Widerstand verbunden, sollte er im Fall des Gelingens des Attentats vom 20. Juli 1944 Präsident des Reichsgerichtes werden.

Kühne, Friedrich	1870–1959	Schauspieler	Münchowstraße 5

Er wurde als Franz Michna geboren und gehörte zu Beginn des 20. Jahrhunderts zu den populärsten Charakterdarstellern des Deutschen Theaters in Berlin, wo er bis zu seinem Tod tätig war.

Kyllmann, Walter | 1837–1913 | Architekt | Am Kleinen Wannsee 4

1868 gründete er mit Adolf Heyden die Firma Kyllmann & Heyden. Von beiden stammten u. a. die Entwürfe für die Kaisergalerie, das Hauptgebäude des Landesausstellungsparks, das Admiralsgartenbad sowie für den Spindlerbrunnen. Er gehörte zu den Gründern der Vereinigung Berliner Architekten und war eines ihrer Vorstandsmitglieder.

Langen, Vera von | ?–? | Schauspielerin | Kronprinzessinnenweg 22

Neben »Fünf Millionen suchen einen Erben« war »Kautschuk« von 1938 ihr populärster Film. Ihr Geliebter, der jüdische Regisseurs Frank Wysbar, wurde von Hitler geschätzt und von Goebbels gleichzeitig hofiert und gedemütigt. Vera von Langen folgte Frank Wysbar 1938 ins amerikanische Exil.

Langenscheidt, Carl | 1870–1952 | Verleger | Colomierstraße 2

Nach dem Tod seines Vaters Gustav Langenscheidt übernahm er 1895 die Leitung des berühmten Wörterbuchverlages. Während er zu Max Liebermann ein distanziertes Verhältnis hatte, pflegte der Verleger regen gesellschaftlichen Umgang mit seinen anderen Nachbarn: den Fabrikanten Nelson Faßbender und Ernst Marlier.

Langewisch, Harry | 1894–1957 | Schauspieler, Regisseur

Sein Debüt hatte er 1941 in dem Film »Komödianten«. Es folgten 1943 »Paracelsus« und 1945 »Molander«. 1944 schrieb er die Drehbücher zu den Filmen »Kaninchen« und »Böcke und Geißen«. Nach dem Zweiten Weltkrieg war er erfolgreicher Autor zahlreicher Dokumentarfilme.

Lauenstein, Tilly | 1916–2002 | Schauspielerin | Ahrenshooper Zeile 50

Für seinen Antrittsbesuch im Hause der Konsulin von Kohlen und Reibach benötigt Otto Waalkes in »Otto – Der Film« (1985) Geld für eine schwarze Fliege. Als weltfremde Beamtengattin wird Tilly Lauenstein Opfer eines Haustürgeschäftes. Otto fragt »Halten Sie Sklaven?« und erleichtert sie um 100 DM ...

Lentz, Georg | Geb. 1928 | Schriftsteller, Verleger | Königstraße 29a

Das Mitglied des deutschen PEN-Zentrums veröffentlichte ab 1976 eine autobiografische Romantrilogie mit den Bänden »Muckefuck«, »Molle mit Korn« und »Weiße mit Schuss«. Bereits 1952 gründete er in Stuttgart den auf Bilder- und Jugendbucher spezialisierten Georg-Lentz-Verlag.

Liebermann, Max | 1847–1935 | Maler, Graphiker | Am Großen Wannsee 42

Als Mitglied der Jury der »Großen Berliner Kunstausstellung« empfahl Liebermann 1898 Werke von Käthe Kollwitz und Walter Leistikow zur Prämiierung. Sie wurden jedoch von Wilhelm II. und anderen Mitgliedern der Jury abgelehnt. Daraufhin gründete Liebermann am 2. Mai 1898 mit anderen Künstlern die »Berliner Secession«.

Lingen, Theo	1903–1978	Schauspieler	Waldemarstraße 1a (heute: Matterhornstraße)

In seinen Filmen brach er nur selten aus dem gewohnten Rollenschema aus. Er spielte penible Schuldirektoren, spießbürgerliche Sonderlinge oder unnahbare Charaktere mit den Allüren eines Großbürgers. Und immer war da die unverkennbare näselnde Stimme.

Loschelder, Wilhelm	1900–1989	Jurist, Ministerialrat	Spanische Allee 70

Während der Nazizeit entwarf er die »Deutsche Gemeindeordnung«, welche der NSDAP sämtliche Befugnisse in Kreis, Gemeinde, Stadt und Land einräumte. Nach 1945 war er Erster Beigeordneter des Deutschen Städtetages und Staatssekretär im nordrhein-westfälischen Innenministerium. 1962 wurde ihm das »Große Verdienstkreuz mit Stern« verliehen.

Malchin, Edelweiß		Schauspielerin	Tristanstraße 17

Sie war eine gefragte Besetzung für Nebenrollen wie in den Filmen »Der große Preis«, »Alles für Papa«, »Rivalen am Steuer«, »Seine beste Rolle« und »Der Zarewitsch« .

Marcks, Gerhard	1889–1981	Bildhauer	Wahrmundzeile 30 (heute: Altvaterstraße)

Wie viele andere Künstler war auch Marcks Opfer der nationalsozialistischen Kulturpolitik. Er erhielt ein vorläufiges Ausstellungsverbot, gleichzeitig wurde ihm ein Arbeitsverbot angedroht. Zwei seiner Skulpturen zeigte die Ausstellung »Entartete Kunst«. 1943 wurden sein Atelierhaus in Nikolassee und ein großer Teil seiner Plastiken Opfer eines Bombenangriffs.

Martienzen, Gerd	1918–1988	Schauspieler, Synchronsprecher	Salzachstraße 29

Er synchronisierte rund 400 Film- und TV-Rollen, darunter auch den tollpatschigen Geheimagenten »Mini-Max« Maxwell Smart (Don Adams). Seine größte Popularität erlangte Martienzen jedoch als deutsche Stimme von Louis de Funès in den »Fantomas«- und »Balduin«-Filmen sowie als »Gendarm von St. Tropez« Ludovic Cruchot.

Maurus, Gerda	1903–1968	Schauspielerin	Breisgauer Straße 27

Fritz Lang entdeckte sie 1926 für den Stummfilm, und sie bekam tragende Rollen in »Spione« (1928), »Hochverrat« (1929) sowie in »Frau im Mond« (1929). Im Tonfilm war sie erstmals in »Der Schuß im Tonfilmatelier« (1930) zu sehen. Nach »Ein Mädchen mit Prokura« (1934) erhielt sie auch Angebote aus Amerika.

McClure, Robert Alexis		US-Brigadegeneral	Hohenzollernstraße 15 Am Großen Wannsee 2-4

Der im Zweiten Weltkrieg für die »psychologische Kriegsführung« zuständige General war maßgeblich am Aufbau eines demokratischen Informations- und Pressesystems im Nachkriegsdeutschland beteiligt. Am 21. Februar 1946 untersagte er Wilhelm Furtwängler wegen dessen NS-Vergangenheit die Wiederaufnahme seiner Tätigkeit als Chefdirigent der Berliner Philharmoniker.

Menge, Wolfgang	Geb. 1924	Journalist, Autor	Dubrowstraße 14

In seiner Familienserie »Ein Herz und eine Seele« schuf er nach der BBC-Serie »Till Death Do Us Part« und der amerikanischen Fassung »All in the Family« für Deutschland die unvergessliche Figur des »Ekels« Alfred Tetzlaff. 1974 gehörte Wolfgang Menge zum ersten Moderatorenteam der Talkshow »III nach neun«.

Meyer, Richard	1884–1956	Diplomat	Conradstraße 13

Seit 1913 im Auswärtigen Amt, nahm er 1919 an den Friedensverhandlungen in Versailles teil. In der Weimarer Republik leitete er die Abteilung für Fragen des Nahen Ostens. Ende 1935 aus rassischen Gründen entlassen, emigrierte er nach Schweden.

Mog, Aribert	1904–1941	Schauspieler	Prinz-Friedrich-Leopold-Straße 46

Der charismatische Jungschauspieler agierte1933 an der Seite von Hedy Kiesler in »Extase«. Der Film wurde wegen einiger Nacktszenen der Hauptdarstellerin ein Skandal und ein entsprechend großer Erfolg. Aribert Mog starb 1941 als Soldat im Angriffskrieg gegen die Sowjetunion.

Morell, Theo	1886–1948	Arzt	Inselstraße 24

Max Schmeling und der »Reichsbildberichterstatter« Heinrich Hoffmann zählten zu seinen Patienten und vermittelten ihm 1936 einen Besuch bei Hitler. Da Morell ihm bei dessen Magen-Darm-Beschwerden helfen konnte, wurde er von Hitler zum Leibarzt bestimmt. Seine Behandlungsmethoden betrachteten die anderen Ärzten in Hitlers Umgebung stets mit Argwohn.

Mosbacher, Peter	1912–1977	Schauspieler	Spanische Allee 106

Seit 1949 spielte er am Schillertheater, am Schlossparktheater, am Renaissance-Theater sowie in der Komödie. Unvergessen bleibt seine Rolle als Vater Ludwig Palfy in dem Film »Das doppelte Lottchen« (1950).

Mosler, Eduard	1873–1939	Bankier	Inselstraße 27/28

Mosler war bis 1910 Geschäftsinhaber der Berliner Handelsgesellschaft, dann Geschäftsinhaber der Disconto-Gesellschaft und ab 1929 Mitglied des Vorstandes der Deutschen Bank und Disconto-Gesellschaft (ab 1937 Deutsche Bank AG). 1930 wurde er Vorsitzender der Berliner Börse.

Mueller, Werner 1920–1998		Bandchef, Posaunist, Arrangeur	Kyllmannstraße 10a

1949 übernahm er das RIAS-Tanzorchester. Sein Motto »Swing mit viel String« wurde bald zum Markenzeichen der Band, zu der u. a. der Klarinettist Rolf Kühn und der Pianist Fritz Schulz-Reichel gehörten. Caterina Valente nahm mit dem RIAS-Tanzorchester 1953 den Titel »Malaguena« auf. Diese Version wurde ein Welthit.

Muthesius, Hermann	1861–1927	Architekt	Potsdamer Chaussee 49

Sein Haus war ein Treffpunkt der Künstler und Wissenschaftler. Zu Gast waren u. a. Gerhart Hauptmann, Albert Einstein, Max Liebermann und Peter Behrens. 1912, zum Werkbundtag, führte Max Reinhardt hier vor 400 Gästen Shakespeares »Sommernachtstraum« auf.

Neher, Carola	1900–1942	Schauspielerin	Teutonenstraße 2

Obwohl sie einen Heiratsantrag Bertolt Brechts abgelehnt hatte, schrieb der ihr die Titelrolle des Schauspiels »Die Heilige Johanna der Schlachthöfe« auf den Leib, die sie ebenso bravourös verkörperte, wie sie in glanzvollen Revuen sang und spielte.

Niemeyer, Johannes	1889–1980	Maler, Architekt	Steinstraße 46e

Von 1921 bis 1924 wirkte er als Professor an der Kunstgewerbeschule Nietleben bei Halle. 1928 bezog er ein Gartengrundstück in Steinstücken, Steinstraße 46, erbaute in Zehlendorf viele Landhäuser und wurde außerdem durch seine Pastellmalerei bekannt.

Niendorf, Horst	1926–1999	Schauspieler, Synchronsprecher	Kirchweg 25 Kaiserstuhlstraße 2

Der Schauspieler arbeitete auch als Sprecher für den Nordwestdeutschen Rundfunk, den Sender Freies Berlin sowie für den RIAS. Als Synchronsprecher lieh er Weltstars wie Marlon Brando, Kirk Douglas und Robert Mitchum seine Stimme.

Noack, Barbara	Geb. 1924	Schriftstellerin	Alsenstraße 26b

Erste schriftstellerische Versuche unternahm sie bereits als Elfjährige. Mit ihrem als Tragödie angelegten Stück »Hulda fressen die Wölfe« erregte sie in der Familie unerwartete Heiterkeit. Ihr schriftstellerischer Erfolg stellte sich 1955 bereits mit dem Erstling ein, ihr Roman »Die Zürcher Verlobung« wurde 1957 von Helmut Käutner verfilmt.

Noelte, Rudolf	1921–2002	Schauspieler, Regisseur	Königstraße 8

Eng arbeitete er mit Jürgen Fehling zusammen, beide inszenierten 1948 Wolfgang Borcherts »Draußen vor der Tür«. Dieses Schauspiel war 1957 auch seine erste Fernseharbeit. Der »immer moderne, aber nie modische Regisseur« (Hans Zehetmair) war dem Münchener Theaterleben besonders verbunden.

Oppenheim, Franz	1852–1929	Unternehmer	Friedrich-Karl-Straße 24 (heute: Am Sandwerder 17/19) Am Großen Wannsee 43/45

Für sich und seine Frau Else, Tochter des Kohlemagnaten Caesar Wollheim, ließ sich der erfolgreiche Chemiker 1886 vom renommierten Kirchenbaumeister Johannes Otzen ein Haus bauen. Die Villa im neugotischen Stil wurde im Volksmund als »Mäuseburg« verspottet.

Oppenheim, Margarete	1862–1934	Kunstsammlerin	Am Großen Wannsee 43/45

Trotz der Kritik ihrer Familie an »diesen schrecklichen Bildern« legte sie eine Sammlung moderner Kunst an und wurde unter Anleitung Paul Cassirers bald zur wichtigsten Sammlerin des Malers Paul Cezanne in Deutschland.

Otzen, Johannes	1839–1911	Architekt	Am Sandwerder 9

Einer der maßgebenden deutschen Kirchenbaumeister errichtete in Berlin u. a. die Lutherkirche in der Dennewitzstraße und die Kirche zum Heiligen Kreuz in der Blücherstraße.

Parey, Paul	1842–1900	Verleger	Conradstraße 12

Er verschaffte seinem Verlag eine wichtige Stellung in der wissenschaftlichen Literatur für Land- und Forstwirtschaft. Bis heute erreicht die Zeitschrift »Wild und Hund« einen großen Leserkreis.

Pechstein, Max	1881–1955	Maler, Graphiker	Goethestraße 26a

Der ehemalige »Brücke«-Künstler erhielt 1933 Malverbot. 1935 nutzte er eine Ausstellung in den USA, um einige seiner Bilder dem Zugriff der Nazis zu entziehen. Diese hatten seine Arbeiten als »entartete Kunst« diffamiert und 326 seiner Gemälde beschlagnahmt.

Pfitzmann, Günther	1924–2003	Schauspieler	Reifträgerweg 30

Neben Wolfgang Gruner, Walter Gross und Harald Juhnke war er wohl der »berlinischste« unter den Berliner Schauspielern. Zwei TV-Serien waren es vor allem, die sein Image und seine Popularität begründeten: »Drei Damen vom Grill« und »Praxis Bülowbogen«.

Preuß, Hugo	1860–1925	Reichsinnenminister	Friedrich-Karl-Straße 19 (heute: Am Sandwerder)

Am 15. November 1918 von Friedrich Ebert zum Staatssekretär des Innern berufen, wurde er vom Rat der Volksbeauftragten mit der Ausarbeitung eines Verfassungsentwurfes betraut. Im Februar 1919 folgte seine Ernennung zum Reichsinnenminister der ersten Regierung der Weimarer Republik.

Prinz von Preußen, August Wilhelm	1887–1949	SA-Obergruppenführer	Am Großen Wannsee 4

Der vierte Sohn Kaiser Wilhelms II. wohnte nach dem Ende der Monarchie einige Zeit in der Villa von Eduard Arnhold. Die Nazikarriere des kunstsinnigen und musisch veranlagten Prinzen endete 1942, nachdem sich »Auwi« im privaten Kreis negativ über Joseph Goebbels geäußert hatte. Er verlor seine Führungsstellung in der SA und erhielt Redeverbot.

Rabenalt, Arthur Maria | 1905–1993 | Regisseur | Neue Kreisstraße 12

Avantgardistische Opernregie-Experimente trugen ihm in der späten Weimarer Republik den Ruf eines »Kulturbolschewisten« ein. 1933 erhielt er Bühnenregieverbot, wechselte zum Film und inszenierte u. a. »...reitet für Deutschland« mit Willy Birgel.

Rademann, Wolfgang | Geb. 1934 | Produzent | Beskidenstraße 39

In kürzester Zeit schaffte der umtriebige »BZ«-Journalist und Veranstalter »bunter Abende« den Aufstieg zum erfolgreichen Fernsehproduzenten. Der »Unterhaltungsfuzzi« (Rademann über Rademann) konzipierte u. a. die Grit-Böttcher- und Harald-Juhnke-Serie »Ein verrücktes Paar« und produzierte »Das Traumschiff«, »Die Schwarzwaldklinik« und »Schöne Ferien«.

Rahl, Mady | Geb. 1915 | Schauspielerin | Bismarckstraße 60

Ihr Leinwanddebüt hatte sie in dem in Prag gedrehten Film »Das Gäßchen zum Paradies« mit Hans Moser. Zu ihren bekanntesten Filmen zählten »Der Greifer« (1958), »Nacht fiel über Gotenhafen« (1959) und »Der Fälscher von London« (1961). 2004 übernahm sie noch einmal eine Nebenrolle im »Polizeiruf 110«.

Reichwein, Adolf | 1898–1944 | Pädagoge, Vertreter des Widerstandes | Hohenzollernstraße 21

Ab 1923 übernahm der spätere Professor für Staatsbürgerkunde und Geschichte die Organisation der Erwachsenenbildung in Thüringen. Während der Nazizeit war der Mitglied des Kreisauer Kreises und hielt Kontakt zu Teilen des kommunistischen Widerstands.

Reicke, Georg | 1863–1923 | Bürgermeister von Berlin | Stölpchenweg 10

Am 4. Oktober 1914 erschien der »Aufruf an die Kulturwelt« für eine Unterstützung des Krieges an der Seite Wilhelms II. Den Text des von 93 Wissenschaftlern unterzeichneten Aufrufs schrieben der Dramatiker Herbert Sudermann, der Bühnenautor Ludwig Fulda sowie der »dichtende Bürgermeister« Georg Reicke.

Reschke, Ethel | 1911–1992 | Schauspielerin, Kabarettistin | Von-Luck-Straße 52
Salzachstraße 55

Die Schülerin von Leontine Sagan debütierte in Nürnberg und wechselte zum Theater am Schiffbauerdamm und zum Theater am Kurfürstendamm. Sie war die langjährige Partnerin des Kabarettisten Ludwig Manfred Lommel.

Richert, Jochen | 1915–1984 | Manager | Königstraße 29

1956 wurde die Aktion »Ein Platz an der Sonne« erstmals vom Fernsehen unterstützt und somit der Grundstein zur ARD-Fernsehlotterie gelegt. »Vater« der Fernsehlotterie war Jochen Richert, damals Pressesprecher des »Hilfswerkes Berlin«. Zur ersten Ziehungssendung wurden so viele Lose verkauft, dass 55812 Berliner Kinder auf Erholungsreise gehen konnten.

Richter, Kurt	1895–1941	Bankier	Am Sandwerder 11

Zusammen mit seiner Frau Eva bemühte er sich, verfolgten jüdischen Freunden zu helfen und sie zur Emigration zu bewegen. Im Hause Richter verkehrte u. a. Albrecht Graf von Bernstorff, der im Kreis um Hanna Solf jüdische Verfolgte aktiv unterstützte und kurz vor Kriegsende von der SS im Gefängnis Lehrter Straße erschossen wurde.

Richter, Max	1849–1915	Bankier	Friedrich-Karl-Straße 26 (heute: Am Sandwerder 11)

Max Richter, der Vater von Kurt, verfügte 1912 über ein geschätztes Vermögen von 6,3 Millionen Mark. Er galt als überzeugter Liberaler und übte zahlreiche kommunale Ämter aus, u. a. das des Ältesten der Berliner Kaufmannschaft.

Rökk, Marika	1913–2004	Schauspielerin, Sängerin, Tänzerin	Potsdamer Chaussee 49

Nach Beginn des Zweiten Weltkrieges benutzte Goebbels die Ufa-Produktion zu Propagandazwecken für die »Heimatfront«. Vor allem aber sollte die blonde und lebenslustige Marika das Publikum singend und tanzend unterhalten und so zumindest zeitweise von den Sorgen des Kriegsalltages ablenken.

Rosvaenge, Helge	1897–1972	Sänger	Grüner Weg 19

Unter den Chemikern war er mit Sicherheit der großartigste Tenor aller Zeiten. Und unter den Tenören der Welt war er der begabteste Chemiker. Er ließ sich z. B. das Strecken von Roggenmehl mit Kartoffelflocken patentieren. So einträglich wie seine Schallplatten war HEROS-Brot jedoch nicht.

Rühmann, Heinz	1902–1994	Schauspieler	Am Kleinen Wannsee 15 Endestraße 28

Ab 1930 war er neben Hans Albers der beliebteste und bestbezahlte deutsche Filmschauspieler. In zahlreichen Komödien und Tragikomödien verkörperte er zumeist den Idealtyp des Kleinbürgers, mit dem sich die Mehrzahl der Deutschen identifizieren konnte.

Sachs, Hans	1881–1974	Zahnarzt, Plakatsammler	Burgunder Straße 10

Bereits 1931 formulierte er rückschauend und zusammenfassend den Sinn seiner Beschäftigung mit Plakaten: »Es breitet sich vor uns ein zeit-, kultur- und kunstgenössisches Dokument aus, das tiefe Einblicke in Volk und Nation gewährt. Wer Plakate sammelt, treibt Kunst-, Kultur- und Sittengeschichte.«

Sasse, Heribert	Geb. 1945	Regisseur, Intendant	Dubrowstraße 17

Der österreichische Schauspieler und Regisseur wurde 1985 zum Generalintendanten der Staatlichen Schauspielbühnen Berlin berufen, die er bis 1995 leitete. Danach eröffnete er das ehemalige Kleine Haus der Staatlichen Schauspielbühnen, das Schlossparktheater, als Privattheater, dem er bis 2002 als Intendant vorstand.

Sauerbruch, Ferdinand	1875–1951	Mediziner	Koblanckstraße 1

Der bedeutende Mediziner und Forscher widmete sich auch der Entwicklung einer Handprothese für Kriegsversehrte, der »Sauerbruch-Hand«, die durch ihre Verbindung mit Muskelsträngen des Unterarms ihre Finger bewegen konnte. 1943 riet er dem schwerverletzten Claus Graf Schenk von Stauffenberg zum Anlegen dieser künstlichen Hand. Stauffenberg lehnte jedoch ab.

Schertz, Georg	Geb. 1935	Polizeipräsident von Berlin	Inselstraße 2

In einem Interview klagte er über die »Mitnahmementalität« der Politiker: »Ich denke nur an die Sitzungen des Berliner Senats bezüglich des Sparhaushalts. Wo treffen sich die Verantwortlichen denn? Wir sehen, dass sie mit Luxuslimousinen der absoluten Oberklasse zu gehobenen Grunewaldvillen fahren. Warum kann ein Regierender Bürgermeister nicht einen Passat nehmen?... Es geht um die Vorbildfunktion.«

Schlitter, Oscar	1868–1939	Bankier	Inselstraße 8/10

1932 heiratete er die Filmschauspielerin Daisy D'Ora. Er war Mitglied der »Mittwochsgesellschaft«, einer Gemeinschaft von sechzehn Persönlichkeiten des öffentlichen Lebens, die sich wechselseitig einluden, um Vorträge aus ihren jeweiligen Spezialgebieten zu halten.

Schneider, Edith	Geb. 1919	Schauspielerin, Synchronsprecherin	Spanische Allee 106

Die Ehefrau von Peter Mosbacher war seit 1950 als Synchronsprecherin tätig und lieh zahlreichen internationalen Stars ihre Stimme, z. B. Doris Day, Ava Gardner, Tipi Hedren in »Die Vögel«, Deborah Kerr, Jane Russell oder Barbara Bel Geddes als Miss Ellie in der TV-Serie »Dallas«.

Schnurre, Wolfdietrich	1920–1989	Schriftsteller	Prinz-Friedrich-Leopold-Straße 4

Er war 1947 Mitbegründer der literarischen »Gruppe 47« und veröffentlichte Kurzgeschichten im Stil der angelsächsischen »Short story«, aber auch Novellen, Erzählungen und Gedichte, in denen er seine Kriegserlebnisse dokumentierte. 1960 wurden sie unter dem Titel »Man sollte dagegen sein« als Sammlung publiziert.

Schock, Rudolf	1915–1986	Sänger	Am Sandwerder 35

Seine Ausflüge in die Unterhaltungsmusik und die Mitwirkung in seichten Musikfilmen sind ihm von vielen Kritikern als »Verrat an seiner Berufung« als Opern- und Liedersänger angekreidet worden. Er selbst betonte jedoch immer, dass er gerade durch Auftritte mit volkstümlicher Musik der ernsten Musik viele neue Freunde gewonnen habe.

Schröder, Ernst	1915–1994	Schauspieler	Lindenstraße 21

Er spielte die positiven Helden ebenso wie die Schurken mit großer Eindringlichkeit, wurde »einer von Thalias großen Charakterköpfen« genannt und mit Heinrich George verglichen. 1975, auf der Höhe seines Ruhmes, zog sich Schröder zurück und ging in die Toskana, um zu malen und zu schreiben.

Schröder, Franz		Bankier	Am Großen Wannsee 21

Der langjährige Präsident der Preußischen Staatsbank war einer der ersten Bewohner der Colonie Alsen.

Schultz, Eva Katharina	Geb. 1922	Schauspielerin	Am Kleinen Wannsee 8a Waltharistraße 10 Beskidenstraße 39

Die Ehefrau des Schauspielers Rolf Henninger spielte seit 1957 am Schlosspark- und am Schillertheater unter Boleslaw Barlog. Im Film ist besonders ihre Rolle als Frau Laue in »Solange das Herz schlägt« (1958) an der Seite von O. E. Hasse in Erinnerung geblieben.

Schultze, Norbert	1911–2002	Komponist, Tonmeister	Kronprinzessinnenweg 3b

Der Hamburger Schriftsteller Hans Leip schrieb das Gedicht »Lili Marleen« im Ersten Weltkrieg kurz vor seiner Abfahrt an die russische Front im Jahre 1915 als Teil seines Gedichtbandes »Die Hafenorgel«. Mit der Vertonung gelang dem Komponisten Norbert Schultze 1937 einer der größten Lied-Erfolge aller Zeiten.

Schwiefert, Fritz Walter	1890–1962	Drehbuchautor	Am Kleinen Wannsee 20a

Er schrieb u. a. die Drehbücher zu den Filmen »Marguerite: 3« (1939) und »Unser Fräulein Doktor« (1940). Bei der Vergabe des Kleistpreises 1930 fand Schwiefert neben Friedrich Wolf eine »ehrenvolle Erwähnung«.

Seagal, Steven	Geb. 1951	Schauspieler	Am Sandwerder 21/23

Der Hollywood-Star hatte im Dezember 2001 während der Dreharbeiten zu dem Film »Halbtot« die Wannsee-Villa Am Sandwerder angemietet. Deren Besitzerin behauptete später, der Action-Held habe das Haus verwüstet. Ihre 170000-Euro-Schadensersatzklage wurde vom Berliner Landgericht abgewiesen.

Siemens, Arnold von	1853–1918	Physiker, Unternehmer	Am Kleinen Wannsee 5

Ihm lagen besonders die sozialen Einrichtungen seiner Betriebe am Herzen. Er schuf Erholungsheime für seine Werksangehörigen, regelte großzügig ihre Altersversorgung und half denen, die in Not geraten waren.

Siemens, Werner von	1816–1892	Ingenieur, Firmengründer	Königstraße 63

Der Gründer der Physikalisch-Technischen Reichsanstalt erfand 1846 den elektrischen Zeigertelegrafen, entwickelte 1866 den Dynamo, baute 1879 die erste elektrische Lokomotive und ließ 1880 und 1881 den ersten elektrischen Aufzug und die erste elektrische Straßenbahn folgen.

Sobernheim, Walter	1869–1939	Kommerzienrat	Inselstraße 16/18

Seit 1907 war er Generaldirektor der Patzenhofer Brauerei und der Aktienbrauerei-Gesellschaft Friedrichshöhe. Ab 1920 wuchs das Unternehmen durch die Fusion mit der Schultheiss-Brauerei zur größten Lagerbier-Brauerei der Welt.

Söhnker, Hans	1903–1981	Schauspieler	Am Kleinen Wannsee 15

Das Haus von Heinz Rühmann und Hertha Feiler stand am Ende des Zweiten Weltkrieges vielen ihrer Freunde als Zufluchtsort zur Verfügung. Auch Hans Söhnker hatte hier kurzzeitig gewohnt.

Solmssen, Georg	1869–1957	Bankier	Inselstraße 23–26

In Haus des Vorstandsmitgliedes der Deutschen Bank waren regelmäßig Spitzenvertreter aus Politik und Wirtschaft zu Gast, u. a. Gustav Stresemann, Hugo Stinnes und der Oberbefehlshaber der Reichswehr, Generaloberst Hans von Seeckt.

Sommerlath, Silvia	Geb. 1943	Königin von Schweden	Prinz-Friedrich-Leopold-Straße 26

Am 19. Juni 1976 heiratete die Übersetzerin den schwedischen König Karl XVI. Gustaf. Am Tag zuvor hatte die Popgruppe ABBA den späteren Kult-Song »Dancing Queen« zu Ehren des Brautpaares im schwedischen Fernsehen erstaufgeführt.

Sonnenschein, Klaus	Geb. 1935	Schauspieler, Regisseur	Breisgauer Straße 15a

1970 lernte er während der Proben zu dem Stück »Happy End« an der Berliner Tribüne seine spätere Ehefrau Edith Hancke kennen, für die er auch heute noch »Mein Sonnenschein« ist. Besonders populär wurde er durch die Berliner TV-Serie »Direktion City«.

Speer, Albert	1905–1981	Architekt, Reichsminister	Schopenhauerstraße 31 Inselstraße 18

Anfang 1945 ging der seinem »Führer« einstmals treu ergebene Rüstungsminister auf Distanz zu Hitler. Er widersetzte sich dessen »Politik der verbrannten Erde« und sabotierte Befehle, die auf die Zerstörung der deutschen Industrieanlagen zielten. Nach eigenen Angaben plante Speer im April 1945 einen Giftanschlag auf Hitler. Für diese Behauptung fehlen jedoch alle Beweise.

Spilker, Heinz	Geb. 1927	Bildhauer	Teutonenstraße 12

Der Meisterschüler von Renée Sintenis ist seit 1953 in Berlin. 1982 übernahm er die Neugestaltung und Restaurierung der Brunnenanlage am Südwestcorso in Friedenau. 1985 stellte ihm Direktor Klös einen Atelierraum im Berliner Zoo zur Verfügung. Dies war der Beginn der Arbeit an großartigen Tierplastiken.

Springer, Axel Cäsar	1912–1985	Verleger	Inselstraße 24/26

Axel Cäsar Springer galt zeit seines Lebens als »politischer Verleger«. 1958 reiste er nach Moskau, um dem sowjetischen Parteichef Chruschtschow seinen Plan der Wiedervereinigung Deutschlands vorzulegen. Anlässlich seines ersten Israel-Besuches spendete er 3,6 Millionen DM und erhielt 1983 als erster Deutscher den Titel »Bewahrer Jerusalems«.

Springer, Ferdinand	1846–1906	Verleger	Am Großen Wannsee 39/41

Gemeinsam mit seinem Bruder Fritz erweiterte er sein Verlagsprogramm um die ständig neuen Erkenntnisse aus Wissenschaft und Technik und baute den Springer-Verlag zu einem der führenden Wissenschaftsverlage aus. Zu den Autoren gehörte unter vielen anderen auch der Nobelpreisträger für Chemie Emil Fischer.

Springer, Fritz	1850–1944	Verleger	Straße zum Löwen 12

Die Brüder Fritz und Ferdinand Springer besaßen den von ihrem Vater Julius gegründeten Verlag, der auf dem Gebiet der Naturwissenschaften, besonders der Medizin, führend wurde.

Stahl-Nachbaur, Ernst	1886–1960	Schauspieler, Regisseur	Terrassenstraße 28

Während des Zweiten Weltkrieges spielte er 1942 neben Heidemarie Hatheyer und Heinrich George in »Der große Schatten«, ein Jahr später agierte er an der Seite von Brigitte Schmitz und Hans Nielsen in »Titanic«. Insgesamt wirkte der bereits in der Stummfilmzeit entdeckte Schauspieler in über fünfzig Filmen mit.

Stahn, Otto	1859–1930	Architekt, Regierungsbaumeister	Moltkestraße 29 (heute: Hugo-Vogel-Straße)

Er schuf den Entwurf für die Oberbaumbrücke und war der Architekt des Hochbahn-Viadukts von der Oberbaumbrücke bis zum Bahnhof Warschauer Straße. Er konzipierte die Hochbauten am Urbanhafen und baute den Sockel der Berolina am Alexanderplatz.

Stauffenberg, Berthold Graf Schenk von	1905–1944	Jurist, Völkerrechtler	Tristanstraße 8

Am frühen Morgen des 20. Juli 1944 begleitete Berthold seinen Bruder Claus zum Flugplatz Rangsdorf. Nach dem gescheiterten Hitler-Attentat wurde Claus noch in der Nacht standrechtlich erschossen, Berthold stand am 10. August 1944 vor dem Volksgerichtshof. Das Todesurteil wurde noch am selben Tag vollstreckt.

Stauffenberg, Claus Graf Schenk von	1907–1944	Oberst	Waltharistraße 20 Tristanstraße 8

1923 wurden Claus Graf Schenk von Stauffenberg und sein Bruder Berthold in den Kreis um Stefan George eingeführt. Stauffenberg verehrte den Dichter vorbehaltlos bis an sein Lebensende. Sein Ausruf vor dem Erschießungskommando »Es lebe das geheime Deutschland« zitiert den Dichter.

Steiner, Rudolf	1861–1925	Pädagoge, Philosoph	Seestraße 40 (heute: Am Schlachtensee)

Der Begründer der Anthrosophie veröffentlichte bereits 1894 das Buch »Philosophie der Freiheit« und betrachtete es stets als sein Hauptwerk. Das Buch trug den Untertitel »Grundzüge einer modernen Weltanschauung« und war eine Auseinandersetzung mit Kant, Fichte und dem deutschen Idealismus.

Stemmle, Robert Adolf	1903–1974	Drehbuchautor, Regisseur	Breisgauer Straße 27

Aus seiner Feder stammten u. a. die Filmerfolge »Charleys Tante«, »Der Mann, der Sherlock Holmes war«, »Quax, der Bruchpilot«, »Das Testament des Dr. Mabuse« und »Der Henker von London«. Seine wichtigste Arbeit war jedoch das Buch zum DEFA-Film »Affäre Blum« in der Regie von Erich Engel.

Stern, Carola	1925–2006	Journalistin, Schriftstellerin	Dubrowstraße 41

Carola Stern sagte von sich selbst, sie habe »neun Leben« gelebt. Sie war das Jungmädel Erika Assmus bei den Nationalsozialisten, sie wurde Junglehrerin in der Sowjetischen Besatzungszone. Während sie für die Amerikaner spionierte, war sie Eliteschülerin in der Parteihochschule der DDR und floh, als ihre Tarnung aufgedeckt wurde, nach West-Berlin.

Stöcker, Helene	1869–1943	Frauenrechtlerin	Münchowstraße 1

Unter dem Titel »Die moderne Frau« veröffentlichte sie 1893 in der Zeitschrift »Freie Bühne« ihren ersten Aufsatz. Darin entwickelte sie das Leitbild der selbstbewussten, wirtschaftlich unabhängigen und dem Mann in keiner Weise untergeordneten Frau. Bereits 1910 vertrat sie das Recht der Frau auf Empfängnisverhütung.

Stuckart, Wilhelm	1902–1953	Staatssekretär, SS-Obergruppenführer	Am Sandwerder 28

Der Teilnehmer der »Wannsee-Konferenz« beteiligte sich 1940 an Plänen, Juden die deutsche Staatsbürgerschaft zu entziehen 1941 erarbeitete er einen Vorschlag zur Kennzeichnung der Juden im Deutschen Reich und schlug die Sterilisierung von »Mischlingen« vor. 1950 wurde der Schreibtischtäter in einem Spruchkammerverfahren lediglich als »Mitläufer« eingestuft.

Stumpff, Hans-Jürgen	1889–1968	Generaloberst der Luftwaffe	Am Großen Wannsee 70

Am 9. Mai 1945 kapitulierte die deutsche Wehrmacht bedingungslos. Die von Marschall Shukow in Berlin-Karlshorst vorgelegte Kapitulationsurkunde unterschrieben Generalfeldmarschall Wilhelm Keitel für das Heer, Generaladmiral Hans-Georg von Friedeburg für die Marine und Generaloberst Hans-Jürgen Stumpff als Generalstabschef der Luftwaffe.

Tabori, George	Geb. 1914	Schriftsteller, Dramatiker	Kronprinzessinnenweg 10

Der in Budapest geborene George Tabori begann mit Romanen, schrieb später Drehbücher und ist in den letzten Jahrzehnten durch seine Dramen auf vielen Bühnen der Welt bekannt geworden. »Das Universum ist hier«, sagte er einmal spöttisch-sarkastisch und tippte sich an die Stirn, »und ich kann damit machen, was ich will.«

Teichs, Alf	1904–1992	Produzent, Dramaturg	Am Kleinen Wannsee 15

Gemeinsam mit Werner Bockelmann und Hans Söhnker fand der ehemalige Produktionschef der »Terra« in den letzten Kriegstagen im Haus von Heinz Rühmann ein vorläufiges Zuhause. 1947 gründetete er mit Rühmann die Filmgesellschaft »Comedia«.

Tiemann, Ferdinand	1848–1899	Chemiker	Petzower Straße 7

1874 entdeckte er die Struktur des Duftstoffes der Vanillenschote, das Vanillin. Im Ausland wurden seine Forschungsergebnisse weiter entwickelt, und Ferdinand Tiemann durch unzureichenden Schutz seines Patentes um die Früchte seiner Arbeit gebracht.

Tiller, Nadja	Geb. 1929	Schauspielerin	Pardemannstraße 22

Die »Miss Austria« von 1949 und 1951, in ihren »besten Zeiten« in einem Atemzug mit Hildegard Knef und Brigitte Bardot genannt, ist seit 1956 mit Walter Giller verheiratet. 1999 spielten die beiden im Kurzfilm »Immer« ein siebzigjähriges Liebespaar auf gelegentlichen Abwegen, fast wie im richtigen Leben.

Tillmann, Fritz	1910–1986	Schauspieler	Krottnaurerstraße 61/63 Niklasstraße 66 Im Mittelbusch 41

Mehr als nur ein Achtungserfolg war 1950 seine Darstellung des Chemikers Dr. Hans Scholz in dem DEFA-Film »Der Rat der Götter«. Zehn Jahre später spielte er an der Seite von Marika Rökk, Conny Froboess und Heinz Ehrhardt das ehehungrige »Nilpferd« in dem legendären Film »Mein Mann, das Wirtschaftswunder«.

Tillmanns, Robert	1896–1955	Bundesminister für Besondere Aufgaben	Kronprinzessinnenweg 23a

Seine politische Karriere begann im Sommer 1945. Der bekennende Protestant war Mitbegründer der CDU in Berlin und der sowjetisch besetzten Zone. 1949 zog er als Berliner Abgeordneter in den Deutschen Bundestag ein und wurde 1953 Bundesminister für besondere Aufgaben im zweiten Kabinett Adenauer.

Trantow, Cordula	Geb. 1942	Schauspielerin, Regisseurin	Gerkrathstraße 9

Populär wurde die spätere Regisseurin 1959 in der Rolle der Franziska in »Die Brücke« von Bernhard Wicki. Andre Cayatte engagierte sie 1960 als Partnerin von Charles Aznavour in »La passage du Rhin« als Helga. Als Adolf Hitlers Nichte Geli Raubal spielte sie 1962 in der Hollywood-Produktion »Hitler« von Stuart Heisler.

Trantow, Herbert	1903–?	Komponist	Gerkrathstraße 9

Der Vater von Cordula Trantow komponierte die Musik zu einigen der bekanntesten deutschen Filme, u. a. »Das kalte Herz«, »Auf der Reeperbahn nachts um halb eins«. »Der 20. Juli« und »Anastasia – die letzte Zarentochter«.

Trowe, Gisela	Geb. 1922	Schauspielerin	Rolandstraße 9

Die beliebte Film- und TV-Serien-Schauspielerin mit den leuchtend-roten Haaren spielte in ihrer Karriere bisher ca. 300 Rollen. Auch als Synchronsprecherin tätig, war sie die deutsche Stimme von Anna Magnani, Simone Signoret und Gina Lollobrigida.

Üxküll, Nikolaus Graf von | 1878–1944 | | Tristanstraße 8

1944 bekannte er: »Ich war nach der Machtergreifung ein Anhänger des Führers und sah hinweg über manche Begleiterscheinungen, die ich im Dritten Reich feststellen mußte. Ich sagte mir, wo Holz gefällt wird, fliegen Späne.« Der Onkel der Stauffenberg-Brüder wurde nach dem gescheiterten Hitler-Attentat zum Tode verurteilt.

Verhoeven, Michael | Geb. 1938 | Schauspieler | Am Sandwerder 5

Paul Verhoevens Sohn war schon ein erfolgreicher Bühnen- und Filmschauspieler, ehe er in den rebellischen Sechzigerjahren den Ausstieg wagte, Medizin studierte und lange Jahre in einem Krankenhaus arbeitete. Sein Weg zum Film ist dem Einfluss von Senta Berger zu verdanken, mit der er seit 1966 verheiratet ist.

Verhoeven, Paul | 1901–1975 | Schauspieler, Regisseur | Am Sandwerder 5

1950 inszenierte er für die DEFA den Märchenfilm »Das kalte Herz«, für den er auch das Drehbuch schrieb. Neben den Hauptdarstellern Erwin Geschonneck und Lutz Moik soll auch Klaus Kinski in einer kleineren Rolle zu sehen sein, was jedoch von Kinski-Jüngern heftig bestritten wird.

Viebig, Clara | 1860–1952 | Schriftstellerin | Königstraße 3

Sie schrieb seit 1894 und fand als anspruchsvolle Heimatschriftstellerin alsbald Anerkennung. Die düster-karge Landschaft der Eifel, deren Menschen ein schlichtes, bedrängtes Leben führen, ist der Schauplatz der Novellensammlung »Kinder der Eifel« (1897). Es folgte der Großstadtroman »Das tägliche Brot« (1900), für den Heinrich Zille den Umschlag zeichnete.

Vogel, Hugo | 1855–1934 | Maler | Am Großen Wannsee 48

Ihm verdanken wir viele große Fresken mit überwiegend geschichtlichen Themen, u.a. in den Rathäusern von Berlin und Hamburg sowie im Magdeburger Ständehaus. Während des Ersten Weltkrieges begleitete er Generalfeldmarschall von Hindenburg und fungierte zwischen 1915 und 1917 als dessen Porträtmaler.

Wassermann, Oskar | 1869–1934 | Direktor der Deutschen Bank | Inselstraße 37

Ein Hausangestellter erinnerte sich an »die Jnedje«, die Frau des Bankdirektors, die sich häufig auf der Terrasse sonnte, »neben sich de Klingel und de Schachtel Cigaretten. Denn machte sie ping, und denn kam der Friedrich, der Diener, denn ließ se sich ne Cigarette jeben, dabei standen se neben ihr, jleich machte se wieder ping, und Friedrich mußte ihr den Aschenbecher jeben, und denn wieder ping, ne neue Cigarette, und so jing det in eene Tour«.

Weinhold, Gertrud | 1899–1992 | Kunsthistorikerin | Prinz-Friedrich-Leopold-Straße 14

Die Meisterin im Kunstweben sammelte ein Leben lang christliche Volkskunst und besaß auch die größte Ostereiersammlung der Welt. Ihre Sammlungen waren der Grundstock für das Museum für Deutsche Volkskunde bzw. Museum für Europäische Kulturen in Dahlem.

Weiss, Helmut	1907–1969	Regisseur	Chausseestraße 2a

Mit der »Feuerzangenbowle« drehte Helmut Weiss 1944 einen Film, der aus der deutschen Filmgeschichte nicht mehr wegzudenken ist. Er zählt zu den erfolgreichsten Filmkomödien in der Zeit des »Dritten Reiches«.

Wendlandt, Horst	1922–2002	Filmproduzent	Am Sandwerder 25 Seeuferstraße 1

Neben 32 Edgar-Wallace-Filmen produzierte der Chef der Rialto Film GmbH auch neun Karl-May-Filme sowie überaus erfolgreiche Unterhaltungsfilme mit Bud Spencer und Terrence Hill, Louis de Funès, Loriot und Otto Waalkes. Horst Wendlandt war neben Artur »Atze« Brauner Deutschlands erfolgreichster Film-Produzent.

Werner, Anton von	1843–1915	Maler	Straße zum Löwen 5

Einer der angesehensten Maler des kaiserlichen Deutschlands. Während des Krieges 1870/71 wurde er als Bildberichterstatter in das deutsche Hauptquartier berufen und stellte viele historische Szenen jener Zeit dar. Am bekanntesten wurde sein Bild »Kaiserproklamation in Versailles am 18. 1. 1871«.

Wessel, Friedrich Wilhelm	1830–1898	Unternehmer	Friedrich-Karl-Straße 30 (heute: Am Sandwerder 3) Inselstraße 37

Ab 1874 wurde das Ostufer des Großen Wannsee, dessen Eigentümer Prinz Friedrich-Karl war, entlang der damaligen Friedrich-Karl-Straße besiedelt. Der Prinz veräußerte einzelne Parzellen an die Petroleumlampenfabrikanten Ernst Wild und Friedrich Wilhelm Wessel, die sich auf der steil ansteigenden Haveldüne prächtige Villen erbauen ließen.

Wigger, Stefan	Geb. 1932	Schauspieler	Libellenstraße 7 Waltharistraße 4b

Gastauftritte hatte er in beliebten Krimi-Reihen wie »Derrick« oder »Der Alte«, er spielte in Serien wie »Ein Haus in der Toskana«, »Freunde fürs Leben« und »Adelheid und ihre Mörder«. Große Popularität erlangte er in jüngster Zeit mit der Rolle des sympathischen Juristen Ignaz Demuth in der ZDF-Serie »Nicht ohne meinen Anwalt«.

Wild, Emil	1826–1896	Unternehmer	Am Sandwerder 1

Neben seinem Geschäftspartner Friedrich Wilhelm Wessel war er einer der ersten Grundstücksbesitzer der »Colonie Wannsee«

Winter, Eduard		Generaldirektor der Auto AG	Inselstraße 6

1925 gründete der damals 40-jährige Kaufmann sein bis heute gleichnamiges Autogeschäft. Er übernahm die Generalvertretung einiger US-Automobilmarken sowie die Opel-Vertretung für Berlin und war damit größter europäischer Automobilhändler. Dennoch verkaufte er das Unternehmen 1938 und ging in die USA.

Zeller, Wolfgang	1893–1967	Filmkomponist	Westhofener Weg 19

Nach der Machtergreifung der Nationalsozialisten war er als Komponist in der Produktionsgruppe des einflussreichen Schauspielers Emil Jannings tätig, der ihn für mehrere Filme engagierte. Zeller schrieb die Musik zu Veit Harlans antisemitischem Film »Jud Süß« (1940), dessen propagandistische Aussage durch die suggestive Komposition verstärkt wurde.

Zindel, Karl		SS-Standartenführer	Am Kleinen Wannsee 16

Der deutsche Delegierte der »Internationalen Kriminalpolizeilichen Kommission« (IKPK) stellte 1935 die »Maßnahmen gegen Berufsverbrecher« vor. Die in Deutschland ohne gerichtliche Verfahren willkürliche Einsperrung von Vorbestraften in Konzentrationslager wurde von der IKPK als »Vorbild für andere Staaten« gewürdigt.

Zuckmayer, Carl	1896–1977	Schriftsteller	Friedrich-Karl-Straße 29 (heute: Am Sandwerder 5)

Ersten Erfolg hatte er 1925 mit »Der fröhliche Weinberg«, einer derben, übersprudelnden Komödie aus seiner rheinhessischen Heimat. Das Stück wurde mit dem Kleist-Preis ausgezeichnet und der größte Theatererfolg der Zwanzigerjahre. Geschrieben hat es Carl Zuckmayer am Wannsee.

Zweig, Arnold	1887–1968	Schriftsteller	Matterhornstraße 67

Wie sein Freund Lion Feuchtwanger brachte Arnold Zweig in zeitkritischen, humanistisch geprägten Essays seine Kriegs- und Nachkriegserfahrungen in der Weimarer Republik klar zum Ausdruck. Zudem stand sein literarisches Werk mit seiner Einflechtung tiefenpsychologischer Analysetechniken unter dem Einfluss seines späteren Briefpartners Sigmund Freud.

Wirtshaus Moorlake (historische Aufnahme).

Lohnenswert: Ein Spaziergang zur Alsenkolonie

Vom S-Bahnhof Berlin-Wannsee empfehlen wir zu jeder Jahreszeit eine Wanderung zum Heckeshorn. Auf den Spuren der ersten »Kolonisten« gelangen wir zunächst zu höchst Neuzeitlichem: das Ausflugslokal »Loretta am Wannsee«, die Anlegestelle der Ausflugsdampfer, die Wannseebrücke, den Potsdamer Yachtklub und das Hotel »Wannseeblick« an der Königstraße. Biegt man rechts in die Straße am Großen Wannsee ein, erschließt sich dem Betrachter ein herrlicher Ausblick auf die Ufer des Sees und die Insel Schwanenwerder. Auf dem Weg liegen das Max-Liebermann-Haus, die attraktive Villa Herz und die Gedenk- und Bildungsstätte »Haus der Wannseekonferenz«. An der Statue des Flensburger Löwen, dem Ziel dieses Ausfluges, erwarten den Spaziergänger kulinarische Köstlichkeiten der Region in den Restaurants »Haus Sanssouci« und »Seehase«.

Loretta am Wannsee
Kronprinzessinnenweg 260
14109 Berlin-Wannsee
Tel.: 030/803 51 56
Öffnungszeiten:
Täglich von 11.00 bis mindestens 23.00 Uhr.
Für Gruppen ab zehn Personen auch früher.
Sonn- und Feiertags ab 10.00 Uhr.

Hotel Wannseeblick
Königstraße 3b/4
14109 Berlin-Wannsee
Tel.: 030/805 00 60

Haus Sanssouci
Am Großen Wannsee 60
14109 Berlin-Wannsee
Tel.: 030/805 30 34
Öffnungszeiten: Di – So 11.00 Uhr bis 23.00 Uhr, Mo Ruhetag

Restaurant Seehase
Am Großen Wannsee 58/60
14109 Berlin-Wannsee
Tel.: 030/805 17 70

Potsdamer Yacht Club e.V.
Königstr. 3a
14109 Berlin-Wannsee
Telefon: 030/805 35 58

Weitere Ausflugsziele:
Blockhaus Nikolskoe
Die historische Gaststätte
Nikolskoer Weg 15
14109 Berlin-Wannsee
Tel.: 030/805 20 29

Concorde Hotel Forsthaus
Stölpchenweg 45
14109 Berlin-Wannsee
Tel.: 030/805 86 80

Galerie Mutter Fourage
Chausseestraße 15a
14109 Berlin-Wannsee
Tel.: 030/805 23 11
Öffnungszeiten:
Mi – Fr 14.00 bis 18.30
Sa 10.00 bis 18.00 Uhr

Hotel Landhaus Schlachtensee
Bogotastraße 9
14193 Berlin
Tel.: 030/809 94 70

Hotel Grunewald
Kronprinzessinnenweg 120
14129 Berlin-Nikolassee
Tel.: 030/80 30 40

Restaurant Schloss Glienicke Remise
Königstraße 36
14109 Berlin-Wannsee
Tel.: 030/805 40 00

Wirtshaus Moorlake
Moorlakeweg 1
14109 Berlin-Wannsee
Tel.: 030/805 58 09

Gedenk- und Bildungsstätte »Haus der Wannseekonferenz«
Am Großen Wannsee 56-58
14109 Berlin-Wannsee
Tel.: 030/805 001 25

Golf- und Land-Club Berlin-Wannsee e.V.
Golfweg 22
14109 Berlin-Wannsee
Tel.: 030/806 70 60

Max-Liebermann-Villa
Am Großen Wannsee 42
14109 Berlin-Wannsee

Strandbad Wannsee
Wannseebadweg 25
14129 Berlin-Nikolassee
Tel.: 030/803 56 12

Motorradtreff an der Spinnerbrücke
Autobahnausfahrt Spanische Allee
14129 Berlin-Nikolassee

Harry Balkow-Gölitzer, geb. 1949 in Weilar/Rhön, Hörfunkjournalist.

Bettina Biedermann, geb. 1960 in Witten, Kulturwissenschaftlerin, Historikerin.

Rüdiger Reitmeier, geb. 1959 in München, Germanist, Theaterwissenschaftler, Reisejournalist.

Jörg Riedel, geb. 1942 in Rathenow/Havel, Diplom-Volkswirt.

Akademie der Künste (S. 205)
Arnhold, Johanna: Ein Gedenkbuch, Eduard Arnhold, Berlin 1929 (S. 22, 93, 95, 99)
Archiv der Max-Planck-Gesellschaft (S. 103, 143)
Berliner Feuerwehr (S. 48)
Berliner Leben 1903 (S. 14, 15, 23)
Berliner Leben 1913 (S. 134 re.)
Berliner Leben 1918 (S. 28, 29, 115)
Berliner Ruder-Club (S. 53)
Bezirksamt Steglitz-Zehlendorf (S. 57)
Bildarchiv Preußischer Kulturbesitz (S. 45)
Buchwitz-Wiebach, Ursula (S. 159, 160, 161, 162, 163)
Broschüre der KPD 1925 (S. 113, 114, 115)
Club von Berlin 1926 (S. 18, 19)
Confectionair 1910 (S. 136 li.)
Confectionair 1914 (S. 134 re.)
Cilento, Daniel (S. 80, 84 re., 126, 164, 216, 220, 221)

Deutsche Kunst und Dekoration Nr. 44/1919 (S. 31, 172)
Deutsches Filmmuseum (S. 34, 35, 36)
Die Deutsche Wochenschau (S. 147, 151)
Elegante Welt (S. 56)
Filmmuseum Berlin, Sammlung Schaller (S. 82)
Filmwelt 1935 (S. 84 li.)
Filmwelt 1936 (S. 76, 83, 85, 107, 108, 109, 111, 138)
Filmwoche 1936 (S. 139, 141)
Filmwelt 1937 (S. 166)
Filmwelt 1939 (S. 77)
Gedenkstätte Deutscher Widerstand (Umschlag Claus Graf Stauffenberg, S. 69, 70, 72, 74, 123, 246)
Gerson-Brevier, Berlin 1928–1932 (S. 134 li., 136 re.)
Die Glocke Nr. 38, 1924 (S. 169)
Härtel, Christian (Umschlag Willy Brandt)
Haus der Wannseekonferenz (S. 42, 60, 61, 62, 63, 174)
Heimatmuseum Zehlendorf (S. 11, 20, 21, 27, 41, 46, 131, 193, 197, 209)
Peter-Hille-Gesellschaft (S. 24, 25, 26, 179, 182, 183)
S. Hirzel Verlag Leipzig (S. 225, 226, 227)
Historische Kommission zu Berlin (S. 181)
Kirchner, Elfi, Tourismusentwicklung Steglitz-Zehlendorf (S. 43, 64, 142, 237)
Landesarchiv Berlin (Umschlag Albert Speer, S. 38, 39, 117, 119, 121, 192)
Library of Congress USA, Public Domain, Foto: F. Bachrach (S. 130)
Mohr, Werner (S. 78, 81, 89, 106, 184, 186, 203)
Pfitzmann, Lilo (S. 214, 215)
Projektagentur Domäne Dahlem (S. 13)
Protzen, Otto 1924 (S. 19)
Reichshandbuch der Deutschen Gesellschaft (Umschlag Max Liebermann, S. 129, 196, 207, 253, 257, 260)
Rüdiger Reitmeier (S. 8, 17, 51, 58, 68, 90, 92, 118, 125, 135, 144, 152, 155, 177, 187, 194, 198, 200, 201, 210, 213, 219, 223, 241, 243, 245, 262, 272, 311)
Rudolf Steiner Nachlassverwaltung/Dornach 2006 (S. 252)
Sammlung Friedrich (Umschlag Brigitte Horney, Marika Rökk, Nadja Tiller, S. 16, 41, 52, 86, 100, 153, 184, 207, 211, 228, 229, 241, 250)
Schertz, Georg (S. 149)
Ullstein Bilderdienst (S. 199, 234)
Klaus Wagenbach Verlag (S. 189)
Wicke, Wilhelm: Architektonischer Bilderbogen, Blatt 86, 1886 (S. 95, 97)

Danksagung

Allen Personen und Institutionen, die uns Informationen gaben, Material, Fotos, Dokumente und Veröffentlichungen zur Verfügung gestellt haben, danken wir sehr herzlich. In alphabetischer Reihenfolge seien genannt:

Archiv zur Geschichte der Max-Planck-Gesellschaft
Dr. Ursula Basikow (Deutsches Institut für Internationale Pädagogische Forschung)
Bildungs- und Gedenkstätte »Haus der Wannsee-Konferenz«
Ursula Buchwitz-Wiebach
Benno Carus (Heimatmuseum Zehlendorf)
Daniel Cilento
Mario R. Dederichs (†)
Julika Kuschke (Deutsches Bundesfilmarchiv)
Monika Döbler
Gedenkstätte Deutscher Widerstand
Alexandra Hildebrandt
(Mauermuseum – Museum Haus am Checkpoint Charlie)
Rolf Heinzelmann
Egbert Jancke (Verein Freunde der Domäne Dahlem)
Elfi Kirchner (Tourismusentwicklung Steglitz-Zehlendorf)
Peter Latta (Deutsches Filmmuseum)
Max-Liebermann-Gesellschaft e. V.
Werner Mohr
Peter-Hille-Gesellschaft
Lilo Pfitzmann
Ferdinand A. Raabe
Dr. Falk Redecker
Brigitte und Hans-Joachim Schellmann
Michael Siebold (Golfclub Berlin-Wannsee)
Barbara Schulze